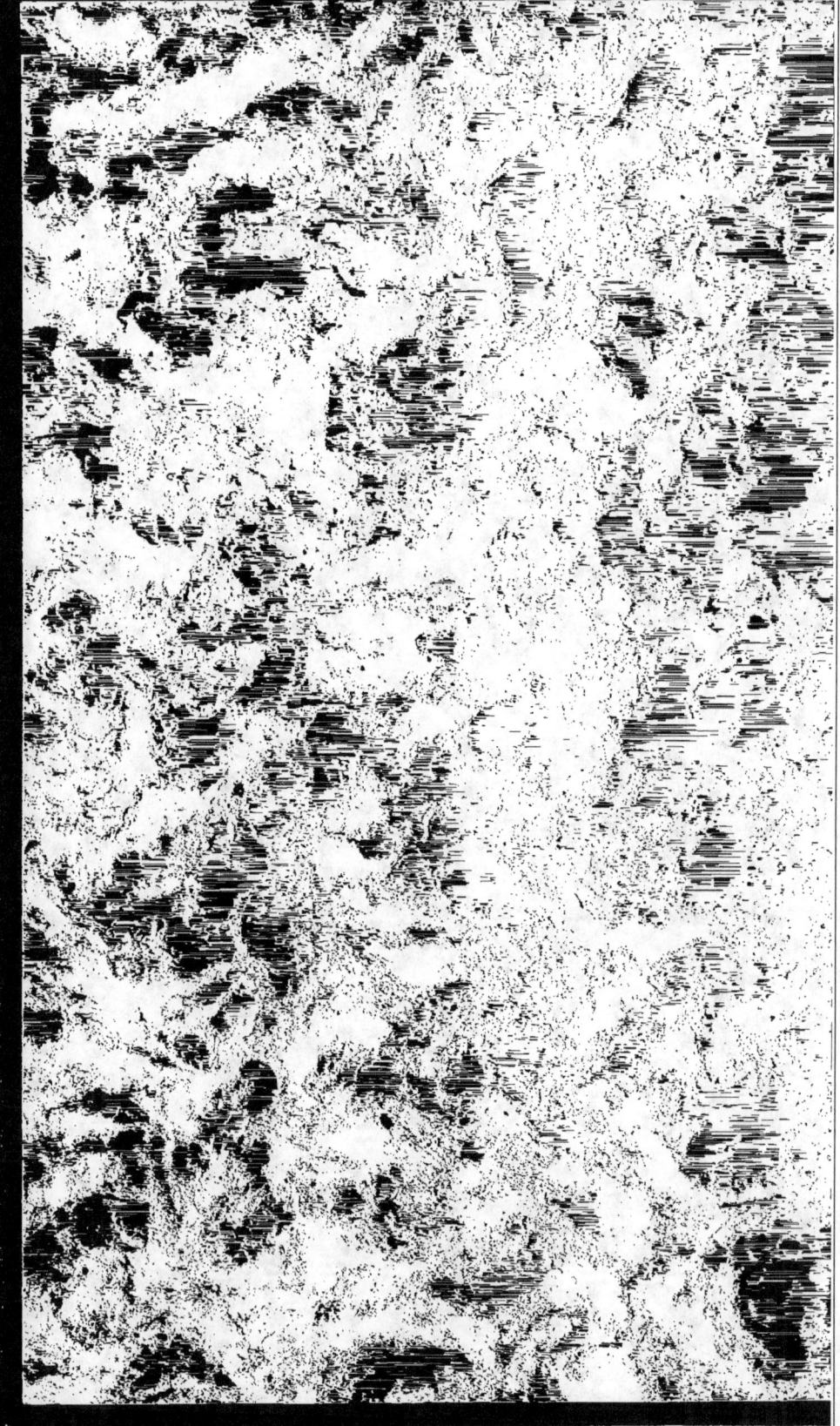

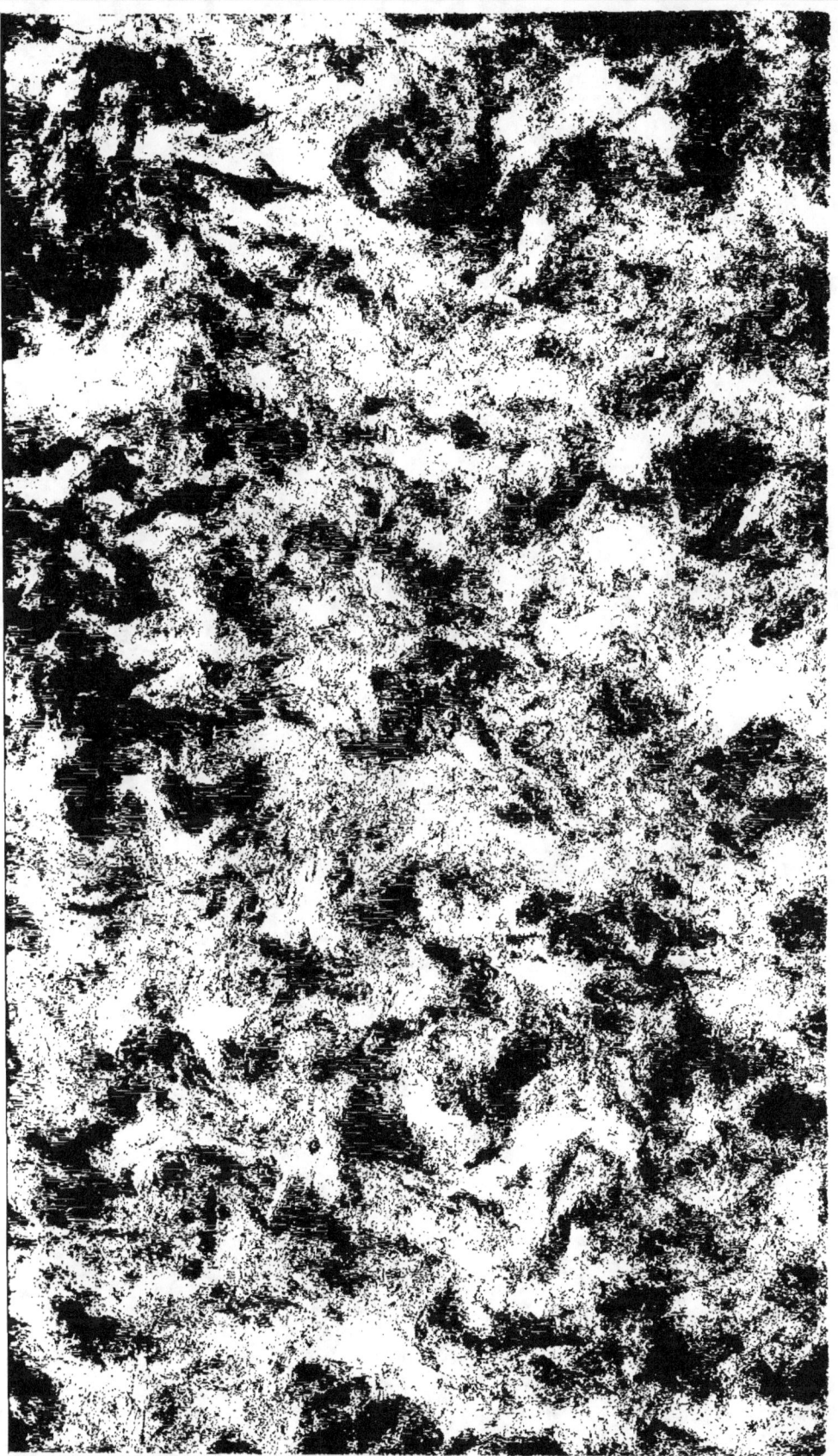

MATIVET 1970

HISTOIRE

DE LA

MARINE FRANÇAISE

DE

1815 A 1870

FAISANT SUITE

A L'HISTOIRE DE LA MARINE FRANÇAISE
SOUS LE CONSULAT ET L'EMPIRE

PAR

E. CHEVALIER

CAPITAINE DE VAISSEAU

PARIS
LIBRAIRIE HACHETTE ET Cie
79, BOULEVARD SAINT-GERMAIN, 79
—
1900
Droits de propriété et de traduction réservés

HISTOIRE
DE LA
MARINE FRANÇAISE
DE
1815 A 1870

OUVRAGES DU MÊME AUTEUR

L'Histoire de la Marine française pendant la guerre de l'Indépendance américaine. — Paris, Hachette. Prix. . . **7 fr. 50**

L'Histoire de la Marine française sous la première République. — Paris, Hachette. Prix. . . . . **7 fr. 50**

L'Histoire de la Marine française sous le Consulat et l'Empire. — Paris, Hachette. Prix. . . . . **7 fr. 50**

La Marine française et la Marine allemande pendant la guerre de 1870-71. — Paris, Plon. Prix. . . . . **3 fr. 50**

Les Institutions de la Marine. — Matériel. Personnel. Écritures. — Paris, Augustin Challamel . . . . **1 fr. 50**

HISTOIRE

DE LA

MARINE FRANÇAISE

DE

1815 A 1870

FAISANT SUITE

A L'HISTOIRE DE LA MARINE FRANÇAISE

SOUS LE CONSULAT ET L'EMPIRE

PAR

E. CHEVALIER

CAPITAINE DE VAISSEAU

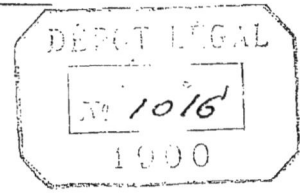

PARIS

LIBRAIRIE HACHETTE ET Cie

79, BOULEVARD SAINT-GERMAIN, 79

—

1900

Droits de propriété et de traduction réservés

HISTOIRE
DE LA
MARINE FRANÇAISE
DE 1815 à 1870

LIVRE PREMIER

Les événements de 1815 désorganisent la marine. — Nouvelle organisation des ports. — Situation du personnel et du matériel. — Naufrage de la *Méduse*. — Une division anglo-française se rend devant Alger, Tunis et Tripoli. — Le baron Portal, ministre de la marine. — Accroissement de nos forces navales. — Expédition d'Espagne. — Rôle joué par la marine. — Soulèvement général de la Grèce. — Les Grecs improvisent une marine. — Importance des services rendus par les forces navales de l'insurrection. — Miaulis, Sachtouris, Canaris.

I

Les événements de 1814 et de 1815 désorganisent encore une fois la marine. L'état-major de la flotte comprenait, à la chute de l'empire, dix vice-amiraux, vingt-deux contre-amiraux, cent cinquante-six capitaines de vaisseau, deux cent vingt-deux capitaines de frégate, sept cent vingt-huit lieutenants de vaisseau et enseignes. Le gouvernement, obligé par l'état de nos finances de réduire les dépenses au strict nécessaire, ne voulut pas conserver ce nombreux personnel. Une ordonnance du 3 juillet décida que les cadres seraient ramenés à dix vice-amiraux, vingt contre-amiraux, cent capitaines de vaisseau, cent capitaines de frégate, quatre cents lieutenants de vaisseau et cinq cents enseignes. Les officiers non compris dans la nouvelle organisation, furent mis en non-activité ou licenciés. Les lieutenants et les enseignes reçurent l'autorisation de naviguer au commerce, tout en conservant une partie de leur traitement. Le gouvernement admit, dans les nouveaux cadres, d'anciens officiers qui, depuis le début de la Révolution, ne figuraient plus sur les listes de la marine ; les uns avaient émigré ; les autres, rentrés en France sous le Consulat, avaient demandé, sans arriver à l'obtenir, l'autorisation de reprendre du service. Ces officiers, étrangers au métier de la mer depuis plus de vingt ans, étaient, pour la plupart, hors d'état de remplir honorablement les fonctions attachées aux grades qu'on leur rendait. Il eût été plus sage, tout en leur accordant un traitement, de n'exiger d'eux aucun service à la mer.

L'organisation des ports fut modifiée ; une ordonnance, portant la date du 29 novembre 1815, supprima les préfectures maritimes ; les autorités militaires et administratives se trouvèrent de nouveau séparées. C'était un retour vers le système adopté en 1776 ; toutefois, le commandant de la marine conserva la direction des travaux. L'intendant, on reprenait cette ancienne appellation pour désigner le chef de l'administration dans les ports, était indépendant du commandant de la marine ; il correspondait directement avec le ministre. Les écoles établies, en 1810, sur les rades de Brest et de

Toulon, furent supprimées. Le personnel militaire, c'est-à-dire les officiers de marine, les troupes de l'artillerie, les ports et arsenaux et les mouvements des flottes furent dirigés par des hommes complètement étrangers au métier de la mer. Dans les ports, et à Paris, on ne voyait guère que des administrateurs.

La France possédait, en 1791, quatre-vingt-deux vaisseaux et soixante et onze frégates. Grâce aux efforts faits sous le régime impérial, nous avions, en 1814, malgré les pertes éprouvées par la marine française pendant cette longue période de guerre, cent deux vaisseaux et cinquante-trois frégates. Trente et un vaisseaux et douze frégates ayant été remis aux alliés, il nous restait, à la paix, soixante et onze vaisseaux, dont cinquante-deux à flot et dix-neuf sur les chantiers, et quarante et une frégates. Ce fut à peine si les fonds affectés au budget de la marine permirent d'armer quelques rares navires et d'entretenir ceux qui restaient dans nos ports. Ainsi, un matériel négligé, des cadres trop grands eu égard au petit nombre de navires allant à la mer, telle était la situation de la marine.

Une ordonnance royale du 22 octobre 1817 modifia encore une fois la composition de l'état-major de la flotte. Le corps de la marine devait désormais comprendre six vice-amiraux, douze contre-amiraux, soixante capitaines de vaisseau, quatre-vingts capitaines de frégate, trois cents lieutenants de vaisseau et quatre cents enseignes, soit, en tout, huit cent cinquante-huit officiers. Dans le nombre des officiers rayés des cadres, comme conséquence de cette mesure, se trouvaient ceux qui, provenant de l'émigration, avaient repris du service dans la marine au retour des Bourbons. Quelques-uns cependant de ces derniers restèrent sur la flotte, mais ceux-là jouissaient de l'estime générale et leur maintien ne pouvait compromettre un service national. Un grave événement, que nous allons rapporter ci-après, survenu en 1816, n'était pas étranger à la mesure qui venait d'être prise à l'égard des officiers de la marine de Louis XVI.

Quatre bâtiments de guerre, la *Méduse*, frégate de quarante-quatre, la corvette l'*Echo*, le brick l'*Argus* et la gabare la *Loire*, partaient de Rochefort, le 17 juin 1816; cette division, placée sous les ordres du commandant de la *Méduse*, M. Duroys de Chaumareys, était chargée de prendre possession du Sénégal que les traités de 1815 nous avaient restitué. Sur la frégate se trouvaient le gouverneur, des fonctionnaires et des troupes. M. de Chaumareys avait quitté le service, comme lieutenant de vaisseau, au moment de la Révolution; étant resté étranger à la marine depuis plus de vingt-cinq ans, il était notoirement inférieur à la tâche qu'il avait assumée. Voulant dissimuler son ignorance à ceux qu'il était appelé à commander, il avait pris avec lui un officier, ne faisant pas partie de l'état-major réglementaire de la frégate, auquel il avait accordé toute sa confiance. Malheureusement, M. de Chaumareys avait fait choix d'un conseiller aussi incapable qu'il l'était lui-même.

La frégate, ayant une marche supérieure à celle des trois autres bâtiments, était dans l'obligation de naviguer sous une voilure réduite. Après quelques jours de mer, le commandant de Chaumareys, se séparant volontairement de sa division, fit route seul vers sa destination. Conformément aux ordres du ministre, la division devait, après avoir reconnu le cap Blanc, courir vingt lieues au large, puis revenir sur la terre avec précaution et en sondant. Le commandant de Chaumareys ne tint aucun compte de ces sages instructions ; lorsque le cap Blanc eut été reconnu, il fit environ dix lieues au large et donna une route qui le rapprochait brusquement de la terre. Les officiers de la frégate, pleinement convaincus qu'on suivait une route dangereuse, firent entendre des observations auxquelles le commandant et son conseiller ne voulurent accorder aucune attention. Le 4 juillet, dans l'après-midi, la sonde ayant donné dix-huit brasses, on songea à modifier la route, mais il était trop tard et la frégate s'échouait sur le banc d'Arguin. Par une coïncidence doublement malheureuse, l'échouage eut lieu à l'époque des grandes marées et au moment de la pleine mer. Des ancres furent mouillées au large et la frégate allégée, mais toutes les tentatives faites pour la déséchouer n'aboutirent à aucun résultat. Un vent violent ayant soufflé pendant la nuit et soulevé la mer, la frégate s'ouvrit et se remplit d'eau ; il n'était plus possible de conserver l'espoir de la remettre à flot.

Il fallait aviser au moyen de sauver l'équipage et les passagers. Six embarcations, portant près de deux cent cinquante personnes, quittèrent la frégate, remorquant un radeau sur lequel avaient pris place une compagnie d'infanterie, des marins et des passagers. Dix-sept hommes, dans le désordre qui présida à l'embarquement, furent laissés à bord de la *Méduse*. On devait se diriger sur la terre, débarquer et se rendre à Saint-Louis ; la colonne comprenant tout le personnel de la frégate, marchant en ordre, sous la protection d'hommes armés, n'aurait eu rien à craindre des Maures pillards qu'elle aurait pu rencontrer. Quelques heures après le départ, la mer grossissant, les embarcations larguèrent les remorques, et s'éloignèrent, abandonnant le radeau. Deux embarcations, l'une portant le commandant de Chaumareys, l'autre le gouverneur, se rendirent directement à Saint-Louis; les autres gagnèrent la côte séparément et les hommes qui les montaient purent arriver à leur destination au prix des plus grandes souffrances et avec perte de quelques hommes. Le brick l'*Argus*, qui était parvenu, sans encombre, à sa destination, fut expédié, dès l'arrivée des premiers canots, à la recherche du radeau et des quatre embarcations; on ignorait, à ce moment, que celles-ci avaient pu gagner la terre.

Lorsque les soldats et les matelots, qui se trouvaient sur le radeau, furent bien convaincus, les embarcations ne reparaissant pas, qu'ils étaient abandonnés, des scènes effroyables se produisirent; ces hommes, méconnaissant toute discipline, se mirent à boire et ils voulurent, dans leur fureur, couper les amarrages maintenant les pièces de bois formant le radeau, afin que, disaient-ils, la mort vînt les délivrer tous de leurs maux. Les officiers et quelques marins, soldats et passagers, engagèrent, avec ces forcenés, une lutte à main armée, dans laquelle un grand nombre d'hommes périrent. Il fallut recourir aux mêmes moyens pour vaincre une nouvelle révolte ayant pour but d'accaparer le vin, en très petite quantité, qui restait sur le radeau. Quelques hommes furent enlevés par la mer et d'autres périrent de maladie. Le 17 juillet, l'*Argus* arrivait en vue du radeau sur lequel il trouvait quinze personnes réduites à l'état le plus misérable. Une goélette fut expédiée de Saint-Louis, à la fin de juillet, pour recueillir les dix-sept hommes laissés à bord de la *Méduse*; deux étaient morts, et douze, dont on n'entendit plus parler, avaient quitté la frégate sur un radeau. Les trois survivants revinrent à Saint-Louis à bord de cette goélette.

L'échouage de la *Méduse* rappelle, dans des proportions heureusement moindres, le naufrage de l'escadre de l'amiral d'Estrées sur les récifs des îles Avès, en 1678. L'amiral d'Estrées et le commandant de Chaumareys, ne pouvant diriger, l'un son escadre et l'autre la frégate qu'il commandait, et se proposant, d'autre part, de cacher leur ignorance, donnèrent leur confiance à des hommes dont l'incapacité n'avait d'égale que la présomption. La perte de la *Méduse* faisait peser sur le gouvernement une lourde responsabilité; aussi ce grave événement eut-il pour conséquence, ainsi que nous l'avons dit plus haut, le renvoi ou la mise à la retraite, en 1817, de la plupart des officiers émigrés dont la rentrée dans la marine, en 1815, devenait un péril national. Le commandant de la *Méduse* comparut, à son arrivée en France, devant un conseil de guerre qui le déclara coupable d'avoir perdu la *Méduse* par son impéritie; il fut, en conséquence, rayé des cadres de la marine et condamné à trois années d'emprisonnement.

Une ordonnance, rendue le 24 juin 1818, établit sur les côtes d'Afrique une croisière ayant pour but d'empêcher la traite des Noirs. Les difficultés que rencontraient les bâtiments négriers et, d'autre part, les besoins des colonies, avaient fait de ce commerce, lorsque les navires parvenaient à échapper aux croiseurs chargés de les surveiller, une opération très lucrative. Le gouvernement de Louis XVIII donna en outre, l'année suivante, son assentiment à la formation d'une commission composée de délégués anglais, espagnols, portugais et français, chargés de juger les prises faites par les croiseurs de ces nations.

Le 1er septembre de l'année 1819, une division anglo-française, composée du vaisseau le *Colosse* et de la frégate la *Galatée*, sous les ordres du contre-amiral Jurien de la Gravière, et du vaisseau le *Rochefort* et d'un brick commandés par le vice-amiral Freemantle, se présenta devant Alger. Les deux amiraux descendirent à terre et informèrent le dey, au nom de leurs gouvernements, qu'il avait été décidé, au congrès de Vienne, que les Puissances barbaresques seraient tenues désormais d'observer, dans leurs relations politiques, les mêmes règles que les nations civilisées. On ne put obtenir du dey, en réponse à cette communication, que des explications embarrassées. Le résultat fut le même, à Tunis, où se rendit la division anglo-française en quittant Alger ; la résolution prise par le Congrès de Vienne ne parut pas exercer une grande influence sur l'esprit du bey. Les choses se passèrent mieux à Tripoli où le bey protesta de son désir de vivre en paix avec les Puissances chrétiennes ; il affirma que, depuis le 1er juillet 1818, pas un corsaire n'avait quitté ses Etats.

Ce n'était pas seulement la situation financière de la France qui s'opposait au développement de nos forces navales ; l'opinion publique se refusait à voir dans la marine un des éléments de la grandeur du pays. Les désastres subis par la marine française, de 1793 à 1815, avaient amené ce résultat. On oubliait les luttes que nous avions soutenues, sous Louis XIV, contre la Hollande et l'Angleterre réunies, les victoires remportées par les Tourville et les Duquesne et la glorieuse intervention de Louis XVI dans les affaires des États-Unis d'Amérique. Aussi, malgré l'étendue de nos côtes, le chiffre des matelots, l'importance de notre commerce, on ne voulait faire, pour la marine, aucun sacrifice.

Le portefeuille de la marine, depuis 1815, avait été successivement confié à MM. le comte de Jaucourt, le vicomte du Bouchage, le maréchal, comte de Gouvion Saint-Cyr, et le comte Molé. Le baron Portal remplaça ce dernier, le 29 décembre 1818. Le nouveau ministre trouva un budget de quarante-cinq millions pour la marine et les colonies ; il pouvait, avec cette somme, retarder la ruine de la marine mais non l'empêcher. Les bâtiments qui disparaissaient n'étaient pas remplacés, et nous n'avions aucun approvisionnement de réserve ; un jour devait arriver où il n'existerait plus de matériel. Le baron Portal ne voulut pas accepter cette situation. Dans sa pensée, il n'était plus question de lutter contre l'Angleterre, ainsi que nous l'avions fait sous Louis XIV et pendant la guerre de l'Indépendance américaine ; défendre nos côtes et se joindre aux corsaires pour détruire le commerce ennemi, tel était le but que la France devait poursuivre. Pour l'atteindre, quarante vaisseaux, cinquante frégates et un approvisionnement de réserve semblaient au baron Portal le minimum des moyens nécessaires. Le ministre exposa ses vues à la Chambre avec une grande netteté ; la question qui se posait était celle-ci : la France voulait-elle ou non avoir une marine ? — Il fallait, disait le ministre, abandonner l'institution pour éviter la dépense, ou augmenter la dépense pour maintenir l'institution. Le ministre demandait, pour réaliser son programme, que le budget de la marine fût fixé à la somme de soixante-cinq millions. Ses projets, quoique vivement combattus dans les Chambres, finirent par triompher ; néanmoins, la marine n'eut pas, à sa disposition, d'une manière régulière, les soixante-cinq millions regardés comme indispensables. Le baron Portal, pendant son ministère, prit une série de mesures concernant la construction des navires, l'approvisionnement de nos arsenaux et l'établissement d'un magasin de réserve. Dès lors, une plus grande activité régna dans nos ports. Une division fut envoyée dans les Antilles, sous le commandement du contre-amiral Duperré, pour protéger le commerce français contre les pirates sortis des ports des colonies espagnoles soulevées contre la Métropole. La Restauration, voulant ressaisir l'influence dont la France jouissait, avant la Révolution, dans la Méditerranée, avait, en 1816, envoyé quelques bâtiments dans le Levant ; le nombre des navires, composant cette station, fut augmenté. La corvette l'*Uranie*, partie de Toulon, en 1817, sous le commandement du capitaine de vaisseau de Freycinet, pour faire un voyage de circumnavigation, se perdit, le 13 février 1820, dans la baie française, aux Malouines. La marine compta cent trois bâtiments armés, en 1820, cent quinze, en 1821, et cent vingt et un, en 1822. Une escadre fut envoyée à Naples où elle devait agir de concert avec une escadre anglaise. Un corps de troupes d'infanterie de marine, destiné à la garde des ports et arsenaux, fut créé, en 1822. Cette même année, le corps des officiers de marine et celui des officiers de santé furent augmentés. Le Conseil de marine, supprimé à la chute de l'empire, en 1814, fut rétabli en 1824 sous le nom de Conseil d'amirauté.

La guerre civile désolait l'Espagne ; une révolution ayant mis le pouvoir entre les mains des libéraux, un gouvernement provisoire s'était formé et il avait été décidé que le roi serait conduit à Cadix. Le parti royaliste avait alors pris les armes et tenait la campagne. Les souverains, réunis en congrès à Vérone, résolurent d'intervenir pour rétablir le régime politique que venait d'abolir la Révolution. La France fut chargée de cette mission. Une armée française, placée sous les ordres du duc d'Angoulême, franchit la Bidassoa, le 6 avril 1823. La marine fut appelée à prêter son concours aux opérations de l'armée de terre ; on fit des armements et les ports sortirent de la torpeur dans laquelle ils étaient plongés depuis 1815. Des frégates, des corvettes et des bricks furent envoyés en croisière sur les côtes de la Catalogne et de la Biscaye. Une escadre, commandée par le contre-amiral Angot des Rotours, puis par le contre-amiral Hamelin, bloqua le port de Cadix ; d'autre part, le général Bordesoulle, qui commandait en chef les troupes françaises en Andalousie, investit cette place. L'escadre, croisant devant Cadix, devait exercer une surveillance très active sur les mouvements de l'ennemi, et arrêter tout navire tentant de gagner le large ; on supposait que les Cortès, dans le but de conserver l'otage royal, placé entre leurs mains, prendraient le parti de transporter, par mer, le roi sur un autre point du territoire.

Les frégates la *Guerrière*, la *Galatée* et la *Fleur de Lys*, capitaines Lemarant, Drouault et Bénard Fleury, reçurent la mission d'appuyer l'attaque du général Lauriston contre Algésiras. Ces trois frégates canonnèrent l'île Verte dans la journée du 13 août, et, le soir, elles mouillèrent au large, ayant peu souffert du feu de l'ennemi ; le lendemain, la ville d'Algésiras s'étant rendue, l'île Verte capitula. Les pourparlers engagés entre les généraux français et les autorités espagnoles, pour la reddition de Cadix, n'ayant pas abouti, le duc d'Angoulême se décida à mettre le siège devant cette place. La marine fut chargée de réduire le fort de Santi-Petri, placé à l'entrée du canal qui sépare de la terre ferme la langue de terre, appelée île de Léon, sur laquelle la ville de Cadix est bâtie. Le 20 septembre, le contre-amiral Angot des Rotours, avec le *Centaure*, capitaine Poncé, sur lequel il avait son pavillon, le *Trident* et la *Guerrière*, capitaines Collet et Lemarant, canonna le fort de Santi-Petri. Quoique le *Trident* et la *Guerrière*, gênés par la faiblesse de la brise et les courants, eussent mouillé loin du poste qui leur avait été assigné, le fort se rendit après quelques heures de feu. Il fut immédiatement occupé par un détachement de troupes embarqué sur les deux vaisseaux et la frégate. Pas un homme ne fut atteint sur nos bâtiments ; les pertes des Espagnols s'élevaient à treize hommes tués ou blessés. L'occupation de Santi-Petri enlevait à la ville de Cadix le meilleur moyen qu'elle eût de recevoir des approvisionnements. Le contre-amiral Duperré, nommé au commandement en chef de l'escadre, prit ses dispositions pour bombarder Cadix avec dix bombardes, sept françaises et trois espagnoles, et cinq embarcations sur lesquelles étaient installés des obusiers. Le 23 septembre, cette division, placée

attendre. La Porte se trouva dans l'impossibilité de transporter ses troupes par mer et de ravitailler les places qu'elle avait sur le littoral de la Morée; aucun navire isolé n'osa s'aventurer dans l'archipel et tout commerce maritime disparut. Ce fut ainsi que s'écoulèrent les premières années de l'insurrection, mais il vint un jour où, les ressources financières s'épuisant, les armements diminuèrent; Samos fut sauvé, mais Caxos et Ipsara subirent le sort de Chio. La lutte continua, mais un nouveau personnage, le fils du vice-roi d'Egypte, Ibrahim-pacha, entra en scène, et son indomptable énergie triompha de tous les obstacles. Il débarqua ses troupes en Morée, et, devenu maître de la mer, il prit les places conquises par les Grecs que ceux-ci, à leur tour, ne pouvaient plus ravitailler.

En résumé, la marine grecque tenant en échec, pendant plusieurs années, les flottes ottomanes, rendit à la cause de l'insurrection les services les plus signalés. Il ne fallut pas moins que l'épuisement de ses ressources, l'arrivée de la flotte égyptienne et l'inébranlable fermeté d'Ibrahim pour lui enlever les avantages dont elle était en possession. Toutefois, ses efforts ne furent pas stériles; le soulèvement de la Grèce, qui n'eût pas attiré l'attention s'il avait été promptement réprimé, devint, en se prolongeant, une question européenne.

LIVRE II

Intervention des puissances en faveur de la Grèce. — Combat de Navarin. — La piraterie. — La prise du *Panayoti*, commandé par l'enseigne de vaisseau Bisson. — Débarquement d'un corps français dans la baie de Coron. — Départ des troupes égyptiennes. — La Morée est libre. — Les préfectures maritimes sont rétablies.

1

Les massacres de Chio, de Caxos et d'Ipsara, ces populations, vendues comme esclaves sur les marchés de l'Asie Mineure, de Candie, de Tunis et d'Alexandrie, avaient, en soulevant l'indignation générale dans toute l'Europe, suscité un très vif mouvement d'opinion en faveur des Grecs. Si le sentiment public, touché par les malheurs des vaincus, montrait une extrême irritation contre les vainqueurs, les gouvernements, prévoyant les conséquences que pourrait amener une rupture avec la Porte, observaient une très grande réserve dans leurs relations avec cette puissance. Toutefois, les ambassadeurs des nations chrétiennes, accrédités à Constantinople, s'efforçaient d'amener le Sultan à terminer cette guerre d'extermination; mais la Porte, blessée de ce que l'on osait se mettre entre elle et ses sujets révoltés, et se rendant compte, d'autre part, du désaccord existant entre les différents cabinets, repoussait, avec hauteur, toutes les demandes qui lui étaient adressées. En effet, la question grecque n'était pas envisagée de la même manière par toutes les puissances.

Le prince de Metternich, partisan convaincu de l'immobilité, eût voulu que l'Europe restât fixée à l'état de choses établi en 1815; toute secousse pouvant, selon lui, amener un ébranlement général, il n'éprouvait aucune sympathie pour l'insurrection grecque, dans laquelle il voyait moins l'explosion d'un peuple, voulant reconquérir sa liberté, qu'une sorte d'agitation révolutionnaire. La Prusse demandait, avant de se prononcer, que les Cabinets eussent adopté une ligne de conduite commune, ce qui équivalait au refus d'intervenir. La Russie ne désirait rien tant que de défendre ses coreligionnaires; c'était, pour elle, non seulement une question d'humanité mais la continuation de sa politique nationale. Subissant, au début de l'insurrection, l'influence du prince de Metternich, le cabinet de Saint-Pétersbourg ne s'était pas montré favorable à la cause de l'indépendance hellénique, mais le temps avait marché et, loin de dissimuler ses sympathies, il menaçait d'agir seul en faveur des Grecs, s'il ne trouvait pas d'alliés. Le gouvernement anglais était fort peu sensible aux infortunes des Hellènes, mais il voulait empêcher la Russie de se créer, en Orient, une position prépondérante. Comme conséquence de cette double situation, le 4 avril 1826, l'Angleterre et la Russie signèrent une convention aux termes de laquelle chacune de ces deux puissances devait envoyer une escadre dans la Méditerranée. On espérait que, par la voie diplomatique, car, à ce moment, aucune collision avec la Turquie ne semblait possible, on parviendrait à arrêter l'effusion du sang et à donner à la Grèce un gouvernement électif dont le Sultan serait le suzerain.

Dès le début de la crise, notre pays se montra favorable à la cause de la Grèce. L'héroïsme déployé par les insurgés, dans la lutte inégale qu'ils soutenaient contre leurs oppresseurs, provoquait l'enthousiame de la jeunesse française, nourrie dans le culte de l'antiquité classique. La prise de Missolonghi, qui eut, en Europe, un retentissement dont il serait, aujourd'hui, difficile de se faire une idée, précipita les événements. Dans toutes les classes de la société se manifestèrent, avec éclat, des sentiments de sympathie pour les souffrances d'un peuple qui gémissait sous le poids de la plus affreuse tyrannie. L'insurrection reçut de notre pays de l'encouragement, de l'argent et des défenseurs. Le gouvernement qui, jusque-là, s'était conduit avec beaucoup de circonspection, prit, lorsque Missolonghi fut tombé entre les mains des Turcs, une allure plus décidée.

La reddition d'Athènes, arrivée au mois de mai 1827, mit le comble aux malheurs de la Grèce ; la situation des insurgés semblait désespérée. La flotte n'existait plus que de nom et, sur terre, la lutte n'était soutenue que par des bandes sans organisation. Les Turcs promenaient le fer et la flamme dans l'Epire et dans la Morée ; les habitants fuyaient devant eux, mais ne se soumettaient pas. Ibrahim-pacha, appelé, par la Porte, au commandement en chef des flottes turque et égyptienne, s'apprêtait à partir pour Hydra qui ne pouvait lui résister. Encore quelques jours, et l'insurrection, étouffée dans le sang, ne laissait derrière elle que des ruines. Si l'Europe ne voulait pas que la Grèce devînt un désert, il fallait qu'elle se hatât d'intervenir.

Le 6 juillet 1827, un traité, ayant pour but la pacification de la Grèce, fut signé entre la France, l'Angleterre et la Russie. Les trois puissances devaient offrir leur médiation à la Porte, et faire aux deux parties contendantes la demande d'un armistice immédiat. Convaincus que tout contact, entre les Grecs et les Turcs, était désormais impossible, les signataires du traité avaient pour objectif l'autonomie de la Grèce sous le protectorat du Sultan. Si la Porte ottomane, était-il dit dans un article additionnel, tenu provisoirement secret, repoussait la médiation, ou si elle ne l'acceptait pas dans le délai d'un mois, les trois puissances, sans prendre part aux opérations militaires, noueraient, avec les Grecs, des relations amicales. Dans cette hypothèse, elles empêcheraient les Turcs et les Egyptiens de débarquer des troupes ou du matériel en Morée. On convint que les trois puissances enverraient des instructions, conformes aux dispositions énoncées ci-dessus, aux commandants de leurs escadres dans le Levant. Chaque amiral, correspondant avec l'ambassadeur de son pays à Constantinople, devait régler sa conduite sur les avis qu'il en recevrait.

Ainsi, les Grecs se trouvaient désormais hors de cause : leur sort était remis entre les mains de la France de l'Angleterre et de la Russie. Il s'agissait d'informer la Porte des graves changements survenus dans la situation. Le ministre des affaires étrangères du Sultan ne voulut pas même recevoir la note dans laquelle les ambassadeurs de la France, de la Russie et de l'Angleterre portaient à sa connaissance les termes de la convention signée à Londres, le 6 juillet. Cette première communication fut bientôt suivie de deux autres que la Porte n'accueillit pas avec moins de hauteur. Les gouvernements alliés exigeaient une suspension d'armes immédiate entre les belligérants ; enfin, ils déclaraient qu'ils s'opposeraient, même par la force, au débarquement des renforts expédiés à Ibrahim ou à Reschid-pacha.

Quatre vaisseaux de soixante-quatorze, le *Scipion*, le *Breslaw*, la *Provence*, le *Trident*, et une frégate, la *Magicienne*, rallièrent, à la fin du mois d'août, la frégate la *Sirène*, sur laquelle l'amiral de Rigny, qui commandait alors la station du Levant, avait son pavillon. Ces bâtiments, armés à la hâte, étaient, au point de vue du personnel et du matériel, dans un état déplorable. L'amiral de Rigny exposa avec fermeté cette situation au ministre, déclarant qu'il s'estimait heureux de ne pas être dans la nécessité d'employer la force immédiatement. Si les ordres relatifs à l'armement de ces bâtiments avaient été donnés trop tard, cette erreur du ministère n'aurait pas dû être rachetée par une hâte compromettante pour l'honneur national. Il convient d'appuyer sur ces faits, parce que, en France, ce qui a trait à la marine révèle presque toujours un caractère dans lequel le côté technique, c'est-à-dire la connaissance du métier, est complètement négligé. On oublie presque toujours que la difficulté ne consiste pas à faire vite, mais à faire bien. Le ministre put alors s'apercevoir de la faute que l'on avait commise, depuis quelques années, en n'armant que des frégates et des petits navires.

Sir Edward Codrington, ayant son pavillon sur le trois ponts l'*Asia*, arriva, le 10 septembre, devant Navarin, avec les vaisseaux le *Genoa* et l'*Albion*. Huit vaisseaux russes, partis de Cronstadt, se rendirent en

Angleterre ; là, quatre vaisseaux et quatre frégates, placés sous le commandement du contre-amiral de Heiden, se dirigèrent vers la Méditerranée. Les Grecs avaient accepté avec empressement la proposition d'armistice faite par les puissances signataires du traité du 6 juillet, mais il n'en était pas de même des Turcs. Dans les premiers jours de septembre, les amiraux de Rigny et Codrington furent informés officiellement par les ambassadeurs de France et d'Angleterre, à Constantinople, que la Porte refusait de se prêter à aucun accommodement avec les Grecs, dans lesquels elle ne voulait voir que des insurgés. Le moment semblait donc venu d'assurer l'exécution des clauses contenues dans le traité de Londres.

Le 21 septembre, une division turco-égyptienne quittait Navarin, se dirigeant sur Hydra, lorsque parurent la frégate la *Sirène* et l'*Asia*. Après une courte conférence avec l'amiral Codrington, l'amiral de Rigny se rendit à bord du bâtiment que montait Ibrahim; celui-ci, sur les observations qui lui furent adressées par l'amiral français, parlant en son nom et au nom de son collègue d'Angleterre, consentit à regagner son mouillage. Le 25 septembre, les amiraux de Rigny et Codrington eurent une entrevue officielle avec Ibrahim ; ils firent connaître à ce dernier que, chargés par leurs gouvernements, d'établir un armistice de fait entre les belligérants, ils emploieraient la force, si cela était nécessaire, pour atteindre ce résultat. Ibrahim déclara que son rôle étant purement militaire, il ne lui appartenait pas de discuter les termes de la convention signée à Londres, le 6 juillet; placé à la tête d'une armée, il n'avait d'autre devoir que d'assurer le succès des armes du Sultan. Toutefois, se trouvant en présence d'une situation que ses instructions n'avaient pu prévoir, il s'engagea à garder sa flotte au port jusqu'à ce que des ordres, qu'il allait provoquer, en expédiant immédiatement des bâtiments à Constantinople et à Alexandrie, lui fussent parvenus. Au moment où les choses semblaient prendre une tournure pacifique, lord Cochrane et un philhellène anglais, le capitaine Hastings, commirent la faute de tenter une opération dans le golfe de Corinthe; après avoir attaqué sans succès le fort de Tasilodi, ils détruisirent une flottille turque. Les Grecs prétendirent, pour s'excuser, que l'armistice, existant entre eux et les Turcs, était limité à la Morée. Ibrahim, se considérant comme dégagé de la parole qu'il avait donnée aux amiraux de Rigny et Codrington, fit appareiller une division forte de trois vaisseaux, neuf frégates et trente navires, corvettes, bricks et transports. Ces bâtiments se dirigeaient vers Patras, lorsque l'amiral anglais, prévenu par ses éclaireurs, rejoignit la flotte ottomane et la contraignit à rentrer à Navarin.

L'amiral de Rigny, après avoir rallié son escadre à Paros, s'était dirigé sur Milo; le 30 septembre, dans la nuit, il louvoyait par un très beau temps, entre le cap Matapan et Cerigo, lorsque le ciel s'étant obscurci, deux vaisseaux, la *Provence* et le *Scipion*, qui couraient à contre-bord, s'abordèrent. Le grand mât du *Scipion* se rompit à vingt pieds au-dessus du pont et la *Provence* perdit son beaupré, cassé au raz des apôtres. Le *Trident* et le *Breslaw* prirent les deux vaisseaux avariés à la remorque, et la division alla jeter l'ancre sur la rade de Cervi. L'amiral de Rigny se trouvait placé, par suite de cet événement, dans une position d'autant plus fâcheuse qu'il devait rencontrer l'amiral Codrington, le 15 octobre, devant Navarin ; d'autre part, l'escadre russe, dont on avait des nouvelles, était sur le point d'arriver dans les eaux de la Grèce. Enfin, le moment des résolutions importantes était venu. Ibrahim n'avait pas osé résister à la sommation de l'amiral Codrington, mais, aussitôt rentré à Navarin, il avait partagé son armée en plusieurs colonnes qui s'étaient immédiatement dirigées dans l'intérieur du pays, faisant, en Morée, une guerre d'extermination, brûlant les maisons, abattant les arbres, livrant aux flammes les instruments d'agriculture, égorgeant les hommes et faisant main basse sur les femmes et les enfants. Quelle serait la pensée de nos alliés en ne nous voyant pas, et à quels bruits l'absence de l'escadre française ne donnerait-elle pas lieu ? L'amiral de Rigny, sentant combien sa présence sur la côte de Morée était nécessaire, redoubla d'activité pour mettre la division française en état de jouer le rôle qui lui incombait. La *Provence*, qui avait le plus souffert, donna son grand mât au *Scipion* et partit pour Toulon avec des mâts de fortune ; en peu de jours les avaries de ce dernier vaisseau furent réparées. Le 13 octobre, les trois escadres se trouvaient réunies devant Navarin.

Les Grecs ayant accepté l'armistice, les amiraux étaient dans l'obligation de l'imposer à leurs adversaires. La diplomatie, se proposant, à la fois, de sauvegarder les Grecs et de ne commettre aucun acte d'hostilité contre les Turcs, avait posé une question dont la solution n'était pas facile. Le protocole de Londres, avec ses ambiguïtés, laissait la porte ouverte aux incertitudes, aux hésitations; il semblait que les puissances signataires du traité du 6 juillet fussent, au fond, de l'avis, tout en donnant l'ordre d'agir, qu'on ne fît rien. La responsabilité des amiraux de Rigny, Codrington et de Heiden, obligés d'interpréter leurs instructions, au lieu de n'avoir qu'à les suivre, était d'autant plus grande qu'une erreur, de leur part, pouvait avoir des conséquences plus graves que celles prévues par les cours de France, de Russie et d'Angleterre. Des bâtiments de commerce autrichiens apportaient aux Turcs des soldats, des vivres et des munitions; devait-on les arrêter, et, dans cette hypothèse, que répondre à un navire de guerre de cette puissance demandant des explications? Les amiraux étaient-ils simplement chargés d'interdire tout débarquement, sur la côte de Morée, aux flottes ottomanes, ou fallait-il contraindre celles-ci à quitter les ports de la Péninsule dont Ibrahim-pacha était en possession? Comment enfin empêcher les Turcs, refusant la proposition d'armistice, de continuer la guerre, tout en ne se livrant, contre eux, à aucun acte d'hostilité, ainsi qu'il était dit dans le traité du 6 juillet? Cependant, en présence de la conduite d'Ibrahim, faisant la guerre en Morée, ce que les amiraux avaient reçu la mission expresse d'empêcher, il était urgent de prendre un parti.

Poussant la condescendance jusqu'aux plus extrêmes limites, les amiraux rédigèrent une note dans laquelle, après avoir relaté les griefs qu'ils avaient contre les Ottomans, griefs déjà exprimés lors de l'entrevue du 25 septembre, ils sommaient Ibrahim-pacha de se conformer strictement aux conditions de l'armistice qu'il avait juré d'observer. Le commandant en chef des forces ottomanes était absent, fut-il répondu à l'officier chargé de porter cette lettre, et on ignorait l'époque à laquelle il serait de retour. Il fallait en finir avec une situation qui compromettait la dignité des cours alliées et l'honneur des trois escadres. Le 18 octobre, les amiraux, réunis en conseil, après avoir recherché les moyens les plus propres à atteindre le but qu'ils avaient inutilement poursuivi jusque-là, décidèrent qu'ils « prendraient position dans la baie de Navarin, avec les escadres, pour renouveler à Ibrahim des propositions qui, entrant dans l'esprit du traité, étaient évidemment dans l'intérêt de la Porte elle-même ». Aux termes des instructions, le plus ancien des amiraux devait, en cas de conflit militaire, exercer le commandement supérieur. Le commandant en chef des forces britanniques, en sa qualité de vice-amiral, prit la direction des trois escadres.

La baie de Navarin, formée dans l'est et dans le nord par la côte de Morée, est bornée, à l'ouest, par l'île de Sphactérie, longue d'environ deux milles et demi. L'entrée de la baie, placée dans le sud, était défendue par la citadelle de Navarin, construite sur la côte du Péloponèse, et par une batterie établie à l'extrémité sud de l'île de Sphactérie. La flotte turco-égyptienne était rangée sur deux lignes endentées, présentant la forme d'un fer à cheval. La première ligne comprenait les vaisseaux et les frégates, et la seconde les corvettes et les bricks; les transports étaient mouillés à terre de la seconde ligne ou dans le fond de la baie. Les bâtiments composant la première et la deuxième ligne étaient embossés; en conséquence, le centre et les ailes de la flotte pouvaient concentrer leur feu sur tout bâtiment se présentant dans l'intérieur du fer à cheval.

La première ligne, en partant de l'extrémité de l'aile gauche, comprenait trois frégates de premier rang, deux vaisseaux de soixante-quatorze, une frégate de premier rang, un vaisseau de soixante-quatorze et huit frégates de premier rang ; la deuxième ligne était composée de vingt-trois petites frégates ou corvettes ; six brûlots étaient placés à l'entrée du port. Cette formation, commencée le 8 octobre, était complètement terminée le 15 ; elle annonçait, de la part de Tahir pacha et de Moharem-bey, le premier commandant la division turque et le second les navires égyptiens, l'attente d'une bataille. La flotte turco-égyptienne avait pris son mouillage sous la direction des officiers français, ayant à leur tête le capitaine de vaisseau en retraite Letellier, qui servaient sur la flotte de Mehemet-Ali. L'amiral de Rigny, en raison des complications qu'il prévoyait, écrivit à ces officiers : « Messieurs, la situation dans laquelle, comme vous le voyez, se trouvent les forces navales ottomanes, bloquées dans le port de Navarin, le manque de parole de Son Altesse Ibrahim-pacha, qui s'était engagé à faire cesser provisoirement les hostilités, tout cela vous montre que vous êtes dans le cas d'avoir à combattre contre votre drapeau national. Vous savez ce que vous risquez. En vous invitant à abandonner le service turc au moment où la flotte ottomane a pris une attitude hostile dont elle doit subir les conséquences, je vous donne un avertissement que vous ne devez pas dédaigner, si vous êtes restés Français. » Aussitôt après avoir reçu cette lettre, le capitaine de vaisseau Letellier, ainsi que les officiers français servant sur la flotte égyptienne remirent leur démission entre les mains de

Moharem-bey, et ils se retirèrent sur un navire de commerce autrichien.

Les dispositions arrêtées de concert, entre les trois amiraux, pour l'entrée des escadres alliées à Navarin, étaient les suivantes: l'*Asia*, le *Genoa* et l'*Albion*, serrant de près la pointe est de la baie, prolongeaient l'aile gauche de l'armée ottomane jusqu'à la hauteur des deux premiers vaisseaux turcs. L'amiral de Rigny, avec sa division, occupait l'espace compris entre le dernier vaisseau anglais et l'extrémité sud de l'aile gauche. La frégate française, l'*Armide*, devait se placer par le travers de la frégate mouillée à l'extrémité de l'aile droite des Turcs ; les frégates anglaises le *Glascow*, le *Talbot* et le *Cambrian*, mouillaient sur l'avant de l'*Armide*. Le capitaine de la frégate, le *Darmouth*, ayant les avisos sous sa direction, était spécialement chargé de la surveillance des brûlots. Le contre-amiral de Heiden, avec ses quatre vaisseaux, prenait position à la suite des vaisseaux anglais, et ses quatre frégates remplissaient l'intervalle compris entre le dernier vaisseau russe et la ligne des frégates l'*Armide*, le *Glascow*, le *Cambrian* et le *Talbot*. En conséquence, l'escadre combinée, à l'exception du *Darmouth* et des avisos chargés de surveiller les brûlots, se développait tout entière le long de la première ligne des Ottomans. En prenant, pour point de départ, l'extrémité sud de l'aile gauche de la flotte turque, les alliés devaient être rangés, après avoir pris leur poste, dans l'ordre suivant: la *Sirène*, le *Trident*, le *Scipion*, le *Breslaw*, les trois vaisseaux anglais, les vaisseaux de l'amiral de Heiden, ses frégates et quatre frégates, trois anglaises et une française. Dans la situation qu'elle occupait, l'armée ottomane appuyait l'extrémité de son aile droite sur les batteries de l'île Sphactérie et l'extrémité de son aile gauche sur le fort de Navarin.

L'amiral Codrington, prévoyant les obstacles que les capitaines pourraient rencontrer, s'il advenait que l'action fût engagée avant que tous les navires eussent pris leur mouillage, termina l'ordre, résumant les dispositions arrêtées, par cette phrase empruntée au mémorandum que Nelson avait adressé à son armée, la veille de la bataille de Trafalgar : « Un capitaine doit se considérer comme étant à son poste quand il a placé son vaisseau bord à bord avec un vaisseau ennemi. » On ne pouvait faire une application plus juste de la doctrine du célèbre amiral anglais ; les événements devaient, en effet, montrer qu'un certain nombre de bâtiments éprouveraient de grandes difficultés à prendre leur poste et que d'autres ne pourraient y parvenir. L'ordre était donné d'affourcher avec une embossure sur chaque ancre ; on avait renoncé à mouiller une ancre à l'arrière dans la crainte que les Turcs ne vissent, dans cette manœuvre, l'intention bien arrêtée de les attaquer. Les bâtiments alliés entraient à Navarin, prêts à combattre, mais avec l'ordre formel de ne tirer que dans le cas où ils seraient attaqués ; si une collision devait se produire, les amiraux ne voulaient pas être les assaillants.

II

Le 20 octobre, vers midi, l'escadre combinée se trouvait en calme à petite distance de la baie de Navarin ; la brise s'étant levée du sud-ouest, elle se dirigea vers le mouillage de la flotte turco-égyptienne, rangée sur deux colonnes. La première, celle du vent, comprenait l'*Asia*, de quatre-vingt-quatre, portant le pavillon de l'amiral Codrington, le *Genoa* et l'*Albion*, de soixante-quatorze; la *Sirène*, de cinquante-deux, portant le pavillon de l'amiral de Rigny, les vaisseaux de soixante-quatorze, le *Scipion*, le *Trident* et le *Breslaw*. Les frégates, le *Glascow*, de cinquante, le *Cambrian*, de quarante-huit, le *Darmouth*, de quarante deux, et le *Talbot*, de vingt-huit, la corvette la *Rose*, de dix-huit, les bricks, de dix, le *Mosquito*, le *Brisk*, la *Philomèle*, la frégate l'*Armide*, de trente-six, le brick l'*Alcyone* et la goélette la *Daphné* se tenaient sous le vent de la première colonne. La seconde, naviguant à gauche de la première, comprenait les vaisseaux de soixante-quatorze, l'*Azoff*, le *Gargonte*, l'*Ezéchiel*, l'*Alexandre Newsky*, et les frégates *Constantin*, de cinquante, le *Prosvernoy*, l'*Eléna* et le *Castor*, de quarante-huit.

Vers une heure et demie, l'*Asia*, sous une voilure réduite, pénétra dans la baie. Un canot, faisant force de rames, aborda le vaisseau anglais; ce canot portait un officier, chargé de signifier à l'amiral Codrington la défense faite par Ibrahim-pacha de recevoir l'escadre combinée dans la baie de Navarin. « Je suis venu, répondit l'amiral, pour donner des ordres et non pour en recevoir; si les Turcs tirent un seul coup de canon, leur flotte sera anéantie. » Le vaisseau de l'amiral Codrington, inclinant sur sa droite, prolongea l'aile gauche de l'armée ottomane et mouilla entre le vaisseau que montait le commandant en chef de l'escadre turque, Tahir-pacha, et une frégate, à deux batteries, portant le pavillon de Moharem-bey, sous les ordres duquel était placée l'escadre égyptienne. Le *Genoa* prit son poste sur l'arrière de l'*Asia*, tandis que l'*Albion*, dépassant le vaisseau amiral anglais, jetait l'ancre sur son avant. La frégate de l'amiral de Rigny, capitaine Robert, vint, par une manœuvre hardie, se placer au milieu de trois frégates égyptiennes mouillées à l'extrémité de l'aile gauche. L'armée ottomane, à la vue des alliés se dirigeant sur Navarin, avait raidi ses embossures pour rectifier sa position et pris toutes les dispositions de combat; elle assistait silencieuse à l'entrée de l'escadre combinée dont la manœuvre, on doit le reconnaître, avait une apparence menaçante. Les vaisseaux anglais et la *Sirène* serraient leurs voiles, et la musique de l'*Asia* recevait l'ordre de monter sur le pont pour jouer l'air national turc, lorsque, au moment où tout semblait annoncer un dénouement pacifique, un incident modifia subitement cette situation.

Le *Darmouth*, qui avait mouillé à l'entrée de la baie, se trouvait très près d'un brûlot; le capitaine anglais envoya des embarcations à bord de ce bâtiment pour demander que les brûlots fussent éloignés du mouillage des alliés. Le capitaine turc, apercevant plusieurs canots qui se dirigeaient sur son navire, eut-il la pensée que l'on voulait en prendre possession, méconnut-il, avec intention, le caractère du pavillon parlementaire, que portaient les embarcations du *Darmouth*, fut-ce enfin le résultat de l'indiscipline de l'équipage ou d'une erreur dans le commandement? Quoi qu'il en soit, une fusillade très vive accueillit les Anglais; un lieutenant de vaisseau et plusieurs hommes tombèrent mortellement atteints. Le *Darmouth*, auquel se joignit immédiatement la *Sirène*, protégea la retraite de ses canots par un feu de mousqueterie. L'amiral de Rigny, hélant au porte-voix la frégate l'*Esmina*, mouillée à portée de pistolet, fit connaître à son capitaine que, s'il ne commettait aucun acte d'hostilité, la *Sirène* ne tirerait pas. A ce moment, des coups de canon se firent entendre; ils partaient d'un navire égyptien placé en seconde ligne. Un boulet tua un homme à bord de la *Sirène*; la frégate française répondit par toute sa bordée.

Le commandant de l'escadre égyptienne, Moharem-bey, dont la frégate se trouvait près de l'*Asia*, informa l'amiral Codrington que son intention était de ne pas tirer. L'amiral anglais expédia immédiatement un officier à Moharem-bey pour l'assurer qu'aucun acte d'hostilité ne serait commis contre lui. L'officier anglais, après avoir rempli sa mission, se retirait avec un Grec, pilote de l'*Asia*, qui l'accompagnait en qualité d'interprète; descendu dans son embarcation, il allait s'éloigner du navire égyptien lorsqu'un homme de l'équipage, se penchant par un sabord, tua le pilote d'un coup de pistolet. Un moment après, la frégate de Moharem-bey envoya sa bordée à l'*Asia*, déjà engagée avec un vaisseau turc. Le fort de Navarin et les batteries de l'île Sphactérie ouvrirent immédiatement leur feu sur l'escadre combinée.

Le *Trident*, capitaine Morice, mouilla près de la *Sirène* à laquelle il apporta un concours d'autant plus utile que cette frégate luttait seule, depuis plus d'une heure, contre plusieurs adversaires ; le *Trident* partagea son feu entre les navires ottomans et la citadelle de Navarin. Le *Scipion*, capitaine Milius, arrivait à l'entrée de la rade lorsqu'un brûlot, habilement **manœuvré**, l'aborda par l'avant ; quatre fois le feu se déclara à bord du vaisseau français, et, chaque fois, on parvint à l'éteindre sans que le tir fût interrompu. Le capitaine Milius se dégagea du brûlot et le coula ; porté, pendant sa manœuvre, vers la partie occidentale de la baie, le *Scipion* combattit l'aile droite de l'ennemi. L'*Armide*, capitaine Hugon, se dirigeait vers son poste, lorsqu'elle aperçut la frégate, de vingt-huit, le *Talbot*, luttant contre trois bâtiments. Le capitaine Hugon, manœuvrant avec une hardiesse et une habileté qui furent saluées par les acclamations de l'équipage du *Talbot*, se plaça entre ce bâtiment et son principal adversaire ; la frégate française, qui avait coulé un brûlot à coups de canon, fut préservée de l'atteinte d'un second par la corvette anglaise la *Rose*. Peu après, la frégate que combattait l'*Armide*, amena son pavillon. Les Russes, retenus par la faiblesse de la brise, arrivaient lentement ; il était trois heures lorsque le contre-amiral de Heiden prit position, avec ses huit bâtiments, le long de la ligne ottomane, dans l'espace compris entre les bâtiments qui combattaient l'aile droite de la flotte turco-égyptienne et les vaisseaux de l'amiral Codrington. Le vaisseau l'*Azoff*, portant le pavillon du contre-amiral de Heiden, était le bâtiment le plus rapproché des Anglais.

Le *Breslaw*, capitaine Botherel de la Bretonnière, serre-file de la première colonne, entra dans la baie au milieu d'une fumée tellement épaisse qu'on distinguait à peine les alliés des ennemis ; après avoir évité, par une brusque embardée, un brûlot qui venait d'être aperçu, à petite distance, sur son avant, il aborda le brick l'*Alcyone*. Lorsque le *Breslaw* fut dégagé, le capitaine Botherel de la Bretonnière n'était plus en position de prendre son poste près de la *Sirène*. S'apercevant que le vaisseau l'*Azoff* avait de nombreux adversaires, le capitaine du *Breslaw* mouilla entre l'*Albion* et l'*Azoff*, comblant ainsi le vide qui existait dans la ligne des alliés. Le *Darmouth*, les avisos anglais, les bâtiments français, l'*Alcyone*, capitaine Turpin, et la *Daphné*, capitaine Férétrier, chargés de la surveillance des brûlots ne négligeaient rien pour assurer le succès de leur mission. Le *Darmouth* avait détourné un brûlot qui était sur le point d'atteindre la *Sirène*.

On se battait, de part et d'autre, avec une extrême vigueur, mais, à mesure que la journée s'avançait, le feu de l'armée turco-égyptienne allait s'affaiblissant. Les bâtiments ennemis, à travers lesquels le canon des alliés avait pratiqué d'énormes brèches, étaient dans le plus grand délabrement; il leur restait à peine quelques pièces en état de tirer et leurs batteries étaient encombrées de morts et de mourants. Bientôt le désordre se mit dans les bâtiments de la première ligne; des navires dévorés par l'incendie sautaient, menaçant d'entraîner leurs adversaires avec eux dans l'abîme. La frégate égyptienne l'*Esmina*, que la *Sirène* combattait vergue à vergue, disparut au milieu d'une explosion formidable qui amena la chute du mât d'artimon de la frégate française, et couvrit son pont de débris enflammés. Des bâtiments, faisant eau de toute part, coulaient sous les bordées des assaillants. Les petites frégates et les corvettes, composant la seconde ligne, trop faibles pour résister au feu des alliés, coupaient leurs câbles et s'éloignaient. A cinq heures, les derniers coups de canon furent tirés sur la rade; au même moment les forts cessèrent leur feu. Rarement désastre, subi par une flotte, fut plus grand, et rarement aussi un champ de bataille offrit un plus affreux spectacle. On apercevait des navires en flammes; des mâts, des vergues, des débris couvraient la rade; des carcasses allaient en dérive et on entendait de continuelles explosions.

Les escadres alliées comptaient six cent trente-huit hommes atteints par le feu des Ottomans. La division française avait quarante-trois tués et cent vingt-cinq blessés; les Anglais, cinquante-neuf tués et cent trente-neuf blessés, et les Russes soixante-quinze tués et cent quatre-vingt-dix-sept blessés. Les pertes des Français se trouvaient réparties, ainsi qu'il suit, entre les différents bâtiments de la division : la *Sirène* avait vingt-trois tués, au nombre desquels étaient l'élève de première classe Dussénié et le drogman de l'amiral, M. Fleurat, et quarante-deux blessés; le *Scipion*, deux tués, dont un officier, l'enseigne de vaisseau Tulissac, et vingt et un blessés; le *Trident*, sept blessés, et le *Breslaw*, quinze, comprenant le commandant, le capitaine de vaisseau Botherel de la Bretonnière; la frégate l'*Armide* avait quatorze tués et vingt-cinq blessés; l'*Alcyone*, un tué et dix blessés, l'enseigne Dubourdieu était au nombre de ces derniers, et la *Daphné*, deux tués, dont un officier, l'enseigne de vaisseau Simian, et cinq blessés.

On a vu que, sur les quarante-trois tués et les cent vingt blessés de la division française, la *Sirène* comptait vingt-cinq tués et quarante-deux blessés. La *Sirène* et les vaisseaux anglais avaient été canonnés, pendant un temps assez long, par la presque totalité de l'armée ottomane ; or, c'était à ce moment que la flotte turco-égyptienne, alors sans avaries, avait fait le feu le plus vif. Ainsi, l'*Armide*, qui s'était placée, dès le début de l'action, au milieu de plusieurs bâtiments ennemis, pour couvrir le *Talbot*, avait fait des pertes sensibles.

Les Osmanlis s'étaient battus avec un véritable acharnement ; un seul bâtiment avait amené son pavillon, c'était la frégate turque, la *Sultania*, amarinée par l'*Armide*, capitaine Hugon. Si nos adversaires s'étaient distingués par leur courage, leur infériorité, au point de vue du savoir, avait été manifeste. Leurs premières volées firent du mal aux alliés, mais le feu s'était à peine étendu à toute la ligne que le délabrement de leur flotte commençait. Si le tir des Ottomans avait été efficace, et, à la distance à laquelle on se battait, il aurait eu cet avantage, à la seule condition d'être rapide, la *Sirène* et les trois vaisseaux anglais, exposés au feu de la plus grande partie, si ce n'est de la totalité des navires de la première ligne et de quelques-uns de la seconde, auraient été très maltraités avant d'être secourus par les navires qui les suivaient. Lorsque tous les bâtiments alliés, c'est-à-dire dix vaisseaux et dix frégates, se trouvèrent bord à bord avec les bâtiments de la première ligne, le résultat ne pouvait être douteux. Mais ce qui constitua le véritable désavantage des Turcs, ce fut la situation particulière dans laquelle se trouvaient les deux armées, obligées de se considérer comme étant en paix, alors que, de part et d'autre, on regardait le combat comme inévitable. Il en résulta que les trois vaisseaux anglais et la *Sirène* eurent toute liberté de prendre leur poste de combat ; ces quatre bâtiments purent s'embosser sans éprouver le moindre trouble pendant le cours de cette opération. Commençant le feu, ainsi disposés, n'ayant à distraire aucun homme du service des pièces pour la manœuvre, leurs premières bordées furent terribles et amenèrent la destruction immédiate des navires qui leur étaient directement opposés. Il n'en eût pas été de même si, à la suite de quelque incident, le combat s'était engagé au moment où l'*Asia* se présentait en rade. Habilement formée, soutenue par les forts, la flotte turco-égyptienne aurait rendu difficile l'entrée des premiers navires de la colonne Codrington, et ceux-ci ne seraient pas arrivés à leur poste sans avoir subi de grandes pertes. Enfin, les six brûlots turcs, placés à l'entrée de la rade, n'étant pas sous la surveillance du *Darmouth*, surveillance que cette frégate avait eu le temps d'organiser, auraient joué un rôle dangereux pour nous. Dans ces conditions, le succès nous aurait certainement coûté cher.

Il ressort de ce qui précède un enseignement qu'il convient de mettre en évidence. Les alliés, ayant un objectif précis, déterminé, sachant, par conséquent, très bien ce qu'ils voulaient, résolurent de se placer bord à bord de la flotte ottomane; ils recueillirent les bénéfices qui résultent presque toujours des décisions énergiques. Trois vaisseaux et plusieurs frégates purent, sans recevoir un coup de canon, prendre une position qui eut, sur l'issue du combat, une influence décisive. Les Ottomans, au contraire, hésitant entre la résistance et la soumission aux injonctions des trois amiraux, n'avaient pas arrêté nettement la ligne de conduite convenant le mieux à leur situation. La formation de leur flotte, dont tous les navires, régulièrement embossés, avaient leurs canons tournés vers la rade, indiquait l'intention de combattre ; d'autre part, après avoir informé l'amiral Codrington que l'accès de la rade était, de par la volonté d'Ibrahim-pacha, interdit aux navires alliés, Tahir-pacha et Moharem-bey laissèrent ceux-ci continuer leur route. Le combat étant survenu, les Ottomans se trouvèrent, par leur manque de décision, frustrés d'une partie des avantages résultant des dispositions habiles qu'ils avaient prises.

La flotte turco-égyptienne perdit soixante bâtiments de guerre, savoir : un vaisseau, trois frégates, à deux batteries, neuf frégates, vingt-deux corvettes, dix-neuf bricks, une goélette et cinq brûlots. On ne put connaître avec exactitude les pertes en hommes, mais il y a lieu de croire que le chiffre des tués et des blessés dépassait quatre mille.

Les alliés exercèrent, pendant la nuit, une surveillance très active sur les mouvements des Ottomans ; ils réparèrent leurs principales avaries et se tinrent prêts à canonner les forts si ceux-ci ouvraient leur feu sur la flotte combinée. Le lendemain 21 octobre, les amiraux adressèrent à Ibrahim-pacha, Tahir-pacha et Moharem-bey, une note dans laquelle, après avoir rappelé les motifs qui avaient amené les trois escadres dans la baie de Navarin, ils disaient : « Si les chefs turcs, reconnaissant l'agression qu'ils ont commise en commençant le feu, s'abstiennent de tout acte d'hostilité, nous reprendrons les relations de bonne intelligence, qu'ils ont eux-mêmes interrompues. Dans ce cas, ils arboreront le pavillon blanc sur tous les forts avant la fin de ce jour. Nous demandons une réponse catégorique avant le coucher du soleil. » Après avoir pris connaissance de cette note, Tahir-pacha se rendit à bord de l'*Asia* ; il eut, avec l'amiral Codrington, un entretien pendant lequel les conditions d'un armistice provisoire furent arrêtées. Quelques jours s'écoulèrent sans qu'il se produisît aucun incident donnant lieu de croire que les Ottomans étaient disposés à se soustraire aux engagements qu'ils avaient pris. Le 26 octobre, les alliés s'éloignèrent, ne laissant, dans Navarin, qu'une faible division. Les Russes et les Anglais se rendirent à Malte pour se réparer. L'amiral de Rigny fit partir pour Toulon les bâtiments n'étant pas en état, par suite des avaries éprouvées le 20 octobre, de continuer la campagne; la frégate la *Sirène* se trouvant au nombre de ces bâtiments, il mit son pavillon sur le vaisseau le *Trident*, qui put être réparé avec les ressources de la division,

L'issue du combat de Navarin touchait à trop d'intérêts pour ne pas avoir, en Europe, un grand retentissement. La nouvelle de la victoire, remportée sur les Ottomans, bien accueillie en Russie et en France, produisit, dans les sphères gouvernementales de l'Angleterre, une surprise très désagréable; jamais le cabinet de Saint-James n'avait pu croire que la destruction des forces navales de la Turquie serait la conséquence de sa propre conduite. En signant la convention de Saint-Pétersbourg, en 1826, et le traité de Londres, l'année suivante, le gouvernement britannique s'était proposé bien plus de surveiller la Russie que de favoriser l'insurrection des Hellènes. Il était convaincu que la question grecque aurait un dénouement pacifique; trompés dans leurs espérances, les ministres accusèrent l'amiral Codrington d'avoir agi avec trop de précipitation. On oubliait, à Londres, les instructions adressées à cet amiral et les commentaires que l'ambassadeur de la

Grande-Bretagne, à Constantinople, y avait joints. Sir Stratford écrivait à l'amiral Codrington: « Vous n'avez à prendre parti pour aucun des belligérants. Votre rôle consiste à vous placer entre eux et à obtenir, à l'aide de votre porte-voix, qu'ils vivent en paix. Mais, ainsi qu'on a l'habitude de le faire, pour maintenir un blocus, aussi bien contre ses amis que contre ses ennemis, vous devez, si vous ne pouvez faire autrement, avoir recours à la force. » Enfin, en supposant que l'amiral Codrington, peu soucieux de son honneur, consentît à favoriser les desseins secrets de son gouvernement, il devenait nécessaire qu'il se séparât des amiraux de Rigny et de Heiden. Ceux-ci, ne voulant pas être plus longtemps le jouet des Turcs, étaient bien décidés à imposer leurs conditions à Ibrahim-pacha par la force, puisque tous les moyens employés jusque-là n'amenaient aucun résultat.

Convaincu que le combat de Navarin ouvrait l'ère de nouvelles difficultés, le cabinet des Tuileries regrettait que les négociations entamées avec Ibrahim-pacha ne se fussent pas terminées pacifiquement, mais il ne confondit pas, ainsi que le faisaient les Anglais, la question politique avec la question militaire. Le contre-amiral de Rigny, vivement félicité pour sa conduite avant et pendant le combat, fut nommé vice-amiral, et il obtint toutes les récompenses qu'il demanda pour le personnel de son escadre. Il y avait, d'ailleurs, dans les événements que nous venons de rapporter, un côté convenant au gouvernement ; la part brillante prise par nos bâtiments au combat de Navarin, les éloges décernés par l'opinion publique à plusieurs capitaines qui s'étaient distingués d'une manière particulière, devaient faciliter la tâche des ministres, le jour où ils demanderaient une augmentation dans le budget de la marine, permettant de donner à nos forces navales un plus grand développement.

Depuis le commencement de l'insurrection grecque, le commerce maritime avait perdu, dans le Levant, toute sécurité. Des pirates, sortis des îles de l'Archipel, pillaient les navires marchands et maltraitaient les équipages. Les représentations faites par les amiraux des puissances alliées, restaient sans effet, et le mal allait sans cesse en grandissant. En 1827, on pouvait dire que les neutres étaient les seuls qui eussent à souffrir des armements maritimes de la Grèce. Au commencement du mois d'octobre de cette même année, l'amiral de Rigny écrivit à la commission du gouvernement grec une lettre extrêmement sévère qu'il terminait par la déclaration suivante : « Je regarde, disait l'amiral, les lettres de marque comme nulles et non avenues, quel que soit le corsaire qui les ait obtenues ; les croiseurs grecs qui franchiront la ligne tracée de Volo à Lépante à onze ou douze milles de la côte grecque, pourront être arrêtés et détenus selon les circonstances ; les îles d'Hydra et de Spezzia sont solidairement responsables des pirateries exercées par les bâtiments hydriotes et spezziotes. Je désire, ajoutait l'amiral, ne pas être dans le cas de prendre les mesures sévères qui m'ont été prescrites par mon gouvernement en cas de besoin. » L'amiral Codrington fit parvenir une lettre, tendant au même but, à la commission du gouvernement, mais cette commission ne pouvait ou peut-être n'osait s'opposer aux entreprises illicites des corsaires qui se couvraient du pavillon grec, En conséquence, les amiraux des trois puissances, un peu plus libres de leurs mouvements depuis la destruction de la flotte turco-égyptienne, résolurent de recourir à des moyens énergiques pour débarrasser l'Archipel des pirates qui l'infestaient.

Le lieutenant de vaisseau Hamelin, capitaine de la gabare la *Lamproie*, rencontra, sur les côtes de Syrie, le brick grec, le *Panayoti*, monté par soixante-six hommes d'équipage ; le capitaine de la *Lamproie* captura ce navire, soupçonné d'avoir commis des actes de piraterie, et le conduisit à Alexandrie où se trouvait la frégate la *Magicienne*, commandée par le capitaine de vaisseau Cornette Saint-Cyr de Venancourt. Une enquête, à laquelle il fut procédé immédiatement, ne laissa aucun doute sur le rôle joué par le *Panayoti*; on acquit la preuve que ce brick avait pillé plusieurs navires marchands sur la côte de Caramanie. Le commandant de la *Magicienne* donna à un officier de son bâtiment, l'enseigne de vaisseau Bisson, le commandement du brick dont l'équipage se composa du pilote côtier de la frégate, le second maître Trémintin, et de quatorze matelots. Six hommes de l'équipage du *Panayoti* furent laissés à bord de ce navire, et les soixante autres passèrent sur la *Magicienne*. Cette frégate et le *Panayoti* quittèrent Alexandrie le 1er novembre 1827 ; les deux bâtiments devaient naviguer de conserve, mais, quelques jours après le départ, le *Panayoti* perdit la frégate de vue. Le brick fut contraint, par le mauvais temps, de relâcher dans une des baies de l'île de Stampalie.

Par suite d'un défaut de surveillance, deux des Grecs, restés à bord, se jetèrent à la mer et gagnèrent la côte à la nage ; par eux, les gens, prêts pour tout coup de main qui se trouvaient dans l'île, purent connaître, ce qui fut évidemment la cause déterminante de l'attaque dont nous allons parler, la faiblesse de l'équipage français. Le 6 novembre, à dix heures du soir, deux mysticks furent aperçus, doublant une des pointes de la baie ; ces deux embarcations serrèrent leurs voiles et se dirigèrent, à force de rames, sur l'avant du brick. On ne tarda pas à reconnaître qu'elles étaient chargées de monde ; aucun doute n'était possible, le *Panayoti* allait être attaqué. A bord du brick, toutes les dispositions de combat avaient été prises ; les quatre pièces étaient chargées, les armes montées sur le pont et l'équipage à son poste. Bisson, qui surveillait les mouvements des embarcations, après les avoir hélées plusieurs fois sans obtenir de réponse, ordonna de commencer le feu ; les deux embarcations, tout en ripostant par une vive fusillade, continuèrent leur route et abordèrent le brick. Que pouvait Bisson, avec le second maître Trémintin et quatorze matelots, contre les cent quarante hommes, c'est le chiffre indiqué par l'amiral de Rigny, que portaient les deux mysticks? Du moment que ces deux embarcations avaient pu accoster, la perte du brick était inévitable.

Ne parvenant pas à contenir les pirates qui avaient envahi le gaillard d'avant, voyant, d'autre part, la presque totalité de ses hommes hors de combat, Bisson, blessé, couvert de sang, revint vers l'arrière. Frémissant à la pensée que le navire, placé sous son commandement, pût lui être enlevé par de tels ennemis, il avait pris une héroïque détermination. « Que les survivants, dit-il à Trémintin, se jettent à la mer ; quant à moi, je vais en finir avec ces brigands. » Se rendant rapidement dans la partie du navire où étaient déposées les munitions, il mit le feu aux poudres et périt dans l'explosion. Quatre matelots, qui s'étaient jetés à la mer, arrivèrent à terre avec des blessures légères; Trémintin, resté à bord du *Panayoti*, fut trouvé sur le rivage avec un pied fracassé et le corps meurtri; non loin gisaient les corps de trois Français et les cadavres de soixante-dix Grecs. Bisson n'était pas mort sans vengeance.

Trémintin, auquel incombait le devoir de rendre compte de la perte du *Panayoti*, adressa à l'amiral de Rigny le rapport suivant : « Une des embarcations, dit-il, nous aborda par-dessous le beaupré, l'autre par la joue de bâbord. Plusieurs des nôtres avaient déjà succombé. En un instant, malgré tous nos efforts, malgré ceux de notre brave capitaine, plus d'une centaine de Grecs furent sur notre pont. Une grande partie s'affala aussitôt dans la cale pour piller. Je combattais à tribord, près du capot de la chambre. Le capitaine avait été repoussé du gaillard d'avant. Il vint à moi, tout couvert de sang et me dit : « Ces brigands sont maîtres « du navire; la cale et le pont en sont remplis; c'est le « moment de terminer l'affaire. » Il sauta aussitôt sur le tillac de l'avant-chambre qui n'était qu'à trois pieds au-dessous du pont. C'est là qu'on avait déposé les poudres. Il tenait une mèche cachée dans sa main gauche. Dans cette position, il avait près de la moitié du corps en dehors du panneau. Il me donna l'ordre d'engager les Français qui survivaient encore à se jeter à la mer; puis, me serrant la main : « Adieu, pilote, dit-il, « je vais tout finir. » Peu de secondes après, l'explosion eut lieu, et je sautai en l'air. »

La sœur du brave Bisson reçut une pension de

quinze cents francs, à titre de récompense nationale; le gouvernement n'oublia pas Trémintin qui fut décoré et nommé enseigne de vaisseau. La conduite héroïque de Bisson, faisant sauter son bâtiment plutôt que de le livrer aux pirates, provoqua l'admiration en France et à l'étranger et elle souleva la colère des peuples et des gouvernements contre les bandits qui déshonoraient une cause pour laquelle la France, la Russie et l'Angleterre avaient versé leur sang. Le 29 novembre 1827, M. de Chabrol, ministre de la marine, écrivit à l'amiral de Rigny pour l'informer des dispositions prises par les trois puissances dans le but de mettre un terme à un état de choses qui avait trop duré. Nos bâtiments recevaient l'ordre de « saisir et d'envoyer à Toulon tout navire armé qu'ils rencontraient à la mer sous pavillon grec ». Ces ordres simples, précis, dégagés de toute obscurité, allaient rendre facile le rôle de nos croiseurs. Grâce à l'activité déployée par les bâtiments alliés, la piraterie diminua rapidement et, à la fin de 1828, toute sécurité était rendue à la navigation commerciale. La destruction de la flotte turco-égyptienne avait eu pour résultat d'établir, sur mer, un armistice de fait, mais elle n'avait exercé aucune action sur les opérations d'Ibrahim qui continuait à dévaster la Morée. La France rendit alors à la Grèce un service que celle-ci ne devrait jamais oublier. Le marquis de Maison, lieutenant-général, pair de France, débarqua, le 30 août 1828, avec dix mille hommes, dans le golfe de Coron, où il fut rejoint, peu après, par un second convoi amenant cinq mille soldats. La Turquie, engagée dans une guerre avec la Russie, ne pouvait entrer en lutte avec nous.

En vertu d'une convention conclue avec le vice-roi d'Egypte, Ibrahim-pacha embarqua son armée et prit la route d'Alexandrie. Les places occupées par les Turcs se rendirent successivement, à l'exception du château de Morée, devant lequel nos troupes mirent le siège. Les bâtiments de la station prêtèrent un concours très actif à cette opération; on mit à terre, pour faire brèche, des pièces de gros calibre qui furent servies par des marins. Le 1er novembre, au moment où nous nous préparions à donner l'assaut, la place capitula. La Morée appartenait désormais à la Grèce.

L'amiral de Rigny, après avoir annoncé au ministre la prise du château de Morée, ajoutait : « Avant même que le surcroît de forces, amené par le général en chef, fût arrivé, le général Schneider, aidé du secours des frégates de S. M. Mme la Duchesse de Berry, l'*Armide*, la *Didon*, et des frégates de S. M. B. la *Blonde* et le *Talbot*, avait fait établir huit pièces de dix-huit en batterie ; d'autres, également débarquées, allaient être montées : l'arrivée du *Conquérant* et des transports portant l'artillerie de siège, permit d'y ajouter deux pièces de vingt-quatre de ce vaisseau et les pièces de siège, ainsi que deux mortiers et deux obusiers.

. . . .

« La marine a eu cinq blessés, dont quatre du *Conquérant* et un de l'*Armide*. »

Nous avons vu que la Restauration avait complètement modifié l'organisation des ports. Une ordonnance royale du 29 novembre 1815, rendue sur la proposition de M. Dubouchage, appelé au ministère de la marine, le 24 septembre 1815, supprima les préfets maritimes qui représentaient, dans les ports, l'unité de pouvoirs.

La marine avait vu avec regret disparaître le régime des préfectures et elle en désirait le retour. M. de Chabrol, adoptant, sur ce point, la manière de voir des officiers de marine, revint au système suivi sous l'empire. Les préfectures maritimes furent rétablies. Voici en quels termes le ministre défendit l'unité de pouvoirs dans les ports : « Considérant, disait l'ordonnance du 27 décembre 1826, que la division des pouvoirs qui fait la base du système des ports, n'a pas réalisé les avantages qu'on avait cru pouvoir en attendre ; que la double action, exercée par les commandants et intendants de la marine, lors même qu'elle ne donne pas lieu à des froissements, produit des complications de forme préjudiciables au service ; que, dans nombre de circonstances, les attributions du commandant et de l'intendant, confondues ou mal définies, produisent des conflits d'autorité, d'où résultent des lenteurs incompatibles avec la célérité d'action qui doit caractériser les opérations de la marine militaire, que la part de chacun des deux pouvoirs aux mesures qu'ils sont appelés à prendre en commun, ne peut pas être assez exactement appréciée pour qu'on puisse attribuer à chacun d'eux la responsabilité qu'il devrait offrir, et que le gouvernement doit pouvoir trouver dans tous les agents chargés de l'exécution de ses ordres, etc... »

LIVRE III

Expédition à Madagascar. — Difficultés existant entre la France et la régence d'Alger. — On reconnaît l'impossibilité de les résoudre par la voie diplomatique. — La France déclare la guerre au dey. — Blocus des côtes de l'Algérie. — Perte des bricks le *Silène* et l'*Aventure*. — Expédition d'Alger. — Rôle de la marine. — Prise d'Alger. — Bône tombe entre nos mains. — Soumission du bey d'Oran. — Révolution de juillet. — Création de trois places d'amiraux. — Suppression de l'école d'Angoulême. — L'école navale est établie à bord d'un vaisseau mouillé sur la rade de Brest. — L'amiral Roussin force l'entrée du Tage et mouille devant Lisbonne. — Mérite de cette entreprise. — Occupation d'Ancône. — Blocus des côtes de Hollande. — Prise de la citadelle de Bône et de la ville de Bougie.

I

Quoique les traités de 1815 eussent reconnu les anciens droits de la France sur Madagascar, ce fut seulement en 1818 qu'une expédition se présenta pour les revendiquer. Le fort Dauphin, Sainte-Lucie, Tamatave et Foulpointe rentrèrent sous notre domination. Le chef des Hovas, Radama, obéissant à ses propres inspirations ou poussé par les Anglais, déclara qu'il considérait comme nulle toute prise de possession faite sans son assentiment. En conséquence, il occupa les points dont il nous contestait la propriété. Des négociations, entamées pour arriver à une entente entre les Hovas et les Français, n'aboutirent à aucun résultat. La force seule pouvait amener la reconnaissance de nos droits, et la résistance de Radama venait surtout de ce qu'il nous croyait peu disposés à l'employer.

Au mois de juillet 1829, le capitaine de vaisseau Gourbeyre, commandant la frégate, de soixante, la *Terpsichore*, parut sur les côtes de Madagascar ; il avait, sous ses ordres, la corvette de charge, la *Nièvre*, les gabares la *Chevrette* et l'*Infatigable*, la goélette le *Colibri* et le transport le *Madagascar*. Quelques compagnies d'infanterie et un détachement d'artillerie, empruntés à la garnison de Bourbon, étaient embarqués sur les navires de la division. Le commandant Gourbeyre reprit possession de Tintingue, qu'il mit en état de défense, et il vint mouiller devant Tamatave. Lorsque l'artillerie des bâtiments eut détruit les fortifications, deux cent cinquante hommes, soldats et matelots, mis à terre, battirent les Hovas, qui tentaient de résister, en leur infligeant des pertes sensibles. Les canons, les fusils et les munitions, restés dans les forts, tombèrent entre nos mains. La division fit alors route sur Foulpointe où elle arriva le 26 octobre. Le lendemain matin, les bâtiments ayant ouvert le feu sur les batteries des Hovas, celles-ci furent promptement réduites au silence. Les hommes qui les occupaient se retirèrent derrière une redoute située à quelque distance de la côte. Trois cents hommes environ, comprenant des fantassins, des artilleurs et des matelots, furent débarqués. Cette petite troupe traversa la ville, qui semblait abandonnée, et s'engagea dans la campagne ; conduite peut-être avec la confiance que donnait le succès obtenu à Tamatave, elle marchait sans observer beaucoup d'ordre. Le détachement venait de franchir une des buttes sablonneuses qui séparent la ville de la plaine, lorsqu'une décharge, partant de la redoute, vint l'assaillir. Les hommes, surpris, ne se rendant pas compte de la situation, se crurent environnés d'ennemis et ils s'enfuirent, laissant derrière eux onze morts, au nombre desquels figurait le chef du détachement. Comprenant qu'il ne devait pas partir avant d'avoir vengé cet échec, le commandant Gourbeyre mouilla devant la pointe à Larée où les Hovas avaient établi un poste militaire. Lorsque l'artillerie eut fait, dans le fort, une brèche suffisante, quatre cents hommes furent débarqués. Ce détachement prit d'assaut la position, poursuivit les Hovas et les mit en déroute. On trouva, dans le fort, un grand nombre de morts; huit canons et une vingtaine de prisonniers tombèrent entre nos mains. La mauvaise saison, qui commençait, et, d'autre part, la nécessité de faire des vivres, déterminèrent le commandant Gourbeyre à quitter la côte.

La régence d'Alger nous donnait de continuels sujets de plainte, et les réclamations adressées au dey pour obtenir les réparations dues à notre commerce, restaient sans résultat. En mai 1827, le dey, ayant, dans une audience solennelle, gravement insulté notre consul général, le gouvernement résolut d'agir avec plus de vigueur qu'il ne l'avait fait jusque-là. Une division, comprenant un vaisseau, trois frégates et trois bricks, placée sous les ordres du capitaine de vaisseau Collet, arriva, le 12 juin, devant Alger. Le consul général ainsi que les Français habitant la ville se rendirent à bord de nos navires. Le 15, toute satisfaction nous ayant été refusée, le commandant Collet fit connaître au dey qu'il devait, à partir de ce jour, se considérer comme étant en guerre avec la France. La division, ralliée par plusieurs bâtiments envoyés de Toulon, établit le blocus des côtes de la Régence. Le 4 octobre, onze bâtiments appartenant à la marine du dey furent aperçus se dirigeant vers l'est; la croisière, composée de deux frégates et de quelques bricks, fit immédiatement route pour les joindre. Les Algériens se hâtèrent de rentrer, recevant des boulets qui, par suite de la distance à laquelle ils étaient, leur firent peu de mal.

Plusieurs tentatives faites, en 1828, pour amener le dey à composition, échouèrent. Le contre-amiral de la Bretonnière, qui commandait, en 1829, la division du blocus, présenta de nouvelles propositions d'accommodement au dey d'Alger; non seulement celui-ci les rejeta avec hauteur, mais il donna l'ordre d'ouvrir le feu sur la *Provence*, que montait l'amiral, au moment où ce vaisseau, ayant hissé ses canots et levé son ancre, établissait sa voilure pour gagner le large. La Régence, n'ayant pas de marine marchande, était exposée au seul risque de perdre quelques bâtiments de faible tonnage avec lesquels elle faisait la course. Or, la croisière, quelle que fût sa surveillance, pouvait difficilement empêcher ces navires à petit tirant d'eau, qui sortaient d'Alger, la nuit, en longeant la terre, de profiter d'une occasion favorable pour gagner le large ou rentrer au port. Aussi, malgré les précautions prises par la marine, sur les côtes de la Régence et dans la Méditerranée, les pirates algériens parvenaient à capturer quelques-uns de nos bâtiments de commerce. Le blocus des côtes de l'Algérie n'était pas sans présenter, pour les navires remplissant cette mission, de sérieuses difficultés et même des dangers, ainsi que le montre le naufrage de l'*Aventure* et du *Silène*. Le 15 mai, vers huit heures du soir, ces deux bricks, commandés par les lieutenants de vaisseau d'Assigny et Bruat, se jetèrent à la côte, près du cap Bengut à soixante milles environ dans l'est d'Alger. Ce fut une erreur de 0,13 de latitude et de 1°5 en longitude qui amena la perte de ces deux bâtiments. Ceux-ci furent rapidement portés à terre, et la nécessité de les évacuer s'imposa. Quelques heures après, les équipages, à l'exception d'un seul homme, étaient réunis sur la plage; il fallait se hâter de débarquer des armes, des munitions et des vivres. Quoique la mer fût grosse et déferlât avec violence, des efforts furent immédiatement faits pour arriver à ce résultat, mais les hommes envoyés à bord des deux bricks, où ils parvinrent avec les plus grandes difficultés, trouvèrent les navires remplis d'eau, et toute tentative pour pénétrer dans l'intérieur fut jugée impossible.

Les deux équipages se mirent en marche le long de la côte en se dirigeant vers Alger, mais, dès que le jour se leva, les Kabyles, arrivant en foule, entourèrent les naufragés. Tous eussent été immédiatement massacrés si un Maltais, pris peu de temps auparavant dans un bateau de pêche, devant Oran, par le *Silène*, n'avait affirmé, avec une extrême fermeté, que les deux navires, échoués sous le cap Bengut, étaient anglais. Les Kabyles, leurs yatagans dirigés sur sa poitrine, ne purent obtenir qu'il revînt sur cette déclaration. Des menaces de mort, plusieurs fois répétées, ce jour-là et les jours suivants, trouvèrent le Maltais inébranlable. Les équipages français, quoiqu'ils eussent fait connaître, par l'intermédiaire du Maltais, leur très vif désir d'être conduits à Alger, furent divisés en plusieurs fractions et emmenés dans l'intérieur. Après être restés plusieurs jours dans l'ignorance du sort qui leur était réservé, officiers et matelots furent dirigés sur Alger; après avoir subi les traitements les plus barbares et supporté les plus dures fatigues, ils arrivèrent dans cette ville au nombre de quatre-vingt-douze, alors qu'ils étaient deux cents, le 16 mai, au moment où les deux équipages s'étaient mis en marche. Cent huit hommes avaient été décapités. A leur arrivée, Hussein-dey les fit conduire dans la cour de la Kasbah où ils purent voir les têtes de leurs malheureux camarades.

Le blocus d'Alger, quoiqu'il durât depuis trois ans, ne produisant aucun résultat, le dey persistait dans son refus de nous accorder les réparations que nous étions en droit d'exiger. La France ne pouvait, sans se manquer à elle-même, accepter cette situation. L'action de la marine étant insuffisante, il ne nous restait plus qu'à débarquer sur le sol de la Régence et à imposer notre volonté par les armes. Si nous prenions cette dernière détermination, il était nécessaire d'agir avec des forces telles qu'aucun échec ne fût à craindre; on évaluait à trente ou quarante mille le nombre d'hommes nécessaires pour l'expédition. Après la question militaire, venait la question maritime; il s'agissait d'arriver, sur une côte peu connue, avec une flotte comptant plus de six cents bâtiments, de débarquer l'armée, les vivres, les approvisionnements et de rester en communication avec nos soldats jusqu'au moment où ceux-ci seraient maîtres d'un port. On ne pouvait disconvenir que c'était une opération hardie dont la perspective était quelque peu troublée par les souvenirs du passé; mais nous n'en étions plus aux galères de Charles-Quint, et, d'ailleurs, des renseignements très nets, très précis, venant d'officiers qui avaient fait ou faisaient le blocus d'Alger, établissaient la possibilité de cette entreprise.

Il restait une dernière difficulté, l'opposition de l'Angleterre; cette puissance suivait, avec une attention jalouse, la marche du différend existant entre la France et le dey d'Alger, et elle eût voulu que notre marine seule y prît part. Dès qu'il fut question d'une expédition militaire, le cabinet de Saint-James fit parvenir, à Paris, de très vives représentations. Ni les difficultés maritimes, ni l'attitude de l'Angleterre n'arrêtèrent le gouvernement; les ministres, et en particulier le baron d'Haussez, qui avait le département de la marine, déployèrent, dans la conduite de cette affaire, une très grande énergie. Gardiens de la dignité nationale, ils se refusèrent à admettre que la Régence d'Alger, soutenue ou non par une puisssance étrangère, pût tenir la France en échec. La marine n'avait plus qu'à remplir la tâche qui lui incombait dans les préparatifs de l'expédition. Des armements furent ordonnés dans la Méditerranée et dans l'Océan; les bâtiments des ports du Nord se rendirent à Toulon, où se trouvèrent bientôt réunis un grand nombre de navires de commerce affrétés par l'administration de la guerre ou de la marine. Le vice-amiral Duperré, ayant sous ses ordres le contre-amiral de Rosamel, était placé à la tête de nos forces navales; le lieutenant-général de Bourmont, ministre de la guerre, avait le commandement de l'armée.

II

La flotte expéditionnaire comprenait cent deux bâtiments de guerre et cinq cent soixante douze navires de commerce; elle devait porter trente sept mille hommes, quatre mille chevaux, des vivres, des approvisionnements et un matériel considérable. Les cent deux navires de l'Etat se décomposaient ainsi : trois vaisseaux de soixante-quatorze, armés en guerre, la *Provence*, que montait l'amiral Duperré, le *Trident*, portant le pavillon du contre-amiral de Rosamel, et le *Breslaw*; huit vaisseaux armés en flûte ; dix-sept frégates armées en guerre et sept en flûte ; sept corvettes de charge, neuf gabares, huit bombardes, deux goélettes, un petit transport et une balancelle. Enfin, la marine à vapeur, qui faisait ses débuts, fournissait à l'expédition sept bâtiments, le *Pélican*, le *Souffleur*, le *Nageur*, le *Sphinx*, le *Coureur*, le *Rapide* et la *Ville du Havre*.

L'amiral Duperré avait un rôle d'autant plus difficile qu'il ne commandait pas, à proprement parler, une armée navale, mais une simple réunion de bâtiments ; ceux-ci offraient, il est vrai, de bons éléments, puisqu'il avait été possible de leur donner un nombre suffisant d'hommes appartenant à l'inscription maritime, mais les équipages, embarqués depuis peu, n'avaient ni instruction militaire, ni l'habitude de la navigation d'escadre. Les difficultés que cette flotte, composée de six cent soixante-quatorze bâtiments, pouvait rencontrer dans le cours de sa traversée de Toulon à la côte d'Afrique, devaient retomber sur les capitaines et les officiers. Le convoi placé sous la direction du capitaine de vaisseau Hugon, le brave et habile commandant de l'*Armide* au combat de Navarin, comprenait trois cent quarante-sept transports, qui étaient presque tous des navires de commerce d'un faible tonnage ; cent quarante bateaux catalans, destinés à porter les troupes à terre, et quatre-vingt-cinq chalands, bateaux plats ou radeaux, affectés au débarquement des hommes et du matériel. Vers le milieu du mois de mai, la marine ayant achevé ses préparatifs, l'embarquement commença ; il fut promptement terminé, et, aussitôt que le vent devint favorable, la flotte expéditionnaire mit sous voiles.

La baie de Sidi-Ferruch, située à quelques lieues dans l'ouest d'Alger, avait été choisie comme point de débarquement. Dans cette baie, une pointe de terre, longue de mille à douze cents mètres, qui se projette vers le large, couvre un peu les navires contre les vents d'est qui soufflent généralement pendant l'été. L'armée devait trouver, dans cette pointe de terre, dont la largeur ne dépassait pas mille mètres, une position facile à défendre jusqu'au moment où elle serait complètement organisée. Enfin, les troupes, partant de la presqu'île de Sidi-Ferruch, n'avaient que vingt-cinq kilomètres à parcourir pour arriver devant Alger.

Rendue à la hauteur des Baléares, la flotte fut assaillie par un coup de vent d'est ; les bâtiments de flottille entrèrent en relâche dans les ports de ces îles sous le vent desquelles les grands navires vinrent chercher un abri. Quelques jours après, le temps s'étant amélioré, l'amiral Duperré reprit sa route vers le sud. Les montagnes de l'Atlas se dessinaient à l'horizon, et l'armée, pleine de joie, se voyait déjà sur la terre africaine, lorsque la brise, qui soufflait de l'est, devint très fraîche. Le temps prit une mauvaise apparence et la mer grossit ; on ne pouvait, dans ces conditions, mouiller dans la baie de Sidi-Ferruch où la flotte n'eût pas été en sûreté. Trois jours s'écoulèrent sans que la situation changeât ; l'amiral Duperré, n'ayant plus, auprès de lui, qu'une partie des navires du convoi, jugea nécessaire de rallier sa flotte avant d'aborder le point choisi pour le débarquement. Le 31 mai, l'ordre fut donné de faire route sur Palma, de l'île Majorque; des avisos, expédiés dans différentes directions, devaient indiquer aux navires qu'ils rencontreraient, ce nouveau rendez-vous.

Le 10 juin, la flotte, bien ralliée, quitta la baie de Palma et fit de nouveau route vers la côte d'Afrique ; le 12, la terre fut aperçue, mais, le vent soufflant très frais de l'est-nord-est, l'amiral Duperré ne voulut pas s'approcher de la côte. Le 13, dans la matinée, le temps étant devenu maniable, le signal de se diriger sur la baie de Sidi-Ferruch parut en tête des mâts de la *Provence*. Les frégates la *Sirène* et la *Bellone*, appartenant à la division du blocus, le *Breslaw*, la *Provence*, le *Trident* et les frégates armées en guerre marchaient en tête de l'armée. Les bricks l'*Alerte*, le *Dragon* et la *Badine* furent envoyés en avant, avec la mission de sonder, le premier dans la baie de l'est, et les deux autres dans la baie de l'ouest. Le convoi et la flottille reçurent l'ordre de rester au vent du mouillage. D'après les renseignements transmis, à Paris, par la division du blocus, on s'attendait à tirer du canon en entrant dans la baie ; les dispositions, prises dans ce but, furent inutiles, l'ennemi ayant renoncé à défendre la presqu'île. L'amiral fit mouiller les bâtiments qu'il avait auprès de lui et il donna, par signal, l'ordre au convoi et à la flottille de le rallier. L'ennemi avait placé des canons et des mortiers sur les hauteurs avoisinant la rade ; une batterie ouvrit son feu sur les bâtiments les plus avancés. Les bateaux à vapeur le *Nageur* et le *Sphinx*, s'approchant de la côte autant que le permettait leur tirant d'eau, ripostèrent avec vivacité et bientôt l'ennemi cessa de tirer. Un matelot du *Breslaw* avait été gravement blessé par un éclat de bombe.

A sept heures du soir, la flotte expéditionnaire se trouvait réunie dans la baie. Les dispositions furent immédiatement prises pour mettre à terre, le lendemain, les troupes, les vivres et le matériel. Les bateaux à vapeur, le *Nageur* et le *Sphinx*, étaient chargés de protéger le débarquement du côté de l'ouest ; la corvette la *Bayonnaise*, les bricks l'*Alcyon* et la *Badine*, mouillés dans l'est de la presqu'île devaient prendre en flanc les batteries ennemies. Le 14, la première division, avec huit pièces d'artillerie, arrivait à terre à quatre heures et demie du matin. Un matelot eut une cuisse emportée par un boulet, et le lieutenant de vaisseau Dupont, atteint par un boulet mort, reçut une forte contusion. A six heures, la deuxième division et toute l'artillerie de campagne opéraient leur débarquement. Les batteries, établies sur les hauteurs qui dominaient la rade, furent immédiatement enlevées par nos troupes. Le corps expéditionnaire, tout entier, était à terre à midi; il s'établissait sur les hauteurs placées en avant de la presqu'île de Sidi-Ferruch.

On continuait, avec la plus grande activité, le débarquement des vivres et du matériel, lorsque, vers neuf heures du matin, le vent se leva du nord-ouest, fraîchit rapidement et souffla en tempête ; plusieurs bâtiments cassèrent leur chaîne et furent jetés à la côte. Pendant un moment, on put craindre pour la sûreté de la flotte ; ce n'était fort heureusement qu'une bourrasque, le vent sauta brusquement au nord, puis à l'est, et le temps redevint beau. Le 19, l'armée française, attaquée par les forces algériennes, conduites, avec beaucoup de vigueur, par le gendre du dey, l'agha des janissaires, repoussa l'ennemi, le poursuivit et s'empara de son camp, placé sur le plateau de Staouéli. Continuant leur marche, nos troupes arrivèrent sous les murs d'Alger. En s'éloignant, le général en chef avait laissé, pour garder le camp retranché établi dans la presqu'île de Sidi-Ferruch, quelques troupes auxquelles étaient venus se joindre deux mille matelots, pris sur les différents bâtiments de la flotte. Le 23, un vent violent, soufflant entre l'ouest et le nord, exposa de nouveau la flotte à de grands dangers ; le 27, les mêmes circonstances se représentèrent. La marine hâtait, par tous les moyens en son pouvoir, le déchargement des transports ; ceux-ci, aussitôt cette opération terminée, étaient renvoyés en France. Laissant au capitaine de vaisseau Cuvillier, chargé de la direction des mouvements dans la baie de Sidi-Ferruch, cinq frégates armées en flûte, quelques gabares, des chalands, des embarcations et un personnel de quatorze cents hommes, l'amiral Duperré mit sous voiles avec les bâtiments de guerre. Sept vaisseaux armés en flûte furent chargés d'assurer les communications des bâtiments mouillés dans la baie avec le gros de la flotte en croisière devant Alger.

Dans le but de faire une diversion utile aux opérations de l'armée qui avait investi le fort l'Empereur, une division défila, le 1ᵉʳ juillet, devant Alger, échangeant des boulets avec les forts et batteries. Trois jours après, l'amiral Duperré renouvela cette manœuvre, mais cette canonnade, quoiqu'elle fût très vive de part et d'autre, n'amena pas de résultat. Si les canonniers du dey étaient mauvais, il y a lieu de croire que les nôtres ne valaient rien. Le ministère de la marine n'était pas encore pénétré de l'idée qu'un navire dont l'équipage n'a pas d'instruction militaire, n'est pas un navire de guerre. Un malheureux événement survenu, ce jour-là, à bord de la *Provence*, fit subir à l'équipage de ce vaisseau des pertes sensibles. Un canon de trente-six éclata, tuant dix hommes et en blessant quatorze ; parmi ces derniers figurait le lieutenant de vaisseau Bérard. Le 4 juillet, nos troupes occupèrent le fort l'Empereur ; le 6, elles firent leur entrée dans la ville d'Alger. L'amiral Duperré prit possession de sept bâtiments, de huit à vingt-deux canons, appartenant à la marine du dey. Le 26 juillet, le contre-amiral de Rosamel, avec une division comprenant un vaisseau et trois frégates, s'empara de Bône, puis il se rendit à Tripoli où le bey, effrayé, s'empressa d'accéder à toutes les demandes de réparations qui lui furent adressées. Peu après, le bey d'Oran faisait sa soumission. La France, en quelques mois, avait conquis le territoire dont se composait la Régence d'Alger. C'était un fait considérable. Celui de tous les Etats barbaresques dont le monde maritime avait le plus à se plaindre, qui, depuis des siècles, vivait de la piraterie, réduisant au plus dur esclavage les équipages des navires capturés, venait de disparaître.

La marine, pendant le cours de l'expédition d'Alger, n'avait pas eu à combattre ; elle n'était pas, d'ailleurs, préparée à ce rôle. Transporter les troupes et les débarquer sur le littoral algérien, telle était la mission incombant à la marine. Il ne faut pas perdre de vue qu'il s'agissait d'une flotte comprenant six cent soixante-quatorze bâtiments, portant de trente-cinq à quarante mille hommes ; enfin, on devait opérer le débarquement de cette armée à peu près en pleine côte, puisque la baie de Sidi-Ferruch est ouverte de l'est à l'ouest par le nord. Il ne fallut rien moins que la main un peu rude, mais d'une solidité à toute épreuve, de l'amiral Duperré pour remplir cette tâche. L'amiral, sentant la responsabilité qui pesait sur lui, et regardant son honneur comme engagé dans le succès de l'expédition, ne prit jamais conseil que de lui-même. Résistant à tous les entraînements, à toutes les impatiences, il ramena ses navires à Palma, le jour où il jugea cette relâche nécessaire. Les coups de vent des 17, 23 et 27 juin montrèrent à l'armée les dangers auxquels elle eût été exposée si la flotte expéditionnaire, à son arrivée sur la rade de Sidi-Ferruch, avait été prise par un coup de vent du large.

Pendant le cours de ces événements, une révolution éclatait en France, et la branche cadette des Bourbons prenait, sur le trône, la place de la branche aînée.

Le 13 août 1830, parut une ordonnance royale portant la création de trois places d'amiraux, assimilés aux maréchaux de France. Le vice-amiral baron Duperré, en récompense des services qu'il avait rendus dans le commandement de la flotte expéditionnaire, fut élevé à la dignité d'amiral. Il revint en France, le 8 septembre, laissant, devant Alger, quelques bâtiments placés sous les ordres du capitaine de vaisseau de Clerval.

La Restauration, sur la proposition de M. Du Bouchage, supprima les écoles navales établies, en 1810, sur les vaisseaux le *Tourville* et le *Duquesne*, mouillés, le premier, en rade de Brest et, le second, sur la rade de Toulon, et elle fonda une nouvelle école qu'elle plaça dans la ville d'Angoulême. Le ministre commettait une faute dont la portée fut encore aggravée par la mauvaise organisation de cette école. On ne tarda pas à s'apercevoir que la nouvelle création ne donnerait pas de bons résultats. La marine, par l'organe du Conseil d'amirauté, demandait que l'école, destinée à donner des officiers à la flotte, eût son siège dans un port, mais il n'était pas tenu compte de son opinion. L'école n'avait même pas la faveur du public, et, en 1823, elle était sur le point de disparaître d'elle-même, les écoliers devenant, chaque jour, plus rares.

Cette situation, si les circonstances avaient exigé l'emploi de la totalité de nos forces navales, aurait eu pour conséquence d'engager gravement la responsabilité du ministère de la marine. Le recrutement de l'état-major de la flotte se trouvait arrêté. En 1826, à un moment où les armements commençaient à prendre de l'extension, un grand nombre de navires ne pouvaient avoir l'état-major que les règlements leur attribuaient; il manquait quatre-vingts enseignes et cent cinquante aspirants. Quelle que fût la prédilection du ministère pour l'école d'Angoulême, il fallait aviser au moyen de remplir les cadres. Un concours fut ouvert pour l'obtention du grade d'aspirant de deuxième classe; les nouveaux aspirants, arrivés à Brest où ils avaient l'ordre de se rendre, furent embarqués sur le vaisseau l'*Orion*, mouillé en rade; c'était sur ce vaisseau qu'ils devaient recevoir l'instruction nécessaire pour servir sur les bâtiments de la flotte. A la fin de l'année 1830, la situation fut régularisée; l'école d'Angoulême disparut et une ordonnance royale établit définitivement l'école navale à bord d'un vaisseau mouillé sur la rade de Brest.

III

Depuis que la révolution de juillet avait placé, sur le trône, la branche cadette des Bourbons, le gouvernement portugais nous donnait de continuels sujets de plainte. Au commencement de l'année 1831, une division, placée sous les ordres du commandant de la *Melpomène*, le capitaine de vaisseau de Rabaudy, fut envoyée devant le Tage. Si, quarante-huit heures après son arrivée, il n'était pas fait droit aux demandes de la France, le commandant de Rabaudy avait l'ordre de capturer tout navire portugais, de guerre ou de commerce, qu'il rencontrerait. Arrivé, le 16 mars, à sa destination, le capitaine de la *Melpomène* envoya un avis à Lisbonne pour informer le gouvernement du but de sa mission; ne recevant pas de réponse, il fit, aussitôt que les délais indiqués dans ses instructions furent expirés, arrêter et conduire à Brest les navires de commerce portant pavillon portugais. Quelques-uns des bâtiments de la division du commandant Rabaudy, détachés aux Açores, s'emparèrent d'une corvette et d'un brick. Ces divers événements n'amenèrent aucune modification dans la conduite du Portugal à l'égard de la France.

Cette situation ne pouvant se prolonger sans porter atteinte à notre considération, on prit, à Paris, la détermination d'envoyer une escadre devant le Tage. Le contre-amiral Roussin, appelé à la commander, devait, dans le cas où la cour de Portugal continuerait à repousser nos demandes, remonter jusqu'à Lisbonne, en forçant l'entrée du Tage, si cette entrée lui était disputée, et imposer nos conditions par les armes. Dans les premiers jours de juin, l'amiral Roussin mit son pavillon sur le vaisseau le *Suffren*, capitaine Trotel. Parti de Brest, le 16 juin, il communiqua, le 26, avec la division du capitaine de vaisseau de Rabaudy; celui-ci lui apprit que les Portugais armaient, en toute hâte, un vaisseau de soixante-quatorze, trois frégates et deux bricks.

Le 1ᵉʳ juillet, un navire de commerce portugais, chassé par le *Hussard*, entra dans la baie de Cascaës, et mouilla sous la citadelle qui ouvrit immédiatement son feu sur le brick français. Le *Suffren* et la *Melpomène*, qui suivaient à peu de distance, ripostèrent par quelques volées; le navire de commerce fut amariné et conduit au large par les enseignes de vaisseau de Sérigny et Cournet, du *Suffren*. Après cet incident, aucun doute ne pouvait subsister sur la nature des relations existant entre la France et le Portugal; nous étions en guerre avec cette puissance. Le 6 juillet, le contre-amiral Hugon arriva de Toulon avec les vaisseaux le *Trident*, portant son pavillon, le *Marengo*, l'*Algésiras*, la *Ville de Marseille* et l'*Alger*, capitaines Casy, Maillard de Liscourt, Moulac, de la Susse et Leblanc, les frégates la *Pallas* et la *Didon*, capitaines Forsans et Châteauville, la corvette la *Perle*, capitaine Jouglas, et le brick le *Dragon*, capitaine Deloffre. Le 10, le brick le *Dragon* fut expédié à Lisbonne ; le commandant de cet aviso était porteur d'une dernière sommation adressée à la cour de Portugal. L'amiral écrivit, en même temps, aux consuls étrangers, les engageant à prendre les mesures qu'ils jugeraient nécessaires pour assurer la sécurité de leurs nationaux. Le lendemain, dans la matinée, le brick apporta la nouvelle du rejet définitif des demandes de la France. La brise soufflait très fraîche du nord au nord-ouest; malgré l'avis des pilotes qui trouvaient les vents trop courts, l'amiral Roussin fit le signal d'appareiller, et, à une heure et demie, l'escadre donnait, sous toutes voiles, dans le Tage.

Le fort de San-Juliano et la tour Bugio, placés à deux mille mètres de distance environ l'un de l'autre, et en position de croiser leurs feux, étaient les premiers obstacles que l'escadre devait rencontrer sur sa route. Ce passage franchi, on trouvait, en remontant le Tage, le fort de Belem et de nombreuses batteries échelonnées sur la côte jusqu'à Lisbonne. Si, en forçant le passage entre San-Juliano et la tour Bugio, l'escadre faisait de graves avaries, l'amiral Roussin se proposait de laisser tomber l'ancre au Paço d'Arcos, mouillage où, par suite de l'éloignement de la terre, on avait peu à craindre le feu des forts. Si, au contraire, nos bâtiments n'avaient pas souffert, nous devions continuer notre route et ne nous arrêter que devant Lisbonne. Ces dispositions avaient été portées à la connaissance des capitaines de l'escadre. Celle-ci était rangée dans l'ordre suivant : le *Marengo*, l'*Algésiras*, le *Suffren*, la *Ville de Marseille*, le *Trident* et l'*Alger*. Les frégates la *Pallas*, la *Didon*, la *Melpomène* et la *Sirène*, et les corvettes l'*Eglé*, la *Perle* et la *Diligente*, avaient reçu l'ordre de se placer à la droite de l'escadre. Les vaisseaux devaient battre le fort San-Juliano et les frégates, ainsi que les corvettes, la tour Bugio.

Le fort San Juliano et la tour Bugio ouvrirent le feu dès que les premiers navires de la ligne française arrivèrent à portée de canon ; l'escadre poursuivit sa route sans riposter, mais aussitôt que l'on découvrit en belle les deux forts portugais, nos bâtiments commencèrent à tirer. Après cinq ou six volées, le fort San-Juliano et la tour Bugio, très maltraités, n'envoyèrent plus que quelques coups mal ajustés. L'amiral Roussin, arrivé par le travers du Paço d'Arcos, prévint l'escadre qu'elle ne mouillerait pas. Soit que ce signal n'eût pas été hissé assez tôt ou que les vaisseaux de tête ne l'eussent pas vu, le *Marengo* et l'*Algésiras* laissèrent tomber l'ancre. Les capitaines Maillard de Liscourt et Moulac, s'apercevant de leur erreur, mirent immédiatement sous voiles et prirent poste dans la ligne. L'escadre poursuivit sa route, canonnant les batteries portugaises qui ne nous opposèrent pas une résistance plus grande que le fort San-Juliano et la tour Bugio.

A quatre heures, le *Suffren*, la *Ville de Marseille*, le *Trident*, l'*Alger*, la *Pallas*, la *Melpomène* et la *Didon* couvrirent de boulets le fort de Belem qu'ils rangèrent à la distance d'une demi-encâblure. Le *Trident*, l'*Alger*, l'*Algésiras*, les frégates et les corvettes reçurent l'ordre de combattre et d'amariner l'escadre portugaise. Celle-ci, après avoir reçu quelques volées de la frégate la *Pallas* qui marchait en tête de nos bâtiments, amena ses couleurs. A cinq heures, toute l'escadre était mouillée à six cents mètres des quais de la ville. La victoire de l'escadre française était complète. L'amiral Roussin envoya immédiatement à terre son chef d'état-major, le capitaine de frégate Olivier, porteur d'une dernière sommation adressée au gouvernement portugais; le roi et ses ministres, fort effrayés de la tournure que prenaient les événements, se hâtèrent d'informer l'amiral qu'il serait fait droit à toutes les demandes de la France.

Pour apprécier, à sa juste valeur, le succès obtenu par l'escadre française, on ne doit pas perdre de vue que l'entrée du Tage était, à cette époque, regardée comme infranchissable. La résistance du gouvernement portugais aux demandes de la France n'avait d'autre base que cette opinion. C'est surtout pour cette raison que le résultat obtenu faisait le plus grand honneur à l'amiral Roussin et aux capitaines de son escadre. L'amiral montra, comme marin, un esprit de décision et un coup d'œil que l'on ne saurait trop louer.

IV

La France avait agi avec vigueur pour résoudre les difficultés pendantes avec le Portugal; elle ne se montra pas moins énergique en Italie. Les Autrichiens étaient entrés dans les Etats pontificaux pour concourir, avec les troupes du pape, à la répression d'un soulèvement populaire. Le gouvernement français jugea nécessaire de prendre une mesure qui devait avoir pour résultat de limiter leur séjour dans les légations. En conséquence, l'envoi d'une division navale dans l'Adriatique fut décidée. Le capitaine de vaisseau Gallois, avec le vaisseau le *Suffren*, les frégates, l'*Artémise* et la *Victoire*, portant quinze cents hommes d'infanterie, commandés par le colonel Combes, mouilla, le 22 février 1832, devant Ancône. Deux bâtiments de guerre autrichiens, une frégate et un brick, étaient amarrés dans le port; le commandant Gallois apprit que des troupes autrichiennes se trouvaient à petite distance de la ville. Celle-ci était occupée par la milice et la citadelle par quatre cent cinquante hommes, appartenant à l'armée pontificale.

Le capitaine de vaisseau Gallois et le colonel Combes n'avaient pas l'ordre d'agir, mais tous deux estimèrent que, s'ils attendaient des ordres, ceux-ci leur parviendraient lorsque le port, la ville et la citadelle seraient entre les mains des Autrichiens. En l'absence d'instructions prévoyant le cas qui se présentait, le commandant de la division navale et le commandant des troupes résolurent d'occuper Ancône, mesure qui leur parut être la seule répondant aux nécessités de la situation.

A minuit, les troupes et les compagnies de débarquement de la division navale, mises à terre, pénétrèrent dans la ville, en enfonçant une porte, et s'emparèrent de tous les postes. Les miliciens n'opposèrent aucune résistance. Au point du jour, la citadelle, vers laquelle nos soldats se dirigeaient, arbora le pavillon parlementaire; une capitulation fut signée, et les Français entrèrent dans la citadelle sur laquelle flottèrent le drapeau des États du pape et le nôtre.

Les capitaines des deux bâtiments de guerre autrichiens, surpris par un dénouement auquel ils étaient loin de s'attendre, s'éloignèrent. La prise d'Ancône ne fut pas sans créer quelques difficultés diplomatiques au gouvernement français qui, lui aussi, trouva que le capitaine de vaisseau Gallois et le colonel Combes avaient agi un peu vite, mais le résultat obtenu par ces énergiques officiers fut acquis, et nos troupes restèrent à Ancône jusqu'au jour où les Autrichiens sortirent des États pontificaux. Le gouvernement ne désavoua pas officiellement le commandant Gallois et le colonel Combes, mais l'un et l'autre furent rappelés.

L'entrée d'une armée française en Belgique, fut suivie de l'envoi, sur les côtes de la Hollande, d'une division navale comprenant un vaisseau, cinq frégates et cinq bâtiments de rang inférieur. Cette division, placée successivement sous les ordres des contre-amiraux Ducrest de Villeneuve et de Mackau, maintint sa croisière jusqu'à la prise de la citadelle d'Anvers qui eut lieu le 23 décembre 1832.

Le 27 mars 1832, la citadelle de Bône était enlevée aux Arabes par un hardi coup de main. La part prise à ce fait d'armes par le capitaine de la goélette la *Béarnaise*, le lieutenant de vaisseau Fréart, et son équipage, avait été très brillante. Par ordre du gouverneur général de l'Algérie, la *Béarnaise* fut saluée, à son arrivée à Alger, de quinze coups de canon. Une députation militaire se rendit à bord de cette goélette pour remercier le capitaine, les officiers et l'équipage du concours qu'ils avaient apporté avec tant d'empressement à leurs camarades de l'armée de terre.

En 1834, une division navale comprenant une frégate, deux corvettes et plusieurs navires de charge, sous les ordres du capitaine de vaisseau Parseval-Deschênes, mouilla sur la rade de Bougie. Après avoir canonné la place, le commandant de la division fit mettre à terre deux mille hommes, embarqués sur les transports, auxquels on adjoignit un détachement de matelots. La ville fut prise.

En 1834, le contre-amiral baron de Mackau, commandant la station navale des Antilles, obligea le gouvernement de la Nouvelle-Grenade à donner les satisfactions que la France exigeait pour une offense faite à notre consul.

LIVRE IV

Expédition du Mexique. — Prise du fort de Saint-Jean d'Ulloa. — Descente opérée par les compagnies de débarquement de l'escadre. — Mise hors de service de l'artillerie des forts de la Conception, de San-Yago et des remparts. — Mouvement offensif des Mexicains au moment du rembarquement. — Difficultés existant entre la France et la République argentine. — Blocus des côtes. — Prise de l'île de Martin Garcia. — Expédition dans le Parana. — Traité conclu avec la Confédération argentine mettant fin au différend.

I

Il existait, entre la France et le Mexique, des difficultés que la diplomatie ne parvenait pas à résoudre. Dans le courant du mois d'avril 1838, les côtes du Mexique furent déclarées en état de blocus par le commandant de la frégate de soixante, l'*Herminie*, le capitaine de vaisseau Bazoche, qui avait, sous ses ordres, deux bricks de vingt, et trois bricks de dix. A ces six bâtiments vinrent bientôt se joindre la frégate de soixante, l'*Iphigénie*, deux bricks de vingt, et deux corvettes de charge.

Le blocus, quoiqu'il infligeât au commerce du pays des pertes très sensibles, n'amenait pas le gouvernement mexicain à composition. D'autre part, la fièvre jaune sévissait avec une telle intensité à bord des bâtiments de la division, que celle-ci se trouvait réduite à l'impuissance. Le commandant Bazoche estimait qu'il était hors d'état d'employer la force pour vaincre la résistance des Mexicains. Nous faisions à ceux-ci moins de mal que nous n'en n'éprouvions nous-mêmes ; on jugea, à Paris, que cette situation ne pouvait se prolonger. Le contre-amiral Baudin vint remplacer le commandant Bazoche dans le commandement de la division. L'*Herminie*, à bord de laquelle la fièvre jaune faisait de grands ravages, partit pour la France ; disons immédiatement que cette frégate se perdit, le 3 décembre 1838, sur l'extrémité occidentale du récif des îles Bermudes. L'équipage de cette frégate fut sauvé.

La division, à la tête de laquelle était placé le contre-amiral Baudin, qui montait la frégate la *Néréide*, de cinquante-deux, capitaine Turpin, comprenait les frégates l'*Iphigénie*, de soixante, la *Gloire*, de cinquante-deux, la *Médée*, de quarante-quatre, capitaines Parseval-Deschènes, Lainé et Leray ; les corvettes, de vingt-quatre, la *Créole* et la *Naïade*, capitaines prince de Joinville et Lefrançois de Grainville ; les bricks l'*Oreste*, le *Cuirassier* et le *Zèbre*, capitaines Marc, comte de Gourdon et Taffart de Saint-Germain, les bombardes, le *Cyclope* et le *Vulcain*, capitaines Olivier et Lefroter de la Garenne ; les vapeurs de cent soixante chevaux, le *Météore* et le *Phaéton*, capitaines Barbotin et Goubin, et la corvette de charge la *Caravane*, capitaine Lartigue. Trois compagnies d'artillerie de marine et vingt-cinq mineurs avaient été embarqués sur les navires venus de France pour renforcer la division.

Le contre-amiral Baudin, arrivé, le 26 octobre, sur la rade de la Vera-Cruz, se mit immédiatement en rapport avec le gouvernement mexicain. Les pourparlers engagés n'ayant pas abouti à un résultat satisfaisant, l'amiral déclara que si, le 27 novembre, il n'avait pas obtenu les réparations auxquelles la France avait droit, il commencerait les hostilités. L'amiral, voulant être en mesure d'agir si la réponse du gouvernement mexicain n'était pas favorable, prépara le projet d'attaque de la forteresse de Saint-Jean d'Ulloa. Quoique la division Bazoche eût laissé les renseignements les plus utiles pour l'exécution de cette opération, l'amiral Baudin, après une reconnaissance opérée sous la direction du prince de Joinville, en fit une, lui-même, afin de se rendre un compte exact de la position de la forteresse.

La Vera-Cruz, élevée sur le point d'où partit Fernand Cortez, en 1519, pour faire la conquête du Mexique, est protégée, du côté de la mer, par la forteresse de Saint-Jean d'Ulloa, située dans le nord-est de la ville. Cette forteresse, séparée de la terre par un bras de mer, large de neuf cents mètres, est bâtie sur un îlot qui confine au banc de la Gallega et semble en faire partie. Le banc Gallega se prolonge dans le nord de la forteresse, et, à son extrémité, une coupure étroite le sépare d'un autre banc appelé Galleguilla. Le fort de Saint-Jean d'Ulloa, comprenant quatre fronts bastionnés et casematés, était défendu par cent quatre-vingt-six canons, de différents calibres, et sept mortiers.

L'attaque de Saint-Jean d'Ulloa comportait deux questions, la question maritime et la question militaire, la seconde dépendant de la première. La question militaire exigeait que les bâtiments devant aller au feu fussent placés près de la forteresse, pour que leur artillerie eût toute l'efficacité que comportait le but poursuivi ; d'autre part, il fallait que, dans la position choisie, les

Mexicains ne pussent opposer à ces bâtiments qu'un petit nombre de canons. On devait aussi tenir compte de la situation de la rade dans laquelle la brise est le plus souvent fraîche et la mer grosse. La question maritime avait donc une importance particulière, puisque seule elle pouvait assurer le succès de la question militaire. On était conduit à chercher près du banc de la Gallega, une position qui, tout en réunissant les avantages indiqués plus haut, assurât aux navires engagés, dans le cas de rupture des amarres d'embossage, leur évitage du côté de la terre.

Le 27 novembre, les frégates la *Néréide* et la *Gloire* se rendirent au poste indiqué par l'amiral, à la remorque des vapeurs *Météore* et *Phaéton* ; une troisième frégate, l'*Iphigénie*, prit son mouillage à la voile. La mer était belle, la brise faible et la forteresse restait silencieuse, circonstances qui favorisaient la manœuvre de nos bâtiments. Ceux-ci se trouvaient placés à cent mètres de l'accore du banc de la Gallega, et à douze cents mètres dans le nord-est de la forteresse. Les trois frégates étaient embossées, beaupré sur poupe, la *Néréide* au centre, présentant le côté de tribord à terre ; elles battaient diagonalement la plus grande partie des ouvrages de la forteresse et se trouvaient à l'abri du feu de ses fronts principaux, c'est-à-dire de ses parties les plus fortes. La *Créole* devait courir des bordées dans le nord de Saint-Jean d'Ulloa ; cette corvette, n'ayant, de chaque bord, que deux pièces pouvant jouer un rôle utile, avait reçu l'ordre « de ne pas se compromettre avec la forteresse plus que ne le permettait la portée de ces deux canons ». Les deux bombardes furent conduites, par les bateaux à vapeur, dans l'est de la petite coupure qui sépare le banc de la Gallega du banc Galleguilla ; ce mouillage les mettait à quinze cents mètres de la forteresse. Il y avait, sur chaque bombarde, deux mortiers, l'un servi par les mineurs et l'autre par les marins. Les trois frégates avaient, le long du bord opposé à la forteresse, leur chaloupe dans laquelle se trouvaient une ancre à jet et des grelins ; ces chaloupes étaient armées par des hommes appartenant aux équipages des bricks qui restaient à l'ancre. Le *Phaéton* et le *Météore*, mouillés hors de portée de canon, étaient sous pression, prêts à se rendre où l'exigeraient les circonstances. Enfin, la corvette la *Naïade* et la gabare la *Sarcelle* allèrent jeter l'ancre dans le nord-ouest de la forteresse, hors de portée de canon ; ces deux bâtiments devaient observer la direction et la portée des projectiles et donner les indications nécessaires pour rectifier le pointage, s'il y avait lieu.

Telle était la situation lorsque, vers midi, un canot mexicain, portant pavillon parlementaire, accosta la *Néréide*. Les dépêches remises à l'amiral lui firent connaître que le gouvernement refusait d'accorder les satisfactions réclamées par la France ; tout espoir d'un dénouement pacifique disparaissait. Vers deux heures et demie le canot mexicain s'éloigna ; aussitôt qu'il se trouva hors de la direction de nos canons, l'ordre fut donné de commencer le feu.

L'amiral Baudin, relatant dans son rapport, la phase du combat, s'exprime ainsi qu'il suit : « Jamais feu ne fut plus vif et mieux dirigé, et je n'eus dès lors d'autre soin que d'en modérer l'ardeur. De temps à autre je faisais le signal de cesser le feu, pour laisser dissiper le nuage d'épaisse fumée qui nous dérobait la vue de la forteresse. On rectifiait alors le pointage, et le feu recommençait avec une vivacité nouvelle. Vers trois heures et demie, la corvette la *Créole* parut à la voile, contournant le récif de la Gallega vers le nord ; elle demandait, par signal, la permission de rallier les frégates d'attaque et de prendre part au combat. J'accordai cette permission : Mgr le prince de Joinville vint alors passer entre la frégate la *Gloire* et le récif de la Lavandera, et se maintint dans cette position jusqu'au coucher du soleil, combinant habilement ses bordées, de manière à canonner le bastion de Saint-Crispin et la batterie rasante de l'Est. A quatre heures vingt minutes, la tour des signaux, élevée sur le cavalier du bastion de Saint-Crispin, sauta en l'air en couvrant de ses débris le cavalier et les ouvrages environnants. Déjà deux autres explosions de magasins à poudre avaient eu lieu, l'une dans le fossé de la demi-lune, l'autre dans la batterie rasante de l'Est dont elle avait fait disparaître le corps de garde. Une quatrième explosion eut lieu vers cinq heures, et, dès lors, le feu des Mexicains se ralentit considérablement. Au coucher du soleil, plusieurs de leurs batteries paraissaient abandonnées, et la forteresse ne tirait plus que d'un petit nombre de ses pièces. Je donnai alors l'ordre à la *Créole* d'aller reprendre le mouillage de l'île Verte. et je fis remorquer la *Gloire* au large par le *Météore*. Il importait de désencombrer notre position : les frégates étaient mouillées sur un fond de roches aiguës, et elles se trouvaient serrées contre l'accore d'un récif dont elles ne pouvaient s'éloigner que l'une après l'autre, en sorte que le moindre vent du large, qui se serait élevé pendant la nuit, aurait rendu leur situation fort dangereuse. J'ordonnai de cesser le feu à bord de la *Néréide* et de l'*Iphigénie*, et de faire les dispositions pour recevoir les remorques des navires à vapeur. La forteresse avait complètement cessé son feu, les bombardes seules continuaient de tirer sur elle. A huit heures, ne voulant pas qu'elles dépensassent inutilement leurs munitions dans l'obscurité, je leur fis aussi le signal de cesser le feu. »

Vers huit heures et demie, deux officiers mexicains vinrent, dans un canot portant pavillon parlementaire, à bord de la *Néréide*. Ils étaient chargés par le commandant de la forteresse de demander une suspension d'armes afin, disaient-ils, « de retirer, de dessous les décombres, un grand nombre de blessés qui s'y trouvaient ensevelis encore vivants. » La suspension d'armes existant de fait, puisque nous avions cessé de tirer, l'amiral déclara que le feu reprendrait à la pointe du jour si la forteresse ne lui était pas remise. Après des pourparlers qui se prolongèrent jusqu'au lendemain, une capitulation, comprenant Saint-Jean d'Ulloa et la ville de la Vera-Cruz, fut signée; les trois compagnies d'artillerie de marine et les mineurs prirent possession de la forteresse. Une salve de vingt et un coups de canon, tirée par chacune des frégates, et trois cris de Vive le roi, poussés par les équipages, debout sur les vergues, saluèrent le pavillon français hissé sur Saint-Jean d'Ulloa.

Les deux frégates, la *Néréide* et l'*Iphigénie*, qui avaient passé la nuit au poste qu'elles occupaient pendant le combat, furent prises à la remorque par le *Météore* et le *Phaéton* et conduites au mouillage de l'île Verte, où les navires, qui avaient été au feu, se trouvèrent réunis, le 28, dans la soirée, à l'exception du *Cyclope* qui rallia le lendemain. « Il était temps, dit l'amiral, car le vent fraîchissait, la mer devenait houleuse et les ancres se brisaient comme du verre sur le fond de roches aiguës où nous nous trouvions mouillés. »

La division française avait trente-trois hommes hors de combat, quatre tués et vingt-neuf blessés ; les enseignes Henri, du La *Pérouse*, et Mallet, de la *Néréide*, figuraient parmi ces derniers. Les avaries éprouvées par les frégates étaient sans importance. L'amiral décrit, dans les termes suivants, l'état dans lequel nos soldats trouvèrent la forteresse : « A moins de les avoir vus, il est impossible de se faire une idée des ravages que notre feu a causés dans la forteresse pendant le court espace de temps qu'a duré l'attaque. En peu d'instants toutes les défenses de l'ennemi ont été criblées. Ce succès est dû surtout à la supériorité de notre artillerie. Votre Excellence pourra apprécier la bonne organisation de ce service à bord des navires dont se composait ma division d'attaque, lorsqu'elle saura que trois cent deux bombes, cent soixante-dix-sept obus, et sept mille sept cent soixante et onze boulets ont été lancés contre la forteresse sans donner lieu au plus léger accident. » Les tués et les blessés, du côté des Mexicains, comprenaient la moitié de l'effectif de la garnison, composée de onze cents hommes, soldats et artilleurs. Une corvette de dix-huit, trois bricks et une goélette tombèrent entre nos mains ; plusieurs canonnières, qui se trouvaient près du fort, avaient été coulées par notre feu. La corvette la *Créole* et le brick le *Cuirassier* jetèrent l'ancre dans le port de la Vera-Cruz.

Le résultat obtenu par la division française était très brillant. L'amiral Baudin avait pris un mouillage dangereux, mais cette action hardie avait été entourée de toutes les précautions que peuvent suggérer l'expérience et l'habileté. La position choisie enlevait à l'ennemi ses principaux avantages en ne lui permettant de diriger sur nous qu'un petit nombre de pièces ; le tir de nos canonniers, dont se louait l'amiral, ainsi qu'on l'a vu plus haut, avait fait le reste.

La prise de Saint-Jean d'Ulloa fut regardée par toutes les nations maritimes comme un très beau succès. D'après une opinion généralement répandue, la forteresse n'avait rien à redouter d'une attaque par mer. Cette considération avait dicté la conduite du gouvernement mexicain; celui-ci supposait que, reculant devant l'attaque de Saint-Jean d'Ulloa, nous nous en tiendrions au blocus des côtes, blocus que la fièvre jaune et le mauvais temps ne nous permettraient pas de maintenir.

II

Lors de la capitulation de Saint-Jean d'Ulloa, il avait été convenu, entre l'amiral Baudin et le général Rincon, commandant le département de la Vera-Cruz, que la garnison de cette ville serait ramenée à mille hommes. Tout ce qui excédait ce chiffre devait quitter la ville, dans les quarante-huit heures, et s'en éloigner, sous trois jours, à la distance de dix lieues. Les autorités civiles et militaires conservaient leurs fonctions; il était stipulé que cet état de choses durerait jusqu'au jour où les difficultés existant entre la France et le Mexique seraient aplanies. Nous avions la liberté de communiquer avec la ville pour y prendre des vivres ; le port était ouvert à tous les pavillons, et la suspension du blocus fixée à huit mois. L'amiral Baudin, en possession de Saint-Jean d'Ulloa, était maître de détruire la ville, mais ne disposant d'aucune force militaire, il ne pouvait pas l'occuper. Il avait donc habilement négocié ; d'autre part, le général Rincon, qui ne connaissait pas les intentions de l'amiral, avait sauvé la ville d'un bombardement possible, et rendu un grand service aux habitants, atteints dans leurs intérêts depuis l'établissement du blocus, en obtenant la reprise du commerce maritime. Dans cette situation, également honorable pour les deux parties, on aurait attendu la solution, par voie diplomatique, des difficultés pendantes.

Telle ne fut pas la manière de voir du gouvernement mexicain ; instruit des événements, il remplaça le général Rincon, dans le commandement du département de la Vera-Cruz, par un ancien président de la république, le général Santa-Anna, connu par ses sentiments hostiles envers notre pays. Des troupes entrèrent dans la ville, et, le 4 décembre, le général Santa-Anna fit connaître à l'amiral que le gouvernement mexicain, loin de ratifier la convention signée avec le général Rincon, déclarait la guerre à la France.

L'amiral Baudin ne songeait pas à détruire la Vera-Cruz, mais s'il entendait ne recourir à cette grave mesure qu'à la dernière extrémité, il ne voulait pas, d'autre part, que cette place fût en position de nous nuire. Ne pouvant en faire une ville neutre, puisque le gouvernement mexicain désavouait la convention conclue avec le général Rincon, il se proposa de mettre la Vera-Cruz hors d'état de se défendre. Toutes les dispositions, concernant l'exécution de ce projet, furent arrêtées le jour même où l'amiral apprit que le Mexique nous déclarait la guerre. En agissant, sans perdre un moment, nous nous assurions l'avantage de la surprise.

L'enceinte de la Vera-Cruz comprenait sept fronts bastionnés; la partie de l'enceinte faisant face au rivage était défendue, à chacune de ses extrémités, par un fort; celui de la Conception dans l'ouest et le fort de San-Yago dans l'est. En pénétrant dans la ville par la porte du môle, située sur le côté nord-est de l'enceinte, on trouvait, en tournant à droite et marchant le long des remparts, la porte Neuve, la porte de la Merced et enfin la porte del Rastaillo. Le but poursuivi par l'amiral était celui-ci : pénétrer dans la ville, enlever les forts de la Conception et de San-Yago, parcourir les remparts, enclouer partout les canons, les jeter par-dessus le mur d'enceinte, détruire les affûts et s'emparer du général Santa-Anna qui avait violé la capitulation en pénétrant dans la ville avec des troupes.

En comprenant les marins, les artilleurs et les mineurs, nous pouvions réunir douze cents hommes ; ce corps expéditionnaire, l'amiral le divisa en trois colonnes, désignées sous le nom de colonne de droite, colonne de gauche et colonne du centre. Celle de droite, conduite par le commandant de la *Gloire*, le capitaine de vaisseau Lainé, ayant, sous ses ordres, le commandant de la *Médée*, le capitaine de vaisseau Leray, devait se diriger vers l'ouest, prolonger l'enceinte, en se tenant à l'extérieur de la ville, prendre le fort de la Conception, par escalade, poursuivre sa route sur les remparts et en faire le tour. Une compagnie de marins, détachée de la colonne du centre, devait, aussitôt celle-ci entrée dans la ville, suivre les remparts, à l'intérieur, et coopérer à l'attaque du fort de la Conception. La colonne de gauche, commandée par le capitaine de vaisseau Parseval, de l'*Iphigénie*, ayant, sous ses ordres, le capitaine de vaisseau Turpin, de la *Néréide*, exécutait une opération absolument semblable à celle qui était confiée à la colonne de droite. Le capitaine de vaisseau Parseval, marchant vers l'est, s'emparait du fort San-Yago par escalade ; une compagnie de marins, provenant de la colonne du centre, prolongeait l'enceinte, à l'intérieur, et prenait part à l'attaque du fort. Celui-ci enlevé, la colonne de gauche suivait les remparts et opérait sa jonction avec la colonne de droite qui, faisant également le tour des remparts, marchait à sa rencontre. Les capitaines de vaisseau Lainé et Parseval devaient enclouer les canons, les jeter par-dessus les murailles et briser les affûts.

La colonne du centre, ayant à sa tête le commandant de la *Créole*, le capitaine de corvette prince de Joinville, comprenait deux compagnies et demie d'artilleurs de marine, placés sous les ordres du commandant de Saint-Jean d'Ulloa, le chef de bataillon Collombel, vingt mineurs et deux compagnies de marins. Quatre-vingt-dix marins de la *Créole*, avec un obusier de montagne, formaient l'avant-garde de cette colonne. Celle-ci pénétrait dans la ville, en faisant sauter la porte du

Môle, détachait les deux compagnies de marins qui devaient, ainsi que nous l'avons dit, prendre part à l'attaque des forts de la Conception et de San-Yago, et se dirigeait rapidement vers la demeure du général Santa-Anna. Les ordres de l'amiral portaient que les artilleurs marcheraient l'arme au bras, chargeraient les Mexicains à la baïonnette, s'ils étaient attaqués, et ne tireraient que dans le cas de la nécessité la plus absolue. Ces dispositions arrêtées, à bord de la *Créole,* le 4 décembre, à neuf heures du soir, furent portées, dans la nuit, à la connaissance des bâtiments de l'escadre. Celle-ci avait été ralliée par les bricks, le *Voltigeur,* l'*Alcibiade* et l'*Eclipse,* capitaines Bérard, Laguerre et Jame, et les bombardes, le *Volcan* et l'*Eclair,* capitaines Chaudière et Billeheust de Saint-Georges.

Le lendemain, 5 décembre, les chaloupes et grands canots, portant les compagnies de débarquement de l'escadre, se trouvaient réunis, à quatre heures du matin, le long des navires mouillés dans le port de la Vera-Cruz, savoir, la corvette la *Créole,* les bricks le *Cuirassier,* l'*Alcibiade* et l'*Eclipse.* Une brume très épaisse couvrait l'horizon; par suite de cette circonstance, très favorable, d'ailleurs, pour le succès de l'expédition projetée, plusieurs canots s'étaient égarés. A cinq heures et demie, le jour étant sur le point de paraître, l'amiral, quoique les embarcations attendues ne fussent pas arrivées, donna l'ordre du départ. Le débarquement s'effectua en bon ordre; les trois colonnes furent aussitôt formées, et elles se dirigèrent rapidement vers le poste d'attaque qui leur était assigné, chaque commandant marchant en tête de son équipage.

L'amiral relate, ainsi qu'il suit, dans son rapport, la

marche de la colonne du centre : « La porte du môle fut enfoncée au moyen de sacs à poudre, et le prince s'élança le premier dans la ville. Des deux compagnies de marins, l'une prit sur la droite, en longeant intérieurement la muraille, pour attaquer le fort de la Conception ; l'autre, marchant sur la gauche, se dirigea vers le fort de San-Yago, ayant pour guide le commandant du génie Mengin. Pendant ce temps, Son Altesse Royale, suivie des officiers de la *Créole*, de son détachement de marins et d'une partie des artilleurs, se dirigeait au pas de course vers la maison habitée par les généraux Santa-Anna et Arista. La garde placée au dehors fit feu et se jeta dans la maison. Bientôt un combat s'engagea sous les portiques de la cour, sur l'escalier et jusque dans les chambres, qu'il fallut forcer l'une après l'autre en tuant les Mexicains qui les défendaient. De notre côté, nous eûmes plusieurs blessés, entre autres le capitaine du génie Chauchard, le lieutenant de vaisseau Goubin, du navire à vapeur *le Phaéton*, et l'enseigne Morel, du même navire. — Enfin, on pénétra dans l'appartement du général Arista : un second maître de la *Créole* se jeta sur lui et le saisit au corps ; le prince arriva au même instant et reçut l'épée du général. La maison fut fouillée ; mais on ne put trouver le général Santa-Anna : la résistance de sa garde lui avait donné le temps de se sauver par les toits, dont la construction en terrasse favorisa sa fuite. Je fis conduire à bord du *Cuirassier* le général Arista et les officiers mexicains prisonniers : ils y furent traités avec tous les égards dus à leur position. »

Pendant que la colonne du centre remplissait la mission qui lui était dévolue, la colonne de droite escaladait le fort de la Conception, armé de treize canons de vingt-quatre et de deux mortiers, poursuivait sa route le long des remparts, délogeant les Mexicains des bastions qu'ils occupaient, et arrivait à la porte de Mexico qu'elle barricadait afin d'empêcher les secours du dehors d'entrer dans la place. Les canons du fort de la Conception et les pièces qui armaient les remparts étaient encloués, jetés par-dessus les murailles et les affûts brisés.

La colonne de gauche s'emparait du fort San-Yago, armé de ving-huit canons de différents calibres et de deux mortiers. Un détachement de cette colonne, sous les ordres des capitaines Olivier, du *Cyclope* et Saint-Georges, du *Volcan*, était entré dans la ville par la porte del Rastaillo. La colonne de gauche, après avoir mis, sur son passage, le matériel d'artillerie hors de service, poursuivait sa route pour opérer sa jonction avec la colonne de droite, lorsqu'elle fut accueillie par une vive fusillade et des coups de canon à mitraille, partant d'une caserne, située près de la porte de la Merced. Le prince de Joinville, avec les marins de la *Créole*, se porta immédiatement devant la caserne, et fit pointer, sur la porte, l'obusier de montagne qui accompagnait la colonne du centre, mais l'effet du projectile fut nul. Les Mexicains faisaient, par les fenêtres de la caserne, une fusillade très vive, qui nous infligeait des pertes sensibles. Le lieutenant d'artillerie de marine, Olivier, fut tué ; le chef de bataillon Mengin, du génie, le lieutenant Maréchal, de l'artillerie de marine, l'enseigne Miniac, de la *Néreide*, les élèves Magnier et Gervais, de la *Créole*, Jauge, de la *Gloire*, figuraient parmi les blessés. La colonne de droite, arrivant à ce moment, opéra sa jonction avec la colonne du centre.

L'amiral, prévenu de ce qui se passait, se rendit devant la caserne ; il fit pointer, sur la porte, une pièce de six mexicaine, la seule qui n'eût pas encore été mise hors de service, mais trois coups furent tirés sans résultat ; on eut alors la certitude que la porte était barricadée, à l'intérieur, avec des sacs à terre. La ville étant désarmée, le but poursuivi par l'amiral était atteint. Faire le siège de cette caserne, dont la position était très forte, constituait donc une opération inutile ; sa possession n'offrait aucun avantage, puisque nous ne voulions pas occuper la ville ; d'autre part, nous ne pouvions pas faire des prisonniers, n'étant pas en mesure de les nourrir. Enfin, l'état de l'atmosphère faisant présager un coup de vent de nord, il était urgent de renvoyer, à bord de leurs navires, les commandants et les équipages.

L'ordre fut donné de se diriger vers la plage ; les trois colonnes se mirent en marche, emportant les morts et les blessés. L'amiral, voulant se mettre en garde contre un mouvement offensif des Mexicains, fit ranger, debout au rivage, cinq chaloupes, armées de caronades à l'avant, et une pièce mexicaine, de six, chargée à mitraille, placée à l'extrémité du môle, fut pointée sur la porte de la ville. Ces dispositions prises, l'embarquement s'effectua dans le plus grand ordre. L'amiral fit alors embarquer les marins qui gardaient la porte de la ville et il se disposait à s'embarquer lui-même, le dernier, lorsqu'une colonne mexicaine, conduite par le général Santa-Anna, franchit la porte que nous venions d'abandonner et se dirigea, au pas de course, vers la plage. On mit le feu à la pièce de six et l'amiral entra dans son canot. La tête de la colonne mexicaine se débanda ; toutefois, une troupe assez nombreuse continua à s'avancer, faisant un feu de mousqueterie très vif, principalement dirigé sur le canot de l'amiral. « Mon patron, dit l'amiral dans son rapport, tomba percé de six blessures ; l'élève de service, M. Halna du Frétay, en reçut deux, et un autre élève, M. Chaptal, jeune homme d'une grande espérance, fut tué. J'ordonnai alors aux cinq chaloupes de faire feu de leurs caronades ; elles balayèrent de leur mitraille le môle et la plage, et firent un grand carnage de Mexicains. Une brume très épaisse survint tout à coup et couvrit la retraite de l'ennemi, qui évacua la ville et alla camper sur la rive gauche de la rivière de Vergara. « Notre perte a été peu considérable, la liste nominative des tués et blessés, que j'adresse à Votre Excellence, se résume comme suit : Officiers et élèves, deux tués, neuf blessés ; marins, quatre tués, trente-sept blessés ; artilleurs, deux tués, dix blessés. Totaux : huit tués, cinquante-six blessés. »

Le but que se proposait l'amiral, était atteint : quatre-vingt deux pièces avaient été mises hors de service. « Ce résultat, dit l'amiral, a été obtenu sans causer aucun dommage à la ville, que j'avais recommandé d'épargner. Les églises ont été respectées, même celles sur lesquelles les Mexicains avaient placé des canons. J'ai mieux aimé laisser subsister ces canons, d'ailleurs en très petit nombre et demeurés inoffensifs, que de courir le risque que quelque profanation fût commise. C'est un honneur, pour tous ceux qui ont participé à l'expédition, que de pouvoir dire que, pendant quatre heures qu'ils ont occupé la ville, pas une porte n'a été enfoncée, pas une vitre n'a été cassée, pas le plus léger désordre n'a été commis.

Cette opération, hardiment conçue, fut exécutée avec une grande vigueur; si l'incident de la caserne ne s'était pas produit, nos pertes eussent été très faibles. Les trois colonnes, n'étant pas arrêtées dans leur mouvement, seraient arrivées plus tôt à la plage, et l'embarquement eut été très probablement terminé avant que les Mexicains fussent en mesure d'intervenir. Le temps passé devant la caserne permit au général Santa-Anna, après sa fuite, lors de l'attaque de sa maison, de réunir des troupes et de prendre ses dispositions pour nous attaquer. Sans cette circonstance, le général serait arrivé au môle après notre départ.

La garnison était sortie de la Vera-Cruz, supposant probablement que la ville serait bombardée. L'amiral n'avait pas cette intention; chargé de terminer le différend existant entre la France et le Mexique, il ne voulait pas, en détruisant une ville, devenue inoffensive, compliquer la situation et rendre plus difficile la conclusion de la paix. Après des négociations laborieuses, celle-ci fut signée, le 9 mars de l'année suivante; la forteresse de Saint-Jean d'Ulloa fut rendue aux Mexicains. Le gouvernement récompensa les services du contre-amiral Baudin en le nommant vice-amiral.

L'action de la marine est efficace contre tout ce qui est à la portée de ses canons, mais une descente constitue, pour elle, une opération délicate; il ne lui est pas toujours facile de connaître, avec exactitude, les dispositions prises par l'ennemi et les moyens qu'il compte employer pour se défendre. Il peut aussi arriver que des circonstances imprévues viennent compromettre le succès des expéditions faites à terre, par la marine; on ne saurait donc les organiser avec trop d'ordre et de

mencement de 1840, non seulement nous n'avions obtenu aucun résultat, mais nous avions perdu un peu de la légitime considération dont jouissait la France avant ces événements.

Au mois de septembre 1840, le vice-amiral de Mackau arriva dans La Plata sur la frégate de cinquante-deux, la *Gloire*, qui portait son pavillon. Les forces placées sous ses ordres s'élevaient à quarante-deux bâtiments, comprenant plusieurs transports sur lesquels des troupes étaient embarquées. Le vice-amiral de Mackau était nommé ministre plénipotentiaire et commandant en chef des forces de terre et de mer de la France dans La Plata. Le 28 octobre, la paix était signée avec la Confédération argentine. Le traité, conclu avec Rosas, ne nous donnait pas tout ce que nous étions en droit de demander, mais la situation de la France exigeait que la question de la Plata reçût une prompte solution. Telle fut la cause déterminante de la conduite de l'amiral de Mackau ; la France, menacée d'une guerre en Europe, voulait avoir l'entière disposition de sa marine et de son armée.

Le traité du 28 octobre souleva des plaintes très vives parmi les Français établis à Montevideo, et des protestations furent adressées à notre gouvernement et aux Chambres. Celles-ci, se rendant compte des motifs qui avaient guidé l'amiral de Mackau, ratifièrent le traité, et les troupes, envoyées dans La Plata, furent rappelées. Si nous avions agi avec vigueur, à partir du jour où la nécessité d'employer la force était reconnue, les satisfactions auxquelles la France avait droit eussent été obtenues, et l'année 1840 aurait trouvé la marine française libre de ses mouvements.

méthode. Le savoir et la hardiesse réfléchie, telle est la caractéristique de la conduite de l'amiral Baudin, aussi bien dans le désarmement de la Vera-Cruz, que dans l'attaque du fort de Saint-Jean d'Ulloa.

III

La marine avait obtenu le redressement des griefs que nous avions contre les gouvernements de la Nouvelle-Grenade et du Mexique; son action fut encore nécessaire pour résoudre les difficultés existant entre la France et la Confédération Argentine. Le président de la république, Rosas, prétendait avoir le droit de traiter les étrangers d'après un code particulier qui était en opposition directe avec le droit international. La colonie française faisait entendre de nombreuses plaintes. Dans les villes, des négociants avaient subi des dommages considérables; dans les campagnes, des établissements, en pleine prospérité, avaient été pillés, détruits, par les différents partis qui se disputaient le pouvoir, les armes à la main; enfin, des Français avaient été maltraités et emprisonnés sans que rien justifiât la conduite des autorités à leur égard. Rosas ne voulait pas admettre que les victimes des guerres civiles eussent droit à une indemnité.

Le contre-amiral Leblanc, qui avait son pavillon sur la frégate de soixante, la *Minerve*, commandait, en 1837 la division navale, ayant sous ses ordres les corvettes de trente, la *Sapho* et l'*Ariane*, le brick de vingt, le *d'Assas*, et les bricks de dix, le *Sylphe* et le *Cerf*. Quoique ces forces fussent insuffisantes, au point de vue du nombre, il notifia, au nom de la France, le blocus des ports et des côtes de la province de Buenos-Ayres. Ceci se passait en 1837; or, à la fin de l'année 1838, il ne s'était produit aucun changement dans la situation. Des coups de fusil ayant été tirés sur nos embarcations, à bord desquelles plusieurs hommes furent blessés, le contre-amiral Leblanc répondit à cet acte d'hostilité par une déclaration de guerre à la confédération argentine. Le service de la division était très pénible, les officiers et les équipages passaient les jours et les nuits dans les embarcations de leurs bâtiments. En attendant des renforts, demandés en France, l'amiral arma en guerre des navires qu'il acheta et les prises faites sur les Argentins. Nous vivions en paix avec la république de l'Uruguay, mais le président, le général Oribe, nous était secrètement hostile. En 1839, une révolution le renversa et son successeur, le général Rivera, conclut, avec nous, un traité d'alliance offensive et défensive, et déclara la guerre à la confédération argentine. L'île de Martin Garcia, qui commande l'entrée du Parana et de l'Uruguay, fut prise, le 10 octobre 1839, par un détachement de marins français et des soldats orientaux. Ce fut le premier acte de guerre.

Le général Oribe, voulant user de représailles à l'égard du général Rivera et du parti qui l'avait renversé, réunit des troupes, battit celles qui lui furent opposées et investit Montevideo. Le contre-amiral Leblanc débarqua quatre cent cinquante marins, sous les ordres du capitaine de vaisseau Kerdrain, pour défendre la ville.

Une flottille, commandée par le capitaine de corvette Thibault, remonta le Parana, avec des troupes montévidéennes; en passant devant la ville de Rosario, située sur la rive droite du fleuve, dans la province de Santa-Fé, l'expédition reçut quelques coups de canon. A la fin de l'année 1839, le contre-amiral Leblanc fut remplacé par le contre-amiral Dupotet qui montait la frégate de cinquante-deux, l'*Atalante*. La division placée sous les ordres de cet amiral, comprenait une corvette de trente, un brick de dix, un autre de huit, et six de quatre. De nouvelles négociations, entamées avec Rosas, n'aboutirent à aucun résultat.

Une division, sous les ordres du commandant de la *Triomphante*, le capitaine de corvette Pénaud, comprenant la gabare l'*Expéditive*, les bricks le *Sylphe*, la *Bordelaise*, l'*Églantine* et la *Tactique*, capitaines Halley, Ducouédic de Kergoualer, de Lalande de Calan, Blaisot et le comte Pouget, reçut l'ordre de remonter le Parana pour appuyer les opérations que les troupes montévidéennes, commandées par le général Lavalle, devaient entreprendre dans la province de Corrientes. Quelques navires de commerce, armés en guerre, faisaient également partie de cette expédition. Arrivée devant Rosario, la division du commandant Pénaud fut canonnée par deux batteries, l'une de douze pièces et l'autre de huit; ces batteries, armées de canons de dix-huit, étaient établies, la première à mi-côte entre la ville de Rosario et le fleuve, et la seconde sur une falaise à pic d'une hauteur de quarante mètres. La distance qui séparait ces batteries de nos bâtiments était de six cents mètres. Par suite de la distance et de l'élévation des batteries argentines, quelques-uns de nos bâtiments, armés de canons obusiers de trente, étaient seuls en état de répondre. Néanmoins, notre feu fit taire la batterie de douze [pièces. La division, formée en ligne de convoi, courant grand largue, avec une brise fraîche, eut bientôt franchi ce passage. Entre les premiers et les derniers coups de canon, il ne s'était pas écoulé deux heures.

Le commandant Penaud, après avoir rempli sa mission dans le haut du fleuve, fit route pour revenir à son point de départ. Lorsqu'il arriva devant Rosario, la brise était faible et contraire ; la division, obligée de louvoyer, se trouva, pendant un temps plus long que lors du premier passage, exposée au feu des batteries argentines. La division compta quelques blessés, parmi lesquels figurait l'enseigne Fabre, du *Sylphe*.

Cette campagne était, on doit le dire, menée sans plan arrêté ; il n'existait aucune suite dans les idées qui présidaient à nos actes. Le gouvernement français ne semblait jamais avoir un but nettement défini. Montrant, un jour, des dispositions pour recourir à la force, nous faisions entendre, le lendemain, que nous étions prêts à négocier. Enfin, l'alliance conclue avec Montevideo nous imposait des charges sans nous procurer aucun avantage appréciable. Le président Rosas, aussi habile qu'il était déloyal, démêlant nos hésitations, persistait à nous refuser toute satisfaction et il pouvait impunément se faire un titre de gloire, auprès des gens de la campagne qui l'avaient porté au pouvoir, de tenir tête à une nation européenne. Nous étions loin de la conduite tenue lors de nos démêlés avec la cour de Portugal et le gouvernement mexicain. Le blocus datait de 1837. Les officiers et les équipages avaient fait un service très pénible, montré le plus grand dévouement et, au com-

LIVRE V

Nouvelle phase de la question d'Orient. — La Porte ottomane et l'Egypte. — L'amiral Lalande et l'escadre du Levant. — La France, isolée par sa non-participation au traité du 15 juillet 1840, rentre, l'année suivante, dans le concert européen. — Translation des cendres de l'empereur. — Taïti et les Marquises. — Occupation de Nossi-Bé et de Mayotte. — Attaque de Tanger et de Mogador. — Combat d'Obligado. — La question du droit de visite. — Expédition de Rome et de Salé. — Loi des quatre-vingt-treize millions. — La marine à vapeur.

I

Le 14 septembre 1829, la Porte Ottomane signait, avec la Russie, le traité d'Andrinople, et elle reconnaissait, au commencement de 1830, l'indépendance de la Grèce. Dans cette même année, la régence d'Alger devenait une possession française. Cette situation blessait profondément l'orgueil ottoman, soulevait un mécontentement général et ajoutait aux difficultés que rencontrait le sultan Mahmoud pour opérer la réforme des institutions militaires. Le Sultan avait détruit les Janissaires, en 1826, et formé de nouveaux corps qui devaient être instruits à l'européenne. La guerre avec la Russie, les émeutes populaires, la résistance ouverte ou dissimulée du vieux parti turc, éloignaient le but que poursuivait le Sultan, et les années s'écoulaient sans que la Porte eût une armée.

Le vice-roi d'Egypte, Mehemet-Ali, crut le moment

favorable pour conquérir son indépendance. N'ayant pas eu, comme le sultan Mahmoud, à lutter contre des fanatiques opposés à toute réforme, il possédait une armée organisée par un officier de l'empire, le colonel Selves, et commandée par des officiers français. Les troupes du vice-roi avaient combattu les peuples voisins de l'Egypte; bien armées, pourvues d'un bon matériel, elles étaient braves, instruites et disciplinées. Le vice-roi avait une flotte construite par un ingénieur français M. de Cérisy. Les vaisseaux égyptiens étaient commandés par des officiers français; armés par des Fellahs, ils n'avaient pas une valeur suffisante pour lutter contre des navires de même force, appartenant à une marine européenne, mais ils étaient supérieurs à ceux que la Porte pouvait leur opposer.

Le fils du vice-roi, Ibrahim-pacha, envahit la Syrie, en 1832, bat les troupes ottomanes, devant Damas, et, peu après, à Homs, sur l'Oronte; enfin Hussein-pacha, l'exterminateur des Janissaires, est écrasé à Beilan, entre Alexandrette et Antioche, et Reschid-pacha, à Konieh, où trente mille Ottomans restent sur le champ de bataille. Ibrahim-pacha arrive à Brousse et se dispose à marcher sur Scutari. Le Sultan, effrayé, appelle les Russes; ceux-ci débarquent, en Anatolie, un corps auxiliaire qui campe sur les hauteurs d'Unkiar-Skelessi, et leur présence arrête la marche d'Ibrahim. Cédant aux pressantes sollicitations des ambassadeurs de France et d'Angleterre, Mahmoud consent à traiter avec le vice-roi. Un firman d'amnistie, daté de Konieh, le 4 mai 1833, termine le différend existant entre la Porte et l'Egypte. Le Sultan, séduit par les promesses du Czar, se rappelant que la Russie était seule venue à son secours, signe, avec cette puissance, le traité d'Unkiar-Skelessi qui met la Porte à la merci de la Russie. Le Sultan, sous la pression des événements, a pu céder aux exigences de Mehemet-Ali, mais il garde contre le vassal rebelle un profond ressentiment et la lutte, qui semble apaisée, est seulement ajournée.

Il s'élève, entre la Porte et l'Egypte, de nouvelles difficultés que l'intervention des puissances ne peut aplanir; la Russie et l'Angleterre se montrent favorables à la cause du Sultan, alors que la France soutient le vice-roi. Ce dernier, prenant un parti hardi, se déclare indépendant. Les troupes ottomanes reçoivent l'ordre de commencer les hostilités ; le 29 juin 1839, elles sont écrasées à Nésib. Le sultan Mahmoud meurt, le 1er juillet, laissant, dans ces circonstances difficiles, le trône à Abdul Medjid, âgé de seize ans. Le kapoudan pacha prend la mer avec l'ordre d'observer les mouvements de la flotte égyptienne ; au lieu de remplir cette mission, il conduit la flotte turque à Alexandrie. Cette défection et les progrès d'Ibrahim menacent l'existence même de l'empire ottoman. On craint que la Porte, n'ayant plus ni flotte ni armée, ne fasse encore une fois appel au Czar. A la pensée que les Russes peuvent paraître dans le Bosphore, le cabinet de Londres se rapproche de la France et une escadre anglaise se tient, avec la nôtre, en observation à Besika. L'amiral Lalande commandait l'escadre française ; celle-ci comprenait des vaisseaux, placés, depuis quelque temps déjà, sous ses ordres et des vaisseaux récemment arrivés de Toulon. Ceux-là, et ils étaient les plus nombreux, n'avaient aucune valeur militaire.

Telle était, dans notre pays, la faiblesse des institutions

maritimes que l'on considérait encore, à **Paris**, un bâtiment ayant des canons et un équipage, comme un navire de guerre. Les bureaux du ministère, dirigés par des administrations, ne pouvaient se préoccuper d'une question dont l'importance leur échappait. Des hommes tels que les amiraux Duperré, Roussin, Baudin, Lalande, connaissaient le mal et savaient quel était le remède, mais leur action n'allait pas au delà des navires placés sous leurs ordres, et leur influence ne dépassait pas la durée de leur commandement. Ce qu'ils faisaient disparaissait avec eux parce qu'il n'existait, à Paris, aucun service ayant qualité pour accueillir leurs observations et appliquer les mesures qui en étaient la conséquence. Avec la réunion de bâtiments placés sous ses ordres, l'amiral Lalande résolut de former une véritable escadre de guerre. L'amiral avait servi sous l'empire ; il assistait, en qualité d'enseigne de vaisseau, au combat des Sables d'Olonne, et, par une coïncidence curieuse, il commandait l'escadre du Levant, en 1839, alors que le commandant de l'escadre anglaise était l'amiral Stofford, l'adversaire du capitaine de vaisseau Jurien, en 1809.

L'amiral Lalande n'ignorait pas que notre faiblesse, au point de vue de l'artillerie, avait été, sous l'empire, la principale cause de nos défaites. Sans cesse préoccupé de cette question, il n'avait rien négligé, sur tous les navires qu'il avait commandés, pour former des canonniers que nos institutions ne lui donnaient pas. Suivant avec attention les événements qui se déroulaient dans le Levant, il savait que, les circonstances l'exigeant, il forcerait, en compagnie des Anglais, le passage des Dardanelles et remonterait jusqu'à Constantinople.

L'amiral voulut que cette opération, si elle devait avoir lieu, fût exécutée par son escadre dans des conditions faisant honneur à notre pays. Tous ses soins, toute son activité, tout son savoir furent employés à perfectionner l'instruction maritime et militaire de son escadre. Le succès répondit aux efforts de l'amiral Lalande, et celui-ci eut bientôt, sous ses ordres, une escadre qui n'avait pas à craindre la comparaison avec une autre de même force, à quelque nation qu'elle appartînt.

L'union de la France et de l'Angleterre n'avait eu qu'un but, empêcher les Russes d'arriver à Constantinople ; lorsque cette éventualité ne fut plus à redouter, les Anglais se séparèrent de nous. La diplomatie, venant en aide au jeune Sultan, décida qu'elle réglerait le différend existant entre le vassal et le suzerain. La deuxième phase de la question d'Orient, la première datait de Navarin, se trouvait officiellement posée. Après avoir cru qu'il aurait les Russes pour adversaires, l'amiral se tint prêt à combattre les Anglais ; toutefois ceux-ci avaient, sur nous, une supériorité contre laquelle le savoir et l'habileté de l'amiral français ne pouvaient rien. Tandis que ce dernier ne disposait que de petits navires à vapeur, l'amiral anglais avait, attachés à son escadre, des bateaux à vapeur suffisamment puissants pour remorquer ses vaisseaux.

Le 15 juillet 1840, l'Angleterre, l'Autriche et la Prusse signèrent, avec la Porte, un traité aux termes duquel le vice-roi conservait la possession héréditaire de l'Egypte et la possession viagère de Saint-Jean d'Acre, à la condition d'évacuer, dans un délai de dix jours, l'Arabie, la Syrie, Candie, etc. S'il ne se conformait pas à ces dispositions, il était dépouillé de ses Etats et les quatre puissances se chargeaient de procéder à l'exécution de cette sentence. Le traité du 15 juillet laissait la France isolée. Le 2 août, l'amiral Lalande fut rappelé et, peu après, l'ordre fut donné à l'escadre de revenir à Toulon. On crut un moment à une guerre générale, et des préparatifs furent faits en France, sur terre et sur mer. L'escadre de la Méditerranée comptait vingt et un vaisseaux à la tête desquels le gouvernement se proposait de placer l'amiral Duperré ayant, auprès de lui, le contre-amiral Lalande comme major général.

Le vice-roi ne voulut pas s'incliner devant la décision des quatre puissances; quoique la disproportion des forces, existant entre l'Egypte et ses adversaires, dût lui enlever tout espoir de succès, il tenta de résister. Une escadre anglaise bombarda Beyrouth, brûla la flotte égyptienne et débarqua des troupes anglaises, autrichiennes, turques et albanaises qui prirent Saint-Jean d'Acre, base d'opération d'Ibrahim. Mehemet-Ali se vit contraint d'accepter, le 27 novembre 1840, un traité qui ne lui laissait que l'Egypte. Le traité du 15 juillet 1841, revisant les traités d'Andrinople et d'Unkiar-Skelessi, ferma les détroits aux bâtiments de guerre de toutes les nations. La France, en adhérant à ce traité, rentra dans le concert européen.

L'amiral Lalande n'ayant livré aucun combat, nous n'aurions pas à parler de sa campagne dans le Levant, si le commandement que cet amiral a exercé ne marquait une date dans l'histoire de la marine. Son escadre était, depuis 1793, la seule qui fût en état de se présenter sans désavantage devant un ennemi. La conduite de l'amiral, ses vues nettement exprimées, le but qu'il poursuivait, les progrès réalisés par les bâtiments placés sous ses ordres, firent pénétrer dans les esprits la nécessité de l'instruction maritime et **militaire**; on comprit qu'une réunion de bâtiments, armés à la hâte, ne constituait pas une escadre. Tel était cependant le régime sous lequel vivait la marine. Les vaisseaux qui avaient combattu à Navarin étaient sans valeur militaire, on pouvait en dire autant des vaisseaux qui, en juillet 1830, avaient tiré sur les forts défendant Alger du côté de la mer. Enfin, la plupart des vaisseaux composant l'escadre qui avait forcé l'entrée du Tage, sous les ordres de l'amiral Roussin, étaient dans la même situation. Ces considérations, appuyées par le souvenir des événements qui venaient de s'accomplir dans le Levant, décidèrent le gouvernement à conserver, d'une manière permanente, un certain nombre de vaisseaux armés. C'est depuis cette époque que nous avons une escadre d'évolutions. Ce système, qui était un retour vers le passé, a prévalu jusqu'à nos jours; il constitue une excellente école pour les officiers et les équipages, et il met, en outre, à la disposition du gouvernement, une force navale, préparée, instruite, toujours prête à se porter où l'exigent les circonstances.

A la fin de l'année 1840, le capitaine de vaisseau, prince de Joinville, commandant la frégate la *Belle-Poule*, ayant sous ses ordres la corvette la *Favorite*, capitaine Guyet, fut chargé de rapporter en France les cendres de l'empereur Napoléon. Ces deux bâtiments mouillèrent, le 8 octobre, sur la rade de James-Town où ils furent rejoints par le brick l'*Oreste*. Le 15, à minuit, les opérations relatives à l'exhumation commencèrent en présence des commissaires français et anglais.

« A dix heures du matin, écrivit le prince de Joinville dans son rapport, le cercueil était à découvert dans la fosse. Après l'en avoir retiré intact, on procéda à son ouverture, et le corps fut trouvé dans un état de conservation inespéré. En ce moment solennel, à la vue des restes si reconnaissables de celui qui fit tant pour les gloires de la France, l'émotion fut profonde et unanime. »

A trois heures et demie, le cortège funèbre, dans lequel figuraient les autorités civiles et militaires, se dirigea vers James-Town. Les troupes et la milice précédaient le char; les coins du drap mortuaire étaient tenus par d'anciens serviteurs de l'empire, les généraux Bertrand et Gourgaud et MM. de Las-Cases et Marchand. Lorsque le cortège fut arrivé au bord de la mer, le général, gouverneur de Sainte-Hélène, remit officiellement au prince de Joinville les restes de l'empereur Napoléon.

Depuis le matin, les vergues de nos bâtiments étaient en panne, les pavillons hissés à mi-mât, et on tirait le canon à intervalles réguliers. Lorsque le cercueil, quittant la terre étrangère, fut placé sur la chaloupe de la *Belle-Poule*, sous la garde du pavillon français, les signes de deuil disparurent. La frégate, la corvette et le brick hissèrent le grand pavois, les équipages furent rangés sur les vergues et des salves d'artillerie se firent entendre jusqu'à l'arrivée, à bord de la *Belle-Poule*, de la chaloupe qui poursuivait sa route lentement, escortée par tous les canots de la division. Les honneurs que l'Empereur aurait reçus, vivant, furent rendus à sa dépouille mortelle. Le 18 octobre, les trois bâtiments prenaient la mer; l'*Oreste*, se conformant à ses instructions, se sépara de la division. La frégate et la corvette mouillèrent, le 30 octobre, sur la rade de Cherbourg. Le prince de Joinville, plusieurs officiers de la frégate et de la corvette et un détachement de marins des deux bâtiments accompagnèrent jusqu'à Paris les restes mortels de l'Empereur.

Pendant sa traversée de retour, le commandant de la division communiqua avec plusieurs navires de commerce ; ceux-ci lui firent connaître qu'il courait, à leur départ d'Europe, des bruits de guerre entre la France et l'Angleterre. La *Belle-Poule* prit immédiatement ses dispositions pour ne pas être surprise par les événements. Si la frégate avait eu à combattre, elle se serait évidemment conduite comme sa devancière, la *Belle-Poule* de 1778. D'ailleurs, la seule pensée de défendre les cendres glorieuses dont ils avaient la garde, eût transformé les hommes de l'équipage en autant de héros. On se demande quelle eût été la grandeur du drame, si la frégate, luttant avec acharnement contre des forces supérieures, eût été coulée, entraînant, au fond des mers, les restes de l'homme qui avait tenu, sur la terre, une aussi grande place.

II

En 1842, le contre-amiral Dupetit-Thouars, commandant en chef de la station navale du Pacifique, agissant conformément aux instructions du gouvernement, prend possession des îles Marquises. Dans une rencontre avec les naturels de l'île Christine, le capitaine de corvette Halley et le lieutenant de vaisseau Lafond de Ladébat sont tués et l'élève Gérin Rose grièvement blessé. Nous acceptons l'offre faite par la reine Pomaré de mettre Taïti et les autres îles de l'archipel de la Société sous le protectorat de la France. De graves difficultés s'étant élevées entre la reine Pomaré et le contre-amiral Dupetit-Thouars, ce dernier déclara, au mois de novembre 1843, que l'île de Taïti devenait une possession française, mais le gouvernement, désapprouvant l'amiral, donna l'ordre de rétablir le protectorat sur Taïti et ses dépendances.

Dans le courant de l'année 1844, il fallut réprimer par les armes une tentative de révolte. Le capitaine de vaisseau Bruat, gouverneur des possessions françaises en Océanie, réunit quatre cent quarante hommes, marins, artilleurs et soldats de l'infanterie de marine, et, le 17 avril, il attaqua les insurgés à Mahahena. Ceux-ci étaient nombreux, bien armés et fortement retranchés; leurs positions furent enlevées, mais nos pertes s'élevèrent à seize tués et cinquante-deux blessés. L'enseigne de vaisseau de Nansouty, le sous-lieutenant d'artillerie Seignette figuraient parmi les morts, et les élèves de la marine Couloudre et Debry étaient au nombre des blessés. Le 30 juillet, le commandant Bruat, à la tête d'une colonne de marins et de soldats, disperse, à Hapape et à Papenon, des rassemblements armés; nos pertes sont de trois tués et de dix-sept blessés. Un autre engagement a lieu, à Foaa, entre les indigènes et cent cinquante hommes de l'équipage de l'*Uranie,* commandés par le capitaine de corvette Bonnard; nous avons, dans cette affaire, cinq tués, comprenant le volontaire de la marine Poret, et neuf blessés, parmi lesquels figurent le commandant Bonnard. Après ces divers engagements, l'ordre fut rétabli à Taïti.

Les comptoirs de Grand Bassam, d'Assinie et du Gabon sont fondés sur la côte occidentale d'Afrique, dans le golfe de Guinée. Nous prenons possession, cette même année, des îles de Nossi-bé, sur la côte nord-ouest de Madagascar, et de Mayotte, dans l'archipel des Comores.

Au commencement de l'année 1844, Abd-el-Kader, vaincu dans l'intérieur de l'Algérie, s'était établi dans l'ouest de la province d'Oran, sur la frontière un peu incertaine du Maroc. De là, il faisait de fréquentes incursions sur notre territoire, entraînant, à sa suite, des tribus que sa présence fanatisait. Repoussé par nos troupes il trouvait, chez les populations marocaines, qui toutes partageaient ses passions religieuses, un refuge assuré. Exerçant une très grande influence sur l'esprit de l'empereur du Maroc, Abd-el-Rhamman, il amena ce prince à nous contester la possession de quelques territoires situés entre le cours de la Tafna et la frontière du Maroc. Le 30 mai 1844, le général de Lamoricière fut attaqué dans son camp, placé à deux lieues en dedans de la frontière, par un corps nombreux de cavaliers marocains. Les demandes de réparations, adressées à l'empereur, ayant été repoussées, le gouvernement français décida qu'elles seraient exigées par les armes.

Pendant que le maréchal Bugeaud réunissait les troupes avec lesquelles il devait pénétrer sur le territoire de l'empire, le contre-amiral prince de Joinville prenait le commandement d'une escadre destinée à opérer sur les côtes du Maroc. Cette escadre comprenait les vaisseaux le *Jemmapes*, de cent canons, le *Suffren*, de quatre-vingt-dix, et le *Triton*, de quatre-vingt-deux, capitaines Montagniès de la Roque, Lapierre et Bellanger ; la frégate la *Belle-Poule*, de soixante, capitaine Hernoux, et les bricks le *Cassard*, de vingt, et l'*Argus*, de douze, capitaines Roquemaurel et Jangérard. Le prince de Joinville avait son pavillon sur le *Suffren*. A ces six navires à voiles étaient joints les bateaux à vapeur le *Véloce*, le *Gassendi* et le *Pluton*, de deux cent vingt chevaux, le *Phare*, de cent soixante, le *Var* et le *Rubis*, de soixante-dix, capitaines Duparc, Bouet, Maissin, Brouzet, Beral de Sedaignes et Albert.

L'escadre mouilla devant Tanger, le 2 août. Le 6, les vaisseaux, la frégate et les deux bricks furent pris à la remorque et conduits au poste qui leur était assigné. L'ennemi ne troubla pas cette opération. Le prince devait, conformément à ses instructions, épargner la ville et se contenter de détruire la citadelle et quelques batteries qui défendaient Tanger du côté de la mer. Le feu fut ouvert, à huit heures et demie, et, à dix heures, le but poursuivi était atteint. Nous avions trois tués et dix-sept blessés. L'ennemi comptait des centaines d'hommes hors de combat.

L'escadre se dirigea vers l'ouest, franchit le détroit de Gibraltar et, le 11, elle mouillait devant Mogador, ville située à l'extrémité méridionale de l'empire. Elle avait été ralliée par les bricks le *Volage* et le *Pandour*, capitaines Clavaud et Duparc, et par les vapeurs l'*Asmodée*, et le *Groenland*, de quatre cent cinquante chevaux, le *Cuvier*, de trois cent vingt, le *Lavoisier*, de deux cent vingt, et le *Grégois*, de cent soixante, capitaines Dufrénil, Besson, Dutertre, Médoni et Fortin. En épargnant, pour des raisons politiques, la ville de Tanger, loin d'exercer une pression sur le gouvernement marocain, nous avions maintenu l'empereur Abd-el-Rhamman dans l'opinion qu'il n'avait rien à craindre de la marine. Il avait été décidé que notre conduite, à Mogador, serait plus énergique. Pendant quatre jours, la violence du vent et l'état de la mer ne permirent même pas aux bâtiments de l'escadre de communiquer entre eux.

Le 15, le temps étant devenu maniable, le prince de Joinville résolut d'attaquer. Le *Triton*, le *Suffren*, et le *Jemmapes* se dirigèrent, sans riposter au feu des Marocains, sur le point où ils devaient mouiller. Après avoir pris leur poste et s'être embossés, les trois vaisseaux ouvrirent le feu; notre supériorité s'établit promptement et les batteries, dites de la marine, furent abandonnées. Toutefois, une batterie comprenant quarante pièces abritées par des épaulements en pierres molles de deux mètres d'épaisseur, résista plus longtemps. Le prince de Joinville dit dans son rapport: « Le vaisseau le *Jemmapes*, capitaine Montagniès, qui était le point de mire de tous ses coups, a fini par en avoir raison, non sans une perte sérieuse causée par des obus bien dirigés. Vingt hommes tués ou blessés, à bord de ce vaisseau, parmi lesquels un élève de grande espérance, M. Noël, gravement atteint d'un éclat d'obus; des avaries graves dans la mâture, de nombreux boulets dans la coque, attestent la résistance énergique des canonniers ennemis. » Peu après le commencement du combat engagé entre la terre et les vaisseaux, l'amiral avait donné l'ordre à la frégate la *Belle-Poule*, et aux bricks le *Cassard*, le *Volage*, et l'*Argus*, d'entrer dans le port. Ces quatre bâtiments avaient pour objectif la destruction des batteries de la ville et des ouvrages qui pouvaient s'opposer à notre débarquement dans l'île. Le feu de l'ennemi se ralentissant, les bateaux à vapeur, le *Gassendi*, le *Pluton* et le *Phare*, vinrent mouiller dans les créneaux des bricks. Les trois vapeurs portaient cinq cents hommes, marins et soldats, placés sous les ordres du capitaine de corvette Du Quesne et du lieutenant-colonel Chauchard. Les embarcations de l'escadre, après avoir pris ce détachement, se dirigèrent vers la terre, sous la protection de l'artillerie des bricks et des vapeurs. Les hommes, accueillis par une vive fusillade, débarquèrent rapidement, gravirent un talus assez raide et enlevèrent la première batterie. On marcha en avant et les Marocains, chassés de tous les postes qu'ils occupaient, se réfugièrent dans une mosquée. Il eût fallu, pour pénétrer dans cette mosquée, suivre des couloirs obscurs et, par conséquent, s'exposer à perdre inutilement beaucoup de monde. L'ordre fut donné de s'arrêter. La mosquée fut cernée et, le lendemain, au point du jour, les hommes qu'elle contenait, au nombre de cent quarante, se rendirent prisonniers. « La journée du 15, en y comprenant les pertes du *Jemmapes*, déjà mentionnées, nous avait coûté quatorze tués et soixante-quatre blessés ; au nombre des premiers figurait le lieutenant d'artillerie Pottier et, parmi les seconds, le capitaine de vaisseau Bellanger, le capitaine de corvette Du Quesne, le lieutenant de vaisseau Coupvent Desbois, l'enseigne de vaisseau Blaise, le sous-lieutenant d'infanterie de marine Martin des Pallières et l'élève de deuxième classe Noël. » L'île étant occupée et le feu des batteries éteint, la frégate à vapeur l'*Asmodée* remorqua les trois vaisseaux au large. Toutefois, l'état de la mer le permettant, la frégate la *Belle-Poule* conserva sa position et tira, toute la nuit, sur les batteries de la ville afin que l'ennemi fût dans l'impossibilité de les réoccuper.

Le 16, les vapeurs l'*Asmodée*, le *Gassendi*, le *Pluton*, et les bricks le *Cassard* et le *Pandour* s'embossèrent de chaque côté de la langue de sable sur laquelle s'élevaient les forts de la marine. Sous la protection de ces cinq bâtiments, dont le feu croisé coupait les communications des forts avec la ville, six cents hommes, commandés par le capitaine de vaisseau Hernoux et le capitaine de corvette Édouard Bouet, furent mis à terre. Ils ne trouvèrent aucune résistance. Les canons furent encloués, jetés à bas des remparts et les magasins à poudre noyés; on enleva dix canons en bronze et des drapeaux qui furent apportés en France comme trophées de la campagne. A quelques jours de là, un coup de canon ayant été tiré d'une tour donnant sur la campagne, le lieutenant de vaisseau Touchard, chef d'état-major de l'escadre, débarqua avec cent soixante hommes, planta des échelles, escalada cette tour et détruisit les derniers canons pouvant tirer sur nous. Cette expédition ne rencontra pas de résistance.

Le but poursuivi par l'escadre était atteint; nous occupions l'île, ce qui nous rendait maîtres du port, et nous n'avions rien à craindre de la ville. Celle-ci, abandonnée par les habitants et la garnison impériale, était réduite à l'état le plus misérable; les Maures et les Arabes, après l'avoir pillée, l'avaient livrée aux flammes. Le 23 août, les dispositions que nécessitait l'occupation de l'île de Mogador étant terminées, une partie de l'escadre fut envoyée à Cadix. La conduite de cette expédition fit le plus grand honneur au commandant en chef, le contre-amiral prince de Joinville, aux capitaines, officiers et équipages de l'escadre. Il y eut, au point de vue maritime, de sérieuses difficultés à vaincre. « Pendant quatre jours, écrivit le prince de Joinville, la violence des vents et l'état de la mer nous ont empêchés de communiquer entre nous. Mouillées sur des fonds de roches, nos ancres et nos chaînes se brisaient et leur perte nous enlevait des ressources indispensables pour atteindre notre but. Tel navire n'avait plus qu'une chaîne et une ancre, encore celle-ci privée d'une de ses pattes. Nous ne pouvions, d'ailleurs, songer à nous maintenir devant Mogador à la voile. La violence des courants et de la brise nous eût entraînés sous le vent, et nous aurions probablement perdu l'occasion d'agir. De plus, en faisant appareiller les vapeurs avec nous ils auraient épuisé leur combustible, en les laissant seuls, ils étaient exposés à manquer de vivres et d'eau. Il fallait donc rester au mouillage. » L'attaque, qui eut lieu dès que le temps le permit, fut habilement conduite au point de vue militaire. On voit les vaisseaux agir seuls, puis viennent, à mesure que s'établit la supériorité de notre tir, la frégate et les bricks, enfin, lorsque le feu de l'ennemi s'affaiblit, les bateaux à vapeur reçoivent l'ordre de prendre un poste de combat.

Un sinistre maritime se produisit à la fin de cette courte campagne. Le frégate à vapeur de quatre cent cinquante, le *Groenland*, trompée par la brume, se jeta à la côte, à quelque distance au sud de Larrache. Par une coïncidence malheureuse, ce navire s'échoua, filant neuf nœuds, au moment de la pleine mer, un jour de grande marée, au pied d'une falaise taillée à pic. Les

Arabes, accourus en grand nombre, dirigèrent sur la frégate une fusillade très vive; l'aviso la *Vedette*, qui naviguait avec le *Groenland*, riposta avec peu de succès par suite de la difficulté de pointer ses pièces sur le haut de la falaise où se tenaient les Arabes. Le prince de Joinville, attiré par le bruit du canon, arriva sur le lieu du naufrage avec les corvettes à vapeur, le *Pluton* et le *Cuvier*; ayant reconnu non seulement l'impossibilité de relever le *Groenland* mais même de sauver l'équipage si la mer, qui était déjà grosse, devenait plus forte, donna l'ordre d'évacuer la frégate et de l'incendier.

La bataille d'Isly gagnée, le 14 août, par le maréchal Bugeaud, la destruction de Mogador, la ville favorite de l'empereur du Maroc, et l'occupation de l'île, amenant la fermeture du port, décidèrent le gouvernement marocain à entrer en négociations avec la France. Le traité mettant fin au différend, fut signé au mois de mars 1845.

Nous avions conclu, en 1840, avec la Confédération Argentine, un traité qui ne nous accordait pas ce que nous étions en droit d'exiger. Nous avons indiqué les mobiles qui avaient dicté la conduite de l'amiral de Mackau. Quelques années s'écoulèrent pendant lesquelles les clauses du traité furent loin d'être scrupuleusement observées. Nos nationaux élevèrent de nouvelles plaintes à la suite desquelles le gouvernement français fit au président de la République Argentine des représentations dont il ne fut tenu aucun compte. En 1845, Rosas, rendu confiant par les succès diplomatiques qu'il avait obtenus jusque-là, montra de nouvelles exigences; il voulut empêcher la libre navigation du Parana. Devant Obligado, petite ville de la province de Buenos-Ayres, par conséquent sur la rive droite du Parana, les

Argentins installèrent vingt-quatre canons, répartis entre quatre batteries, deux à fleur d'eau et deux sur les hauteurs. Des navires, reliés par des chaînes, formaient un barrage, allant d'une rive à l'autre; dix brûlots se tenaient sur la rive droite, à l'extrémité du barrage, et, à l'autre extrémité, se trouvait un brick de guerre, le *Republicano*. Des troupes, campées sur les deux rives, devaient s'opposer à toute tentative de débarquement.

En présence de cette entrave mise à la navigation commerciale, ce ne furent pas seulement les Français mais aussi les Anglais que Rosas eut contre lui. Le capitaine de vaisseau Tréhouart, commandant la frégate de cinquante, l'*Erigone*, se trouvait dans la Plata avec la gabare l'*Expéditive*, le brick le *Pandour*, l'aviso à vapeur le *Fulton*, capitaines Miniac, Duparc et Mazères, et deux petits navires, armés dans le pays, le *Procida* et le *Saint-Martin*. Le capitaine de vaisseau Hotham, de la marine anglaise, disposait des navires suivants : la corvette *Comus*, les bricks *Dolphin*, *Philomela* et *Fanny*, et les corvettes à vapeur *Gorgon* et *Firebrand*. Les capitaines de vaisseau Tréhouart et Hotham résolurent de détruire le barrage établi par les Argentins. Le 18 octobre, les bâtiments français et anglais, désignés ci-dessus, se mirent en mouvement. Le capitaine de vaisseau Tréhouart, avec le *Saint-Martin*, sur lequel il avait hissé son guidon de commandement, le brick le *Pandour*, les navires anglais *Comus* et *Dolphin*, devait attaquer la rive droite, et le capitaine anglais Sullivan la rive gauche avec les bricks anglais *Philomela* et *Fanny* et le bâtiment français l'*Expéditive*. Les deux vapeurs anglais *Gorgon* et *Firebrand* et l'aviso à vapeur français, le *Fulton*, formaient, sous les ordres du capitaine Hotham, une réserve prête à se porter partout où l'exigeraient les circonstances.

Le 20, au point du jour, les alliés faisaient route sur l'estacade ; le combat s'engagea aussitôt que, de part et d'autre, on se trouva à portée de canon. Par suite de la faiblesse de la brise, les navires s'avançaient lentement. Le *Saint-Martin*, qui marchait en tête de sa colonne, devenu le point de mire des batteries argentines, fit des pertes sensibles jusqu'au moment où les trois bâtiments qui le suivaient arrivèrent à leur poste. L'action se poursuivait avec vigueur lorsque le *Saint-Martin*, ayant eu son câble coupé par un boulet, fut entraîné par le courant. Le commandant Tréhouart quitta ce bâtiment et porta son guidon sur la corvette l'*Expéditive*, avec laquelle il revint prendre son poste à la tête des bâtiments qui combattaient sur la rive droite, bâtiments sur lesquels se portait le principal effort de l'ennemi. Le *Republicano*, vivement canonné par la division du capitaine Sullivan, fit explosion.

Le capitaine Hotham, aussitôt le combat engagé, expédia des embarcations qui rompirent le barrage ; ce résultat obtenu, les navires qui soutenaient les chaînes furent entraînés par le courant. Il en fut de même des brûlots qui dérivèrent sans accrocher un seul des bâtiments alliés. Le passage étant ouvert, les trois vapeurs le franchirent et vinrent prendre une position leur permettant de battre efficacement les batteries argentines. Foudroyées par un feu violent, auquel prirent part tous les bâtiments alliés, celles-ci furent abandonnées. Les compagnies de débarquement des deux marines descendirent à terre sous la protection de l'artillerie des navires; elles mirent en déroute les troupes qui voulaient s'opposer à leur marche, détruisirent les batteries argentines, brisèrent les affûts et jetèrent les canons à l'eau. Les alliés, après avoir réparé leurs avaries, appareillèrent et ils reprirent, au bas du fleuve, le mouillage qu'ils avaient quitté pour faire cette opération.

Les traités de 1814 et de 1815 donnaient à l'Angleterre le droit de visiter les bâtiments français naviguant sur la côte d'Afrique, ces bâtiments pouvant être soupçonnés de se livrer à la traite des noirs. La défense absolue de faire la traite, en supposant cette prohibition maintenue avec une extrême rigueur, constituait, en faveur des Noirs, une mesure d'une importance capitale. Les chances défavorables que présentait ce trafic, augmentant, le nombre des spéculateurs armant des négriers devait évidemment diminuer dans une très grande proportion. On ne doit pas méconnaître la grandeur du but poursuivi par l'Angleterre, mais il est juste d'ajouter que cette puissance ne sacrifiait pas ses intérêts à une noble cause. Depuis que les Etats-Unis d'Amérique s'étaient soustraits au joug de la mère patrie, les possessions de l'Angleterre, dans la mer des Antilles, étaient de trop peu d'importance pour que leur situation pesât dans la balance, tandis que l'abolition de la traite des Noirs pouvait ruiner les cultures rivales de celles de l'Inde. L'insurrection de Saint-Domingue, à laquelle les Anglais avaient pris une part très active, était déjà un grand pas fait dans ce sens. La suppression de la traite, cette œuvre de haute philanthropie, devait donc avoir pour conséquence l'accroissement de la prospérité commerciale de nos voisins d'outre-Manche.

Des années s'écoulèrent sans que l'on se préoccupât, en France, de la question du droit de visite, mais il vint un moment où l'opinion publique se montra très mécontente qu'un droit, attentatoire à la dignité du pavillon, eût été accordé aux Anglais. Des négociations entamées, en 1845, avec le cabinet de Saint-James, amenèrent la suppression du droit de visite; d'autre part, le gouvernement français se déclara prêt à envoyer, sur la côte d'Afrique, des bâtiments en nombre suffisant pour assurer la surveillance effective de la partie du littoral africain où la traite était encore en vigueur. Un crédit spécial fut affecté à la construction de navires légers destinés à ce service. En 1846 et en 1847, la France maintint, sur la côte d'Afrique, une croisière importante, mais, à partir de 1848, le nombre des navires fut réduit et ramené, peu après, au chiffre que réclamaient simplement les exigences de notre propre service.

L'expédition de Rome, faite en 1848, nécessita le concours de la marine. Celle-ci n'eut pas à tirer du canon, mais elle joua un rôle utile en remontant le Tibre. Au commencement de l'année 1851, les habitants de Salé pillèrent un brick français, échoué dans l'intérieur du port. Notre agent consulaire fit d'inutiles efforts pour empêcher cet acte de piraterie, commis avec la complicité des autorités locales. Les demandes de réparations n'ayant abouti à aucun résultat, le gouvernement français résolut d'infliger aux habitants de Salé un châtiment sévère. Une division, comprenant le vaisseau le *Henri IV*, de cent canons, capitaine de Gueydon, les frégates le *Gomer* et le *Sané*, capitaines Alain et Ducampe de Rosamel, la corvette le *Caton*, capitaine Guesnet, et l'aviso le *Narval*, capitaine Lefebvre, se présenta, le 25 décembre 1851, devant Salé. Le commandant de la division, le contre-amiral Dubourdieu, qui avait son pavillon sur le *Henri IV*, adressa, conformément à ses instructions, un ultimatum au Caïd. Celui-ci devait, dans le délai d'une heure, se présenter à bord du vaisseau amiral et remettre la somme réclamée depuis plusieurs mois par le gouvernement français, pour indemniser les armateurs du brick qui avait été pillé et détruit.

Le Caïd ayant déclaré qu'il ne pouvait faire aucune réponse avant dix jours, temps nécessaire pour prendre les ordres de l'empereur, le contre-amiral Dubourdieu résolut de commencer les hostilités. Le lendemain, à dix heures du matin, le *Henri IV*, embossé à six cents mètres des fortifications, ouvrit le feu. Le *Gomer* et l'*Asmodée* avaient l'ordre de combattre sous vapeur, et le *Caton* et le *Narval*, tous deux en fer, de se tenir hors de portée. A cinq heures du soir, les batteries étaient entièrement détruites et la ville avait beaucoup souffert. Le but poursuivi étant atteint, le feu cessa. La division s'éloigna dans la nuit.

III

Lorsque le baron Portal, triomphant des hésitations des Chambres, fit adopter ses vues sur l'établissement naval de la France, il obtint que le budget de la marine serait désormais fixé à soixante-cinq millions. Quelques années s'écoulèrent pendant lesquelles la marine n'eut pas, d'une manière régulière, cette somme à sa disposition. Lorque survinrent la guerre d'Espagne, le soulèvement de la Grèce et l'expédition d'Alger, le chiffre de soixante-cinq millions fut dépassé; les dépenses de la marine s'élevèrent à soixante-treize millions, en 1823, à quatre-vingt-un millions, en 1828, et à quatre-vingt-onze millions, en 1830. Si les suppléments de crédit accordés par la Chambre avaient été répartis, dans la proportion voulue, entre tous les chapitres du budget, le programme que l'habile ministre de la Restauration avait fait prévaloir n'aurait pas été atteint. Le contraire s'était produit; non seulement les sommes votées par le parlement avaient été tout entières affectées aux armements, mais la plus grande partie des ressources provenant du budget ordinaire, avait eu la même destination. Il est inutile d'ajouter que, depuis le ministère du baron Portal, de nouveaux besoins avaient surgi ; il n'était plus possible de se contenter des soixante-seize bâtiments, montés par huit mille sept cent cinquante hommes, qui représentaient la marine en 1820. Ainsi, les armements avaient absorbé non seulement les crédits supplémentaires votés par les Chambres, mais une partie des fonds du budget ordinaire destinés aux constructions neuves et aux approvisionnements.

Le comte d'Argout, qui prit le portefeuille de la marine en novembre 1830, exposa, avec beaucoup de netteté, cette situation aux Chambres. Celles-ci ne tinrent aucun compte des observations du ministre ; on n'avait, à l'égard de l'Angleterre, aucune préoccupation. Cette puissance, délivrée de la crainte de voir la France et la Russie s'unir étroitement, montrait les dispositions les plus favorables à l'égard de la monarchie de juillet. L'attention du nouveau gouvernement se portait sur les puissances continentales dont l'attitude semblait hostile. En résumé, de 1820 à 1830, par suite de l'insuffisance du budget ordinaire et de l'emploi de ce même budget pour satisfaire à des besoins extraordinaires, nous nous trouvions en présence d'un déficit considérable portant sur les constructions et les approvisionnements. Dix années s'étaient à peine écoulées, et déjà nous n'étions plus, en ce qui concernait les constructions neuves et les approvisionnements, dans les conditions du plan, très modeste d'ailleurs, élaboré par le baron Portal.

Le temps marche et le département de la marine suit les mêmes errements; il arme, sous la pression des événements, un nombre de navires supérieur à celui qui est prévu par le budget, et les fonds nécessaires pour payer ce supplément de dépenses, sont prélevés sur les crédits affectés aux constructions neuves et aux approvisionnements. A partir de 1840, l'opinion se rend mieux compte des services que peut rendre la marine. La nécessité dans laquelle est la France de disposer d'une force navale importante pénètre peu à peu dans les esprits. En 1846, le vice-amiral de Mackau, alors ministre de la marine, saisissant le moment favorable, fit voter par les Chambres une loi qui mettait à la disposition de son département une somme de quatre-vingt-treize millions, divisée en sept annuités. La marine reçut deux annuités, soit vingt-six millions; en 1849, cette annuité fut réduite à deux millions trois cent mille francs, au lieu de treize millions, et, en 1850, elle disparut.

Le budget, service marine, qui était, en chiffres ronds, de cent seize millions en 1846, et de cent trente-trois millions, en 1847, tombe successivement à cent vingt-neuf millions en 1848, à cent deux millions en 1849, et à quatre-vingt-dix millions en 1850. Les effectifs à la mer, qui atteignaient, en 1846, le chiffre de trente et un mille hommes et de trente-deux mille, en 1847, décroissent en 1848 et en 1849 ; le nombre des hommes embarqués n'est plus que de vingt-quatre mille en 1850. A cette réduction des effectifs vient se joindre le ralentissement des travaux du matériel naval et l'ajournement des achats d'approvisionnements généraux. La marine qui semblait, en 1846, appelée à prendre le développement reconnu nécessaire pour la défense du pays, entre, de nouveau, dans l'ère des difficultés. En 1851, le budget est fixé à quatre-vingt-cinq millions et à quatre-vingt-quinze en 1852 ; l'année suivante, il n'atteint encore que le chiffre de cent un millions, inférieur de trente-deux millions à la somme mise, en 1847, à la disposition de la marine. Nous avons vu la marine à vapeur prendre part à l'expédition d'Alger. Le *Nageur* et le *Sphinx* tirèrent du canon contre les batteries de Sidi-Ferruch. La nouvelle marine montra surtout son utilité en portant plus rapidement que n'auraient pu le faire des navires à voiles, les dépêches des chefs de l'armée et de la flotte. Lorsque nos troupes occupèrent Bône, Oran et d'autres points sur la côte, les bateaux à vapeur rendirent les plus grands services en reliant ces différents ports avec Alger, et en effectuant les mouvements de troupes que nécessitaient les opérations militaires.

Le ministère ne donna pas une vive impulsion à la nouvelle marine. L'amiral Lalande, qui avait une escadre à voiles très solide, ne disposait que de petits bâtiments à vapeur hors d'état de remorquer ses vaisseaux, et n'ayant, d'autre part, aucune force militaire; nous étions, sur ce point, très inférieurs aux Anglais. Au Mexique, l'amiral Baudin n'avait, dans sa division, que le *Phaéton* et le *Météore*, l'un et l'autre de la force de cent soixante chevaux; si la mer s'était faite du large, pendant que les frégates étaient embossées à l'accore du banc, ces petits navires eussent été insuffisants pour les conduire rapidement au large.

En 1839, le gouvernement forma le projet d'établir, entre la France et l'Amérique, de grandes lignes de correspondance au moyen de bâtiments à vapeur. Les Chambres votèrent, en 1840, une loi sur la navigation transatlantique, et elles affectèrent un crédit de dix millions à la construction des navires que ce nouveau service exigeait. L'intention véritable du gouvernement était moins d'avoir des paquebots que d'augmenter notre flotte à vapeur dont on s'était si peu préoccupé jusque-là. Lorsque ces navires furent construits, on reconnut qu'ils étaient, à la fois, trop lourds pour remplir la mission à laquelle ils semblaient destinés, et d'un trop faible échantillon pour faire de bons navires de guerre. Néanmoins les événements ultérieurs permirent à ces bâtiments de rendre d'importants services.

Au moment où le ministère accordait son attention à la marine à vapeur à roues, celle-ci était appelée à disparaître. Un nouvel engin de propulsion, l'hélice, ouvrait à la marine de guerre une voie nouvelle. En 1843, nous avions l'aviso à hélice le *Napoléon*, qui prit plus tard le nom de *Corse*, et, en 1845, la frégate à hélice la *Pomone*.

Un officier du plus grand mérite, M. Labrousse, alors lieutenant de vaisseau, proposait, dès 1841, d'appliquer l'hélice aux vaisseaux de ligne ; il demandait la construction d'un vaisseau à éperon, auquel il donnait une machine de mille chevaux nominaux de cette époque. M. Labrousse se montrait nettement opposé à l'application aux vaisseaux de machines de faible puissance, destinées à leur donner de petites vitesses. On remarquera que cet officier, contrairement à l'idée peu maritime que poursuivait le ministère, voulait une flotte à vapeur rapide.

En 1847, le vaisseau de premier rang, le *Montebello*, fut pourvu d'une machine de cent soixante chevaux, ce qui était insuffisant, et, peu après, les vaisseaux à deux ponts, le *Charlemagne* et l'*Austerlitz*, reçurent une machine de quatre à cinq cents chevaux, ce qui constituait une erreur moins grande. Enfin, le *Napoléon*, vaisseau à vapeur, à grande vitesse, fut lancé en 1850. Il avait été construit sur les plans du célèbre ingénieur Dupuy de Lôme, mais il est juste de rappeler que les disposition principales d'un vaisseau à vapeur rapide avaient été, dès 1841, indiquées par M. Labrousse.

Disons immédiatement que celui-ci avait proposé, en 1840, d'armer les navires à vapeur d'un éperon, et il avait remis au ministre, en 1843, le plan d'une frégate en fer, à grande vitesse, munie d'un éperon et ayant un pont convexe en fer. On doit reconnaître que M. Labrousse, devenu vice-amiral à la fin de sa carrière, était un précurseur.

LIVRE VI

La Russie et la Porte Ottomane. — Exigences de la Russie. — Occupapation des principautés danubiennes par les troupes du Czar. — L'escadre d'évolutions reçoit l'ordre d'aller à Salamine. — L'escadre anglaise de la Méditerranée se rend à Malte. — Ces deux escadres sont envoyées à Besika. — Le vice-amiral de Lassusse est remplacé, dans le commandement de l'escadre, par le vice-amiral Hamelin. — Composition de notre escadre. — Entrée des escadres de la France et de l'Angleterre dans les Dardanelles. — La Porte déclare la guerre à la Russie. — Nouveau mouvement des escadres qui mouillent dans le Bosphore. — Affaire de Sinope. — Entrée des escadres de la France et de l'Angleterre dans la mer Noire. — La France et l'Angleterre déclarent la guerre à la Russie. — Arrivée de l'escadre de l'amiral Bruat avec des troupes. — Destruction du port impérial d'Odessa. — Envoi d'une division combinée sur la côte orientale de la mer Noire. — Les escadres croisent devant Sébastopol. — Leur retour à Baltchick. — Perte du *Tiger*.

I

En 1851, la Porte nomma une commission mixte chargée de régler un différend existant, depuis longues années, entre les Latins et les Grecs. Ces derniers étaient parvenus, à la suite d'une série d'usurpations, à s'emparer de tous les Lieux Saints. La commission, après un examen approfondi de la question, reconnut la validité des réclamations faites par les Latins. La Russie, qui soutenait les prétentions des Grecs, protesta, avec beaucoup de vivacité, contre les conclusions de la commission. L'empereur Nicolas croyait le moment venu de procéder au partage de la Turquie, dont il voulait une part, dans laquelle se serait trouvée comprise la ville de Constantinople. La situation de l'Europe apparaissait à l'empereur de Russie comme très favorable à l'exécution de ses projets. Il considérait l'Autriche, qu'il avait sauvée, comme étant dans sa dépendance ; la Prusse et l'Allemagne se ressentaient encore de la crise révolutionnaire de 1848, et la France était troublée par des discordes intérieures. Il restait l'Angleterre, avec laquelle l'empereur Nicolas voulut s'entendre, pensant que, s'il parvenait à se mettre d'accord avec cette puissance, toutes les difficultés seraient aplanies, mais le cabinet de Saint-James, mis au courant des intentions du Czar, refusa nettement le concours qui lui était demandé. Une tentative, faite pour amener le gouvernement français à entrer dans les vues de l'empereur de Russie, n'eut pas plus de succès.

Quoique sans alliés, Nicolas résolut d'agir ; il espérait surprendre ses adversaires par la rapidité de l'exécution et arriver à son but avant que ceux-ci eussent eu le temps de se concerter. Le Czar se trompa, et cette erreur d'appréciation entraîna, pour la Russie, les plus graves conséquences. La question des Lieux Saints n'était donc qu'un prétexte dont se servait l'empereur Nicolas pour les besoins de sa politique. Le 5 mai 1853, le prince Mentchikoff, envoyé à Constantinople, en qualité d'ambassadeur extraordinaire, exigea « des garanties solides et invariables dans l'intérêt de l'église orthodoxe ». Faisant connaître la pensée véritable de l'empereur, le prince demanda que tous les sujets ottomans, professant la religion grecque, fussent placés sous le protectorat de la Russie. La Porte ne pouvait accepter cet engagement sans annuler, elle-même, son indépendance. Le 18 mai, les relations diplomatiques étaient rompues entre la Porte et la Russie ; trois jours après, le cabinet de Saint-Pétersbourg informait le gouvernement turc que les armées russes allaient entrer dans les principautés danubiennes où elles resteraient jusqu'au jour où l'ultimatum, présenté par le prince Mentshikoff, serait accepté dans son entier.

L'escadre d'évolutions, placée sous les ordres du vice-amiral de Lassusse, avait quitté Toulon, le 23 mars 1853, pour se rendre à Salamine. Elle comprenait huit vaisseaux et quelques navires à vapeur. Au même moment, le vice-amiral Dundas, qui commandait l'escadre anglaise de la Méditerranée, recevait, de son gouvernement, l'ordre d'aller à Malte. Cette démonstration était à la fois une mesure de prudence et un avertissement donné à la Russie ; la France et l'Angleterre montraient ainsi l'intention d'intervenir si le soin de leurs intérêts l'exigeait. La situation politique, loin de s'améliorer, prenant, chaque jour, un caractère plus alarmant, les cabinets des Tuileries et de Saint-James crurent nécessaire de faire un pas en avant. En conséquence, les amiraux de Lassusse et Dundas reçurent l'ordre de se rendre à Bésika.

Les Anglais étaient, ainsi que nous l'avons dit, à Malte. Le vice-amiral Dundas, aussitôt qu'il eut pris connaissance de ses instructions, mit à la voile, et il fut très surpris, en mouillant à Besika, de ne pas trouver l'escadre française qui aurait dû, étant à Salamine, arriver avant lui. L'amiral anglais, aussitôt l'ancre au fond, expédia deux bâtiments à vapeur rapides, l'un à Malte, l'autre à Constantinople, pour annoncer sa présence, sur la rade de Besika, à son gouvernement, d'une part, et, d'autre part, à lord Straford de Redcliffe, ambassadeur de la Grande-Bretagne auprès de la Porte Ottomane. La France et l'Angleterre semblaient marcher d'accord dans cette nouvelle phase de la question d'Orient ; toutefois, le gouvernement français, se rappelant la volte-face opérée par le cabinet de Saint-James, en 1840, se demandait s'il pouvait entièrement compter sur la coopération de l'Angleterre. Pour cette même raison, il ne voulait pas que sa conduite pût susciter la moindre défiance de l'autre côté du détroit. On éprouva donc, à Paris, un très vif mécontentement en apprenant le retard de la flotte française, retard qui pouvait paraître prémédité.

L'amiral de Lassusse, on doit le reconnaître, ne s'était pas rendu compte de la situation, ce qui cependant était facile. La marche des événements était connue et très commentée à Athènes, où le mouvement en avant des deux escadres était considéré comme certain ; quand l'ordre d'envoyer la nôtre à Besika parvint à Salamine, il y avait plusieurs jours déjà que les hommes au courant des affaires d'Orient l'attendaient. Au lieu d'entrer dans les vues de son gouvernement, l'amiral perdit du temps à naviguer, à la voile, avec des faibles brises, et il se décida trop tard à se servir des navires à vapeur qu'il avait dans son escadre pour remorquer les vaisseaux. L'amiral de Lassusse, dans le cours de sa carrière, avait mouillé tant de fois à Besika, sans jamais aller plus loin, qu'il n'avait vu, dans l'ordre de conduire son escadre sur cette rade, qu'une mesure faisant partie du programme régulier, on devrait presque dire réglementaire, de toute phase de la question d'Orient. C'est pourquoi il n'avait attaché que peu d'importance à la teneur des dépêches venant de Paris. Il ne faut pas, a-t-on dit avec raison, prendre les instructions ministérielles au tragique, mais il faut toujours les prendre au sérieux. L'amiral de Lassusse dut regretter de ne pas avoir observé cette sage maxime. Rappelé en France, il fut remplacé, dans le commandement de l'escadre, par le vice-amiral Hamelin.

Le vice-amiral de Lassusse terminait par une disgrâce, qui, d'ailleurs, n'atteignait en rien sa considération, une carrière bien remplie. Entré au service en 1800, il avait assisté, sous le premier empire, à plusieurs combats ; comme l'amiral Lalande, il savait que la principale cause de nos défaites provenait de l'infériorité de notre tir. Aussi le service de l'artillerie était-il, de sa part, l'objet d'une extrême attention. Nous possédions fort heureusement, depuis quelques années, un navire-école de matelots canonniers qui donnait à la flotte des chefs de pièce exercés. Mais s'il y avait, sous ce rapport, un progrès, attendu, d'ailleurs, trop longtemps, il restait d'autres questions à résoudre pour arriver à l'utilisation complète de nos canons. L'amiral mit en évidence certains défauts existant sur nos bâtiments qui ne permettaient pas d'atteindre ce résultat. Pendant le séjour de l'escadre sur la rade de Besika, il fit relever, à bord de tous les vaisseaux, la position de chaque pièce, au point de vue du champ de tir. Le résultat obtenu fut loin d'être satisfaisant; ce travail montrait que notre artillerie n'était pas suffisamment battante. Nos vaisseaux étaient, sous ce rapport, inférieurs aux vaisseaux anglais. C'est ce que l'amiral de Lassusse avait voulu mettre en évidence afin d'amener le ministère de la marine à s'occuper d'une question qui n'était, à Paris, malgré son importance, l'objet d'aucune attention.

Le service intérieur, à bord des bâtiments, et principalement sur les grands navires, joue dans toutes les circonstances de la vie maritime, un rôle considérable. Le savoir, la vaillance des officiers et des équipages ne peuvent pas conduire à de grands résultats, si ce service, comprenant le poste que chacun doit occuper pendant le combat, n'est pas fortement organisé. Les traditions laissées, sous ce rapport, par l'empire, et elles étaient, on doit le reconnaître, de peu de valeur, avaient à peu près disparu sous la Restauration, époque pendant laquelle nous n'avions, à la mer et dans nos stations, que des bâtiments de rang inférieur. Les quelques vaisseaux armés pendant cette période, rentraient au port, aussitôt après avoir rempli leur mission, qui était généralement de peu de durée. Après 1830, lorsque le développement de la marine s'accentua, l'attention des officiers se porta sur le service intérieur des bâtiments, et la nécessité de l'établir sur des bases solides s'imposa. L'amiral de Lassusse pouvait revendiquer une part très grande dans cette réorganisation.

L'escadre mouillée sur la rade de Besika, sous les ordres du vice-amiral Hamelin, était composée des bâtiments désignés ci-après : les vaisseaux de premier rang le *Friedland*, le *Valmy* et la *Ville de Paris*; le *Henri IV*, de quatre-vingt-dix, le *Bayard*, le *Jupiter* et l'*Iéna*, de quatre-vingts, capitaines Chaigneau, Serval, Rigault de Genouilly, Jehenne, Borius, Jean Lugeol et Rapatel; les vaisseaux à hélice, le *Napoléon*, de quatre-vingt-dix, et le *Charlemagne*, de quatre-vingts, capitaines Dupouy et de Chabannes Curton. Le vice-amiral Hamelin montait la *Ville de Paris*, et le contre-amiral Jacquinot avait son pavillon sur le *Valmy*. Outre les navires indiqués ci-dessus, l'escadre comprenait les frégates à vapeur : le *Mogador*, le *Gomer*, le *Sané*, le *Magellan*, capitaines Warnier de Wailly, Dubouzet, Stanislas Mallet et Magré, et les corvettes ou avisos, le *Chaptal*, le *Caton*, le *Héron*, le *Narval*, capitaines Pouthier, Pothuau, le Bègue de Germiny et Jules Lefebvre. Le contre-amiral Desfossés, dont le commandement arrivait à son terme, et qui fut, peu de temps après, remplacé par le contre-amiral Lebarbier de Tinan, avait son pavillon sur le *Gomer*. L'escadre anglaise comptait sept vaisseaux et huit frégates.

Le 22 septembre, sur l'invitation des ambassadeurs de France et d'Angleterre, les escadres des amiraux Hamelin et Dundas pénétrèrent dans les Dardanelles. Malgré le vent et le courant, qui étaient tous deux contraires, le *Napoléon*, prenant la *Ville de Paris* à la remorque, franchit le détroit sans difficulté. Ce vaisseau à vapeur, à grande vitesse, eut, ce jour-là, un succès éclatant dont une part revenait au commandant Labrousse et l'autre à M. Dupuy-de-Lome. Le premier demandait, depuis longtemps, la construction d'un vaisseau à vapeur à grande vitesse, et le second avait mis ce projet à exécution. Les partisans des vaisseaux mixtes durent, également, se convaincre que le commandant Labrousse avait raison en les condamnant. Il s'écoula huit jours avant que les deux escadres fussent réunies dans la mer de Marmara.

Les Russes étaient entrés, à la fin de juillet, dans les principautés danubiennes. Le mouvement d'opinion fut tel, à Constantinople, que le Sultan se vit contraint de déclarer la guerre à la Russie. Abdul Medjid, s'il n'avait pas cédé au sentiment général de son peuple, aurait été renversé de son trône par une révolution. La guerre fut déclarée à la Russie, le 4 octobre, et les opérations militaires commencèrent immédiatement. La flotte russe de la mer Noire pouvait quitter Sébastopol avec un vent favorable et apparaître devant Constantinople. En prévision de cette attaque, peu probable, mais possible, les escadres entrèrent, au commencement de novembre, dans le Bosphore, et elles vinrent mouiller à Beikos; occupant cette position elles couvraient Constantinople, et étaient, en outre, en mesure de s'opposer à tout débarquement que les Russes voudraient tenter non loin de la capitale de l'empire ottoman. Les ambassadeurs de la France, de l'Angleterre et de la Prusse, réunis à Vienne sous la présidence du ministre des affaires étrangères d'Autriche, recherchaient, sans y parvenir, les moyens d'amener une entente entre la Russie et la Porte. Les représentants de la France et de l'Angleterre, s'efforçant d'arriver à une transaction, ménageaient les intérêts des deux parties, mais les ambassadeurs de l'Autriche et de la Prusse empêchaient la conférence d'atteindre le but qu'elle semblait poursuivre en ne consentant pas à faire à la Turquie, dans les propositions qui étaient débattues, la part revenant légitimement à cette puissance. L'empereur de Russie, tenu au courant de ce qui se passait à Vienne, continuait à croire que les alliés n'iraient pas au delà d'une démonstration navale. D'autre part, en présence de l'attitude de l'Autriche et de la Prusse, la France et l'Angleterre hésitaient à donner aux chefs de leurs escadres des instructions plus énergiques.

En résumé, la conférence de Vienne n'avait obtenu d'autre résultat que d'arrêter la marche victorieuse d'Omer-pacha sur Bucarest. L'armée turque avait été obligée de repasser le Danube, tandis que la Russie, résistant à toute pression diplomatique, conservait son entière liberté d'action.

Telle était la situation lorsque les Turcs conçurent le projet de ravitailler leur armée de l'Asie Mineure. L'escadre chargée de cette mission comprenait douze bâtiments, savoir : un vaisseau de soixante, six frégates, deux de cinquante-deux, une de cinquante, une de quarante-quatre, une de trente-huit et une dernière de trente-six ; trois corvettes, deux de vingt-quatre et une de vingt-deux, et deux petits navires portant chacun quatre canons. Le vice-amiral Osman-pacha, qui commandait en chef cette réunion de bâtiments, avait son pavillon sur la frégate de quarante-quatre. Cette escadre, médiocrement armée, aussi bien sous le rapport du matériel que du personnel, était peu propre à naviguer dans la mer Noire à cette époque de l'année, et elle était encore moins en état d'opposer une résistance sérieuse si elle trouvait, sur sa route, une division de la flotte de Sébastopol. Or, la guerre existait entre la Russie et la Porte, et la présence des alliés, dans le Bosphore, n'avait, à ce moment, que la valeur d'une démonstration.

Etant données les conditions que nous venons d'indiquer, il y avait imprudence grave à envoyer, dans la mer Noire, une force navale ayant aussi peu de valeur que les douze navires placés sous les ordres du vice-amiral Osman-pacha. Depuis l'entrée des alliés dans les Dardanelles, la flotte de la mer Noire devait, conformément aux ordres venus de Saint-Pétersbourg, exercer une surveillance très active sur les mouvements des navires turcs, et surtout les empêcher de ravitailler les armées de l'Asie Mineure. Le vice-amiral Osman-pacha prit la mer, dans le courant de novembre, et, peu après avoir quitté Constantinople, il mouillait devant Sinope. L'amiral Nakimoff, promptement informé de son arrivée sur cette rade, détacha deux vaisseaux et un brick pour reconnaître l'escadre ottomane. Ces trois navires s'approchèrent jusqu'à portée de canon des faibles batteries qui défendaient la rade, et, après avoir pris une connaissance exacte de la force et de la position des Turcs, ils firent route, sous toutes voiles, pour regagner Sébastopol. L'apparition des bâtiments russes aurait dû éveiller l'attention d'Osman-pacha, et le décider à s'éloigner promptement d'une rade ouverte dans laquelle il ne trouvait, du côté de la terre, aucune protection, mais, probablement convaincu que la présence des escadres alliées dans le Bosphore assurait sa sécurité, il maintint ses navires au mouillage.

Le 30 novembre, l'amiral Nakimoff paraissait devant Sinope avec six vaisseaux, dont trois de premier rang, deux frégates et trois navires à vapeur ; quatre frégates restaient au large et plusieurs avisos, échelonnés dans la direction du Bosphore, donnaient aux Russes la certitude qu'ils seraient promptement informés si des navires, appartenant aux escadres alliées, apparaissaient. Ces dispositions prises, l'amiral Nakimoff fit sommer Osman-pacha d'amener son pavillon ; celui-ci ayant, pour toute réponse, envoyé sa bordée, l'action s'engagea. Elle eut pour conséquence la destruction complète de l'escadre turque. Il ne pouvait en être autrement, étant donnée la supériorité écrasante des Russes et la bravoure de leurs adversaires qui avaient combattu jusqu'à la dernière extrémité. L'artillerie de la plupart des navires ottomans étant impuissante contre des vaisseaux, les Russes souffrirent peu; quant aux Turcs, ils perdirent non seulement leurs navires mais la presque totalité du personnel qui les montait. Quelques hommes purent gagner la terre à la nage ; une centaine de matelots furent pris par les embarcations russes et le reste périt. Osman-pacha, grièvement blessé, et le capitaine d'une des frégates étaient au nombre des prisonniers. L'affaire de Sinope eut, en Europe, un grand retentissement. La destruction de douze bâtiments, la plupart d'un faible échantillon, par une escadre de six vaisseaux de ligne, au moment où on supposait que les négociations, entamées par les ambassadeurs des grandes puissances pour arriver à une solution pacifique du différend, étaient sur le point d'aboutir, émut vivement l'opinion. Cet événement jeta un très grand discrédit sur la conférence de Vienne : celle-ci, en effet, avait montré qu'elle savait arrêter les Turcs, mais aussi qu'elle n'exerçait aucune influence sur les décisions de l'empereur Nicolas.

On parut également croire que les escadres alliées auraient pu empêcher le désastre de Sinope. C'était une erreur. La responsabilité des amiraux Hamelin et Dundas n'était, dans cette affaire, engagée à aucun degré. L'un et l'autre occupaient la position qui leur avait été assignée dans un but nettement déterminé ; il leur était prescrit de défendre Constantinople contre une attaque venant de la mer, et de s'opposer à toute tentative de débarquement faite dans le voisinage de cette ville. Les chefs des forces navales, mouillées à Beïkos, ne pouvaient donc pas, sans des ordres précis, formels, accompagner Osman-pacha dans la mer Noire. Or, il n'existait pas d'autre moyen qui pût empêcher celui-ci d'être attaqué par la marine russe. L'amiral Nakimoff ne devait pas davantage être mis en cause; ce qu'il avait à faire, ce n'était pas de la politique, mais son devoir. Ses instructions lui prescrivaient d'empêcher les Turcs de ravitailler les troupes qu'ils avaient dans l'Asie Mineure ; connaissant l'arrivée, à Sinope, de navires appelés à remplir cette mission, il vint les attaquer avec des forces supérieures. Leur destruction fut, ainsi que nous l'avons dit plus haut, la conséquence forcée de cette supériorité et de l'acharnement de la lutte.

II

La France et l'Angleterre, toujours un peu hésitantes par suite de l'attitude de la Prusse et de l'Autriche, comprirent néanmoins qu'elles se devaient à elles-mêmes d'agir avec plus d'énergie qu'elles ne l'avaient fait jusque-là. Les escadres alliées reçurent l'ordre d'entrer dans la mer Noire, et de s'opposer à toute nouvelle attaque, tentée, par la marine russe, contre le territoire et le pavillon ottomans. Il fut décidé que les navires russes, rencontrés dans la mer Noire, seraient invités à rentrer dans leurs ports, et, s'ils refusaient de se soumettre à cette injonction déguisée, on devait les y contraindre par la force.

Afin de retarder le plus longtemps possible les actes d'hostilité directs entre les alliés et la Russie, la frégate à vapeur anglaise, la *Retribution*, fut envoyée à Sébastopol pour porter les dispositions arrêtées par les gouvernements de France et d'Angleterre à la connaissance des autorités russes. La frégate la *Retribution* arriva devant Sébastopol par un temps de brume ; le commandant Drummond continua néanmoins sa route, marchant à petite vitesse et sondant. La frégate anglaise parvint ainsi jusque dans l'intérieur du port, et elle était à l'ancre lorsque, le temps étant devenu plus clair, les Russes s'aperçurent de sa présence. Avant de permettre au commandant de la frégate anglaise de remplir sa mission, les autorités du port exigèrent qu'il allât mouiller hors de portée de canon des batteries qui défendent, par mer, l'accès de Sébastopol. Le commandant anglais leva l'ancre, et il se rendit au point indiqué par les officiers russes ; mais, manœuvrant avec lenteur, il eut le temps, aidé par son état-major, de faire un plan donnant, avec une exactitude suffisante pour être utile, la position et l'importance des principaux forts de Sébastopol. On voit combien il importe d'exercer, en temps de guerre, une surveillance qui soit à la fois assez active et assez habile pour défier toute surprise.

Le 3 janvier 1854, les flottes alliées entrèrent dans la mer Noire et se rendirent à Sinope où elles purent voir, échouées à la côte, les carcasses des malheureux navires d'Osman-pacha. Deux divisions, l'une française et l'autre anglaise, la première sous les ordres du contre-amiral Lebarbier de Tinan, la seconde commandée par le contre-amiral sir Edmund Lyons, appareillèrent de

Sinope, escortant des vapeurs turcs, portant des troupes et des munitions. La division française comprenait la frégate à vapeur le *Gomer*, sur lequel le contre-amiral Le barbier de Tinan avait son pavillon, le vaisseau à hélice le *Charlemagne*, et trois frégates à vapeur. Sir Edmund Lyons avait sous ses ordres les vaisseaux à hélice l'*Agamemnon*, qu'il montait, et le *Sans-Pareil*, et deux frégates à vapeur. Les deux divisions mouillèrent successivement devant Trébizonde, Batoum, le fort Saint-Nicolas, et, leur mission remplie, elles revinrent à Sinope. Les escadres alliées ne tardèrent pas à rentrer dans le Bosphore. Les navires à vapeur seuls montrèrent les pavillons de la France et de l'Angleterre dans la mer Noire, les amiraux Hamelin et Dundas estimant qu'ils ne devaient pas, sans un but déterminé, maintenir des vaisseaux à voiles dans cette mer, à une époque de l'année pendant laquelle soufflent les coups de vent les plus violents. Des symptômes d'hostilité contre l'intervention de la France et de l'Angleterre dans le différend existant entre la Russie et la Porte, s'étant manifestés en Grèce, le contre-amiral Lebarbier de Tinan quitta Beïkos, et vint prendre, dans l'Archipel, le commandement de la station du Levant. Le 27 février, les gouvernements de la France et de l'Angleterre sommèrent la Russie d'évacuer les principautés ; les puissances alliées déclaraient que le refus, de la part du cabinet de Saint-Pétersbourg, de céder à cette injonction, constituerait un *casus belli*. Cet ultimatum fut repoussé par l'empereur Nicolas qui ne voulait pas d'accommodement. Les opérations militaires avaient recommencé sur le Danube ; depuis le mois de janvier, les Russes et les Turcs se battaient. Après quelques succès, ces derniers se viren contraints de reculer devant l'armée russe, forte de cent quatre-vingt mille hommes. Il était facile de prévoir que la Turquie, livrée à elle-même, succomberait, malgré la bravoure de ses troupes et l'habileté d'Omer-pacha qui les commandait.

Les escadres alliées quittèrent Beïkos pour se porter sur la côte de la Bulgarie ; elles mouillèrent à Kavarna, près du village de Baltchick, à quelques lieues au nord de Varna. Dans cette position, elles pouvaient être utiles aux Turcs que les Russes refoulaient vers le sud. On était arrivé au moment où toute hésitation devenait impossible ; les cabinets de Londres et de Paris devaient abandonner la Turquie ou intervenir par les armes. La France et l'Angleterre s'étaient trop avancées pour reculer, et, dans les deux pays, on fit des préparatifs militaires et maritimes. Le 27 mars, la France et l'Angleterre déclarèrent la guerre à la Russie ; ces deux puissances signèrent immédiatement, avec la Turquie, un traité d'alliance offensive et défensive.

Le vice-amiral Bruat, qui commandait, à Brest, une escadre, dite de l'Océan, reçut l'ordre de se rendre à Toulon, où il embarqua des troupes avec lesquelles il fit route pour les Dardanelles. Son escadre arriva, le 17 avril, à Gallipoli, ville située à l'extrémité orientale des Dardanelles, où les troupes passagères furent débarquées. Gallipoli devenait la base stratégique des futures opérations des alliés qui avaient pour premier objectif la défense d'Andrinople et de Constantinople. L'escadre, que commandait l'amiral Bruat, comprenait les bâtiments désignés ci-après ; les vaisseaux mixtes le *Montebello*, de cent vingt, et le *Jean-Bart*, de quatre-vingts ; les vaisseaux à voiles, le *Suffren*, de quatre-vingt-dix, la *Ville de Marseille* et l'*Alger*, de quatre-vingts, capitaines Bassière, Touchard, Fabre Lamaurelle, Laffon de Ladébat et de Saisset. La frégate à vapeur le *Caffarelli* et les corvettes à vapeur, le *Roland* et le *Primauguet*, capitaines Simon, de la Roncière de Noury et Reynaud, faisaient partie de cette escadre. Le vice-amiral Bruat avait son pavillon sur le *Montebello*.

La déclaration de guerre des deux puissances occidentales à la Russie était parvenue, le 14 avril, aux amiraux Hamelin et Dundas. Les escadres alliées appareillèrent de Baltchick et se rendirent devant Odessa; elles mouillèrent, le 20, aussi près de la ville que pouvait le permettre le tirant d'eau des vaisseaux. Pendant que les escadres étaient à Baltchick, les batteries d'Odessa avaient tiré sur un canot expédié par la frégate anglaise, le *Furious*; ce canot se dirigeait vers le port, portant, à l'avant, un pavillon parlementaire. Le général Osten Sacken, gouverneur d'Odessa, prétendant que le *Furious* avait mouillé trop près de la ville, opposa une fin de non-recevoir à la demande de réparation qui lui fut adressée. Les amiraux Hamelin et Dundas décidèrent qu'une attaque serait dirigée contre le port impérial.

Le 22 avril, les frégates à vapeur françaises, le *Vauban* et le *Descartes*, capitaines de Poucques d'Herbinghem et Darricau, et les navires à vapeur anglais, le *Tiger* et le *Sampson*, capitaines Giffard et Jones, s'approchèrent du port impérial. Accueillis par un coup de canon, les quatre bâtiments ripostèrent et l'action s'engagea. Quelques heures après, le *Vauban*, atteint par plusieurs boulets rouges, s'éloigna pour éteindre un commencement d'incendie. Quatre navires, la frégate à vapeur française le *Mogador*, capitaine Warnier de Wailly, et les frégates à vapeur anglaises, *Retribution*, *Furious* et *Terrible*, capitaines Drummond, Loring et Cleverty, formaient une division de réserve. Cette division reçut l'ordre de se joindre aux trois frégates qui restaient engagées.

Jusque-là nous avions combattu sous vapeur ; ayant expérimenté la portée des pièces de l'ennemi et le peu d'habileté de ses canonniers, les navires alliés jetèrent l'ancre et s'embossèrent. Le *Vauban* ne tarda pas à reprendre son poste dans la ligne. Une batterie de campagne, qui vint prendre position pour joindre son feu à celui des batteries de côte, fut promptement contrainte de se retirer. Il y avait, dans le port de commerce, un certain nombre de bâtiments anglais et français, auxquels le général Osten Sacken n'avait pas voulu donner l'autorisation de prendre la mer. Les capitaines de ces navires suivaient avec attention les péripéties du combat ; profitant de la confusion résultant du bombardement, ils gagnèrent le large.

Les huit navires alliés, dont le tir était excellent, amenèrent promptement le résultat que poursuivaient les amiraux. Les navires à voiles et à vapeur, que contenait le port impérial, étaient coulés, les batteries, les casernes et les magasins détruits, et, sur plusieurs points, on voyait s'élever des flammes. L'incendie menaçant de se propager, les amiraux qui avaient l'intention bien arrêtée de ne faire aucun mal à la ville d'Odessa, donnèrent l'ordre de cesser le feu. Les navires engagés reprirent leur place dans la flotte combinée. A l'exception du *Vauban*, obligé, pendant un temps, d'ailleurs très court, d'abandonner son poste, nos bâtiments n'avaient éprouvé que des avaries insignifiantes. Les deux escadres mirent sous voiles; après avoir reconnu Eupatoria, le 28 avril, elles parurent le lendemain devant Sébastopol. Dix vaisseaux, huit frégates ou corvettes et cinq navires à vapeur étaient à l'ancre sur la rade; on apercevait, en outre, quatre vaisseaux et des bâtiments de rang inférieur dans le port ou dans les bassins. Les Russes ne firent aucun mouvement.

Dans les premiers jours de mai, deux divisions, l'une française et l'autre anglaise, furent envoyées sur la côte orientale de la mer Noire. La première, à la tête de laquelle était placé le capitaine de vaisseau de Chabannes, commandant le vaisseau mixte le *Charlemagne*, comprenait, outre ce vaisseau, deux frégates à vapeur, le *Mogador* et le *Vauban*. Le contre-amiral Lyons, qui commandait la division anglaise, avait, sous ses ordres, le vaisseau mixte l'*Agamemnon*, qu'il montait, et cinq frégates à vapeur. Des forts russes étaient échelonnés sur la côte orientale de la mer Noire; un certain nombre de ces postes militaires étaient destinés à contenir les populations encore insoumises du littoral et à servir de base à toute attaque qui pourrait être dirigée contre elles. Dans ces forts, l'autorité des Russes n'allait pas au delà de la portée de leurs canons; les garnisons devaient donc recevoir, par mer, tout ce qui leur était nécessaire pour subsister. Ce moyen, la déclaration de guerre de la France et de l'Angleterre à la Russie ayant pour conséquence la présence des escadres alliées dans la mer Noire, le faisait disparaître. Le gouvernement russe, habitué, dans de semblables circonstances, à prendre des décisions promptes et énergiques, donna l'ordre d'évacuer et de détruire les forts dont la garnison n'avait pas de retraite à l'intérieur. La division combinée prolongea la côte, et elle put constater que les Russes n'occupaient plus que trois points, Anapa, Soudjouk-Kalé et Redout-Kalé. Les deux premiers ne pouvaient être pris avec les seules forces dont disposaient le contre-amiral Lyons et le capitaine de vaisseau de Chabannes. Il n'en était pas de même de Redout-Kalé; la division combinée arrivée, le 17 mai, devant cette place, détacha des bâtiments qui prirent, à Batoum, un bataillon turc. Le 19, au moment où celui-ci allait débarquer, sous la protection de l'artillerie des deux divisions, on s'aperçut que la ville venait d'être abandonnée. Quand les troupes turques arrivèrent à terre, elles virent l'ennemi qui s'éloignait, après avoir fait sauter le pont de bateaux sur lequel il avait franchi la Khalie. Avant de quitter Redout-Kalé, les Russes avaient allumé des incendies qui réduisirent en cendres la plus grande partie de la ville. La division combinée captura deux bricks marchands, de nationalité russe, se dirigeant sur Kertch avec trois cents soldats, du matériel et des vivres, provenant de l'évacuation des forts abandonnés.

Pendant le cours de cette expédition, les commandants anglais et français eurent plusieurs conférences avec des chefs circassiens et un personnage, du nom de Mohammed-bey, envoyé par Shamyl pour le représenter. Il ne s'agissait pas seulement de décider les Circassiens à prendre part à la guerre que les alliés faisaient aux Russes, il fallait surtout les amener à se placer sous les ordres de Shamyl ou de son lieutenant, Mohammed-bey, afin que les opérations militaires fussent faites avec un ensemble qui seul pouvait donner des résultats.

Les Circassiens, très satisfaits d'une situation qui avait amené l'évacuation de la plus grande partie des forts russes élevés sur la côte, parurent disposés à suivre nos conseils; on leur distribua, à titre d'encouragement, les cartouches trouvées sur les navires russes qui étaient tombés entre nos mains. Toutefois, il était difficile de croire que leur concours aurait quelque efficacité. Séparés par de continuelles rivalités, les chefs circassiens, auxquels nous nous adressions, n'avaient même pas la pensée de s'unir entre eux. D'autre part, Schamyl était loin, et, malgré l'autorité qui s'attachait à son nom, il n'exerçait pas, sur les habitants du littoral subcaucasien, une influence suffisante pour avoir le droit de compter sur leur obéissance. C'était aux Turcs, établis à Batoum, au fort Saint-Nicolas et à Redout-Kalé, qu'il appartenait de diriger ce mouvement; malheureusement ceux qui les commandaient étaient inférieurs à ce rôle. En Asie, les Ottomans marchaient d'insuccès en insuccès; ils avaient des généraux incapables et des soldats indisciplinés. Les troupes turques pillant et ravageant le pays, partout où elles passaient, décourageaient, par leur conduite, la bonne volonté de ceux que leur propre intérêt aurait conduits à se joindre aux Ottomans. Après l'occupation de Redout-Kalé par les Turcs, les divisions que commandaient le contre-amiral Lyons et le capitaine de vaisseau de Chabannes, quittèrent la côte et firent route pour rallier les escadres alliées.

Cette expédition, nous devons en faire la remarque, aurait dû précéder et non suivre l'attaque dirigée contre le port impérial d'Odessa. Elle eût été plus opportune et surtout plus conforme aux principes de la guerre. Aussitôt après avoir reçu l'ordre d'ouvrir les hostilités, la flotte combinée devait, sans perdre de temps, bloquer Sébastopol, mettre quelques navires devant Kertch et détacher plusieurs divisions légères, chargées de parcourir la mer Noire et d'enlever les bâtiments de guerre ou de commerce qu'elles auraient pu rencontrer. Une de ces divisions se serait portée rapidement sur la côte orientale de la mer Noire pour couper toute communication entre les forts russes échelonnés le long de la côte, et la Crimée. En ne suivant pas cette ligne de conduite, les escadres alliées avaient commis une faute stratégique que l'on doit signaler.

Le 20 mai, la flotte combinée mouilla sur la rade de Baltchick. Pendant la durée de sa croisière devant Sébastopol, elle n'avait eu à vaincre d'autres difficultés que celles provenant de l'état de l'atmosphère. Des brumes continuelles l'avaient enveloppée, et c'était seulement par suite de l'habileté de manœuvre de chaque bâtiment que les abordages avaient pu être évités. Toutefois, la brume amena la perte d'une frégate à vapeur anglaise, le *Tiger*. Ce bâtiment, le *Niger* et le *Vésuvius* croisaient devant Odessa; séparé de ses conserves par une brume très épaisse, le *Tiger*, capitaine Giffard, s'échoua, le 12 mai, sous le cap Fantan, à quelques milles au-dessus d'Odessa. On prit immédiatement les dispositions nécessaires pour remettre le navire à flot, mais une éclaircie étant survenue, le *Tiger* fut aperçu par les Russes. Des batteries de campagne, expédiées en toute hâte, prirent position au sommet d'une falaise d'où elles firent, sur le navire anglais, un feu plongeant auquel celui-ci se trouvait dans l'impossibilité de répondre. Les premiers coups de canon tuèrent ou blessèrent grièvement huit hommes; le capitaine Giffard était au nombre des derniers. Le *Tiger* ne pouvait être remis à flot; d'autre part, il était privé de tout moyen de défense, puisque l'élévation du terrain, sur lequel s'étaient établies les batteries russes, ne lui permettait pas de se servir de son artillerie. Les Anglais incendièrent leur navire et se rendirent prisonniers. Le *Niger* et le *Vésuvius*, à la recherche de leur conserve, aperçurent le *Tiger* lorsqu'il était en flammes. Le capitaine Giffard mourut de ses blessures.

LIVRE VII

Arrivée à Gallipoli de troupes françaises et anglaises. — Situation des belligérants à la fin du mois de mai 1854. — Les troupes alliées se rendent à Varna. — Levée du siège de Silistrie. — Mouvement général de retraite des Russes. — Les troupes françaises occupent le Pirée et Athènes. — La levée du siège de Silistrie et la retraite de l'armée russe laissent les troupes réunies à Varna sans objectif. — Projet d'expédition en Crimée. — Une commission est envoyée pour chercher un point de débarquement. — Mouvement des troupes dans la Dobroudja. — Le choléra sévit dans l'armée et sur la flotte. — Note adressée par les amiraux Hamelin et Dundas aux généraux en chef des armées de terre. — L'expédition de Crimée est résolue. — Embarquement des troupes. — La flotte appareille. — Elle mouille, le 14 septembre, devant Old Fort. — Débarquement de l'armée.

I

Depuis le jour où l'amiral Bruat avait mis à terre les régiments embarqués sur son escadre, de nombreux transports étaient arrivés, à Gallipoli, avec des troupes. A la fin du mois de mai, le maréchal de Saint-Arnaud, qui était placé à la tête de notre armée, avait trente-deux mille hommes sous ses ordres ; l'effectif des troupes anglaises, que commandait lord Raglan, atteignait le chiffre de dix-huit mille. Nous avons vu que le choix de Gallipoli, comme point de débarquement, avait pour but de mettre les alliés en mesure de se joindre aux Turcs pour défendre Andrinople et Constantinople. Un moment, on put croire que l'armée russe, marchant rapidement, arriverait à Constantinople avant que les troupes alliées fussent assez nombreuses pour lui barrer la route de cette capitale. Dans cette hypothèse, les escadres, obligées de quitter le Bosphore, seraient venues à Gallipoli, où la flotte et l'armée se seraient prêté un mutuel appui. A mesure que le nombre des troupes alliées, campées à Gallipoli, augmentait, la situation se modifiait à notre avantage. Bientôt la conduite des Russes fit plus que la modifier, elle la transforma. Le maréchal Paskewitsch, qui avait le commandement en chef de l'armée russe, abandonnant son plan primitif, concentrait ses forces pour faire le siège de Silistrie.

L'habile général des Ottomans, Omer-pacha, reculant lentement devant les Russes, les harcelant sans cesse et les combattant toutes les fois que se présentait une occasion favorable, établissait son quartier général à Shoumla. Le 19 avril, il livrait, au gros de l'armée russe, sur le plateau de Bazardjick, position située non loin de Varna et du mouillage de Baltchick, une bataille dans laquelle les deux armées faisaient des pertes considérables mais qui restait indécise. Toutefois, ce résultat constituait un avantage en faveur des Turcs. Les Russes, en effet, n'étant pas parvenus à les vaincre, se trouvaient dans l'impossibilité de compléter l'investissement de Silistrie ; or, c'était pour atteindre ce but qu'ils s'étaient battus à Bazardjick. Omer-pacha revenait dans son camp retranché de Shoumla, suivant attentivement les opérations de ses adversaires devant Silistrie.

Telle était, vers la fin de mai 1854, la situation des belligérants. Il était évident que la présence des alliés à Gallipoli, ne répondant pas à une conception militaire, n'avait plus de raison d'être. Par contre, les faits démontraient non moins clairement que les troupes des alliés devaient se rendre à Varna, si elles voulaient être en mesure de venir en aide aux Turcs. Le maréchal de Saint-Arnaud et lord Raglan envisagèrent la question dans ce sens, et, sur leur demande, les amiraux Hamelin et Dundas prirent les dispositions nécessaires pour la prompte exécution d'un mouvement qui avait, eu égard à la situation militaire des Turcs, une importance capitale. Il fut convenu que les vaisseaux resteraient sur la rade de Baltchick, tandis que les frégates à vapeur des deux escadres exerceraient, à tour de rôle, une surveillance active sur la flotte russe.

Le 11 juin, trois frégates à vapeur, deux anglaises, le *Furious* et le *Terrible*, capitaines Loring et Cleverty, et la frégate française, le *Descartes*, capitaine Darricau, se présentaient devant Sébastopol ; elles comptaient, sur la rade, douze vaisseaux, quatre frégates, deux frégates à vapeur, et un certain nombre de petits bâtiments. Il semblait que, depuis les dernières reconnaissances, il ne s'était produit aucun changement ; cependant on crut remarquer l'absence de plusieurs bâtiments à vapeur. Supposant que ces navires se trouvaient dans le golfe de Perekop, les alliés firent route vers le nord. Après quelques jours de croisière, pendant lesquels aucun navire ennemi ne fut aperçu, les frégates revinrent vers Sébastopol où elles étaient évidemment attendues. Les Russes avaient pris, pour les recevoir, les dispositions suivantes : trois vaisseaux, faisant route dans le nord, étaient sous la terre à l'est du port, tandis que, dans l'ouest, se tenaient six vapeurs, dont deux frégates ; ces derniers, qui ne laissaient pas paraître de fumée, s'étaient placés très près de la côte. Les Russes espéraient que nos frégates, avant de découvrir les trois vaisseaux et les six vapeurs dissimulés par la terre, arriveraient à une petite distance de l'entrée de Sébastopol. Les six navires à vapeur, engageant alors le combat, s'efforceraient de le diriger de telle sorte que leurs adversaires tomberaient sous la volée des vaisseaux, lesquels, de leur côté, manœuvreraient pour se rapprocher du théâtre du combat. Envelopper les croiseurs et les combattre avec des forces plusieurs fois supérieures, tel était le but que l'ennemi se proposait d'atteindre. Ce plan, étant donné le peu de mobilité des navires à voiles, n'était pas d'une exécution facile, et il fallait, pour qu'il réussît, un concours de circonstances que l'on trouve rarement. Néanmoins, les Russes avaient raison de tenter la fortune. Un boulet pouvait faire une avarie grave à un des trois croiseurs ; ses compagnons, s'ils n'avaient pu le sauver, ne l'auraient évidemment abandonné qu'à la dernière extrémité, et les vaisseaux auraient peut-être eu le temps d'arriver à portée de canon.

En approchant de Sébastopol, les frégates alliées se dirigeaient sur un navire qui venait d'être signalé, lorsqu'elles découvrirent les trois vaisseaux et les six vapeurs. Se rendant compte des dispositions prises par l'ennemi, elles coururent, suivies par les six vapeurs, dans une direction qui devait rendre inutile la présence des vaisseaux. Lorsque ce résultat fut obtenu, les trois frégates diminuèrent de vitesse, et, peu après, elles stoppèrent. Aussitôt que les navires ennemis arrivèrent à portée de canon, le *Furious*, le *Descartes* et le *Terrible*, en ordre de front, le *Descartes* au centre, coururent, à toute vitesse, sur les vapeurs russes, mais ceux-ci, virant de bord, se dirigèrent sur Sébastopol. Arrivés dans la zone d'action des forts, nos croiseurs levèrent la chasse. A quelques jours de là, les trois frégates se trouvaient près du cap Chersonèse, par un temps très brumeux, lorsque, une éclaircie étant survenue, plusieurs bâtiments furent signalés. La division fit immédiatement route pour les joindre, mais ceux-ci rentrèrent dans le port de Sébastopol. La marine russe avait évidemment reçu de Saint-Pétersbourg l'ordre formel de n'accepter le combat que dans le cas où elle aurait la certitude de vaincre. Pendant le cours de cette croisière, les trois capitaines constatèrent qu'il existait, sur la côte de Crimée, un service de surveillance bien organisé. Sur tous les points où ils se montraient, on voyait deux cavaliers partir, au galop de leurs chevaux, dans des directions opposées. Ce qui se passait au large était évidemment, de la part des autorités russes, l'objet d'une attention particulière; on pouvait en conclure, en se plaçant au point de vue d'un débarquement, qu'il ne fallait pas compter surprendre l'ennemi.

L'ordre de diriger nos troupes sur Varna était en pleine exécution, et la marine déployait, en ce qui la concernait, autant de zèle que d'activité. Une division française prit la voie de terre; une autre se rendit à Constantinople, où elle s'embarqua, et le reste des troupes fut transporté de Gallipoli à Varna par mer. Le vice-amiral Bruat mouilla, à la fin du mois de juin, devant cette ville, avec son escadre, sur laquelle une division entière de notre armée avait pris passage. Les troupes anglaises effectuèrent ce voyage sur des navires de commerce, convoyés par des bâtiments de l'escadre de l'amiral Dundas, mais pas un navire de guerre ne fut employé à ce service. Cet exemple, venant d'une puissance maritime par excellence, doit être imité. Il vaut mieux faire un sacrifice d'argent que de porter atteinte à la valeur militaire des bâtiments de guerre, résultat inévitable, lorsque, les détournant de leur véritable destination, on les affecte au transport des troupes.

L'escadre dite de l'Océan, commandée par le vice-amiral Bruat, se réunit, conformément aux ordres du gouvernement, à l'escadre de la Méditerranée, placée sous les ordres du vice-amiral Hamelin. Celui-ci, en sa qualité de plus ancien, était appelé au commandement en chef des deux escadres qui formaient, aux termes de la dépêche du ministre, une armée navale. L'amiral Hamelin se trouva, par conséquent, à la tête de quinze vaisseaux, onze à voiles et quatre à vapeur; les premiers étaient: la *Ville de Paris*, le *Jupiter*, le *Henri IV*, le *Valmy*, le *Iéna*, le *Marengo*, le *Friedland*, le *Suffren*, l'*Alger*, la *Ville de Marseille* et le *Bayard*; les seconds comprenaient: le *Charlemagne*, le *Montebello*, le *Napoléon* et le *Jean-Bart*. Le maréchal Paskewitch, qui était maître des deux rives du Danube, pouvait, par cette voie, recevoir des approvisionnements pour ses troupes. Les amiraux Hamelin et Dundas déclarèrent alors en état de blocus le Danube et celles de ses embouchures qui communiquaient avec la mer.

Les Russes poursuivaient avec vigueur le siège de Silistrie; ils déployaient une bravoure et une énergie n'ayant d'égales que l'héroïsme de leurs adversaires. Sans l'acharnement qu'elle apportait dans la lutte, la garnison que commandait le brave Moussa-pacha, n'aurait pu résister aux assauts répétés que les Russes donnaient à une place dont les fortifications étaient sans valeur. Omer-pacha avait fait jeter par un de ses lieutenants des secours dans Silistrie, mais, au moment où il se demandait si l'accroissement continuel de l'armée russe lui permettrait de renouveler cette tentative avec des chances de succès, la nouvelle lui parvint que les Russes abandonnaient leurs positions. Dans la nuit du 22 au 23 juin, le maréchal Paskewitch avait non seulement levé le siège de Silistrie, mais il s'était éloigné, laissant libre la rive droite du Danube; on ne tarda pas à savoir que le mouvement de retraite des Russes était général.

Nous avons vu que le contre-amiral Lebarbier de Tinan avait quitté le Bosphore pour prendre le commandement de la station du Levant. Cette mesure avait été la conséquence de la conduite tenue par la cour d'Athènes qui se montrait hostile à la politique de la France et de l'Angleterre. La Grèce persistait dans sa résistance aux conseils de sagesse que lui donnaient ces deux puissances. Le cabinet hellénique faisait des armements, encourageait le soulèvement des sujets grecs de la Porte et favorisait la formation de bandes de volontaires qui, sous la conduite d'officiers de l'armée régulière, allaient se joindre aux insurgés. La France et l'Angleterre se décidèrent à mettre fin à cet état de choses. Des troupes françaises occupèrent le Pirée et Athènes. Le roi, se rendant compte des dangers qu'il courait, prit alors l'engagement d'observer, à l'égard de la Turquie, la plus stricte neutralité.

Les troupes alliées avaient quitté Gallipoli alors que leur présence sur ce point était devenue inutile. A peine arrivées à Varna, elles apprenaient que les Russes levaient le siège de Silistrie. A mesure que nous faisions un pas pour nous rapprocher du théâtre de la guerre, l'ennemi s'éloignait. Par suite du mouvement général de retraite de l'armée russe, les alliés se trouvaient à Varna dans la situation qui les avait conduits à quitter Gallipoli; ils n'avaient plus devant eux de but déterminé.

L'empereur Nicolas ne montrant aucune disposition pour traiter, on ne pouvait songer à la paix. Devions-nous, en prévision d'un retour offensif des Russes, rester en Turquie; ce rôle ne pouvait convenir à deux grandes puissances comme la France et l'Angleterre. D'ailleurs, dans cette hypothèse, la Russie n'ayant plus à craindre que les forces navales des deux puissances occidentales, notre séjour dans les Etats ottomans aurait pu durer longtemps. Il fallait donc faire la guerre. Jusqu'ici nous avions été conduits par les événements, il s'agissait maintenant de les diriger. Quel plan de campagne devions-nous adopter? A Paris et à Londres, on étudiait cette question, dont la solution ne semblait pas facile. Poursuivre l'ennemi dans sa retraite, constituait une opération qui allait au-delà du but que s'étaient proposé les deux puissances occidentales lorsqu'elles avaient pris le parti d'envoyer des troupes en Orient. Enfin, ce plan, si on l'adoptait, exigeait des préparatifs qui demandaient de longs mois; il fallait réunir des moyens de transport et des approvisionnements que nous ne possédions pas.

Le maréchal de Saint-Arnaud et lord Raglan, à la tête de troupes impatientes de combattre, se demandaient, eux aussi, quel but ils devaient désormais poursuivre. L'absence du matériel nécessaire pour faire campagne, à l'intérieur, amenait forcément les deux généraux à porter leur attention sur la marine ; il était, en effet, évident que les seules opérations possibles seraient celles qui s'appuieraient sur la flotte. Il fallait donc que celle-ci entrât dans toutes les combinaisons. Ce fut alors que se présenta à l'esprit des deux généraux en chef l'idée d'aller en Crimée. La flotte de Sébastopol, disait-on, constituait, en faveur des Russes, un moyen d'action très puissant dans la mer Noire, et elle était un sujet de continuelle inquiétude pour les Turcs. Les alliés, se rendant maîtres de Sébastopol, ce qui aurait pour conséquence de mettre entre leurs mains l'arsenal et la flotte, supprimeraient tout danger de ce côté au moins pendant la durée de la guerre. Lorsque viendrait la mauvaise saison, les escadres alliées n'auraient plus à se préoccuper de la flotte russe, et les Turcs pourraient communiquer librement avec les forces qu'ils avaient dans l'Asie Mineure. La pensée de détruire un arsenal maritime et tout ce qu'il peut contenir, navires, magasins, approvisionnements, a toujours quelque chose d'agréable pour les Anglais. On devait croire que le gouvernement britannique accepterait sans difficulté ce projet présenté par lord Raglan. Quant au chef de notre armée, ce qu'il voulait, c'était joindre l'ennemi et, s'il formait le projet d'aller en Crimée, c'était parce qu'il ne voyait pas d'autre moyen de le rencontrer. Le gouvernement français qui, d'ailleurs, laissait au maréchal de Saint-Arnaud une grande initiative, obéissait au même courant d'idées que le maréchal ; par conséquent, il ne devait pas s'opposer à l'exécution du plan de campagne qui serait arrêté à Varna.

Le 8 juillet, une commission comprenant les chefs d'état-major de la flotte et de l'armée, les chefs de service du génie et de l'artillerie, un intendant et un ingénieur de la marine, tint une séance sous la présidence du maréchal de Saint-Arnaud. Il s'agissait de savoir si nous disposions des moyens nécessaires pour entreprendre une expédition combinée de terre et de mer. L'ordre de construire immédiatement trente chalands destinés au débarquement des troupes, fut le résultat de cette délibération. Les dimensions de ces chalands étaient calculées de telle sorte que chacun d'eux pouvait porter soit une compagnie d'infanterie, soit deux pièces de campagne avec les canonniers, les chevaux et les caissons. Afin d'éviter toute erreur, on construisit, à Varna, un chaland destiné à servir de modèle. Des ouvriers, appartenant à tous les bâtiments de la flotte, furent envoyés à Constantinople pour prendre part à ce travail qui devait être exécuté dans l'arsenal maritime de cette ville.

Le 18 juillet, le maréchal de Saint-Arnaud, lord Raglan, les amiraux Hamelin, Dundas, Bruat et Lyons, réunis en Conseil, délibérèrent non sur une expédition combinée de la flotte et de l'armée, envisagée à un point de vue général, mais sur un projet de débarquement en Crimée. Le capitaine de vaisseau Bouët-Villaumetz, chef d'état-major de la flotte, et le général de Martimprey, chef d'état-major de l'armée, reçurent la mission de jeter les bases d'un projet d'embarquement de l'armée d'Orient sur les vaisseaux, frégates et navires à vapeur de l'armée navale. Toutefois, avant de se livrer à une étude plus complète de la question, et surtout avant de prendre des résolutions définitives, il était nécessaire de savoir sur quelle partie du littoral de la Crimée il serait possible d'effectuer un débarquement, et quelle serait la distance séparant le point choisi de Sébastopol. En conséquence, une reconnaissance, ayant pour but d'élucider cette question particulière, fut décidée.

Une escadre anglo-française, sous les ordres des amiraux Bruat et Dundas, prit la mer, le 21 juillet, pour remplir cette mission. Les Anglais avaient un vaisseau à hélice, sept vaisseaux à voiles et cinq navires à vapeur; le nombre des navires français était de huit, savoir : le vaisseau à vapeur, à grande vitesse, le *Napoléon*; les vaisseaux mixtes le *Montebello*, navire amiral, et le *Jean-Bart*; les vaisseaux à voiles le *Friedland*, l'*Iéna*, le *Marengo* et le *Suffren*, et la frégate à vapeur, le *Cacique*. Une commission, nommée par le maréchal Saint-Arnaud et lord Raglan, s'était embarquée sur l'escadre des amiraux Bruat et Dundas. Cette commission, à la tête de laquelle se trouvaient les généraux Canrobert et Brown, comprenait le colonel Trochu, aide de camp du maréchal, et plusieurs officiers supérieurs du génie et de l'artillerie, appartenant aux deux armées. Elle devait, sous la protection de l'escadre combinée, explorer les côtes de Crimée, non loin de Sébastopol, en vue d'un débarquement de troupes.

Le 25 juillet, dans la soirée, les généraux Canrobert et Brown et les officiers qui les accompagnaient s'embarquèrent à bord du *Fury* sur lequel l'amiral Lyons mit son pavillon. Le *Fury*, accompagné par le *Cacique*, se dirigea vers la côte de Crimée dont l'escadre combinée était peu éloignée. Le 26, au point du jour, la terre fut aperçue; le *Fury* et le *Cacique* prolongèrent le littoral depuis Eupatoria jusqu'au cap Chersonèse, étudiant avec soin la configuration du terrain et examinant avec une attention particulière les plages de l'Alma et de la

Katcha; en outre, on sondait afin de connaître la distance de la terre à laquelle les navires seraient obligés de mouiller. Ce point avait une grande importance, le débarquement devant avoir lieu, si l'ennemi tentait de l'empêcher, sous la protection de l'artillerie de la flotte. Lorsque le *Fury* et le *Cacique*, auxquels était venu se joindre la frégate à vapeur anglaise le *Terrible*, arrivèrent en vue de Sébastopol, il y eut dans la rade un grand mouvement, et plusieurs navires firent des dispositions d'appareillage, mais, à la vue de l'escadre combinée qui surgit à l'horizon, tout rentra dans le calme. Ce n'était pas encore l'occasion attendue par les marins russes.

Le vaisseau l'*Agamemnon*, portant le pavillon de l'amiral Lyons, prit, à son bord, les membres de la commission, et il fit route sur Varna où il arriva le 28 juillet. Les amiraux Bruat et Dundas se dirigèrent sur la côte méridionale de la Crimée ; des navires à vapeur de l'escadre combinée entrèrent dans les baies de Balaklava et de Kaffa. Ces démonstrations avaient pour but de tromper les Russes sur le point choisi pour opérer le débarquement des alliés. Quelques navires partis de Baltchick avaient paru, dans ce but, devant Odessa. Les amiraux Bruat et Dundas mouillèrent, le 30 juillet, à Baltchick.

Au commencement du mois de juillet, l'état sanitaire des troupes, satisfaisant jusque-là, donna des inquiétudes qui ne tardèrent pas à devenir très sérieuses. Des cas de choléra étaient signalés, à Varna, dans les hôpitaux et dans les camps, et la plupart des navires, arrivant de France avec des troupes, avaient des cholériques à leur bord. Cette situation était d'autant plus grave que l'on était dans la période des grandes chaleurs. La prudence la plus élémentaire ordonnait de veiller, avec une extrême attention, à la santé des troupes. Il fallait, non seulement s'occuper de l'hygiène des soldats, mais aussi leur éviter les grandes fatigues et surtout celles qui résultent des longues marches, sous un soleil brûlant. Il est donc difficile de comprendre que le maréchal de Saint-Arnaud ait envoyé des troupes dans la Dobroudja, encore remplie des cadavres de milliers de soldats russes et de chevaux morts. Etait-ce pour occuper l'armée dont le moral pouvait se ressentir de cette longue inaction, mais, pour porter remède à un mal que l'esprit de discipline eût facilement guéri, il ne fallait pas aller au-devant d'un danger certain. Omer-pacha disait, et on ne pouvait l'ignorer, que le séjour d'une armée russe, dans la Dobroudja, était, pour les troupes qu'il commandait, l'équivalent d'une victoire.

Le maréchal ne se contenta pas d'ordonner une reconnaissance rapide, conduite par le général Yusuf, à la tête des bachi-bouzoucks, cavaliers indigènes entrés à notre service, sous le nom de spahis d'Orient, il mit en mouvement trois divisions. Les conséquences de la faute commise par le maréchal ne se firent pas attendre. Après quelques jours de marche dans ce pays désolé, par une chaleur accablante, le choléra s'abattit, comme la foudre, sur nos malheureux soldats. La marine eut alors une mission très rude qu'elle remplit avec son dévouement habituel. Les frégates à vapeur, le *Magellan*, le *Cacique* et le *Descartes*, et les corvettes à vapeur, le *Lavoisier* et le *Pluton*, envoyées à Mangalia et à Kustenjeh, ramenèrent, à Varna, plusieurs milliers de cholériques. Dans ces conditions, la marine devait se trouver promptement dans la même situation que l'armée.

Les bâtiments mouillés à Varna, le *Primauguet*, le *Magellan* et le trois-ponts le *Valmy*, furent frappés les premiers. Le 31 juillet, le choléra atteignait les vaisseaux mouillés à Baltchick et il sévissait immédiatement avec une très grande intensité. Le mal fit, en peu de jours, tant de victimes, que l'amiral Hamelin prit la détermination d'appareiller, espérant que l'air de la mer atténuerait la violence du fléau. En faisant connaître au ministre le parti auquel il s'arrêtait, l'amiral écrivait : « Je ne doute pas que, s'il était possible de faire évacuer nos vaisseaux, on ne tarderait pas à en faire disparaître le foyer d'infection ; mais, on ne peut l'oublier, dans les circonstances actuelles, nos devoirs sont complexes, et si nous devons multiplier nos efforts pour améliorer l'état de nos équipages, nous devons, d'un autre côté, ne pas laisser la mer Noire libre à la flotte russe, qui ne manquerait certainement pas d'en profiter, si elle pouvait supposer surtout que nos vaisseaux sont hors d'état de rester sous voiles et de combattre au besoin. » L'amiral Hamelin avait pris la mer, le 11 août ; pendant trois jours, le choléra sévit avec une extrême violence, mais, à partir du 15, il entra dans une période décroissante. Le 17, l'amiral ramenait ses vaisseaux au mouillage de Baltchick. Le nombre des hommes enlevés, sur la flotte, par le choléra, était considérable ; les pertes, sur plusieurs vaisseaux, atteignaient près d'un tiers de l'effectif. Les trois-ponts, sans nul doute à cause de l'encombrement existant à bord de ces bâtiments, avaient été les plus maltraités.

Les vaisseaux le *Montebello*, le *Henri IV* et le *Jean-Bart* étaient restés sur la rade de Varna. Le vice-amiral

Bruat écrivait au ministre : « L'état sanitaire du *Montebello* me faisait espérer qu'il échapperait au fléau qui venait de sévir si cruellement dans les rangs de notre armée, et qui enlevait, depuis quelques jours, un certain nombre d'hommes sur plusieurs bâtiments. Mon espoir a été tristement déçu : dans la nuit du 9 au 10 août, le vent, qui avait jusqu'alors régné du sud-ouest, passa au nord. L'invasion du choléra, à bord du *Montebello*, fut soudaine et foudroyante. L'épidémie sembla fondre sur nous avec l'orage ». Deux cents hommes, sur les onze cents dont se composait l'équipage du *Montebello*, furent enlevés en peu de jours. La flotte anglaise avait, comme la nôtre, beaucoup souffert. Le choléra fit encore des victimes, mais leur nombre devint, chaque jour, moins grand. A la fin du mois, on pouvait considérer le fléau comme disparu. L'armée et la flotte sortaient affaiblies de cette épreuve, non au point de vue du moral qui était excellent, mais au point de vue de l'effort que l'on pouvait leur demander.

II

Le maréchal de Saint-Arnaud et lord Raglan ne perdaient pas de vue le projet d'expédition en Crimée. La commission chargée de trouver un point de débarquement avait proposé la Katcha. Le plan des généraux en chef pouvait se résumer ainsi : débarquer l'armée sur la côte de Crimée, sous la protection de la flotte combinée, marcher sur Sébastopol, en battant les troupes que l'on trouverait devant soi, enlever cette place et se rembarquer. Il s'agissait donc de faire un coup de main hardi que l'on se proposait de mener avec une extrême vigueur.

La marine n'avait pas à intervenir dans la question militaire, mais, connaissant les intentions des généraux en chef, elle avait le devoir de dire si, le cas échéant, elle serait en mesure de faire ce que l'armée lui demanderait. Débarquer l'armée sur la côte de Crimée était une question résolue à l'avance. La flotte porterait autant d'hommes que le permettrait le nombre de navires dont elle disposait. L'opération serait exposée à quelques contrariétés; le gros temps, s'il y en avait, la retarderait, mais, à cette époque de l'année, on était certain de trouver de beaux jours, et le but poursuivi devait être infailliblement atteint. De plus, si le point de débarquement était bien choisi, les canons de la flotte assureraient l'entière sécurité des troupes lorsqu'elles gagneraient la terre. Mais si l'armée marchait directement sur Sébastopol, sans prendre possession du pays, il fallait nécessairement que tout lui vînt de la mer. La flotte combinée pouvait-elle affirmer qu'elle rendrait ce service? Si le coup de main réussissait, c'est-à-dire si Sébastopol tombait rapidement entre nos mains, la marine aurait un port à sa disposition, ce qui réduirait le rembarquement de l'armée à une opération des plus simples. Si, au contraire, nous subissions un échec, car il faut **tout** prévoir à la guerre, comment se ferait l'embarquement des troupes? Les amiraux devaient-ils dire que, dans cette hypothèse, l'armée était assurée de trouver un refuge sur la flotte?

Il y avait donc, dans le projet d'expédition en Crimée, plusieurs questions concernant la marine : le transport et le débarquement de l'armée, le ravitaillement, et le rembarquement, en cas d'échec. La solution de la première question n'offrait pas, ainsi que nous l'avons dit, de difficultés, mais il restait les deux autres sur lesquelles la marine était tenue de faire d'expresses réserves, si elle ne voulait pas que, plus tard, sous l'empire de certaines circonstances, on fût en droit de lui reprocher de s'être engagée légèrement. Les amiraux Hamelin et Dundas, se plaçant au point de vue maritime, adressèrent au maréchal de Saint-Arnaud et à lord Raglan une note ainsi conçue : « 1° Que cette côte de Crimée, sur laquelle on allait se jeter, en enfants perdus, était sans ports dans toute la partie qu'on allait attaquer. Donc, nul abri pour leurs flottes, dont l'existence demeurerait toujours à la merci de la première tempête de l'automne ; 2° que le ravitaillement de l'armée, si grands que fussent les efforts de la flotte et de l'intendance, serait sans cesse compromis par ce manque de ports et par les difficultés de navigation de la mer Noire, en cette saison; 3° qu'en cas de revers éprouvé par l'armée, tout rembarquement devant l'ennemi demeurerait impossible, sans des sacrifices équivalant à un désastre. »

Les amiraux Hamelin et Dundas, hommes de mer expérimentés, exerçant le commandement en chef des escadres alliées, et, par cela même, seuls responsables des événements qui pouvaient survenir, remplissaient leur devoir en indiquant à l'avance aux généraux en chef, qui étaient étrangers aux choses de la mer, les difficultés que rencontrerait la marine dans l'accomplissement de sa mission. Dans l'armée, le projet d'expédition en Crimée avait des partisans, mais il comptait de nombreux adversaires, et, parmi ces derniers, figuraient les principaux lieutenants des deux généraux en chef. Quant aux soldats, animés d'un seul désir, celui de combattre, ils n'avaient nul souci de savoir où leurs chefs se proposaient de les conduire ; ce qu'ils demandaient, c'était de quitter Varna et de rencontrer l'ennemi.

Si on voulait aller en Crimée, il fallait se hâter, la situation devenant, chaque jour, moins favorable ; on était à la fin du mois d'août, ce qui reportait le débarquement en septembre. D'autre part, l'état sanitaire des troupes, quoique très amélioré, n'inspirait pas encore une entière confiance ; on se demandait si l'encombrement, résultant de la présence d'un grand nombre d'hommes sur les bâtiments de la flotte expéditionnaire, n'amènerait pas un retour de l'épidémie qui avait déjà fait tant de victimes. Le moment était venu de prendre une résolution définitive. Cela était d'autant plus nécessaire que les bâtiments envoyés devant Sébastopol annonçaient, à leur retour, que les Russes travaillaient avec ardeur à augmenter les défenses de la place du côté de la terre.

Le 26 août, le maréchal de Saint-Arnaud et lord Raglan réunirent en conseil les amiraux Hamelin et Dundas, les généraux Canrobert et Burgoyne, le vice-amiral Bruat, le contre-amiral Lyons, le général de Martimprey, chef d'état-major général de l'armée, le contre-amiral Bouët-Villaumetz, récemment promu à ce grade, chef d'état-major général de l'armée navale, et le colonel Trochu. Après que chacun des membres du conseil eut exprimé son opinion, laquelle, d'ailleurs, était connue à l'avance, la question fut définitivement tranchée par le maréchal de Saint-Arnaud et lord Raglan. L'un et l'autre déclarèrent que l'expédition était décidée. Un agent anglais, qui était resté de longues années à Kertch, en qualité de consul, affirmait que le temps, en Crimée, pendant les mois de septembre et d'octobre, était beau et le vent modéré. Les deux généraux en chef supposèrent probablement que ce laps de temps leur suffirait pour mener à bien le coup de main qu'ils voulaient tenter. Les événements ultérieurs devaient montrer que ce plan de campagne ne reposait pas sur des calculs très sûrs.

Les amiraux Hamelin et Dundas avaient fait leur devoir et dégagé leur responsabilité en exprimant leur opinion avec netteté et franchise, mais, l'expédition une fois décidée, ils n'eurent plus d'autre préoccupation que de s'acquitter, à leur honneur, de la mission incombant aux forces navales placées sous leurs ordres. Des instructions claires, précises, on devrait dire minutieuses, furent données par l'amiral Hamelin et le chef d'état-major général pour que l'embarquement des troupes se fît avec ordre et rapidité. Le résultat poursuivi fut obtenu. L'embarquement, commencé le 31 août, était terminé le 2 septembre. Ce jour-là, le maréchal de Saint-Arnaud et son état-major quittèrent Varna et vinrent s'embarquer, à Baltchick, sur le vaisseau-amiral, *la Ville de Paris*. Le 3, nous étions en mesure d'appareiller, mais les Anglais n'étant pas prêts, on resta au mouillage.

La flotte expéditionnaire française comprenait quinze vaisseaux, dont quatre à hélice, vingt-cinq navires à vapeur, soit onze frégates et quatorze corvettes ou avisos, trois frégates à voiles, armées en flûte, et deux transports auxquels il fallait ajouter cinquante-deux navires de commerce, savoir, trois vapeurs et quarante-neuf voiliers. Ces quatre-vingt-dix-sept bâtiments portaient vingt-cinq mille deux cents hommes d'infanterie, deux mille hommes d'artillerie, huit cents hommes du génie, mille quatre cent trente-sept chevaux, et soixante-huit canons. Un certain nombre de navires de commerce, affrétés par l'intendance, ne pouvant être remorqués, parce que nous étions insuffisamment pourvus de navires à vapeur, partirent à l'avance.

Le 5, l'amiral Dundas, dont l'escadre était à Varna, ayant fait connaître qu'il serait en mesure d'appareiller dans la journée, quatorze vaisseaux français mirent sous voiles et se dirigèrent vers l'île des Serpents, rendez-vous assigné en cas de séparation. Le convoi, placé sous la direction du contre-amiral Charner, qui avait son pavillon sur le vaisseau à vapeur, le *Napoléon*, reçut l'ordre de partir en même temps que le convoi anglais, afin de ne pas brûler inutilement du charbon à la mer. L'escadre ottomane, placée sous la surveillance de l'amiral Hamelin, accompagnait la nôtre. Elle était forte de huit vaisseaux à voiles et de quatre frégates à vapeur; elle comptait, en outre, quatre frégates à vapeur alliées, deux françaises et deux anglaises. Chacun de ces seize navires remorquait un bâtiment de commerce; on arrivait ainsi à un total de trente-deux navires sur lesquels était embarquée une division turque, forte de sept mille hommes.

L'amiral Dundas avait été dans l'obligation de remettre son départ au 7 septembre. Ce jour-là, notre flotte, arrivée à la hauteur des bouches du Danube, mit en panne pour l'attendre. Le 8, l'escadre anglaise, son convoi et le convoi français furent signalés ; quelques heures après, la jonction avec l'escadre anglaise et les convois était opérée. L'amiral Dundas avait dix vaisseaux et quinze navires à vapeur; pas un soldat n'était embarqué sur ces vingt-cinq navires de guerre. Cent cinquante grands bâtiments de commerce, les uns à voiles, les autres à vapeur, portaient l'armée anglaise et son matériel. L'amiral Dundas, mieux partagé, sous ce rapport, que l'amiral Hamelin, disposait d'un tel nombre de navires à vapeur que tous les bâtiments à voiles, appartenant à son escadre ou au convoi, pouvaient être pris à la remorque.

Nous avons vu que la commission chargée de trouver, non loin de Sébastopol, un point de débarquement, avait proposé l'embouchure de la Katcha. Au moment où les escadres alliées se dirigeaient vers la côte de Crimée, cette question fut de nouveau mise en délibération. Le maréchal de Saint-Arnaud et lord Raglan voulaient, avant de prendre une résolution définitive, savoir s'il s'était produit quelque changement depuis la dernière exploration et sur quels points l'ennemi avait fait des préparatifs de défense. En conséquence, une nouvelle reconnaissance fut jugée nécessaire. Le *Primauguet*, ayant à son bord les généraux Canrobert et de Martimprey, le chef d'état-major général de la flotte, les chefs du génie et de l'artillerie et le colonel Trochu, rallia le *Caradoc*, sur lequel se trouvaient lord Raglan et plusieurs généraux anglais. Ces deux navires, escortés par l'*Agamemnon*, portant le pavillon du contre amiral Lyons, et la frégate à vapeur anglaise, le *Sampson*, attérirent, le 10, sur le cap Chersonèse, puis, marchant lentement et serrant la terre de près, ils prolongèrent le littoral en se dirigeant vers le nord.

La commission constata que, depuis la précédente reconnaissance, il ne s'était produit aucun changement dans la situation de la flotte et du port de Sébastopol, mais il n'en était pas de même sur d'autres points. A partir de Sébastopol, en se dirigeant vers Eupatoria, on trouve trois cours d'eau qui se jettent à la mer, la Belbeck, la Katcha, et l'Alma. La commission reconnut que des batteries et de nouveaux camps avaient été établis sur la côte, et principalement dans deux positions importantes situées, l'une près de la Katcha et l'autre non loin de l'Alma. Alors que les quatre navires, continuant leur route vers le nord, étaient arrivés à égale distance de l'embouchure de l'Alma et d'Eupatoria, les membres de la commission remarquèrent, le long de la côte, un espace découvert, s'étendant dans l'intérieur et pouvant être balayé par l'artillerie de la flotte jusqu'à une distance de plusieurs kilomètres. Cette position, qui se terminait, à chacune de ses extrémités, par une lagune, réunissait toutes les conditions favorables à un débarquement. Après une étude comparative des différents points où l'armée pouvait opérer la descente, la commission se déclara en faveur de cette plage. Dans cette hypothèse, la ville d'Eupatoria, qui ne semblait pas en état de se défendre, serait occupée par deux mille Turcs et deux bataillons, l'un français et l'autre anglais, et quelques navires seraient laissés devant cette place. L'armée se trouverait à quatre jours de marche de Sébastopol; lorsqu'elle se mettrait en mouvement, elle appuierait sa droite à la mer et une escadre, comprenant quinze vaisseaux ou grands navires à vapeur, prolongerait le littoral pour la protéger de son artillerie et assurer son ravitaillement.

Les quatre navires rallièrent alors la flotte expéditionnaire, et les résolutions prises furent immédiatement soumises à l'approbation du maréchal de Saint-Arnaud et des amiraux Hamelin et Dundas. Les deux amiraux se rangèrent immédiatement à l'avis de la commission. Le maréchal de Saint-Arnaud tenait à opérer la descente à l'embouchure de la Katcha ; néanmoins, après avoir un peu hésité, il accepta le projet qui lui était présenté. Il fut donc décidé que le débarquement des troupes françaises et anglaises aurait lieu sur un point de la côte, placé entre le cap Loukoul et Eupatoria, point portant, sur les cartes anglaises, le nom d' « Old Fort ». Aussitôt que la décision définitive eut été prise, on vit monter, aux mâts de la *Ville de Paris*, un signal ayant pour signification « l'armée débarquera, sur la côte de Crimée, par 45° de latitude. » C'était la position d'Old Fort qui était indiquée. L'armée ayant adopté un nouveau point de débarquement, la marine dut modifier les instructions générales remises à chaque commandant au départ de Varna ; ce travail fut fait sans perdre de temps et communiqué à tous les navires de l'escadre et du convoi.

Le 11, dans la soirée, le calme étant survenu, l'amiral Hamelin signala de mouiller ; nous étions alors hors de vue de terre et à vingt lieues environ d'Old Fort. On appareilla, le 12, à sept heures du matin ; un peu avant la nuit, le vent souffla du nord bon frais, et la mer devint grosse. Le 13, l'escadre laissa tomber l'ancre entre Eupatoria et le cap Tarkan, près des Anglais qui avaient gagné ce mouillage la veille dans la soirée. Les avisos expédiés au-devant de notre convoi, que le mauvais temps de la nuit avait dispersé, lui firent connaître qu'il devait mouiller sur la rade d'Eupatoria, où tous les navires qui le composaient se trouvèrent réunis à la fin de la journée. Cette ville, sommée de se rendre, ne fit aucune résistance, et elle fut immédiatement occupée. Dans la soirée, une dernière reconnaissance fut opérée. Le *Primauguet*, ayant à son bord l'amiral Bouët-Villaumetz et les généraux Canrobert et Martimprey, se dirigea, suivi de la *Mouette*, vers le point où l'armée devait débarquer. Il s'agissait de savoir si l'ennemi avait fait des préparatifs de défense, et, dans cette hypothèse, quelles positions devaient occuper les bâtiments chargés de protéger, par leur feu, la descente.

A deux heures du matin, l'amiral Hamelin, après avoir prévenu, par signal, les Anglais de son appareillage, se dirigea sur Old Fort; il laissait le convoi au mouillage avec l'ordre de le rallier dans la journée. A sept heures, les vaisseaux et deux frégates armées en flûte mouillaient sur trois lignes parallèles au rivage. Les Anglais laissèrent tomber l'ancre dans le nord de la position que nous occupions. Les chaloupes des quatre trois-ponts, *Ville de Paris*, *Valmy*, *Montebello* et *Friedland*, armées en guerre et approvisionnées de fusées à la Congrève, se dirigèrent vers la terre. Deux se placèrent à l'extrémité nord de la plage et les deux autres à l'angle sud. Le *Descartes*, le *Primauguet* et le *Caton* s'embossèrent près du rivage dans une position leur permettant de battre, avec leur artillerie, une falaise qui dominait la partie sud de la côte. Un détachement composé de marins et d'artilleurs de la marine, placé sous le commandement du capitaine de frégate d'Hornoy, de la *Ville de Paris*, s'établit sur cette falaise pour couvrir la droite de la plage contre une attaque de cosaques ou de tirailleurs. Une division de huit navires à vapeur, comprenant cinq français et trois anglais, portant des troupes appartenant à la quatrième division de notre armée, fit route vers le sud, en prolongeant la terre. Elle se rendait devant la Katcha où elle avait l'ordre de faire un simulacre de débarquement.

La flotte russe, surveillée avec attention depuis notre départ de Varna, n'avait, jusqu'ici, fait aucune tentative pour troubler nos opérations. Si, le 14 septembre, elle prenait le parti de sortir, l'escadre anglaise, libre de ses mouvements, puisqu'elle ne portait pas de troupes, était prête à se porter à sa rencontre. Dans cette hypothèse, nos alliés auraient été accompagnés par les vaisseaux français, désignés sous le nom de vaisseaux de combat, à bord desquels on n'avait embarqué qu'un petit nombre de soldats. L'ennemi n'étant pas signalé, ces vaisseaux formaient la ligne la plus rapprochée du rivage et les hommes qu'ils portaient devaient être débarqués les premiers. Vers huit heures du matin, alors que toutes les dispositions militaires étaient prises, l'amiral Hamelin donna, par signal, l'ordre de débarquer les troupes. A deux heures, le convoi, venant d'Eupatoria, mouillait en dedans des vaisseaux et le débarquement des troupes et du matériel qu'il portait commençait immédiatement. Dans l'après-midi, la brise s'étant faite de l'ouest, un peu fraîche, et la mer déferlant à la côte avec assez de force, les communications furent interrompues. Néanmoins, dans la soirée du 14 septembre, le maréchal de Saint-Arnaud était établi, sur le sol de la Crimée, avec toute l'armée, moins la quatrième division, et cinquante-neuf bouches à feu.

Les navires à vapeur expédiés vers la Katcha, reconnurent, au sud de l'Alma, un camp russe d'environ six mille hommes, sur lequel ils ouvrirent le feu. Des obus ayant atteint les tentes les plus rapprochées de la mer, les troupes ennemies s'éloignèrent. Arrivée devant la Katcha, la division n'aperçut que deux postes de cosaques; faisant alors route vers le nord, elle rallia le gros de la flotte dans la soirée.

Le 15, le temps étant devenu maniable, les opérations de débarquement reprirent leur cours, avec quelques arrêts cependant, la brise, qui soufflait de l'ouest, soulevant, dès qu'elle fraîchissait, assez de mer pour empêcher les embarcations d'arriver à la plage. Le 16, tout était terminé, et, le lendemain, cinq vaisseaux à voiles et trois corvettes à vapeur faisaient route sur Varna pour prendre des troupes, du matériel et des vivres. Les Turcs avaient fait diligence et ils étaient prêts. L'escadre de l'amiral Dundas déployait une grande activité, mais l'armée anglaise ayant plus de cavalerie et de bagages que la nôtre, la mise à terre du personnel, du matériel, des vivres et des chevaux ne fut complètement terminée que le 18. L'armée navale avait rempli sa mission, le débarquement du corps expéditionnaire s'était effectué avec célérité et une précision que l'on pourrait appeler mathématique.

La marine avait eu, jusque-là, le rôle actif; mouillée dans le Bosphore, elle protégeait la capitale de l'empire ottoman, puis elle prenait possession de la mer Noire. Les escadres alliées ne livraient pas bataille puisque la flotte russe ne sortait pas de Sébastopol, mais, par leur seule présence, elles mettaient la Russie dans l'obligation d'évacuer et de détruire les forts échelonnés sur la côte orientale de la mer Noire. Redout-Kalé, que cette puissance voulait conserver, lui était enlevé, et le port impérial d'Odessa détruit. Enfin, la marine portait les troupes, de France à Gallipoli, de Gallipoli à Varna et de Varna à Old Fort. L'armée maintenant entrait en scène, elle commençait cette campagne de Crimée qui devait être accompagnée de péripéties dont étaient loin de se douter ceux qui en avaient conçu le plan.

LIVRE VIII

L'armée quitte Old Fort. — Bataille de l'Alma. — Les Russes rendent l'entrée du port de Sébastopol infranchissable. — Arrivée de l'armée à la Katcha. — Mort du maréchal de Saint-Arnaud. — Décision prise d'attaquer la place par le Sud. — Les Anglais occupent Balaklava et les Français la baie de Kamiesh. — La marine débarque des bouches à feu de gros calibre, des matelots canonniers et des marins fusiliers. — Reconnaissance effectuée par l'amiral Bruat. — Echouage du *Caffarelli*. — Trois mâts autrichien canonné par les forts russes. — Bombardement de Sébastopol, par terre et par mer, le 17 octobre. — La bataille d'Inkermann modifie la situation des alliés. — Coup de vent du 14 novembre. — Perte du *Henri IV*, du *Pluton*, et d'un grand nombre de navires de commerce. — Mesures prises par l'amiral Hamelin pour assurer la sécurité des forces qu'il commande. — Etat sanitaire des équipages. — Sortie du *Wladimir* et de la *Chersonèse*. — Le vice-amiral Bruat remplace le vice-amiral Hamelin élevé à la dignité d'amiral.

I

Le 19, dans la matinée, l'armée se mit en marche. La flotte appareilla et fit route le long de terre, sur trois colonnes, les transports au large, les vaisseaux au centre et les navires à vapeur près de la côte; les vaisseaux à voiles étaient remorqués. A onze heures, le gros de la flotte mouilla devant l'embouchure de l'Alma. Des bâtiments à vapeur, marchant lentement, précédaient l'armée, prêts à soutenir son aile droite, si celle-ci était attaquée; ces navires fouillaient, avec des obus, les ravins où des ennemis étaient signalés. Vers cinq heures, l'armée s'arrêta non loin de l'Alma pour établir son bivouac.

La flotte russe n'était pas sortie alors que la plupart de nos navires étaient encombrés de troupes; il y avait donc lieu de croire qu'elle ne nous attaquerait pas au moment précis où nous venions de recouvrer l'entière liberté de nos mouvements. Néanmoins, aucune mesure de précaution ne fut négligée; plusieurs vapeurs mouillèrent en avant de la flotte dans la direction de Sébastopol. Dans la nuit du 19, le maréchal de Saint-Arnaud écrivit à l'amiral Hamelin : « Nous sommes arrivés sans combat à la Bulganack. Dans l'après-midi, la cavalerie russe, ayant voulu se jeter sur nos avant-postes, a été vivement chassée. Demain, nous livrerons bataille ; l'ennemi occupe des positions fortifiées sur la rive gauche de l'Alma, à une lieue de la mer. L'armée anglaise tournera sa droite, le général Bosquet sa gauche, avec sa division, son artillerie et huit bataillons turcs; je l'attaquerai de front avec les première, troisième et quatrième divisions et la réserve d'artillerie. Vous pouvez, par le feu des frégates, favoriser le mouvement du général Bosquet, qui longera la mer et abordera les hauteurs de l'Alma par le village d'Almatamack, jusqu'où vos projectiles peuvent arriver, et par le bord de la mer, à l'embouchure de la rivière. Le général Bosquet se met en marche, à cinq heures et demie du matin, de la Bulganack ; il sera vers sept heures au pied des pentes de la rive gauche de l'Alma : je compte sur l'appui qu'il recevra de la flotte, qui aura ainsi sa part directe à cette journée. »

L'amiral Hamelin, mis ainsi au courant des projets du maréchal, prit les dispositions nécessaires pour que la marine fût en mesure d'apporter aux opérations de notre armée le concours qui lui était demandé. Le 20, au point du jour, le *Primauguet*, le *Roland*, le *Cacique* et la *Mégère* vinrent mouiller dans une petite anse, située entre l'embouchure de l'Alma et le cap Loukoul, pour appuyer l'attaque de la deuxième division, que commandait le général Bosquet, contre la gauche des Russes, et empêcher, de la part de ces derniers, toute tentative pour se rapprocher de la mer. Le commandant La Roncière le Noury, du *Roland*, se rendant sur les bords de l'Alma afin de voir si les embarcations de l'escadre pourraient facilement faire de l'eau, dans le cas où celle-ci serait de bonne qualité, s'aperçut, pendant le cours de son exploration, qu'il existait, à l'embouchure même de l'Alma, une sorte de pont naturel formé par une barre de sable permettant de passer d'une rive à l'autre. Comprenant l'importance de cette découverte, le commandant du *Roland* s'empressa d'en donner avis au général Bouat qui commandait la deuxième brigade de la division Bosquet.

Le prince Menschikoff, général en chef de l'armée russe, avait établi son camp dans le sud de l'Alma, sur un plateau qui domine le cours de cette rivière. Sa droite touchait à des escarpements montagneux qui terminent le plateau dans l'est, et son centre faisait face aux rampes qui, de la rive gauche de l'Alma, montent vers le plateau. La gauche s'étendait dans la direction du rivage, mais elle en restait éloignée d'environ deux mille mètres. Le prince Menschikoff, persuadé que la falaise abrupte, située à l'extrémité du plateau, du côté de la mer, était inaccessible, n'avait pas voulu exposer inutilement ses troupes au feu de nos bâtiments. La vaillance de nos soldats devait lui montrer qu'il avait commis une grave erreur. Pour augmenter la solidité de la position qu'ils occupaient, position déjà très forte par elle-même, les Russes s'étaient couverts par des retranchements et ils avaient élevé des batteries armées de canons d'un calibre supérieur à celui des pièces que nous pouvions leur opposer. Le 20 septembre, l'armée russe nous attendait; rangée en bataille sur les hauteurs au pied desquelles coule l'Alma; elle restait sur la défensive, nous mettant dans l'obligation de l'attaquer, ce qui lui permettait de conserver les avantages inhérents à sa position. Le prince Menschikoff, quoique ses troupes fussent numériquement inférieures aux nôtres, était plein de confiance dans le résultat de la lutte qui allait s'engager.

L'armée des alliés était en marche. La division Bosquet, placée à l'extrême droite, devait, pour se conformer aux intentions du maréchal de Saint-Arnaud, remplir une rude tâche; il fallait qu'elle gravît la falaise abrupte regardée par le chef de l'armée russe, lui-même, comme inaccessible. La première brigade de cette division traversa l'Alma à un gué, situé à quelque distance de la mer, et la seconde passa sur l'étroite chaussée que le commandant du *Roland* avait signalée. A bord de tous les bâtiments, on suivait, avec une extrême attention, la marche de la deuxième division ainsi que le tir des vapeurs placés près du cap Loukoul; on a vu que ces navires avaient pris ce mouillage pour empêcher les Russes de se rapprocher de la mer. A midi et demi, l'apparition, sur le sommet du plateau, des zouaves marchant en tête de la première brigade de la division Bosquet, fut saluée, à bord de tous les bâtiments de la flotte, par un cri d'admiration. La deuxième division ayant, devant elle, des forces considérables, se trouva, pendant un moment, dans une position difficile, mais la marche victorieuse des divisions Napoléon et Canrobert au centre, et des Anglais, qui formaient notre aile gauche, la dégagea. Vers deux heures, les alliés arrivaient en force sur le plateau, refoulant les Russes devant eux ; à cinq heures la lutte avait cessé. L'ennemi était en pleine retraite, mais l'heure avancée de la journée et surtout le manque de cavalerie ne nous permirent pas de la poursuivre et, par suite, de retirer de cette brillante victoire tous les avantages qu'elle devait nous donner. La part prise par la marine au succès de la journée du 20 septembre, était peu importante ; cependant elle avait joué un rôle utile indiqué par l'ennemi lui-même. Le prince Menschikoff disait, dans son rapport : « Pendant qu'un combat acharné avait lieu au centre de la position et à l'aile droite, l'aile gauche, malgré la distance où elle se trouvait de la mer (deux verstes, plus de deux mille mètres) était atteinte par les projectiles de la flotte. A l'abri du feu de cette artillerie marine, une colonne française, ayant à sa tête des troupes d'Afrique nommées zouaves, traversa la vallée de l'Alma près du rivage de la mer, et gravit rapidement la falaise par un sentier à peine tracé, le long d'un étroit ravin. »

Le 21 septembre, la marine embarqua les blessés et les malades, qui furent immédiatement dirigés sur Constantinople, et elle mit à terre le matériel, les vivres et les munitions nécessaires à l'armée. Les bâtiments en observation devant Sébastopol n'avaient rien remarqué qui méritât d'être signalé lorsque, dans la soirée, l'amiral turc fit prévenir l'amiral Hamelin que des vaisseaux, remorqués par des navires à vapeur, avaient été aperçus, au coucher du soleil, à l'entrée du port de Sébastopol. Le moment de nous attaquer sur mer était évidemment passé, et il y avait lieu de croire que les Russes n'avaient pas formé ce projet. Néanmoins, les mesures que comportait la situation furent prises. Les trois escadres se tinrent prêtes à appareiller, et des navires à vapeur furent immédiatement détachés vers Sébastopol pour observer les mouvements de l'ennemi.

Le 22, au point du jour, les éclaireurs aperçurent, à l'entrée du port, des bâtiments formant une ligne d'embossage partant du fort Constantin, au nord, et se prolongeant, au sud, dans la direction du fort Alexandre. Ces bâtiments, qui semblaient reliés les uns aux autres par des chaînes, étaient au nombre de sept, cinq vaisseaux et deux frégates. Il existait entre le deuxième bâtiment, en partant du sud, et le troisième, un espace plus grand que celui séparant les autres navires, comme si les Russes, tout en conservant leur ligne d'embossage, eussent voulu se ménager un moyen de sortir. Les amiraux apprirent avec satisfaction que pas un navire russe n'avait pris la mer; le nombre des bâtiments comptés dans le port concordait avec le chiffre provenant des informations antérieures. On pouvait craindre, de la part de la marine russe, quelque tentative pour intercepter des navires se rendant isolément de la côte de Crimée à Varna et à Constantinople.

Le 23 septembre, l'armée reprit sa marche en avant. La flotte appareilla, côtoyant la terre et ayant, entre elle et le littoral, des bâtiments prêts à appuyer nos troupes en cas d'attaque. Des navires à faible tirant d'eau marchaient en avant et sondaient. Les bâtiments avancés venaient de doubler le cap Loukoul lorsque des coups de canon répétés, venant du port de Sébastopol, se firent entendre. Peu après, on aperçut six bâtiments, sur les sept qui formaient la ligne d'embossage, s'incliner, se relever, puis s'enfoncer graduellement et enfin disparaître; le septième fut coulé quelques heures après. L'entrée du port de Sébastopol se trouvait désormais interdite à la flotte combinée.

Les Russes n'avaient pas pris sans réflexion cette grave détermination. Ils supposaient que les escadres alliées forceraient l'entrée du port de Sébastopol le jour où les troupes donneraient l'assaut aux forts du nord. En rendant la passe infranchissable, ils supprimaient tout danger du côté de la mer; cette résolution donnait, en outre, à l'autorité militaire, quinze mille marins, hommes solides, durs à la fatigue, des canonniers habiles, des sous-officiers éprouvés et un corps d'officiers qui mettrait son honneur à défendre un port devenu le symbole de la flotte dont un intérêt supérieur avait exigé le sacrifice. Enfin, les canons de gros calibre des vaisseaux armeraient les fortifications qui déjà s'élevaient de toutes parts. Toutefois, les Russes commettaient une erreur s'ils supposaient que les escadres alliées tenteraient immédiatement de forcer l'entrée du port de Sébastopol. L'amiral Hamelin écrivait au ministre dans un de ses rapports : « Il avait été en quelque sorte admis qu'une fois le fort Constantin pris, et les batteries de la partie nord enlevées, les flottes donnant dans le port... »

Après avoir battu l'armée qu'ils avaient trouvée

devant eux, les alliés devaient enlever les forts du nord, puis, avec des batteries établies sur les hauteurs et l'aide de la flotte, se rendre maîtres de la partie du sud de Sébastopol. Tels étaient les projets formés à Varna; le moment était venu de les réaliser. La flotte remorquait les bâtiments qui portaient le matériel de siège et il avait été convenu que le débarquement de ce matériel aurait lieu à la Katcha ; mais déjà les événements n'étaient plus en rapport avec les prévisions des généraux en chef. Le maréchal écrivait « que les ouvrages avancés des forts du nord envoyant des projectiles jusque dans le Belbeck, il hésitait à y demander le débarquement de l'artillerie et du matériel de siège, ainsi qu'il en avait été primitivement convenu. » Après examen de la situation, les généraux en chef décidèrent que l'attaque de Sébastopol aurait lieu par le sud. L'armée fit une marche de flanc pour contourner la place, et, pendant quelques jours, elle disparut.

Parti malade de France, le maréchal de Saint-Arnaud n'avait pas cessé d'être un sujet d'inquiétude pour ceux qui l'entouraient. Doué d'une rare énergie, ayant au plus haut degré les sentiments d'un soldat, les yeux constamment fixés sur les Russes qu'il désirait ardemment rencontrer, il domptait, pour rester à son poste, les souffrances physiques par la puissance de sa volonté. Pendant la traversée de Varna en Crimée, il avait subi une crise grave et c'était à peine s'il pouvait se tenir à cheval le jour où les alliés livraient la bataille de l'Alma. A l'arrivée de l'armée à la Katcha, le mal avait fait de rapides progrès ; le maréchal, s'inclinant alors devant la destinée, résigna son commandement. On le porta mourant sur le *Bertholet*, à bord duquel il succomba avant d'avoir atteint Constantinople. Son successeur avait été désigné à l'avance ; le général Canrobert était pourvu d'une lettre de commandement pour le cas prévu où le maréchal de Saint-Arnaud ne pourrait plus rester à la tête de l'armée.

Les trois escadres restèrent au mouillage de la Katcha afin de dissimuler, aux yeux de l'ennemi, en appelant son attention de ce côté du cap Chersonèse, le mouvement que l'armée exécutait. Lord Raglan, d'après les dispositions arrêtées entre lui et le général Canrobert devait tenir la droite de l'armée. Lorsque ses troupes arrivèrent à la hauteur de Balaklava, le contre-amiral Lyons entra dans la baie qui fut promptement remplie de transports anglais. Le contre-amiral Charner, venant avec des vivres pour notre armée, put à peine trouver de la place pour son vaisseau, le *Napoléon*, et les navires qu'il amenait avec lui. La position occupée par les troupes britanniques leur donnait Balaklava, mais ce port était insuffisant pour assurer le ravitaillement des deux armées, et, d'ailleurs, le matériel et les vivres débarqués dans cette baie seraient difficilement parvenus jusqu'au plateau sur lequel campaient les troupes françaises. A partir du cap Kerson, en se dirigeant vers Sébastopol, on trouvait d'abord la baie de Kazach, puis celle de Kamiesh. Cette dernière avait attiré l'attention des bâtiments passant le long de la côte. Le contre-amiral Lyons, celui-là même qui commandait en sous-ordre dans l'escadre anglaise, avait fait, dans le cours de sa carrière, l'hydrographie de la mer Noire. A ce travail il avait joint des instructions relatives à la navigation dans cette mer. L'amiral Lyons exprimait l'avis que le port de Balaklava offrait un abri suffisamment sûr et il disait, au contraire, que les navires mouillés dans la baie de Kamiesh, avec des grands vents d'ouest, étaient en perdition. Nous avions quitté Varna avec la conviction que la marine ne disposerait d'aucun port sur la partie de la côte de Crimée où l'armée devait opérer. On le comprendra d'autant mieux que les Russes, eux-mêmes, ignoraient la valeur de la baie de Kamiesh. Ce qui précède explique l'empressement mis par les Anglais à prendre pour ainsi dire possession de la baie de Balaklava.

Le commandant du *Roland*, passant, le 26 septembre, le long de la côte, entra dans la baie de Kamiesh avec les précautions usitées en pareil cas, et il expédia, dans différentes directions, des canots qui devaient vérifier les sondages portés sur les cartes anglaises. Le commandant la Roncière gagna le large avec la conviction que la baie de Kamiesh présentait des avantages dont on ne se doutait pas. A son arrivée à la Katcha, il s'empressa de rendre compte à l'amiral Hamelin des observations qu'il avait faites pendant le cours de cette exploration.

Le 29, l'armée apparut sur le plateau et, dans la soirée du même jour, l'amiral Hamelin reçut du général Canrobert une lettre lui demandant le débarquement immédiat du matériel de siège. Le gros des escadres devant rester à la Katcha, l'amiral Bruat, qui montait le trois-ponts le *Montebello*, fut envoyé à Kamiesh avec le vaisseau à hélice le *Jean-Bart* et plusieurs navires à vapeur pour diriger toutes les opérations de débarquement. Le matériel de siège fut mis à terre, le lendemain 30, à Kamiesh, où vinrent bientôt s'accumuler les bâtiments de transport. L'expérience ne tarda pas à montrer que la baie pouvait recevoir non seulement des petits navires, mais des frégates et même des vaisseaux. Les craintes de l'amiral Lyons, en ce qui concernait les vents d'ouest, ne se vérifièrent pas. La grosse mer venait se briser contre les pointes, placées à l'entrée, et sur des constructions sous-marines, datant d'une époque très éloignée, dont l'existence fut reconnue par les officiers qui dressèrent un plan détaillé de Kamiesh. Les vents de nord-ouest donnaient dans la baie mais soulevaient peu de mer, et les vents du nord soufflaient rarement. L'armée campée sur la presqu'île Chersonèse, ne pouvant, par conséquent, rien tirer du pays, devait désormais recevoir, par mer, tout ce qui lui était nécessaire : personnel, matériel, munitions et vivres. Sans la baie de Kamiesh la marine n'aurait pas eu la possibilité de remplir cette mission, surtout pendant l'hiver. Kamiesh, surnommé avec raison, le port de la Providence, devint la base des opérations de l'armée de Crimée.

II

Déjà les événements trompaient les espérances des auteurs du plan de campagne. La descente s'était opérée avec succès, l'armée russe, qui tentait de s'opposer au passage des alliés, avait été battue, mais ce n'était là que des moyens pour arriver au but, et le but consistait à prendre Sébastopol. Nous comptions, après un siège rapide, enlever la place et détruire la flotte. Ce siège rapide, nous étions partis de Varna avec l'intention de le faire dans le nord, et nous étions amenés par les circonstances à attaquer Sébastopol dans le sud. Enfin, tout devait être terminé avant l'arrivée de la mauvaise saison. Or, d'après les renseignements recueillis à Varna, nous ne pouvions compter sur le beau temps, une fois le mois d'octobre écoulé. Les alliés avaient débarqué, le 14 septembre, à Old Fort, point situé à quatre jours de marche de Sébastopol, et c'était seulement le 30 que nous commencions à mettre à terre du matériel de siège. D'autre part, l'ennemi, employant le temps qui s'était écoulé depuis le jour où nous avions mis le pied sur le sol de la Crimée, travaillait avec ardeur, augmentant les anciens ouvrages de défense et en créant de nouveau.

Le matériel de siège de notre armée comprenait douze pièces de seize et douze de vingt-quatre, douze obusiers de vingt-deux centimètres, huit mortiers de vingt-sept centimètres, huit de vingt-deux et quatre de quinze centimètres, soit cinquante-six pièces, alors que l'ennemi disposait non seulement des canons, provenant du désarmement de sa flotte, mais aussi des ressources que présente tout arsenal maritime. Il existait donc entre son artillerie et la nôtre une disproportion absolue. Les amiraux Hamelin et Dundas, sachant très bien que dans le duel d'artillerie qui se préparait, le combat ne pouvait avoir lieu à armes égales, offrirent de former deux brigades navales, l'une française et l'autre anglaise, qui seraient mises à la disposition du général Canrobert et de lord Raglan. Cette proposition fut immédiatement acceptée.

La flotte française débarqua dix obusiers de vingt-deux centimètres, et vingt pièces de trente long, soit trente canons; elle donna, pour servir ces pièces, cinq cents matelots canonniers, auxquels furent adjoints cinq cents marins fusiliers, formant un bataillon devant défendre les batteries de la marine, et constituant, en outre, une réserve destinée à combler les vides qui viendraient à se produire dans le personnel des matelots canonniers. Le capitaine de vaisseau Rigault de Genouilly, remplacé dans le commandement de la *Ville de Paris*, par le capitaine de frégate d'Hornoy, fut mis à la tête des marins débarqués. Il avait, sous ses ordres, les capitaines de frégate Pichon, Méquet et Lescure, neuf lieutenants de vaisseau, neuf enseignes, dix-huit aspirants, trois médecins et un commissaire. La marine se chargeait de pourvoir à tous les besoins de son personnel. Le contre-amiral Charner fut envoyé, avec quatre bâtiments, sur la côte méridionale de Crimée; il devait rapporter tous les vivres qu'il pourrait se procurer. Les compagnies de débarquement explorèrent les parties habitées du littoral, mais les vivres avaient disparu et les bestiaux étaient déjà loin des côtes. Le résultat obtenu fut donc de peu d'importance.

L'amiral Hamelin, après avoir fait, sur le *Primauguet*, une reconnaissance du front de mer de Sébastopol, proposa d'établir une batterie ayant pour principal objectif le fort de la Quarantaine. Cette batterie, placée près de la mer, appuierait l'extrême gauche des alliés, et elle aurait un rôle très utile le jour où une attaque, par mer, de ce côté, serait décidée. L'amiral Bruat fut chargé de désigner l'emplacement de cette batterie. Le 7 octobre, l'amiral se dirigea, dans son canot, sur la baie Streletzka; il était suivi par les embarcations du *Montebello*, du *Charlemagne* et du *Jean-Bart*, portant une compagnie de marins fusiliers, formée avec des détachements pris sur les navires mouillés en rade de Kamiesh. Les embarcations rangèrent la terre de près, mais, avant d'entrer dans la baie, elles devaient se trouver à portée du feu des Russes. Ceux-ci, surpris, se portèrent trop tard à leurs pièces. L'amiral Bruat, accompagné des capitaines de vaisseau de Chabannes, Touchard, Bassière, et du lieutenant-colonel Desaint, envoyé par le général en chef, se dirigea vers la hauteur située entre la baie Chersonèse et Sébastopol; il était suivi, à quelque distance, par la compagnie de marins fusiliers placée sous les ordres de son chef d'état-major, le capitaine de vaisseau Jurien. Le *Roland*, entrant peu après dans la baie, fut accueilli par une grêle de projectiles; il mouilla, mais sa mâture, aperçue de Sébastopol, servit de point de mire aux canonniers russes qui tirèrent sans relâche sur ce bâtiment et sur les hommes débarqués, dont la marche leur était signalée par de nombreuses vigies qui suivaient tous nos mouvements. Mais le tir au jugé, auquel il fallait avoir recours, aussi bien pour attendre le *Roland* que les marins débarqués, ne répondit pas aux espérances de l'ennemi. Une légère avarie, faite au *Roland* par un éclat d'obus, fut le seul résultat obtenu.

Lorsque l'amiral eut terminé cette reconnaissance, qui dura environ deux heures, les canots sortirent de la baie; les Russes, ayant leurs pièces pointées à l'avance, les attendaient. L'apparition des premiers canots fut saluée par une grêle de boulets, et le feu continua, avec la même vivacité, jusqu'au moment où les dernières embarcations, ayant doublé les pointes avancées de la côte, furent masquées par la terre. Un boulet toucha légèrement un canot du *Charlemagne*, mais aucun homme ne fut atteint. Le *Roland* restait dans la baie de Streleztka, où il devait être rejoint, dans la nuit, par la frégate à vapeur le *Caffarelli*. Cette frégate, ayant serré de trop près une des pointes de l'entrée, s'échoua ; dans la position qu'il occupait, le *Caffarelli* était sous la volée des forts. Les travaux nécessaires pour remettre cette frégate à flot, furent conduits avec une extrême vigueur par le contre-amiral Charner. Une heure avant que le jour parût, le *Caffarelli* était déséchoué et les vapeurs ainsi que les embarcations, envoyés par l'amiral Bruat pour lui porter secours, avaient gagné le large.

A la suite de la reconnaissance faite, le 7 octobre, par l'amiral Bruat, il fut décidé qu'une nouvelle batterie de la marine serait établie du côté de la mer, entre la baie Streleztka et la Quarantaine, sur l'emplacement d'un ancien fort génois. Cette batterie devait être armée de six canons de cinquante et de quatre obusiers de vingt-deux centimètres. Le personnel comprenait cent cinquante matelots canonniers et un nombre égal de marins fusiliers. Le commandement de cette batterie était donné au capitaine de frégate Penhoat, ayant, sous ses ordres, quatre lieutenants de vaisseau, quatre enseignes et cinq aspirants. Le chiffre des marins débarqués s'élevait à treize cents hommes auxquels il fallait ajouter trente artilleurs de la marine fuséens. Le débarquement des canons et la construction de la batterie, qui prit le nom de batterie du fort génois, commencèrent immédiatement.

Le 12 octobre, un trois-mâts marchand partait de la Katcha, se dirigeant sur Kamiesh ; arrivé par le travers de l'entrée de Sébastopol, la brise tomba et le navire, entraîné par le courant, s'approcha des forts à portée de canon. Les Russes ouvrirent le feu sur ce bâtiment, quoique celui-ci portât, déployé à la corne, le pavillon autrichien; après les premières volées, l'équipage s'embarqua dans les canots et s'enfuit à force de rames. A ce moment, la frégate à vapeur anglaise, le *Fire Brand*, qui passait au large, se dirigea sur le trois-mâts comme si elle eût voulu le prendre à la remorque. L'amiral Bruat fit alors au *Mogador* le signal de pousser les feux, d'appareiller et de soutenir le *Fire Brand*, mais celui-ci, après avoir échangé quelques coups de canon avec les Russes, s'éloigna. Le navire autrichien, qui avait toute sa voilure, continua sa route, et, comme si une main sûre l'eût guidé, il entra dans la baie Chersonèse, sur la pointe est de laquelle il s'échoua avec une faible vitesse et sans se faire aucun mal. Les avaries provenant du feu des Russes étaient sans importance. Il y avait lieu de croire, la petite baie de la Chersonèse étant très rapprochée de Sébastopol, que les Russes voudraient s'emparer du navire sur lequel ils avaient tiré, sans tenir aucun compte de sa nationalité. L'amiral Bruat jugea que nous ne devions pas le permettre. Le soir, un détachement de marins, provenant des navires mouillés en rade de Kamiesh, prit position près des ruines du fort génois; il devait tirer sur les canots russes venant le long de terre pour entrer dans la baie. Des hommes se rendirent, à la nage, à bord du trois-mâts; quelques heures après celui-ci était remis à flot et le *Fire Brand* le prenait à la remorque. Ce navire était chargé pour le compte de l'intendance anglaise.

L'armée travaillait avec ardeur à mettre les batteries

de siège en état d'ouvrir le feu. Les amiraux Hamelin, Dundas et le chef de l'escadre ottomane, Achmed-pacha, se réunirent à Kamiesh, le 15 octobre, à bord de la frégate à vapeur le *Mogador*, sur laquelle l'amiral Hamelin avait mis provisoirement son pavillon, pour déterminer la part que prendrait la flotte combinée au bombardement de Sébastopol. L'amiral Dundas se montrait peu disposé à donner le concours des forces qu'il commandait ; le chef de l'escadre anglaise se serait battu très volontiers contre des vaisseaux, mais il considérait comme absolument contraire aux principes de la guerre maritime de lutter, avec des murailles de bois, contre des murailles de pierre. L'amiral Hamelin partageait probablement l'opinion de son collègue, mais il estimait, étant données la situation dans laquelle se trouvait l'armée et surtout l'infériorité de son artillerie relativement à celle de l'ennemi, que la marine, laissant de côté les règles ordinaires, ne devait rien négliger pour faciliter la tâche de nos troupes. L'amiral se rendait également compte qu'il donnait, en agissant ainsi, satisfaction aux sentiments de ses officiers et de ses équipages. La marine avait joué, pendant longtemps, un rôle très actif et, si l'on peut s'exprimer ainsi, prépondérant. Il n'en était pas de même depuis que l'armée avait touché la terre de Crimée. La marine, qui n'avait pas encore trouvé l'occasion de prendre part à une action de guerre de quelque importance, était animée du très vif désir de concourir, en se battant, au succès de l'expédition.

L'entrée du port de Sébastopol étant infranchissable, l'action de la marine était forcément limitée; elle ne pouvait avoir d'autre objectif que de canonner les ouvrages donnant sur le large. Cette opération n'amenait pas un résultat décisif, mais c'était une diversion, mettant l'ennemi dans l'obligation d'envoyer un personnel d'artilleurs aux batteries de mer, ce qui devait avoir pour conséquence de diminuer le nombre des défenseurs des batteries de terre. Le front de mer de Sébastopol comprenait des ouvrages à fleur d'eau, constitués par des batteries casematées, à plusieurs étages, et des ouvrages en terre, à barbette, établis sur des points élevés. L'armement, calculé de manière à concentrer une masse de feux sur la passe, consistait en canons de fort calibre, auxquels venaient s'ajouter des batteries de mortiers. En défalquant les pièces n'ayant pas vue sur le large, les Russes pouvaient nous opposer deux cent seize canons dans le sud, et cent dix dans le nord. Enfin, des hauts-fonds, bordant la côte, formaient une défense naturelle qui ajoutait aux difficultés d'une attaque par mer.

Après examen de tous les éléments de la question, il fut envoyé aux commandants en chef des armées de terre une note ainsi conçue. « Les amiraux des trois flottes, réunis en conférence, aujourd'hui 15 octobre, à bord du *Mogador*, ont résolu : 1° que pour soutenir l'attaque des armées alliées contre la place de Sébastopol, tous les bâtiments qui composent leurs flottes exécuteraient, en même temps, une attaque générale contre les batteries de mer de cette place et les vaisseaux russes mouillés dans le port; 2° que les vaisseaux n'ayant chacun, en moyenne, que soixante-dix projectiles par pièce, soit cent quarante par canon d'un seul bord, les généraux en chef des armées alliées seraient priés de déterminer si tous ces projectiles devaient être dépensés le jour où commencera le feu des batteries de siège, ou le jour de l'assaut, ou enfin répartis, par moitié, entre ces deux jours ; 3° que, pour que cette attaque puisse s'effectuer, il faut que le temps soit maniable et permette aux bâtiments à vapeur de remorquer les vaisseaux à leur poste au feu. »

La proposition de la marine fut acceptée et les deux généraux en chef répondirent par la lettre suivante ; « Les généraux commandant en chef les armées alliées ont reçu avec un vif intérêt la communication qui leur a été faite par les amiraux commandant en chef. Ils applaudissent à la grande résolution qu'ils ont prise, et les en remercient. Dans leur opinion, l'action commune des flottes et des armées réunies déterminera des effets moraux et matériels considérables, qui assureront le succès de l'attaque dirigée contre Sébastopol. Dans cette pensée, ils jugent que, plus cette action sera formidable, plus les résultats seront décisifs et promptement obtenus. Ils ont arrêté, sur l'invitation des amiraux, les dispositions suivantes, et les proposent à leur adoption. Le feu commencera sur toute la ligne, demain 17 octobre, vers six heures et demie du matin, au signal donné par trois bombes partant du centre des travaux de l'armée française et tirés à courts intervalles. De l'avis des généraux commandant l'artillerie et le génie dans les deux armées, il importe que les vaisseaux n'emploient dans cette première attaque que la moitié de leurs munitions, soit environ soixante-dix coups par canon d'un seul bord, réservant l'autre moitié pour les éventualités à venir notamment pour le jour de l'assaut. »

Les amiraux reçurent cette lettre, le 16, dans l'après-midi. On ne leur donnait pas le temps de rassembler leurs bâtiments qui occupaient différentes positions depuis Balaklava jusqu'à la Katcha. On oubliait aussi qu'il fallait compter avec la direction de la brise et de l'état de la mer, la majorité des vaisseaux étant des navires à voiles. En conséquence, les amiraux informèrent les généraux qu'ils se trouvaient dans l'impossibilité d'être prêts à combattre à l'heure indiquée. Les diverses considérations que nous venons d'énoncer ne s'étaient pas présentées à l'esprit du général Canrobert et de lord Raglan. Des erreurs de ce genre se produisent souvent lorsque l'armée de terre doit combiner son action avec une force navale. Quoi qu'il en soit, le général Canrobert et lord Raglan, dans leur empressement à ouvrir le feu, jugèrent inutile de modifier les décisions qu'ils avaient prises.

Le plan arrêté par les amiraux était celui-ci : l'escadre française faisait face au fort de la Quarantaine et aux ouvrages extérieurs de la rive méridionale à partir de la baie Chersonèse, tandis que les Anglais battaient le fort Constantin et les ouvrages extérieurs de la partie nord de la rade, ayant vue sur la mer. Les quatorze vaisseaux français se plaçaient sur deux lignes endentées. La première ligne comprenait les vaisseaux le *Charlemagne*, le *Montebello*, le *Friedland*, la *Ville de Paris*, le *Valmy*, le *Henri IV* et le *Napoléon*, capitaines de Chabannes, Bassière, Guérin, Dompierre d'Hornoy, Lecointe, Jehenne et Dupouy. Les contre-amiraux Charner et Lugeol avaient leur pavillon, le premier sur le *Napoléon* et le second sur le *Valmy*. Le vaisseau le plus au sud de cette ligne, le *Charlemagne*, mouillait à l'accore des bancs de la baie Chersonèse, à quatorze cents mètres des ouvrages que nous devions battre. Les six autres vaisseaux venaient successivement jeter l'ancre dans le nord-nord-est de ce vaisseau. La distance entre chaque bâtiment était d'une encâblure.

La seconde ligne comprenait l'*Alger*, le *Jean-Bart*, le *Marengo*, la *Ville de Marseille*, le *Suffren*, le *Bayard* et le *Jupiter*, capitaines de Saisset, Touchard, Martin, Laffon–Ladébat, Fabre Lamaurelle, Borius et Lugeol. Ces vaisseaux mouillaient au large de la première ligne; les deux lignes étant endentées, les vaisseaux de la seconde tiraient dans les créneaux de la première. Chaque vaisseau devait s'embosser aussitôt après avoir jeté l'ancre. Deux vaisseaux turcs se plaçaient à la suite du dernier vaisseau de la première ligne française, mais en inclinant davantage vers l'est. Venaient alors les Anglais échelonnés sur une ligne, partant du dernier vaisseau turc pour arriver à l'*Agamemnon*, le vaisseau qui avait le poste le plus rapproché de la terre. Les escadres alliées, rangées dans l'ordre indiqué ci-dessus, formaient une ligne ininterrompue, allant du *Charlemagne* à l'*Agamemnon*. Cette ligne s'étendait des batteries de la Quarantaine aux batteries du Télégraphe, embrassant le front de mer de Sébastopol. Il était important de déterminer le mouillage du *Charlemagne*, puisque c'était sur ce vaisseau que devait se former la première ligne de l'escadre française. Le *Pluton*, capitaine Fisquet, plaça, dans la nuit du 16 au 17 octobre, des bouées indiquant, d'une part, le poste du *Charlemagne* et fixant, d'autre part, la limite d'un banc isolé sur lequel on ne trouvait que quatre brasses d'eau.

Les équipages des navires de notre escadre étaient loin d'être au complet; depuis longtemps on ne remplaçait ni les morts, ni les hommes renvoyés en France par les médecins. En déduisant les malades, mis, le 16 octobre, à terre, ou sur les bâtiments qui ne combattaient pas, les hommes armant les embarcations laissées à la garde des dromes et des mâts de perroquet que l'amiral avait donné ordre de débarquer, les canonniers et marins fusiliers, au nombre de treize cents, détachés aux batteries de la marine, le personnel de chaque vaisseau pouvait être considéré comme ayant subi une diminution dépassant le quart de l'effectif réglementaire. Cette situation, les vaisseaux ne devant se battre que d'un bord et n'ayant pas à manœuvrer, non seulement n'avait pas d'inconvénient, mais elle présentait cet avantage d'exposer moins d'hommes au feu. Les alliés, ainsi que l'avaient annoncé le général Canrobert et lord Raglan, ouvraient le feu, le 17, à six heures et demie du matin. Les Russes, déployant une très grande activité, avaient construit de puissantes batteries qui dominaient toute la partie sud de Sébastopol. Ces batteries étaient armées de deux cents pièces de gros calibre, auxquelles nous n'avions à opposer que cent vingt-six canons. Contrairement à ce qui se passe dans un siège, nous étions inférieurs, au point de vue de l'artillerie, aux assiégés. Dès le début, la supériorité de l'ennemi se manifestait, et l'action se prolongeant, elle augmentait rapidement. A dix heures, l'ordre fut donné aux batteries françaises de cesser le feu.

Pendant ces quelques heures de combat, le personnel, provenant des vaisseaux, avait dignement représenté la marine. Les matelots canonniers s'étaient fait remarquer autant par leur habileté que par leur courage. Les marins armaient trois batteries. L'une d'elles, la batterie n° 2, commandée par le capitaine de frégate Méquet, avait trente-deux hommes hors de combat, neuf tués et vingt-trois blessés. Les Anglais, dont les batteries étaient plus éloignées de la place que les nôtres, avaient moins souffert et leur tir continuait.

III

Le 17 au matin, il faisait calme, la mer était plate et le temps très brumeux. Vers dix heures et demie, la brume se dissipant, les vaisseaux qui étaient mouillés à la Katcha furent aperçus se dirigeant sur Kamiesh. Les Anglais et les Turcs les suivaient à quelque distance. La bombarde le *Vautour*, mouillée dans la baie Streletzka, continuait à tirer, mais la gauche des attaques ayant cessé son feu, l'amiral se demandait, en se reportant aux termes de la lettre du général Canrobert, si l'armée n'était pas sur le point de donner l'assaut. Ne recevant aucune nouvelle, il agit conformément aux dispositions arrêtées dans la journée du 16. Vers midi et demi, l'amiral Hamelin donna les ordres suivant : se préparer au combat, et mouiller d'après le plan indiqué. Un nouveau signal « la France vous regarde », parut, alors, au grand mât de la *Ville de Paris*. Le commandant de Chabannes, du *Charlemagne*, donna l'ordre de marcher à toute vitesse. La mer était belle et il n'y avait pas de vent ; dans de telles conditions, ce vaisseau filait neuf nœuds. Le trois-ponts le *Montebello*, qui, dans l'ordre de marche, venait après le *Charlemagne*, n'ayant qu'une machine de cent soixante chevaux, fut rapidement distancé. Le *Charlemagne* semblait seul aller à l'ennemi. A peine eut-il doublé la pointe Streleztka qu'il fut assailli par une grêle de projectiles, toutes les pièces qui avaient vue sur lui, le prenant pour but. Sa vitesse le préserva du danger qu'il courait, tant il est vrai qu'il est difficile, même à des canonniers exercés, d'atteindre un navire en marche. Quelques boulets frappèrent le *Charlemagne* en plein bois, mais presque tous passaient dans la mâture, ne faisant d'autre mal que de couper des manœuvres, et endommager le gréement. La drisse de la grande enseigne, atteinte par un boulet, tomba à la mer, et, pendant un moment, le vaisseau fut sans pavillon. Peu après le *Charlemagne* mouillait à son poste.

Le *Montebello*, qui suivait le *Charlemagne* de toute la vitesse que pouvait lui imprimer sa machine, vint se placer sur l'avant de ce vaisseau. Le *Friedland* arrivait en ligne, lorsque l'ordre fut donné de commencer le feu. Les vaisseaux qui étaient mouillés et embossés rendirent alors les coups qu'ils avaient reçus jusque là sans riposter. Les bâtiments qui étaient en marche, la *Ville de Paris*, le *Valmy*, le *Henri IV* et le *Napoléon*, appartenant à la première ligne, prirent successivement le poste qui leur était assigné, et, aussitôt embossés, commencèrent le feu. Les quatre vaisseaux à voiles de la première ligne étaient remorqués à couple, la *Ville de Paris* par le *Primauguet*, capitaine Reynaud, le *Henri IV* par le *Canada*, capitaine Massin, le *Friedland* par le *Vauban*, capitaine d'Herbinghen, et le *Valmy* par le *Descartes*, capitaine Darricau. Gênée par la fumée, la seconde ligne prit son poste avec plus de difficulté que la première. La frégate à hélice la *Pomone* vint se placer à terre du *Charlemagne*. Les six vaisseaux à voiles de la seconde ligne étaient remorqués à couple, l'*Alger* par le *Magellan*, capitaine Kerdrain, le *Marengo* par le *Labrador*, capitaine de Varèse, la *Ville de Marseille* par le *Panama*, capitaine Goubin, le *Suffren* par l'*Albatros*, capitaine Dubernad, le *Bayard* par l'*Ulloa*, capitaine Baudais, et le *Jupiter* par le *Christophe-Colomb*, capitaine Chevalier. Les bâtiments remorqueurs devaient, pendant le combat, rester accouplés aux vaisseaux. Les vaisseaux turcs se placèrent alors à la suite de notre première ligne. Les Anglais, arrivés après nous sur le lieu du combat, se rangèrent conformément aux dispositions concertées entre les amiraux Hamelin et Dundas, dispositions que nous avons indiquées. Lorsque ces vingt-six vaisseaux, quatorze français, deux turcs et dix anglais, eurent pris leur poste, la canonnade éclata avec une extrême violence. La droite et le centre des Français avaient pour objectif les batteries de la Quarantaine, et la gauche tirait sur le fort Constantin, quoique celui-ci fît partie des défenses dévolues à nos alliés.

L'*Agamemnon*, mouillé à l'extrémité de la ligne anglaise, le *Sans-Pareil* et le *London*, dirigeaient contre le fort Constantin, qu'ils prenaient d'écharpe, un feu très vif, mais ces vaisseaux étaient assaillis par des projectiles venant des batteries élevées du Télégraphe et de la tour Maximilienne. Or, ces batteries faisaient un feu plongeant auquel les Anglais se trouvaient dans l'impossibilité de répondre. Le *Rodney*, qui devait soutenir l'*Agamemnon*, le *London* et le *Sans-Pareil*, s'échoua en manœuvrant pour prendre son poste. Des frégates à vapeur, se portant rapidement à son secours, parvinrent à le dégager.

Le combat commença, de part et d'autre, avec une extrême vigueur ; la première ligne de nos vaisseaux en ressentit promptement les effets. A bord de la *Ville de Paris*, un obus d'un fort calibre fit explosion sous le pont de la dunette, causant, dans cette partie du vaisseau, de véritables ravages. Les éclats tuèrent le lieutenant de vaisseau Sommeiller et l'aspirant égyptien Kurchid, et blessèrent les lieutenants de vaisseau Garnault et Zédé, les aspirants Maubeuge, Puech et Ducamp de Rosamel et le commissaire d'escadre Michelin. Le *Napoléon* reçut, à deux pieds au-dessous de la flottaison, un projectile de fort calibre; il en résulta une voie d'eau qui aurait pu avoir de graves conséquences, mais dont on put heureusement se rendre maître. Le *Montebello*, le *Valmy*, le *Friedland* et le *Henri IV* furent atteints par des nombreux projectiles. Une bombe traversa les ponts du *Charlemagne*, et éclata dans la machine qu'elle mit en partie hors de service, mais, par un hasard très heureux, pas un homme du personnel mécanicien ne fut touché. Il y eut, à bord de ce vaisseau, un commencement d'incendie qui fut promptement éteint ; le grand mât reçut, à quelques mètres au-dessus du pont, plusieurs boulets qui lui enlevèrent sa solidité. Sur le *Montebello*, l'aspirant de première classe La Bourdonnais eut la tête emportée par un boulet ; les enseignes Aragon et du Rouret et l'aspirant Cuverville, du *Henri IV*, furent blessés. A trois heures, le *London* et la frégate à vapeur qui le remorquait, la *Retribution*, démâtés de leurs grands mâts et ayant de graves avaries, se retirèrent du feu; un incendie, qui prit rapidement des proportions inquiétantes, obligea la *Queen* à s'éloigner. Une bombe éclata dans le faux-pont du *Sans Pareil*; enfin, l'*Agamemnon* qui, par suite de la configuration des bancs bordant le rivage, de ce côté, avait pu mouiller à huit ou neuf cents mètres de la terre, se trouvait dans une position qui n'était pas sans danger.

Au moment où le combat était le plus vif, un peu avant deux heures, il se produisit, dans l'intérieur de Sébastopol, une très forte explosion, due soit aux canons de la flotte, soit aux batteries de position des Anglais. Vers deux heures et demie, les ouvrages de la Quarantaine pouvaient être considérés comme réduits au silence. Une fumée très épaisse, enveloppant les combattants, rendait le tir très incertain. Toutefois, vers quatre heures, le feu des Russes, sur la rive méridionale, reprit avec vigueur, mais il venait des batteries élevées et même des bastions de la ville. Le jour touchait à sa fin et les munitions, destinées à l'attaque de Sébastopol, s'épuisaient; le moment de se retirer était venu. Les Anglais, qui avaient le plus souffert, s'éloignèrent les premiers, suivis peu après par les Turcs. La seconde ligne de notre escadre commença alors son mouvement, puis vinrent les vaisseaux de la première ligne. A six heures, les navires français étaient en marche, les uns allant à la Katcha et les autres se dirigeant sur Kamiesh.

Les trois escadres comptaient cinq cent vingt-sept hommes hors de combat. Les pertes de notre côté portaient principalement sur les vaisseaux de la première ligne, sauf en ce qui concernait le *Napoléon*; pas un homme sur ce vaisseau n'avait été atteint. Le *Henri IV* comptait quinze hommes hors de combat, le *Valmy* vingt-trois, la *Ville de Paris* quarante-sept, le *Friedland* quarante-quatre, le *Montebello* trente-deux, et le *Charlemagne* trente-sept. Le *Canada*, accouplé au *Valmy*, avait un homme tué et sept blessés. Sur les sept vaisseaux de la seconde ligne, le *Suffren* avait quatre blessés, au nombre desquels figurait l'enseigne de vaisseau Prompt, et le *Jean-Bart*, deux.

Le feu des escadres alliées avait produit peu d'effet. Les forts en pierre portaient la trace de nombreux boulets et, pendant quelques jours, on aperçut le fort Constantin soutenu par des étais, mais la maçonnerie n'était pas entamée. Il n'existait donc là aucun dommage qui ne pût être facilement réparé. En ce qui concernait les batteries en terre, bouleversées par nos projectiles, quelques travailleurs, et nos adversaires en avaient un grand nombre, suffisaient pour les rétablir. Enfin, les ressources de l'arsenal de Sébastopol rendaient illusoire la perte des canons mis hors de service. Ce résultat était facile à prévoir. Pour battre avec succès les forts casematés qui défendaient l'entrée de Sébastopol, les escadres, étant donnée leur artillerie, auraient dû mouiller à moins de cinq cents mètres de ces ouvrages. Or, les bancs qui protégaient ce port, du côté de la mer, ne le permettaient pas. Il existait, il est vrai, entre les hauts fonds qui bordaient la côte, un passage de sept encâblures, rétréci, d'ailleurs, par un banc, sur lequel il y avait sept mètres d'eau. Quelques vaisseaux auraient certainement trouvé place dans ce passage, mais nous ne devons pas oublier que le système de défense de Sébastopol permettait de concentrer une masse considérable de feux croisés et plongeants sur toute la zone naviguable. Ces vaisseaux, qui eussent été forcément en petit nombre, auraient-ils pu supporter ce feu, et, dans l'hypothèse contraire, les remorqueurs seraient-ils parvenus à les conduire au large. Les amiraux Hamelin et Dundas, reculant probablement devant les risques que ces vaisseaux auraient courus, ne voulurent pas adopter ce plan ; il ne restait alors qu'à ranger les escadres à l'accore des bancs.

Supposons, d'ailleurs, la mer libre devant Sébastopol, et les vingt-six vaisseaux embossés à moins de cinq cents mètres de la terre. Le mal fait à l'ennemi eût été certainement plus grand, mais quel profit en serait-il résulté pour les assiégeants, puisqu'il n'était plus question de donner l'assaut. On détruit des fortifications avec des canons, mais, pour en prendre possession, il faut des troupes. On ne doit pas perdre de vue les avaries que, dans un combat, à petite distance, la flotte aurait éprouvées ; or, la flotte étant la base d'opérations de l'armée, sa conservation avait une importance capitale. Il ne s'agissait pas, le 17 octobre, de ces combats d'autrefois dans lesquels on échangeait des boulets pleins. Les Russes employaient contre des murailles de bois non seulement des boulets pleins mais des obus, des boulets rouges et des bombes. Outre les batteries rasantes, ils avaient des ouvrages élevés, faisant des feux plongeants auxquels les vaisseaux ne pouvaient pas répondre, le pointage en hauteur des canons passant par les sabords étant très limité. L'avantage, dans cette affaire, était donc tout entier du côté des Russes, et il semble que la flotte combinée aurait dû, au point de vue du personnel, faire des pertes plus sensibles, et, sous le rapport du matériel, éprouver de plus graves avaries. On devait attribuer ce résultat à l'épaisse fumée qui avait enveloppé le champ de bataille peu après le commencement du combat, sinon il serait juste de dire que les Russes n'ont pas saisi l'occasion qui se présentait, de faire beaucoup de mal à une flotte qu'ils n'avaient pu, par suite de leur infériorité numérique, combattre en pleine mer.

La marine avait fait une diversion, mais une diversion inopportune. Il est difficile de comprendre que les escadres aient attaqué à midi et demi, alors que les Français avaient cessé le feu à dix heures et demie. Il restait, il est vrai, les Anglais, mais on savait très bien que le tir de leurs batteries ne pouvait amener aucun résultat décisif. Si le feu des assiégeants avait acquis, sur celui de l'ennemi, une supériorité marquée, l'attaque par mer jouait un rôle des plus utiles. Elle enlevait à la défense de la place, du côté de la terre, un certain nombre d'hommes; couvrant la ville de boulets, elle inquiétait et atteignait peut-être des troupes massées pour repousser un assaut. Les canons de la flotte pouvaient donc produire un effet à la fois moral et matériel, mais, faite dans les conditions que nous avons indiquées, cette diversion ne reposait sur aucun raisonnement militaire et elle était par conséquent inutile.

Les Russes accusèrent, dans la journée du 17 octobre, onze cents hommes hors de combat, chiffre regardé par les écrivains militaires étrangers comme inférieur à la réalité. On suppose que les Russes eurent environ quinze cents hommes atteints par le feu des assiégeants et celui de la flotte. L'amiral Kornilof était au nombre des morts. Il avait été, au moment où on se battait sur les hauteurs de l'Alma, l'organisateur de la défense; il pouvait tout attendre des officiers et des équipages de la flotte sur lesquels il exerçait une autorité morale indiscutée. La Russie perdait, en sa personne, un grand serviteur. Le général Canrobert, après avoir remercié l'amiral Hamelin du concours que la flotte avait donné à l'armée, terminait ainsi la lettre qu'il lui écrivait à ce sujet : « J'ai appris avec de vifs regrets que vous aviez perdu deux officiers de votre état-major, et que, entre tous les vaisseaux, la *Ville de Paris* est celui qui a le plus souffert ; c'est un honneur qui appartenait au vaisseau-amiral, et je ne crains pas d'en féliciter vos officiers et votre équipage. Je ne terminerai pas cette lettre sans vous dire combien je suis satisfait de l'énergique conduite de vos marins à terre, et de l'excellent esprit qui les anime. »

IV

Les batteries des assiégeants furent promptement réparées et, le 19, notre feu reprenait avec vigueur. La batterie du fort Génois fit, dans le cours de cette nouvelle attaque, des pertes considérables. Quelques heures après l'ouverture du feu, elle était complètement ruinée ; la plupart des canonniers étaient tués ou blessés, les pièces et les affûts brisés et les épaulements renversés. Une pièce, la seule qui fût intacte, manœuvrée par les rares servants que les coups de l'ennemi n'avaient pas atteints, continuait à tirer. Un officier d'artillerie, envoyé par le général Forey, commandant le corps de siège, se présenta. Le commandant Penhoat lui dit : « Tant que j'aurai un coup de canon à tirer, je ne bougerai pas. » Le commandant Penhoat, vivement félicité par le général Canrobert pour son héroïque attitude, fut mis à l'ordre du jour. La batterie du fort Génois fut supprimée. Cette mesure était nécessaire ; les Russes envoyaient des bombes dans cette batterie avec une précision presque mathématique.

Dans un ordre du jour, à la date du 23 octobre, le général Canrobert disait : « Je signale à l'armée la conduite du détachement de marins que la flotte nous a donné pour auxiliaires ; on ne saurait montrer plus d'ardeur, plus de vrai courage, et je suis heureux de proclamer ici les droits que ces braves gens qui nous ont rendu déjà tant de services à la mer, acquièrent, dans nos rangs, à notre estime et à nos sympathies. » L'attaque des positions anglaises, à Balaklava, le 25 octobre, montra que les Russes étaient en mesure de prendre l'offensive ; la porte du nord restant ouverte, l'ennemi recevait, chaque jour, des renforts.

Une attaque générale de l'artillerie des assiégeants eut lieu le 1ᵉʳ novembre. Les Français comptaient quatre-vingt-seize bouches à feu, divisées en treize batteries, sur lesquelles trois, formant un total de trente canons, appartenaient à la marine. A la date du 3 novembre, le général Canrobert demandait à l'amiral Hamelin des canons pour remplacer ceux qui étaient hors de service et mille marins faisant partie des compagnies de débarquement de l'escadre. Les plus vigoureux et les plus agiles prendraient part à l'assaut, et les autres garderaient les positions défensives. L'amiral Hamelin, malgré son très vif désir de satisfaire à toutes les demandes de l'armée, dont il connaissait la situation, ne put, tant était grand le nombre des malades sur nos bâtiments, mettre que six cents hommes à la disposition du général Canrobert. Ce détachement fut placé sous le commandement du capitaine de frégate Houssard. Dans un conseil de guerre réuni le 4 novembre, il fut décidé que, deux jours après, c'est-à-dire le 6, l'assaut serait donné à la place.

Le 5, eut lieu la sanglante journée d'Inkermann. Au point du jour, les Russes gravissaient les pentes escarpées qui, du fond de la vallée, conduisaient au plateau d'Inkermann. Favorisés par la brume, qui cachait leurs mouvements, ils surprenaient les Anglais, enlevaient leurs postes avancés et menaçaient leur camp. Si les colonnes profondes, engagées dans les ravins, arrivaient sur le plateau et conquéraient le terrain nécessaire pour se déployer, la situation des alliés devenait grave. Les Anglais opposaient à l'ennemi une résistance désespérée. Au moment où le combat, sur ce point, était le plus vif, la garnison de Sébastopol faisait une sortie, et, d'autre part, des forces importantes manœuvraient pour retenir le corps d'observation que commandait le général Bosquet, loin du plateau d'Inkermann où l'ennemi se proposait de porter son principal effort. Le plan des Russes était bien conçu et, si nous exceptons quelques fautes de détail, il fut exécuté avec habileté et vigueur, mais la perspicacité du général Bosquet qui ne se laissa pas tromper par la fausse attaque dirigée contre ses troupes, l'inébranlable solidité des Anglais, l'intrépidité et l'élan de nos soldats déjouèrent les calculs ds nos adversaires. Une batterie de la marine eut l'heureuse fortune de jouer un rôle utile, le 5 novembre, ainsi que le témoigne le rapport du général Bosquet. Le général disait : « Devant le Télégraphe, nous n'avons eu qu'une canonnade sans blessés, mais j'éprouve un véritable plaisir à exprimer ici à quel point le détachement de marins de M. de Contenson a bien servi ses bonnes pièces de trente, qui ont tenu la ligne ennemie fort loin et lui ont fait éprouver des pertes sensibles. » Les alliés étaient vainqueurs, mais la journée d'Inkermann les laissait très affaiblis. La situation se trouvait profondément modifiée ; on ne pouvait se dissimuler que l'ennemi disposait de puissants moyens, au double point de vue du personnel et du matériel. Le 5 novembre, les Russes avaient pu mettre en mouvement, pour nous livrer la bataille d'Inkermann, plus de cinquante mille hommes ; on évaluait à cent mille le nombre des soldats occupant Sébastopol ou campés en dehors de la place. Au même moment les alliés avaient à peine soixante mille hommes en ligne.

Dans un conseil de guerre tenu, le 7 novembre, l'impossibilité de donner l'assaut fut reconnue. L'armée devait s'affermir dans ses positions, fortifier les hauteurs d'Inkermann et continuer le siège. A l'arrivée des renforts attendus de France, de nouvelles résolutions seraient prises. Le 9 novembre, le général Canrobert, parlant des marins débarqués, écrivait au ministre de la guerre : « L'admiration de l'armée tout entière est acquise à la conduite de ces braves gens, qui ont lutté depuis le commencement de nos opérations, avec une énergie sans égale, contre les difficultés les plus grandes qui se soient jamais présentées dans un siège ; leurs pertes sont énormes, eu égard à leur effectif, et il y a telles de nos batteries de marine, comme celle du fort Génois, commandant Penhoat, comme la batterie n° 2, commandée par le capitaine de frégate Méquet, qui ont été dix fois détruites par un feu supérieur, et qui ont toujours recommencé la lutte avec une incroyable audace. »

A la fin du mois d'octobre, l'amiral Hamelin, voyant arriver la mauvaise saison, avait jugé nécessaire de renvoyer en France trois vieux vaisseaux, l'*Iéna*, le *Suffren* et la *Ville de Marseille*. Le *Charlemagne* avait également quitté la mer Noire, se rendant à Toulon pour réparer sa machine et changer son grand mât. Il restait donc onze vaisseaux, trois à hélice, le *Montebello*, le *Napoléon* et le *Jean-Bart*, et huit vaisseaux à voiles la *Ville de Paris*, le *Friedland*, le *Valmy*, le *Bayard*, le *Marengo*, l'*Alger*, le *Henri IV* et le *Jupiter*. Deux vapeurs, la *Tisiphone* et le *Coligny*, furent envoyés, le premier dans les Dardanelles, et le second dans le Bosphore pour remorquer les navires à voiles, arrivant de France avec des troupes. Le *Henri IV* remplaça l'*Iéna* au mouillage d'Eupatoria.

L'amiral Hamelin se rendait un compte très exact des dangers auxquels étaient exposés les bâtiments mouillés en pleine côte pendant la mauvaise saison, mais il voulait rester en position de prêter son concours à l'armée, en se portant de nouveau devant les batteries de mer de Sébastopol le jour où les assiégeants, après un nouveau bombardement, tenteraient l'assaut de la place. Or, cet assaut devait, ainsi que nous l'avons dit, avoir lieu le 6 novembre. Après la journée d'Inkermann, il apparaissait clairement que la partie, dans laquelle nous étions engagés, pouvait durer longtemps.

La marine, aussi bien dans son intérêt que dans celui de l'armée, était tenue de prendre les mesures que comportaient les circonstances. Elle devait surveiller le port de Sébastopol, rester en communication constante avec l'armée, et se soustraire aux conséquences que pourraient avoir les coups de vent de l'hiver. L'amiral prépara un projet répondant aux exigences indiquées ci-dessus; il fut informé, dans la soirée du 13 novembre, que ses propositions avaient reçu l'entière approbation du général Canrobert. C'était trop tard! ainsi que devaient le montrer les événements.

Le 14 novembre, à huit heures du matin, la brise, qui était au sud, fraîchit rapidement en tournant à l'ouest. Vers midi, le vent soufflait en tempête, soulevant une très grosse mer et mettant en péril les bâtiments de guerre et les navires de commerce mouillés sur la côte. Les bâtiments de guerre, qui étaient à Kamiesh et à la Katcha, tinrent sur leurs ancres, mais, à la Katcha, ils firent de graves avaries. La *Ville de Paris* et le *Friedland* perdirent leur gouvernail ; celui du *Bayard* fut démonté, et le *Napoléon* ainsi que le *Jupiter* eurent leur gouvernail fortement endommagé. Pendant un moment, on put croire que ce dernier vaisseau et le *Bayard* allaient s'aborder, ce qui eût entraîné la perte des deux bâtiments. Un vaisseau turc coupa sa mâture pour ne pas aller à la côte. Le vaisseau le *Henri IV* et les vapeurs le *Pluton* et le *Lavoisier* étaient mouillés devant Eupatoria ; ces navires, avec des gros vents d'ouest, étaient en perdition. L'amiral Hamelin ne l'ignorait pas, mais l'armée attachant une grande importance à la conservation de cette place, il avait considéré comme un devoir de maintenir des bâtiments à ce poste dangereux. Le *Henri IV*, ayant cassé successivement toutes ses chaînes, fut jeté à la côte.

Le *Pluton* et le *Lavoisier*, avec l'aide de leurs machines, luttaient avec succès contre le vent et la grosse mer, lorsque le premier de ces bâtiments se trouva bord à bord d'un trois-mâts anglais qui chassait sur ses ancres. Le *Pluton* parvint à s'éloigner, mais, peu après, ses chaînes, qui étaient engagées dans celles du navire anglais, furent brisées; le *Pluton* vint en travers à la lame, et ne pouvant, quoique marchant à toute vitesse, revenir au vent, il subit le sort du *Henri IV*. Les Russes tentaient, à ce moment, une attaque contre Eupatoria ; le *Pluton* réussit à mettre deux pièces en batterie et il se tint prêt à défendre la ville qu'il était chargé de protéger du côté de l'est. L'ennemi s'étant éloigné, le commandant Fisquet dut songer au salut de son équipage ; il évacua son navire déjà défoncé et balayé par la mer, sans perdre un seul homme. Près de quarante bâtiments de commerce, mouillés à la Katcha et devant Eupatoria, furent jetés à la côte. Ceux qui étaient dans le port de Kamiesh chassèrent, firent des avaries, mais les dommages éprouvés ne furent pas très grands. On ne pouvait malheureusement pas en dire autant de Balaklava. Dans l'intérieur du port, les navires s'abordaient et se brisaient les uns contre les autres ; cinq transports anglais, chargés de matériel, de vivres et d'approvisionnement, sombrèrent. Parmi ces transports, se trouvait un grand steamer, le *Prince*, dont la cargaison avait, pour l'armée anglaise, une valeur particulière ; ce navire apportait des vêtements chauds dont nos alliés avaient un pressant besoin. A l'exception de quarante hommes environ que l'on put sauver, les équipages de ces bâtiments périrent. On évalue à quatre cents le nombre des marins, appartenant, pour la plupart, à des navires anglais, qui trouvèrent la mort dans le coup de vent du 14 novembre.

Trois jours après, l'amiral Hamelin mettait son pavillon sur le *Montezuma;* il envoyait, dans le Bosphore, la *Ville de Paris*, le *Friedland*, le *Bayard* et le *Jupiter*. Les trois premiers, par suite de leurs avaries, étaient remorqués. Les vaisseaux à voiles le *Marengo* et l'*Alger*, ainsi que le *Montebello* entrèrent dans le port de Kamiesh, qui fut fermé par une estacade. Sur chacune des pointes de l'entrée, on établit une batterie avec des canons pris sur le vaisseau l'*Alger*. Nous avons vu que le *Pluton* était complètement perdu. Le *Henri IV* s'était enfoncé si profondément dans le sable qu'il ne fallait pas songer à le relever ; par contre, sa position était très solide et la mer n'avait sur lui aucune action. Là où les lames l'avaient porté, il commandait l'entrée de la ville du côté du sud. On laissa un personnel suffisant et quelques canons à bord du *Henri IV*, dont l'artillerie fut débarquée et mise à la disposition du général Canrobert. On éleva des batteries sur les pointes de la baie Streletzka, dans laquelle étaient mouillés la bombarde le *Vautour* et quelques navires. Les vaisseaux à hélice et les navires à vapeur devaient surveiller le port de Sébastopol.

Les Anglais, auxquels nous avions abandonné la baie de Kazatch, disposaient de forces égales aux nôtres. Six vaisseaux russes avaient conservé leur artillerie. Les autorités militaires et maritimes pouvaient, si la garnison de Sébastopol recevait des renforts considérables, prendre la détermination de réarmer ces vaisseaux, auxquels seraient venus se joindre quelques vapeurs. Nous avions, à Kamiesh et à Kazatch, un nombre plus que suffisant de bâtiments pour faire face à cette éventualité.

Au moment où les forces navales, que nous laissions dans la mer Noire, étaient reconstituées sur de nouvelles bases, il est utile de jeter un coup d'œil sur l'état sanitaire de l'armée que commandait l'amiral Hamelin. Une épidémie scorbutique s'était déclarée et cinq vaisseaux avaient été particulièrement atteints. Le *Frielland* comptait quatre cent vingt et un malades, la *Ville de Paris*, deux cent trente, le *Valmy*, cent soixante et onze, le *Bayard*, cent vingt-cinq et le *Henri IV*, cent dix. La presque totalité de ces malades étaient des scorbutiques. Ainsi, en 1854, malgré les progrès de l'hygiène et l'excellente tenue des bâtiments, l'escadre de la mer Noire se trouvait à peu près dans le même situation que l'escadre de l'amiral d'Orvilliers en 1779. Arrivée sous Ouessant, cette escadre qui devait assurer le débarquement d'une armée française sur les côtes d'Angleterre, se trouvait, tant était grand le nombre des malades, complètement désarmée. M. de Sartine, ne prêtant nulle attention aux lettres de l'amiral d'Orvilliers, n'avait envoyé ni les vivres frais ni les médicaments qui lui étaient demandés avec les plus vives instances ; il ne s'était même pas aperçu, quoique recevant régulièrement des états de situation, que l'escadre n'avait plus de vivres. En 1854, l'escadre avait des médicaments et des vivres, mais elle avait des vivres de campagne. Les bureaux du ministère faisaient leur service, tel que le comporte l'application pure et simple des règlements, mais il ne s'était trouvé personne, prenant l'initiative d'une organisation sortant des règles ordinaires, pour faire face à un besoin exceptionnel. Il ne s'agissait cependant pas d'une question difficile à résoudre. Le ministre ordonnait aux agents de la marine qui se trouvaient à Constantinople, de prendre les mesures assurant à l'escadre l'envoi de vivres frais. Pour que ce service fût organisé, il suffisait de le vouloir. Quant à la dépense, elle eût été moindre que celle résultant du traitement des malades dans les hôpitaux. L'administration avait le devoir de maintenir les équipages en état de combattre, et ce devoir, elle ne sut pas le remplir. Des faits de cette nature ne se rencontrent que trop souvent dans l'histoire de notre marine.

Le 6 décembre, vers midi, une frégate, le *Wladimir*, et une corvette, la *Chersonèse*, sortirent de Sébastopol par la passe ménagée entre les vaisseaux coulés. La corvette, se rapprochant de la terre, envoya des boulets dans la direction des camps de notre extrême gauche, tandis que la frégate se dirigeait, à toute vitesse, sur le bâtiment le plus rapproché de Sébastopol. C'était la *Mégère*, capitaine Devoulx; cette corvette signala l'ennemi, se mit en marche et s'éloigna lentement, canonnant son adversaire, en venant alternativement sur un bord et sur l'autre. Un petit aviso, le *Dauphin*, capitaine Tabuteau, sortait de Kamiesh, ayant des bâtiments à la remorque; il les abandonna et fit route, sans hésitation, sur la frégate russe. Le *Dauphin*, armé de deux caronades de dix-huit, ne pouvait rien contre le navire ennemi, mais le capitaine Tabuteau espérait l'intimider. La frégate anglaise, le *Valourous*, venant de Kazatch, se joignit à la *Mégère* et au *Dauphin*, et ces trois navires chassèrent les deux bâtiments russes. Ceux-ci virèrent de bord, échangèrent, en passant devant la baie Streleztka, des boulets avec les navires mouillés dans cette baie et rentrèrent dans le port. Il s'agissait moins de surprendre un de nos bâtiments d'avant-garde que d'une reconnaissance de nos positions, ainsi que le témoignaient les nombreuses vigies qui se tenaient dans la mâture du *Wladimir* et de la *Chersonèse*.

Le vice-amiral Hamelin fut élevé à la dignité d'amiral. C'était la récompense des services qu'il avait rendus depuis le commencement de cette campagne, avec une loyauté et un dévouement absolus. Il quitta la mer Noire, le 24 décembre, laissant le commandement de nos forces navales au vice-amiral Bruat. A la fin de l'année 1854, la pensée d'enlever Sébastopol par un coup de main avait disparu depuis longtemps. Les Russes ne se contentaient pas de défendre Sébastopol, ils nourrissaient l'espoir de battre l'armée assiégeante. Les gouvernements de la France et de l'Angleterre n'avaient pas choisi la presqu'île Chersonèse comme champ de bataille, mais la position des alliés était la conséquence forcée de l'échec de l'expédition de Crimée telle qu'elle avait été conçue. Le passé était loin et les récriminations inutiles; c'était le présent qu'il fallait envisager. Si les Russes se proposaient de nous jeter à la mer, et c'était le but qu'ils espéraient atteindre, le 5 novembre, nous avions la ferme volonté de rester dans nos positions et, d'autre part, de résoudre le problème qui était posé, c'est-à-dire de prendre Sébastopol. Ce n'était pas seulement un duel d'artillerie mais une lutte d'opiniâtreté qui se trouvait engagée entre la Russie et les alliés. L'empereur Nicolas, avec l'autorité que donne le pouvoir absolu, poussait, sans relâche, vers l'isthme de Pérékop, et, de là, vers Sébastopol, hommes, vivres et munitions. La France et l'Angleterre avaient à remplir les mêmes devoirs à l'égard de leurs armées. Si la Russie disposait de la voie de terre, la France et l'Angleterre avaient la voie de mer. En dehors de la capacité des généraux et de la vaillance des troupes, il s'agissait de savoir laquelle de ces deux routes serait la plus courte. Les circonstances donnaient à nos bâtiments une tâche difficile; il fallait, avec des navires à voiles, vaisseaux, frégates et corvettes, naviguer, en hiver, dans l'Archipel et dans la mer Noire. Notre marine militaire accomplit sa mission avec une activité et un dévouement que l'on doit signaler.

LIVRE IX

L'amiral sir Charles Napier entre dans la Baltique avec des forces imposantes. — Il est rejoint par l'escadre française que commande l'amiral Parseval-Deschènes. — Envoi dans la Baltique d'un corps expéditionnaire. — Prise de la forteresse de Bomarsund. — Part prise par la flotte combinée à cette opération. — Une division anglo-française attaque la ville de Pétrowpolowski, située à l'extrémité méridionale de la presqu'île du Kamtchatka. — Echec subi par les alliés. — Capture de deux bâtiments russes.

I

Aussitôt que la guerre fut imminente, on prit, à Paris et à Londres, la résolution d'agir dans la Baltique. Les escadres des amiraux Hamelin et Bruat ayant, toutes deux, leur destination, nous ne disposions d'aucune force navale. L'ordre fut donné d'armer une troisième escadre, placée sous les ordres du vice-amiral Parseval-Deschènes. Les Anglais avaient mis peu de hâte à transformer les vaisseaux à voile en vaisseaux à vapeur; l'apparition du *Napoléon* modifia complètement les idées de l'autre côté de la Manche. En 1852, quelques vaisseaux mixtes seulement figuraient dans les rangs de la flotte britannique, mais l'amirauté, qui s'était rendu compte des avantages que présentait ce genre de bâtiments, déploya la plus grande activité pour en augmenter le nombre. Aussi, l'amiral sir Charles Napier put-il, aussitôt que la guerre fut déclarée, arriver dans la Baltique avec treize vaisseaux mixtes et un même nombre de frégates ou corvettes à vapeur. La France n'était représentée que par un seul navire, le vaisseau à hélice l'*Austerlitz*, capitaine Laurencin.

Sir Charles Napier, lorsque la débâcle des glaces le permit, entra dans la Baltique, notifia le blocus de tous les ports russes ayant quelque importance et il établit des croisières afin de couper toute communication des ports russes entre eux et empêcher ainsi les navires de guerre qui se trouvaient dans ces différents ports de rallier Cronstadt. Des bâtiments de son escadre opérèrent des reconnaissances et quelques engagements, de peu d'importance d'ailleurs, eurent lieu. Deux navires, l'*Arrogant* et l'*Hécla*, croisant un peu au delà du cap Hangoë, dans le golfe de Finlande, canonnèrent une batterie russe qu'ils firent évacuer. Les Anglais descendirent à terre et, comme preuve de ce succès, rapportèrent une des pièces de la batterie à bord de l'*Arrogant*.

A quelques jours de là, les Anglais furent moins heureux. Deux vapeurs, le *Vultur* et l'*Odin*, croisant sur la côte est du golfe de Bothnie, envoyèrent des embarcations sur un point, nommé Gambe-Karlebys, où se trouvaient des chantiers de construction, pour sommer les autorités de leur livrer tout ce qui appartenait au gouvernement russe. L'officier chargé de cette mission, voyant sa demande accueillie par un refus, revint vers ses canots et il s'éloignait pour rallier les deux vapeurs lorsqu'une décharge de coups de fusil et de coups de canon de campagne tuèrent et blessèrent quelques-uns de ses hommes. L'*Odin* et le *Vultur*, étant retenus au large par leur tirant d'eau, neuf embarcations se dirigèrent, dans la soirée, vers la terre, pour venger cet échec. Les Russes avaient mis à profit le temps qui s'était écoulé depuis le premier engagement, et des troupes régulières, mandées en toute hâte, étaient arrivées; embusquées derrière des maisons, dans les conditions les plus favorables, elles se tenaient prêtes à repousser une nouvelle attaque. Parvenues à petite distance du rivage, les embarcations anglaises furent accueillies par un feu de mousqueterie très nourri et des coups de canon qui leur firent éprouver des pertes très sensibles.

Les Anglais ripostèrent et l'action s'engagea, mais après une heure d'un combat inégal, puisque leur feu ne pouvait atteindre un ennemi qu'ils ne voyaient pas, il fallut songer à la retraite. Les Anglais laissèrent, entre les mains des Russes, une chaloupe avec son équipage, et le canon qu'elle portait; ils avaient, en outre, quatre officiers et quelques hommes tués et de nombreux blessés. Ces pertes étaient hors de proportion avec le but poursuivi, qui consistait à détruire quelques approvisionnements. Les Anglais avaient vaillamment soutenu une lutte disproportionnée, mais on peut dire que cette petite expédition était complètement livrée au hasard, puisque les assaillants n'avaient aucune idée des forces que l'ennemi était en mesure de leur opposer. Les marins ne se préoccupent pas toujours de cette question quand ils tentent des opérations de ce genre, c'est pourquoi il est utile d'appeler l'attention sur ce point.

A Paris et à Londres, et surtout à Londres, on comptait que les forces navales de la France et de l'Angleterre, lorsqu'elles seraient réunies, se trouveraient en mesure de tenter quelque expédition de grande importance. On supposait même que nous pourrions prendre Cronstadt. L'amiral Napier mit le plus grand empressement à se renseigner sur la force de cette position, mais, après examen de la question, il considéra que cette opération, quel que fût son désir de l'entreprendre, devait être écartée. En faisant connaitre cette opinion à son gouvernement, il proposa d'attaquer les îles d'Aland.

La troisième escadre dont le gouvernement français avait décidé la formation, ainsi que nous l'avons dit plus haut, ne comprenait, à l'exception de trois bâtiments à vapeur, la frégate le *Daries* et les corvettes le *Lucifer* et le *Souffleur*, que des navires à voiles, savoir, les vaisseaux l'*Inflexible*, le *Duguesclin*, le *Tage*, l'*Hercule*, le *Jemmapes*, le *Breslaw*, le *Duperré*, le *Trident*, capitaines : Pironneau, Lacapelle, Fabvre, Larrieu, Du Parc, Bosse, Penaud et Maussion de Candé ; et les frégates, la *Sémillante*, l'*Andromaque*, la *Vengeance*, la *Poursuivante*, la *Virginie* et la *Zénobie*, capitaines Chiron du Brossay, Guillain, Bolle, Prudhomme de Borre, Séré de Rivières et Hérail. L'amiral Parseval-Deschênes prit la mer, le 20 avril, avec une escadre composée des bâtiments sortant du port ; pour que ceux ci fissent bonne figure à côté des navires anglais, il dut s'occuper, avec beaucoup d'attention, de l'instruction militaire. Les équipages, composés d'hommes de seconde levée, étaient des marins expérimentés, ce qui devait faciliter la tâche du commandant en chef appelé à faire, avec des navires à voiles, une navigation d'autant plus difficile que les Russes, aussitôt après la déclaration de guerre, avaient éteint les phares et enlevé les balises sur toute l'étendue de leurs côtes. En prévision des opérations que les circonstances pourraient permettre d'exécuter dans la mer Baltique, deux mille cinq cents hommes appartenant à l'infanterie et à l'artillerie de marine étaient embarqués sur l'escadre de l'amiral Parseval. Ce fut seulement au commencement du mois de juin que cet amiral opéra sa jonction avec sir Charles Napier, au mouillage de Baro-Sund, dans l'île de Gotland. L'amiral français fut immédiatement mis par son collègue au courant de la situation. Toutefois l'amiral Parseval désirant avoir une opinion personnelle sur les défenses de Cronstadt, il fut décidé qu'une nouvelle reconnaissance serait opérée.

Le 24 juin, dix-huit vaisseaux, douze anglais et six français, arrivaient sous l'île Seskaer et, à quelques jours de là, ils laissaient tomber l'ancre à sept milles des fortifications de Cronstadt. La flotte russe était mouillée à l'abri des forts; les vaisseaux en état de prendre la mer étaient au nombre de dix-huit, dix-sept vaisseaux à voiles et un vaisseau à hélice. Quoique le nombre des vaisseaux fût le même, de part et d'autre, la supériorité de notre côté était évidente. La flotte russe ne voulant pas accepter un combat qu'elle jugeait inégal, ne fit aucun mouvement. Une reconnaissance de Cronstadt, opérée par les deux amiraux, ne fit que confirmer l'opinion émise par sir Charles Napier. Nous ne disposions pas de moyens suffisants pour tenter une semblable entreprise. Les deux amiraux terminaient une note, rédigée après cette reconnaissance, en disant : « Qu'en un mot, constituée comme elle l'était, la flotte alliée ne pouvait rien tenter de décisif, et qu'une lutte contre les puissantes défenses de Cronstadt, entreprise dans de semblables conditions, compromettait sans résultats possibles le sort des bâtiments. »

La flotte combinée quitta son mouillage et se dirigea vers l'ouest. On revint au projet d'expédition contre les îles d'Aland, projet admis par l'Angleterre et que le cabinet des Tuileries venait d'accepter. Pour rendre plus prompte l'exécution de cette opération, il avait été décidé que des troupes seraient envoyées dans la Baltique. Un corps de dix mille hommes, commandé par le général Baraguey d'Hilliers, partit de Calais, le 22 juillet, sur des transports anglais et français. Les instructions ministérielles, annonçant le départ du général Baraguey d'Hilliers, déterminaient ainsi qu'il suit, le rôle de l'amiral Parseval : « Vous appuierez avec toutes vos forces navales les entreprises de débarquement qui vous seront demandées par le général Baraguey d'Hilliers. Vous aurez soin de vous concerter avec lui à cet égard ; et s'il lui appartient, selon les ordres qu'il aura reçus de l'Empereur, de fixer les lieux et les moments où devront s'effectuer ces débarquements, vous devez, à votre tour, sous votre responsabilité personnelle, demeurer juge de l'état de la mer et du temps, ainsi que des possibilités nautiques, afin d'apprécier si les débarquements peuvent s'accomplir sans compromettre le salut de vos vaisseaux, ou l'existence de vos équipages, qui doivent toujours être maintenus en situation de se présenter devant l'ennemi pour provoquer ou pour accepter le combat. »

En attendant l'arrivée des troupes, la marine prit toutes les dispositions qui étaient de son ressort. Les amiraux Parseval et Napier se rendirent au mouillage de Ledsund, dans le sud-ouest des îles d'Aland. Ces îles, situées à l'entrée du golfe de Bothnie, forment un groupe d'une très grande étendue, allant jusqu'à la côte de Suède. Depuis quelque temps déjà, des bâtiments croisaient pour empêcher toute communication entre ces îles et la Finlande. Les îles d'Aland, si elles étaient le siège d'un grand établissement maritime et militaire, joueraient, dans la Baltique, un rôle beaucoup plus important que Sveaborg et Cronstadt. En 1854, la défense de cet archipel n'était représentée que par la forteresse de Bomarsund, élevée sur la plus considérable des îles, l'île d'Aland proprement dite. Cette citadelle, assise sur le bord de la mer, dans la baie de Lumpar, était soutenue par deux tours, la première dans le nord-est et la seconde dans le sud-ouest ; chacune de ces tours, placées sur des hauteurs, était distante de neuf cents mètres du fort principal. Une troisième tour, établie sur l'île de Presto, commandait le passage entre cette île et l'île d'Aland ; la tour de Presto croisait son feu avec la tour du nord-est. Le fort de Bomarsund présentait, du côté de la mer, cent huit embrasures et chacune des tours quatorze ; la forteresse et les tours, construites en granit du pays, étaient à deux étages et casematées. Le total des troupes, occupant le fort principal et ses annexes, était de deux mille cinq cents hommes, placés sous les ordres du général Bodisio.

Le chenal, qui conduisait du mouillage de Ledsund à la baie de Lumpar, était commandé par le feu de l'ennemi ; on trouva une autre passe dont les Russes, la regardant comme impraticable, ne s'étaient pas préoccupés. En la suivant, on arrivait en vue de la forteresse, sans être exposé à son feu. Le chenal étroit, sinueux, parsemé de roches, fut sondé et balisé; on poursuivit ce travail, de jour et de nuit, sous le feu des tirailleurs finlandais. La marine ne voulait négliger aucun moyen de prendre part à l'attaque de Bomarsund. Le 5 août, tous les bâtiments qui portaient les troupes et le matériel étaient réunis à Ledsund. Le 8 août, le débarquement des troupes eut lieu sous la protection de deux vaisseaux, un français, le *Duperré*, et un anglais, l'*Edimburg*. Aussitôt que l'armée eut investi la place, le génie commença ses travaux.

Les efforts des amiraux pour trouver une passe ayant été, ainsi que nous l'avons dit, couronnés de succès. quatre vaisseaux français et un même nombre de vaisseaux anglais, auxquels furent adjoints les bâtiments à vapeur des deux nations, ayant le plus fort armement, purent être mis en position de coopérer à l'attaque de Bomarsund. La frégate à vapeur anglaise, la *Pénélope*, se dirigeant sur la baie de Lumpar, s'échoua à portée de canon de la citadelle. Les Russes dirigèrent un feu très vif sur cette frégate dont la position était fort critique; mais immédiatement secourue par le vapeur anglais l'*Hécla* et de nombreuses embarcations appartenant aux deux escadres, elle se déséchoua rapidement et s'éloigna. Les deux navires anglais avaient quelques hommes tués et blessés et des avaries de peu d'importance. Un matelot français avait été frappé mortellement dans la chaloupe du *Duperré*, commandée par l'enseigne de vaisseau Caubet. Le mal eût été plus grand si le tir des Russes n'avait pas, au début, manqué de précision. Les deux escadres, surmontant de grandes difficultés, débarquèrent des canons de trente et établirent des batteries dont le feu, joint à celui de l'artillerie de terre, amena la reddition des deux tours qui défendaient les approches du fort principal.

Le 15 août, les batteries de siège, les huit vaisseaux et les frégates à vapeur ouvrirent, au même moment, le feu sur Bomarsund. « Nous dirigeâmes, écrivit l'amiral Parseval, le feu de nos plus forts calibres sur les murailles de granit de la forteresse de Bomarsund, et nous ne tardâmes pas à être agréablement surpris de ce tir à longue portée. » Les vaisseaux de quatre-vingts, le *Trident* et le *Duperré*, et les frégates à vapeur l'*Asmodée* et le *Darien*, capitaines Edouard Penaud, Maussion de Candé, Lagarde Chambonas et Didelot, étaient à environ deux mille mètres de la forteresse. Les vaisseaux de quatre-vingt-dix, l'*Inflexible* et le *Tage*, capitaines Pironneau et Fabre, avaient pris position un peu en arrière. A la chute du jour, le combat cessa. Lorsque la nuit fut venue, l'amiral Parseval, voulant couper toute communication entre Bomarsund et la tour de Presto, et compléter ainsi l'investissement de la place par mer, réunit les compagnies de débarquement de quatre vaisseaux, qui furent placées sous les ordres du capitaine de frégate Lanthéaume, cinq cents hommes d'infanterie de marine, commandés par le lieutenant-colonel de Vassoigne, et cent quatre-vingts soldats de marine anglais, mis à sa disposition par l'amiral Napier. Ce détachement s'établit sur l'île de Presto. Le fort de Bomarsund se trouvait complètement isolé et la dernière chance de retraite qui restait à la garnison lui était enlevée. Le lendemain, le feu des batteries de terre et des bâtiments français et anglais reprit avec vigueur ; le tir de l'ennemi allait en faiblissant et, vers midi, le pavillon parlementaire apparut. Les amiraux donnèrent immédiatement l'ordre de cesser le feu.

Le capitaine de frégate de Surville, aide de camp de l'amiral de Parseval, et le capitaine de vaisseau Hall, du Bull Dog, descendirent à terre. D'après leurs instructions, ils ne devaient accepter qu'une capitulation pure et simple. Arrivés à l'entrée du fort, les deux officiers de marine et un officier de l'armée, envoyé par le général Baraguey d'Hilliers, se trouvèrent en présence d'une situation à laquelle ils ne devaient pas s'attendre. La garnison n'obéissait plus à ses chefs ; parmi les soldats, les uns voulaient se rendre, tandis que les autres demandaient à continuer la défense et menaçaient même de faire sauter la forteresse. La vie des parlementaires et des officiers russes qui les entouraient pour les défendre, fut un moment en danger ; cependant le tumulte finit par s'apaiser et le général Bodisio se rendit à discrétion. L'amiral Parseval écrivait, dès le lendemain, au ministre : « A peine avions-nous recommencé le feu des escadres à grande portée pour favoriser les travaux de l'armée, que le drapeau parlementaire nous apparut à plusieurs reprises ; j'ai aussitôt expédié M. de Surville, mon aide de camp, qui, suivi d'un capitaine de vaisseau anglais, est entré le premier dans le fort, où il a reçu la déclaration du gouverneur qu'il se rendait à l'amiral français. » Si la forteresse n'avait pas capitulé le 16, elle eut été écrasée le lendemain par le feu des vaisseaux uni à celui de l'artillerie de terre ; celle-ci devait mettre en ligne, le 17, des nouvelles batteries qui n'étaient pas complètement achevées le 16. Bomarsund, dont l'armement total comprenait cent quatre-vingts bouches à feu, renfermait, en outre, des approvisionnements considérables. Les prisonniers, répartis, en nombre égal, entre les alliés, furent conduits, le jour même, à Ledsund, d'où ils partirent pour la France et l'Angleterre. La capitulation de Bomarsund amena la reddition de la tour de Presto.

Les généraux et les amiraux se réunirent en conseil pour examiner ce qu'il convenait de faire de notre conquête. Les généraux du génie déclarèrent que le temps manquait pour remettre la forteresse en état avant la mauvaise saison. Si on admettait que ce résultat pût être obtenu, la mer, entre Abo et la Suède, n'étant plus, pendant l'hiver, qu'un champ de glace, pouvant porter les poids les plus lourds, la forteresse serait sans nul doute assiégée, et, quel que fût le courage de ses défenseurs, elle succomberait. Si on laissait des bâtiments, ceux-ci, immobiles au milieu des glaces, seraient plus exposés que la forteresse, puisqu'ils offriraient moins de résistance aux coups de l'ennemi ; dans tous les cas, il serait impossible de les ravitailler. Le résultat de la délibération fut envoyé à Paris et à Londres.

L'amiral Parseval et le général Baraguey d'Hilliers s'embarquèrent sur le *Phlégéton*, pour reconnaître trois points, Revel, Sweaborg et Hangoë : Revel était une place de commerce, autour de laquelle campaient des troupes dont le nombre, disaient les rapports des croiseurs, augmentait chaque jour. Dans ces conditions, nous ne disposions pas de forces suffisantes pour tenter un débarquement ; d'autre part, le gouvernement français défendait d'une manière absolue d'attaquer les places de commerce. Les passes fort étroites qui, du large, conduisent à Sweaborg, rendaient impossible le développement d'une ligue d'embossage, et alors même que ces passes eussent été plus larges, la nature du fond n'eut pas permis à des vaisseaux de s'approcher à une distance suffisante pour que leur tir fût efficace. Sans une flottille de bombardes et de canonnières, on ne pouvait rien contre Sweaborg. Le *Phlégéton* parut alors devant la presqu'île d'Hangoë. Le corps expéditionnaire pouvait débarquer sur une langue de sable, sans que l'ennemi pût l'inquiéter; d'autre part, la flotte trouvait l'espace nécessaire pour se développer et des fonds lui permettant de s'approcher assez près pour battre, dans de bonnes conditions, les forts et les batteries qui défendaient la rade. Cette opération offrait des chances presque certaines de succès. Les Russes partageaient probablement cette opinion; supposant que la présence du *Phlégéton* était l'annonce d'une attaque prochaine, ils firent sauter les fortifications de la presqu'île d'Hangoë. Les propositions des généraux et des amiraux, concluant à l'impossibilité de conserver Bomarsund, ayant été approuvées à Paris et à Londres, les alliés procédèrent, le 2 septembre, à la destruction de cette forteresse.

Le choléra faisait des victimes sur la flotte et dans l'armée. Aucune entreprise nouvelle ne devant être tentée, il fut décidé que les troupes seraient immédiatement renvoyées en France. Les navires sur lesquels elles furent embarquées partirent isolément pour leur destination, chacun d'eux prenant la mer aussitôt qu'il était en mesure d'appareiller. A la fin de septembre, l'amiral Parseval quittait la mer Baltique avec son vaisseau l'*Inflexible*, l'*Austerlitz* et la frégate à vapeur le *Darien*. Il rentrait en France après une campagne qu'il avait conduite, en toutes circonstances, avec distinction, et dans laquelle il s'était montré un habile chef d'escadre. La navigation de la mer Baltique exige, en temps de paix, pour des vaisseaux à voiles, la plus grande attention; avec la suppression des phares et l'enlèvement des balises indiquant les dangers, cette navigation présentait de sérieuses difficultés. Néanmoins notre escadre avait rempli sa mission avec une sûreté qui faisait honneur à son chef, et aux capitaines, officiers et équipages placés sous ses ordres. Grand-croix de la Légion d'honneur après la prise de Bomarsund, l'amiral Parseval fut élevé, le 2 décembre, à la dignité d'amiral. Cette dernière récompense ne s'adressait pas seulement au chef de l'escadre de la Baltique, c'était le couronnement d'une longue carrière, commencée à bord du *Bucentaure*, vaisseau sur lequel il avait assisté, en qualité de volontaire, à la bataille de Trafalgar.

Au début de la campagne, on supposait que les forces imposantes, réunies dans la mer Baltique, permettraient aux alliés de frapper quelque coup retentissant. Cette espérance ne reposait sur aucune base, puisque nous n'avions pas de renseignements précis sur les différents points que les gouvernements de France et d'Angleterre regardaient comme pouvant être attaqués avec succès. La campagne maritime avait été ce qu'elle devait être. La flotte combinée avait pris possession de la mer Baltique, bloquant les ports et interrompant le commerce de l'ennemi; n'ayant, comme force principale, que des navires à grand tirant d'eau, ne disposant ni de canonnières ni de bombardes, elle ne pouvait faire davantage.

La prise de Bomarsund qui, d'ailleurs, avait nécessité l'envoi d'un corps expéditionnaire, était un fait de guerre peu important, puisque nous avions reconnu l'impossibilité de conserver cette position. La perte de Bomarsund et la destruction des fortifications d'Hangoë n'avaient eu d'autre résultat que de porter atteinte au prestige de la Russie, sans nous procurer aucun avantage. Quant au dommage matériel, il était, en ce qui concerne Bomarsund, peu considérable ; les artilleurs de terre et de mer, qui avaient canonné cette forteresse, la considéraient, quoique construite en granit, comme offrant peu de solidité.

Au moment où Bomarsund capitulait, les nouvelles venant de la mer Noire étaient loin d'être satisfaisantes ; c'était alors que le choléra sévissait avec violence dans les rangs de l'armée et sur la flotte. Non seulement nos soldats n'avaient pas encore combattu, mais on se demandait, depuis que les Russes avaient levé le siège de Silistrie, ce que pourraient faire le maréchal de Saint-Arnaud et lord Raglan. Etant donnée cette situation, la prise de Bomarsund et l'arrivée de prisonniers russes produisirent en France et en Angleterre un très heureux effet sur l'opinion.

II

Lorsque les alliés déclaraient la guerre à la Russie, le contre-amiral Poutiatine se trouvait dans les mers de Chine et du Japon avec les frégates la *Pallas*, de soixante, l'*Aurora*, de quarante-quatre, et la corvette, de douze, *Dwina*. Les chefs des stations navales de la France et de l'Angleterre, dans l'Océan Pacifique, les contre-amiraux Febvrier-Despointes et Price, reçurent, en même temps que la nouvelle officielle de la déclaration de guerre, l'ordre de poursuivre les bâtiments du contre-amiral Poutiatine. La division française comprenait la frégate amirale, la *Forte*, de soixante, les corvettes de trente, l'*Eurydice* et l'*Arthémise*, et le brick l'*Obligado*. L'amiral Price avait, sous ses ordres, les frégates de cinquante, le *Président*, qu'il montait, et la *Pique*, la corvette l'*Amphitrite*, le brick le *Trincomale* et un aviso à vapeur la *Virago*.

Le contre-amiral Poutiatine, au lieu de tenir la mer avec les deux frégates et la corvette, crut qu'il servirait plus utilement les intérêts de son pays en employant les forces, placées sous son commandement, à la défense des établissements russes nouvellement créés sur le fleuve Amour et au Kamtchatka, établissements qui n'étaient pourvus que de faibles garnisons. En conséquence, il fit remonter la *Pallas*, dans l'Amour, assez haut pour qu'elle fût hors de toute atteinte; l'équipage de cette frégate se joignit aux troupes chargées de protéger le littoral. L'*Aurora* et la *Dwina* furent envoyées à Petrovpolowski, ville située sur la côte orientale de la presqu'île du Kamtchatka, pour défendre cette position contre une attaque que l'amiral russe prévoyait.

La division anglo-française, après avoir détaché l'*Arthémise*, l'*Amphitrite* et le *Trincomale*, pour protéger le commerce des alliés sur les côtes de Californie, se mit à la recherche des navires russes; elle ne tarda pas à apprendre où elle pourrait les trouver. Le 28 août, les alliés reconnaissaient les côtes du Kamtchatka et, le lendemain, ils paraissaient devant la baie d'Avalska, au fond de laquelle se trouve la ville de Petropovlowski.

Depuis que la nouvelle de la déclaration de guerre leur était parvenue, les Russes avaient déployé la plus grande activité pour augmenter les défenses de la rade. A un fort, qui existait avant l'ouverture des hostilités, ils avaient ajouté de nombreux ouvrages, bien construits et placés dans des positions habilement choisies. La frégate l'*Aurora* était embossée derrière une langue de sable, sous la protection de batteries qu'il fallait d'abord réduire pour l'atteindre. La position était plus forte que ne le supposaient les amiraux Febvrier-Despointes et Price.

Les bâtiments alliés furent accueillis à coups de canon, auxquels ils ripostèrent immédiatement, mais cet échange de boulets, à grande distance, ne pouvait pas avoir de résultat. Le 30, les bâtiments s'étaient rapprochés et l'action s'engageait lorsque l'amiral Febvrier-Despointes fut prévenu de la mort subite de l'amiral Price. Le combat fut interrompu et remis au lendemain, d'accord avec le capitaine de vaisseau Nicholson qui, par droit d'ancienneté de grade, prenait le commandement des forces anglaises. Le 31 août, à huit heures du matin, les frégates la *Forte*, le *Président* et la *Pique*, conduites à leur poste par l'aviso à vapeur la *Virago*, ouvrirent le feu sur les premières batteries qui se présentaient en s'avançant vers le fond de la baie ; elles étaient au nombre de trois, la première avait, comme armement, trois pièces, la seconde, cinq, et la troisième, onze ; cette dernière était une batterie rasante. La batterie de trois pièces ayant été promptement mise hors d'état de continuer le feu, des soldats de marine anglais et des matelots des deux nations descendirent à terre, enclouèrent les pièces, renversèrent les épaulements, brisèrent les affûts et les plate-formes et retournèrent à leurs embarcations, après avoir eu un engagement assez vif avec un détachement ennemi d'environ deux cents hommes. Lorsque la batterie, armée de cinq canons, eut été réduite au silence, les frégates prirent une position qui les rapprochait de la batterie rasante ; celle-ci, ayant eu ses pièces successivement démontées par le tir habilement dirigé des frégates, fut abandonnée. La *Forte* seule comptait des hommes atteints par le feu de l'ennemi, mais les trois frégates avaient reçu des boulets dans la coque et le gréement. Pendant que les alliés réparaient leurs avaries, les Russes travaillaient avec beaucoup d'activité à remettre leurs batteries en état.

On avait trouvé sur la côte, des matelots américains, déserteurs de navires baleiniers. Ces hommes, interrogés, donnèrent des renseignements concernant des batteries qui ne pouvaient être aperçues du large, les abords de la ville de Petrovpolowski et la force de la garnison. Ces informations, quoique puisées à une source, qui n'était pas très sûre, firent naître la pensée d'un débarquement. Si nous nous rendions maîtres de Petrovpolowski, après avoir battu la garnison, les batteries, prises à revers, tombaient, et le résultat poursuivi par les alliés était obtenu. Cela était certain, mais il s'agissait de savoir si nous disposions de forces suffisantes pour exécuter ce projet. Les principaux officiers, réunis en conseil, délibérèrent sur cette question. Les avis furent partagés, mais l'opinion favorable au débarquement l'emporta ; l'attaque devait être dirigée contre le nord de la ville. Il fut décidé que sept cents hommes, comprenant les soldats de marine des bâtiments anglais et des matelots des deux nations formeraient le corps de débarquement. Le capitaine de vaisseau de la Grandière, de l'*Eurydice*, et le capitaine de vaisseau *Burridge*, commanderaient, le premier les Français et le second les Anglais.

Le 4 septembre, la *Forte*, le *Président* et la *Virago* prirent position à quelques encâblures du point choisi pour le débarquement. Deux batteries, une de cinq pièces et l'autre de sept, furent canonnées et réduites au silence, non toutefois sans qu'elles eussent fait des avaries à nos bâtiments ; le mât de misaine et le grand mât de la *Forte* avaient reçu des boulets. Le débarquement s'effectua au pied d'une colline boisée, au sommet de laquelle on apercevait les Russes en nombre et occupant une bonne position. Tout espoir de surprendre l'ennemi disparaissait. Un détachement, se portant rapidement sur les deux batteries qui avaient été abandonnées, les mit hors de service et rejoignit la colonne ; celle-ci était en marche, le centre appuyé, à droite, par des matelots d'élite de la *Forte* et, à gauche, par les soldats anglais. Les hommes s'avançaient à travers de hautes herbes et des broussailles, ce qui nuisait à la rapidité et à la régularité de la marche et rendait plus difficile l'exercice du commandement. Le combat s'engagea et l'ennemi fut contraint d'abandonner sa position.

Un effort vigoureux nous avait conduits au sommet de la colline, mais, arrivé là, le petit corps expéditionnaire se trouva devant des fourrés épars d'où partait un feu très vif qui nous fit subir très rapidement des pertes sensibles ; peu après, la fusillade éclata sur les flancs de la colonne. Il fallait se battre contre un ennemi qui, mettant à profit sa connaissance du pays, restait à peu près invisible. Les deux chefs de l'expédition demeurèrent alors convaincus de l'inexactitude des renseignements d'après lesquels on avait fait le plan de cette opération, et ils estimèrent que persister dans cette entreprise, c'était compromettre la colonne tout entière. En conséquence les capitaines de vaisseau de la Grandière et Burridge ramenèrent leurs hommes sur le bord de la mer, perdant encore du monde pendant le trajet. Néanmoins le rembarquement eut lieu sans difficulté. Les pertes étaient considérables ; sur les sept cents hommes, descendus à terre, deux cent huit, cent un Français et cent sept Anglais, étaient tués ou blessés. Les lieutenants de vaisseau Bourasset et Lefebvre et le capitaine Parker, qui commandait les soldats anglais, étaient au nombre des morts ; les enseignes Journel et Delaplanche et quatre officiers anglais figuraient parmi les blessés.

Les alliés, en arrivant devant la baie d'Avatska, trouvèrent la position, qu'ils venaient attaquer, dans un état de défense auquel ils ne s'attendaient pas. Nos moyens d'action ne comprenant que trois frégates, une de soixante et deux de cinquante, et un aviso à vapeur, étaient évidemment un peu faibles. Cependant le combat d'artillerie du 31 août tournait complètement à notre avantage, puisque les trois batteries attaquées étaient réduites au silence. Mais il était facile de voir que l'ennemi disposait, au point de vue du personnel et du matériel, de ressources que nous ne lui supposions pas. Dès que le feu cessa, les Russes travaillèrent à rétablir leurs batteries ; quant aux avaries des frégates, elles ne pouvaient pas être considérées comme ayant beaucoup d'importance. Au lieu de recommencer le feu, le lendemain, et de juger, d'après les résultats, s'il fallait persévérer dans une voie qui nous avait été favorable, ou prendre un autre parti, on se décida pour un débarquement. Le plan de cette opération fut établi sur la foi de renseignements qui méritaient évidemment peu de confiance. La descente eut lieu au pied d'une colline couverte de hautes herbes et de broussailles ; à peine en marche, la colonne cessa d'être sous la protection des frégates. Les Russes, que l'on comptait surprendre, nous attendaient, et il fallut gravir la colline sous le feu de l'ennemi. Arrivé au sommet, le corps expéditionnaire fut accueilli par une fusillade très vive, partant de fourrés épars, derrière lesquels étaient embusqués les Russes qui avaient eu tout le loisir de choisir leurs positions. La partie était mal engagée et les deux chefs de l'expédition estimèrent que la retraite s'imposait.

On doit reconnaître que des bâtiments, croisant sur une côte ennemie, sont souvent dans l'impossibilité d'avoir des renseignements précis sur les forces que l'adversaire peut opposer à leurs compagnies de débarquement. Sur un terrain plat, découvert, se prolongeant du bord de la mer vers l'intérieur et aboutissant non loin du point qu'il s'agit d'attaquer, on peut, en cas d'insuccès, revenir promptement dans la zone de protection des bâtiments. Il n'en est pas de même lorsque les hommes débarqués doivent quitter le bord de la plage pour s'engager dans un pays accidenté. Il est facile de comprendre que, dans le premier cas, on peut oser davantage que dans le second. L'audace et l'esprit d'entreprise sont des qualités essentiellement militaires, mais, s'il s'agit de tenter quelque action énergique, il faut que le plan repose sur des éléments offrant des chances de succès. Dans l'expédition de Petropolowski, on ne voit pas que le commandement ait été à la hauteur de sa tâche. Les opérations sont conduites sans méthode, et c'est le hasard qui semble tout diriger. L'expédition est à peine commencée qu'elle échoue dans les conditions malheureuses que nous avons indiquées. Toutefois, l'honneur est sauf, les soldats anglais et les marins des deux nations se battent avec vaillance et les officiers paient bravement de leurs personnes.

La division anglo-française appareilla, le 7 septembre ; elle eut la bonne fortune de capturer la goélette l'*Anadyr* et le transport de huit cents tonneaux, le *Sitka*. Ces deux bâtiments portaient des vivres, des munitions et des approvisionnements ; cette perte dut porter un coup sensible aux troupes qui occupaient Petrovpolowski. La *Forte* fit route pour la côte du Pérou. Le contre-amiral Febvrier-Despointes, qui était dans un très mauvais état de santé, mourut avant l'arrivée de la frégate au Callao.

LIVRE X

Notification du blocus des ports russes de la mer Noire. — Attaque d'Eupatoria. — Le *Véloce* et le *Henri IV*. — Naufrage de la *Sémillante*. — Reprise des opérations militaires. — Développement pris par les batteries de la marine. — Les navires alliés effectuent des tirs de nuit contre le front de mer de Sébastopol. — Les amiraux Bruat et Lyons se dirigent sur Kertch. — Ils sont rappelés. — Départ d'une nouvelle expédition. — Débarquement des alliés. — Les Russes détruisent les fortifications de Kertch et d'Iéni-Kalé. — Expédition de la mer d'Azoff. — Destruction des approvisionnements destinés à l'armée russe. — Abandon d'Anapa et de Soudjak-Kalé. — Retour des amiraux Bruat et Lyons à Kamiesh. — Affaires des 8 et 18 juin. — Mort de lord Raglan. — Bataille de Traktir. — Prise de Malakoff. — Les Russes évacuent Sébastopol et se retirent près des forts du Nord. — Les marins débarqués quittent le camp. — Le vice-amiral Bruat est nommé amiral. — La flottille de la mer d'Azoff. — Ses opérations.

I

Au commencement du mois de janvier 1855, les amiraux notifièrent le blocus, à partir du 1er février, des ports russes de la mer Noire, Odessa, Kaffa, Kertch et Soudjak, c'est-à-dire des ports autres que ceux occupés par les alliés. Le 16 de ce mois, les Russes, profitant d'une nuit obscure, attaquèrent Eupatoria avec des forces considérables et une nombreuse artillerie. Omerpacha, qui se trouvait dans la place, rendit vaine la tentative de l'ennemi. Les batteries de la marine, établies avec des canons du *Henri IV* et servies par des marins de ce vaisseau, sous le commandement du lieutenant de vaisseau de Las Cases, prirent une part très active à la défense. « Je crois de mon devoir, écrivit Omer-pacha dans son rapport, de faire une mention honorable d'un détachement français qui est ici, et des vaisseaux de guerre *Curaçao*, *Furious*, *Valorous*, *Viper*, ainsi que de l'énergique coopération du vapeur français le *Véloce*, qui tous ont puissamment contribué à déjouer les efforts de l'ennemi. »

Les premiers mois de l'année 1855 imposèrent aux soldats campés sur le plateau de Chersonèse des épreuves qu'ils supportèrent vaillamment. L'armée passa l'hiver sous la tente et dans les tranchées, tandis que la marine tenait la mer pour subvenir à tous ses besoins. Un malheureux événement montra que la lutte, soutenue par la flotte contre les éléments, n'était pas sans danger.

La frégate de premier rang, la *Sémillante*, armée en transport, était, au commencement de février, sur la rade de Toulon, embarquant des troupes et du matériel à destination de la Crimée. Le 14 février, cette double opération était à peine terminée, lorsque le commandant de la *Sémillante*, le capitaine de frégate Jugan, reçut du préfet maritime l'ordre d'appareiller. Il ventait une brise du nord-ouest modérée, mais la baisse rapide du baromètre, qui était descendu à 730 millimètres, annonçait un coup de vent. Dans la nuit du 14 au 15, le vent souffla en tempête ; sur la rade de Toulon, des navires cassèrent leurs chaînes, d'autres chassèrent sur leurs corps morts. Quelques jours s'écoulèrent et on apprit que des objets d'équipement militaire et des vêtements de marin avaient été vus près de l'îlot Lavezzi, situé à l'entrée ouest des bouches de Bonifacio. Des recherches furent faites par les soins de l'autorité maritime, de la douane et du commandant de la place de Bonifacio. On ne tarda pas à acquérir la certitude que la frégate la *Sémillante* s'était perdue corps et bien sur la pointe sud de l'îlot Lavezzi. Pas un marin, pas un soldat passager n'avait échappé à la mort ; personne ne pouvait raconter les péripéties de cette catastrophe.

L'aviso l'*Averne*, commandé par le lieutenant de vaisseau Bourbeau, fut chargé de recueillir tous les renseignements relatifs à la perte de la *Sémillante*. Le capitaine de l'*Averne* adressait, le 2 mars, au préfet maritime de Toulon, un rapport auquel nous empruntons les passages suivants : « Le spectacle que présente cette côte est navrant et donne une terrible idée de la furie de l'ouragan qui a pu briser en morceaux aussi menus un bâtiment de cette force, porter à des hauteurs considérables quelques tronçons de ses mâts, et prendre des quartiers du navire pour les éparpiller à plusieurs encâblures de distance, en les faisant passer par-dessus des pointes de rochers élevés de plusieurs mètres au-dessus du niveau de la mer. Dans la journée du 15 février, disait le capitaine de l'*Averne*, un ouragan de la partie de l'ouest-sud-ouest, comme les vieux marins du pays ne se souviennent pas d'en avoir jamais vu, a éclaté dans les bouches de Bonifacio, et a duré de cinq heures du matin jusqu'à minuit, presque constamment avec la même violence. Vous aurez une idée exacte de cette tourmente, amiral, lorsque vous saurez que l'embrun passait par-dessus la falaise élevée sur laquelle est bâtie la ville de Bonifacio et venait se déverser dans le port. »

Le 13 mars, le lieutenant de vaisseau Bourbeau écrivait au préfet maritime : « Conformément à vos ordres, je me suis rendu en Sardaigne, à Longo-Sardo et à la Madeleine, pour essayer d'y recueillir quelques renseignements sur l'épouvantable naufrage qui est venu affliger la marine impériale. Partout, en Sardaigne comme en Corse, je trouve beaucoup de suppositions, mais de faits certains presque nulle part. Tout le monde est d'accord sur la furie sans exemple de l'ouragan du 15 février qui, dans ces parages, a occasionné partout les plus grands dégâts, enlevé les toitures des maisons, arraché des arbres séculaires, et qui ne permettait aux personnes forcées de sortir de chez elles de le faire qu'en rampant. Cet ouragan soufflait de l'ouest-sud-ouest ; les bouches de Bonifacio ne présentaient plus qu'un immense brisant où l'on ne pouvait rien distinguer ; il n'y avait plus ni passes ni rochers ; de nuit comme de jour, il était impossible de s'y reconnaître. La mer était tellement déchaînée et l'embrun si épais et si élevé, que la *Sémillante* devait en être couverte à une grande hauteur, et inondée, sans que personne à bord pût distinguer le bout du beaupré. Le chef du phare de la Testa m'a déclaré que le 15 février, vers onze heures du matin, une frégate dont il ne comprenait pas bien la manœuvre, ce qui lui fait supposer qu'elle avait des avaries dans son gouvernail, venait, à sec de toile, de la partie du nord-ouest, se dirigeant sur la plage de Reina-Maggiore, près du cap de la Testa, où il pensait qu'elle allait se briser, lorsqu'il l'a vue hisser sa trinquette et venir sur bâbord en donnant dans les bouches de Bonifacio, où l'horizon était tel qu'il l'eut bientôt perdue de vue. Sous le rapport de l'heure, cette déclaration se rapproche de celle qui m'a été faite par le berger de Lavezzi, et, à elles deux, elles auraient une certaine valeur, qui tendrait à fixer le moment du sinistre au 15 février, vers midi. La mer était si forte que les glaces du phare de la Testa étaient couvertes d'une forte couche de sel. Il en était de même à Razzoli. »

Le capitaine de l'*Averne* terminait ainsi ce second rapport: « Je ne crois pas devoir manquer de vous signaler un fait qui, bien certainement, ne vous aura pas échappé, fait bien simple en lui-même, l'accomplissement d'un devoir sacré, mais qui n'en est pas moins honorable pour l'infortuné capitaine Jugan et pour le corps de la marine impériale. Seul, sur deux cent cinquante cadavres ensevelis jusqu'à ce moment, le corps du capitaine Jugan a été trouvé à peu près intact et parfaitement reconnaissable; cet état de préservation était dû au paletot d'uniforme dans lequel il a été trouvé encore entièrement boutonné. Tous les autres cadavres étaient nus en grande partie. La mort a donc trouvé ce brave et infortuné capitaine faisant courageusement son devoir, et luttant jusqu'au dernier moment pour les autres, sans songer à lui-même. »

On ouvrit, sur l'îlot Lavezzi, deux cimetières dans lesquels les corps retrouvés furent inhumés. A quelque temps de là, les ministères de la guerre et de la marine firent élever un monument commémoratif sur le point le plus élevé de l'îlot sur lequel s'était brisée la *Sémillante*.

Il semble résulter des renseignements recueillis par le capitaine de l'*Averne*, que la *Sémillante*, partie le 14 février de Toulon, a été assaillie dans la nuit ou au plus tard le 15, au point du jour, par un coup de vent d'une violence exceptionnelle. Le vent qui soufflait de l'ouest-sud-ouest et la mer portaient la frégate à la côte. Ne pouvant tenir la cape, le capitaine Jugan tenta la seule chance de salut qui lui restait; il laissa arriver et donna dans les bouches de Bonifacio. Celles-ci, suivant le témoignage du gardien du phare de la Testa, ne formaient qu'un brisant. Le rapport du capitaine de l'*Averne* dit que tous les corps retrouvés étaient nus. On doit donc croire que le commandant de la *Sémillante*, connaissant très bien le danger qu'il courait, puisque, ne voyant rien, il ne pouvait diriger son navire, avait prescrit aux marins et aux soldats de retirer leurs vêtements, voulant ainsi leur donner plus de facilité pour gagner la terre à la nage, si la frégate, qui naviguait à peu près au hasard, se jetait sur un point quelconque de la côte de Corse ou de la Sardaigne. Tel est, autant qu'on peut le supposer, le rôle du capitaine de frégate Jugan. Mais à côté de la responsabilité, incombant au commandant de la *Sémillante*, deux autres responsabilités apparaissent, celle du ministre et celle du préfet maritime, surtout, dirons-nous, celle de ce dernier.

A Paris, le départ d'un navire qui a reçu une mission, tend à ne devenir qu'une simple question administrative; les considérations maritimes n'existent plus. Si la mission est pressée, l'autorité, placée à la tête du port, reçoit de nombreuses dépêches lui prescrivant d'expédier le dit navire le plus promptement possible. Trop souvent, cette autorité, au lieu de résister énergiquement à une hâte non justifiée, se laisse aller au même courant d'idées que Paris. Or, en ce qui concerne les armements, s'il est nécessaire de faire vite, il est encore plus nécessaire de faire bien. Quant à la question du départ, elle est surtout du ressort du préfet maritime; lui seul peut savoir si le navire est bien dans les conditions voulues pour prendre la mer, et, d'autre part, si le temps lui permet d'appareiller.

La *Sémillante* avait un matériel encombrant dont une partie était sur le pont, ce qui devait rendre la manœuvre difficile. Ce matériel, elle n'avait pas eu le temps de le fixer solidement; enfin la baisse du baromètre annonçait un coup de vent et il ne pouvait exister aucun doute à cet égard. Dans ces conditions, le préfet, en donnant à la *Sémillante* l'ordre d'appareiller, commettait une faute dont on a vu les malheureuses conséquences. La France perdit, outre la frégate, ne représentant qu'un dommage matériel, près de quatre cents soldats et trois cents marins. En considérant les circonstances dans lesquelles se produisit ce naufrage, on doit reconnaître que peu d'événements de mer offrent ce sombre caractère.

Nous avons vu que, pendant le cours de la guerre de l'indépendance américaine, le commandant de la marine, au port de Brest, cédant aux injonctions pressantes du ministre, avait donné l'ordre de prendre la mer à un vaisseau de soixante-quatorze, qui n'était pas resté, sur la rade, un nombre de jours suffisant pour mettre son équipage en mesure de rencontrer l'ennemi. Le vaisseau français, à peine à la mer, ayant eu à combattre un vaisseau de quatre-vingts, fut pris. Il avait fait des pertes sensibles et était très endommagé; quant à l'efficacité de sa défense, elle avait été nulle. Tel est, au point de vue de la navigation et du combat, le résultat de cette hâte à mettre dehors des navires qui ne sont pas entièrement prêts.

Au commencement du mois d'avril, le temps en Crimée étant devenu beau, les opérations militaires reprirent avec vigueur. La marine comptait treize batteries, comprenant quatre-vingt-trois canons et dix-sept obusiers. Le nombre des marins détachés à terre atteignit, dans le cours de l'année 1855, le chiffre de deux mille.

L'amiral Bruat et son collègue, l'amiral Lyons, constamment préoccupés d'apporter le concours de leurs escadres aux opérations de l'armée assiégeante, décidèrent que, pendant la nuit, les circonstances le permettant, c'est-à-dire lorsque le temps serait suffisamment obscur, des bâtiments alliés se présenteraient devant l'entrée de Sébastopol et enverraient, sur la ville et les forts, des bordées d'obus. On comptait, en agissant ainsi, diminuer le nombre des canonniers pouvant être employés aux batteries de terre. Les travaux des ingénieurs hydrographes, Manen et Ploix, donnaient une connaissance exacte des abords du port de Sébastopol. Des feux placés à terre indiquaient deux alignements : le premier fixait la limite des fonds de six brasses, et le second passait au large des hauts fonds du fort Constantin. Ces signaux indicateurs permettaient aux navires désignés pour se présenter, de nuit, devant Sébastopol, de manœuvrer avec une entière sécurité.

Dans la nuit du 13 avril, la frégate anglaise, le *Valorous*, s'approchant de l'entrée dans les conditions que nous avons indiquées, envoya une première bordée d'obus sur la ville et les forts. Les Russes, quoique ne s'attendant pas à cette attaque, furent promptement en mesure d'ouvrir le feu. La frégate anglaise venait d'envoyer sa deuxième bordée lorsqu'elle fut canonnée par les forts Constantin, Alexandre et la Quarantaine. Le *Valorous* envoya deux autres volées d'obus et se retira sans avoir été atteint par les projectiles ennemis. Vers une heure du matin, le *Caffarelli* se mettait en mouvement et lançait sa première bordée sur la ville, mais les Russes, qui étaient sur leurs gardes, firent immédiatement un feu très vif sur la frégate française. Celle-ci, après avoir envoyé ses quatre bordées, s'éloigna ; un obus avait pénétré dans la muraille où il était resté sans éclater. L'amiral Bruat et l'amiral Lyons décidèrent, le 22 avril, qu'ils iraient, dans la nuit, avec leurs vaisseaux, le *Montebello* et le *Royal-Albert*, tirer quelques volées d'obus sur les forts. Comme il n'y avait que deux heures d'intervalle entre le coucher de la lune et les premières clartés du jour, ils étaient tenus d'agir avec promptitude. Le *Montebello* partit le premier ; au moment où ce vaisseau arrivait à portée de canon des forts, il survint dans sa machine une avarie qui rendit nécessaire l'extinction complète des feux. Il faisait calme et le courant portait à la côte. Il restait la ressource de mouiller, mais l'amiral ne voulait avoir recours à ce moyen qu'à la dernière extrémité. Une légère brise du nord-est s'étant élevée, le vaisseau parvint, avec l'aide de ses embarcations, à mettre le cap en route et il s'éloigna lentement. Peu après, deux bateaux à vapeur, un français et un anglais, vinrent se mettre à la disposition de l'amiral Bruat. Les Russes, soupçonnant la présence d'un bâtiment, avaient lancé un obus qui était tombé près du *Montebello* puis, supposant sans doute qu'ils se trompaient, ils n'avaient pas continué à tirer. Depuis le 17 octobre, les Russes avaient augmenté les défenses du front de mer de Sébastopol en couronnant les hauteurs dominant le large par de nombreux ouvrages en terre. C'est pourquoi les attaques de nuit, faites par les bâtiments alliés, ne pouvaient avoir lieu que par des nuits obscures.

L'armée russe recevait des approvisionnements considérables par la mer d'Azoff. En outre, les croiseurs signalaient un mouvement continuel d'embarcations entre Taman et Kertch ; ces communications fréquentes avec la côte d'Asie, par la presqu'île de Taman, avaient le même but. Prendre possession de Kertch et occuper la mer d'Azoff constituait donc une double opération devant porter un coup sensible à l'ennemi. Les amiraux Bruat et Lyons désiraient très vivement faire cette expédition, ce qui leur eût permis de rendre service à l'armée et, en même temps, eût donné aux forces qu'ils commandaient l'occasion de jouer un rôle militaire. Ils faisaient auprès des généraux en chef des instances d'autant plus vives pour arriver à l'exécution de ce projet, qu'ils savaient, par les rapports des croiseurs, que les Russes travaillaient activement à fortifier le détroit de Kertch et Iéni-Kalé. Le général Canrobert et lord Raglan étaient parfaitement convaincus de l'utilité de cette expédition, et ils devaient être les premiers à regretter qu'elle n'eût pas été faite depuis longtemps, mais on doit reconnaître que les deux généraux avaient à remplir un rôle difficile. Faisant le siège de Sébastopol, sans que cette place fût investie, ayant à faire face aux opérations que nécessitait cette situation, ils devaient, en outre, se tenir en garde contre toute attaque dirigée sur leurs lignes par la partie de l'armée russe qui campait hors de la ville. Dans ces conditions, les deux généraux ne se montraient pas très disposés, même pour un but utile, à éloigner des soldats dont ils pouvaient avoir, à un moment qu'il ne leur était pas donné de prévoir, un besoin pressant. Cependant, le nombre des troupes augmentant, le général Canrobert et lord Raglan, et surtout ce dernier, devinrent partisans de l'expédition. Le 25 avril, l'armée ne devant rien entreprendre de décisif avant le 11 mai, l'expédition fut résolue. Le 3 mai, deux divisions, l'une française et l'autre anglaise, sous les ordres des généraux d'Autemarre et Brown, s'embarquèrent sur la flotte combinée. Celle-ci prit la mer au coucher du soleil, se dirigeant sur Eupatoria pour tromper l'ennemi. Lorsque la nuit fut venue, elle fit route pour sa destination. Le lendemain, dans la soirée, l'aviso le *Dauphin* rejoignait l'escadre et remettait à l'amiral Bruat une dépêche aux termes de laquelle il devait ramener les troupes françaises à Kamiesh. Le général Canrobert avait reçu de l'empereur l'ordre de surseoir à toute expédition et d'envoyer à Constantinople les navires disponibles pour prendre les troupes de réserve réunies au camp de Moslak. Les Anglais, qui étaient devenus des partisans très ardents de l'expédition, étaient fort mécontents; néanmoins lord Raglan invita l'amiral Lyons à rallier Kamiesh.

Le général Canrobert exagéra, sans nul doute, la portée des instructions venues de Paris; il devait laisser l'expédition suivre son cours et le gouvernement eut certainement approuvé sa conduite. Le rappel de l'escadre, alors que les circonstances ne l'éxigeaient pas impérieusement, était une mesure irréfléchie, pouvant porter atteinte à notre prestige militaire et relever le moral de l'ennemi, c'est-à-dire augmenter sa puissance. Enfin, une considération qui avait sa valeur, et dont il eût été sage de tenir compte, c'était l'importance attachée par nos alliés au succès de cette expédition que, d'ailleurs, nous regardions, nous-mêmes, comme ayant un caractère d'utilité ne pouvant être contesté. C'est dans de semblables circonstances qu'un commandant en chef doit prendre sur lui de ne pas exécuter les ordres qu'il reçoit.

La situation militaire ne s'était pas sensiblement améliorée ; amené par les circonstances que l'on connaît à attaquer Sébastopol de front, le général Canrobert ne semblait pas imprimer aux opérations du siège direct l'impulsion énergique qui seule devait en assurer le succès ; d'autre part, si le général Canrobert était partisan d'une campagne stratégique, il ne parvenait pas à imposer son opinion, et, au mois de mai, il n'existait aucun préparatif indiquant que cette solution était adoptée. Aussi bien sur ce point que sur la ligne de conduite à tenir devant Sébastopol, ses vues et celles de nos alliés différaient le plus souvent ; le général en était arrivé, surtout depuis le rappel de l'expédition de Kertch, à être en complet désaccord sur toutes les questions avec lord Raglan. Le général Canrobert portait, on doit le reconnaître, un poids très lourd ; peut-être aussi n'avait-il pas su conquérir l'autorité légitime que comportait sa situation. Quoi qu'il en soit, estimant que sa présence à la tête de notre armée pouvait être un obstacle à l'entente entre toutes les volontés qui, non seulement sur la presqu'île de la Chersonèse, mais à Paris et à Londres, se donnaient carrière pour diriger l'armée de Crimée, Canrobert se démit de son commandement avec une noblesse, une élévation de sentiments auxquelles l'armée et toute l'Europe rendirent hommage. Le général Pélis-

sier, appelé à lui succéder, jouissait de l'estime générale ;
on lui reconnaissait de grandes qualités militaires, une
inébranlable fermeté et un esprit de décision qui ne
s'arrêterait devant aucune difficulté. Le nouveau commandant en chef n'hésita pas entre deux systèmes de
guerre ; il en adopta un, celui du siège direct, et cette
résolution une fois prise, il marcha vers son but avec
une vigueur et une opiniâtreté qui renversèrent tous les
obstacles.

II

L'expédition de Kertch fut encore une fois résolue.
L'escadre française, appelée à y prendre part, comprenait vingt-trois navires, sept bâtiments à vapeur, trois
frégates, six corvettes, six avisos et une bombarde.
L'amiral Lyons avait, sous ses ordres, trente trois navires. Quinze mille hommes, sept mille Français, trois
mille Anglais et cinq mille Turcs, et quatre batteries,
s'embarquèrent sur les deux escadres. Nous partions
un peu au hasard, car on ignorait l'effectif des troupes
que l'ennemi serait en mesure de nous opposer. La
flotte expéditionnaire quitta Kamiesh, le 22 mai, à sept
heures du soir. Le 24, à la pointe du jour, elle doublait le cap Taki, situé à l'extrémité méridionale de la
presqu'île de Kertch et se dirigeait sur la baie de Kamiesh dans laquelle elle laissait tomber l'ancre vers
onze heures du matin. Les troupes débarquèrent sur

une plage étendue que dominait l'artillerie de nos bâtiments.

Dès le début de la guerre, les Russes, comprenant la nécessité de défendre la mer d'Azoff, d'où ils pouvaient tirer une quantité considérable d'approvisionnements, s'étaient proposé de rendre le détroit de Kertch infranchissable. Ils avaient coulé des bâtiments dans les passes et établi des mines sous-marines, reliées à la terre par des fils électriques. Ils avaient, en outre, construit près des caps Ak-Bornou et Saint-Paul, et sur différents points du littoral, des batteries armées de canons de gros calibre. La batterie du cap Saint-Paul comptait vingt-six pièces à longue portée. La débâcle des glaces, au printemps de l'année 1855, avait entraîné les bâtiments coulés et, par conséquent, supprimé cet obstacle, mais il restait, pour empêcher nos bâtiments de franchir le détroit, les batteries échelonnées sur la côte. Toutefois, ces batteries, construites dans le seul but de repousser une agression maritime, étaient hors d'état, prises à revers, de résister à une attaque faite par des troupes de débarquement.

Il s'agissait donc de savoir ce que le corps expéditionnaire trouverait devant lui lorsqu'il serait hors de portée des canons de la flotte. Si le général Canrobert éprouvait quelque hésitation à éloigner les troupes de la presqu'île Chersonèse, les généraux chargés de défendre Sébastopol, étaient animés des mêmes sentiments, et ils ne se séparaient pas volontiers de leurs soldats. Le général Vrangel, qui commandait à Kertch, disposait d'un très faible effectif; prévenu par le chef de l'état major général que l'expédition de Kertch était imminente, il avait inutilement demandé des renforts.

Apprenant, dans la matinée du 24, l'arrivée des escadres alliées, alors que celles-ci étaient sur le point de jeter l'ancre, il se persuada que nous avions des forces considérables, et supposant que la route de Kaffa serait promptement interceptée, il prit le parti de détruire les batteries élevées sur la côte et de s'éloigner. Nos troupes s'étaient à peine mises en marche vers l'intérieur que des explosions successives se faisaient entendre ; les fortifications disparaissaient et les détachements qui les occupaient rejoignaient, en toute hâte, le général Vrangel qui, craignant d'être coupé, battait en retraite avec une extrême précipitation.

Une canonnière anglaise, à faible tirant d'eau, remonta le détroit et se montra dans la baie de Kertch ; apercevant un vapeur de guerre russe qui se dirigeait vers la mer d'Azoff, elle le chassa jusque sous le canon d'Iéni-Kalé. Des bâtiments français et anglais, se joignant rapidement à la canonnière anglaise, engagèrent avec la forteresse un combat très vif qui dura jusqu'à la nuit. A la faveur du feu, les vapeurs russes avaient pu s'enfuir, laissant, entre nos mains, des chalands portant le trésor et les archives de Kertch. A huit heures du soir, on entendit une très forte explosion ; les Russes abandonnaient Iéni-Kalé après avoir fait sauter les fortifications. Les troupes alliées, qui avaient marché rapidement, sans s'arrêter à Kertch, occupèrent cette position. Quant au général Vrangel, il s'était retiré avec ses troupes, à dix lieues de Kertch.

Le commandant du *Lucifer*, le capitaine de frégate Béral de Sédaiges, fut placé à la tête d'une division légère, comprenant, outre son bâtiment, la *Mégère*, le *Brandon* et le *Fulton*, capitaines Devoulx, Cloué et Lebris. On adjoignit peu après à cette division le *Dauphin* et la *Mouette*, capitaines de Robillard et Allemand, et huit chaloupes et grands canots des vaisseaux, commandés par le capitaine de frégate Lejeune. Le capitaine Béral de Sédaiges entra dans la mer d'Azoff en compagnie de dix navires anglais qui étaient sous les ordres du capitaine Lyons, de la corvette la *Miranda*. Capturer ou couler les bâtiments de guerre et de commerce, détruire les approvisionnements pouvant servir au ravitaillement de l'armée russe, et respecter les propriétés privées, telle était la mission dévolue aux capitaines de Sédaiges et Lyons. La flottille anglo-française se présenta devant Berdiansk, Taganrog, Mariopoul et Eisk. A Berdiansk et à Taganrog, l'ennemi ayant opposé de la résistance, ces deux ports furent bombardés et les compagnies de débarquement, mises à terre, assurèrent l'exécution des ordres donnés par les amiraux Bruat et Lyons.

La flottille se présenta devant Arabat. Cette ville, placée sur le revers de l'isthme de Kaffa, est le point de départ de la langue de terre appelée Flèche d'Arabat, qui sépare la mer d'Azoff de la mer Putride. La Flèche d'Arabat était la principale route suivie par les nombreux convois qui se rendaient à Sébastopol. Les alliés parvinrent, après un combat d'artillerie très vif, à détruire les fortifications d'Arabat, mais la garnison était trop nombreuse pour qu'il fût possible d'effectuer un débarquement. Pendant que la division française rentrait à Kertch pour faire du charbon, les Anglais bombardèrent la ville de Genitchesk, qui peut être considérée comme le port de la mer Putride, et incendièrent les approvisionnements qu'elle contenait. Le but poursuivi était atteint. Les bâtiments alliés avaient détruit des approvisionnements considérables et capturé ou coulé les navires russes, navires de guerre ou de commerce, qui se trouvaient dans la mer d'Azoff. Au moment où s'agitait, entre les amiraux Bruat et Lyons et le général d'Autemarre, un projet d'expédition contre Anapa et Soudjak-Kalé, on apprit que, sur ces deux points, les Russes s'étaient conduits comme à Kertch et à Iéni-Kalé. Après avoir fait sauter les fortifications, ils étaient partis, ne laissant, derrière eux, qu'un monceau de ruines. Les amiraux se présentèrent devant Anapa afin de montrer les pavillons de France et d'Angleterre. Sefer-pacha, circassien au service de la Turquie, envoyé par le général en chef de l'armée ottomane d'Anatolie, était déjà dans la place. L'expédition de Kertch, telle qu'elle avait été conçue, était terminée. On mit une garnison dans Iéni-Kalé et deux régiments, un français et un anglais, furent chargés de défendre les batteries que nous avions élevées sur la côte pour assurer la libre navigation du détroit. Quelques navires français et anglais furent laissés devant Kertch. Le capitaine de vaisseau Bouet, de la frégate à hélice la *Pomone*, eut le commandement de la station française. A quelque temps de là, les bâtiments alliés attaquèrent et détruisirent des postes fortifiés échelonnés sur la Flèche d'Arabat. Les troupes furent embarquées et les deux escadres se dirigèrent sur Kamiesh où elles arrivèrent le 15 juin. On devait regretter que cette expédition, complétée toutefois par la prise de Kaffa et d'Arabat, n'eût pas été faite plus tôt. Occupant la Flèche d'Arabat, nous serions devenus, après avoir détruit sur la mer Putride le pont de Tchangiar, les maîtres de deux routes jouant un rôle d'une extrême importance pour le ravitaillement de Sébastopol. L'expédition que nous venions de faire était incomplète, et, à l'époque où elle avait lieu, les pertes subies par l'ennemi, quoique très considérables, étaient, au point de vue militaire, de peu d'importance, et elles ne devaient exercer aucune influence sur les événements qui se déroulaient devant Sébastopol. Les bâtiments alliés reprirent les attaques de nuit afin d'obliger les assiégés à conserver des canonniers aux batteries de mer, mais on trouvait les Russes toujours prêts à répondre à notre feu, et leur tir n'était pas sans effet. Dans la nuit du 16 au 17 juin, les pertes subies par plusieurs bâtiments anglais s'élevèrent à sept hommes tués et trente blessés; la nuit suivante, le commandant de la corvette la *Miranda*, le capitaine Lyons, fils du commandant en chef de l'escadre anglaise, fut atteint par un éclat d'obus et mourut peu après de ses blessures.

L'armée avait remporté, le 8 juin, un brillant succès; elle s'était emparée du Mamelon-Vert, position importante qui nous rapprochait de Malakoff, point vers lequel devaient désormais tendre tous nos efforts. Le 18 juin, les deux escadres étaient sous vapeur, se tenant hors de portée des forts, prêtes à ouvrir le feu contre le front de mer de Sébastopol, si l'armée, après avoir enlevé Malakoff, donnait l'assaut à la place. Malheureusement nos troupes, malgré des prodiges de valeur, ne parvinrent pas à s'emparer de cette importante position. Les escadres alliées reprirent leur mouillage habituel. Au commencement du mois de juillet, l'armée anglaise perdit son chef, le feld-maréchal lord Raglan, enlevé, en quelques jours, par une attaque de choléra. Le Bosphore vit passer, à neuf mois de distance, les dépouilles mortelles des deux généraux qui avaient conduit les armées de la France et de l'Angleterre sur le sol de la Crimée. Le général Simpson prit, par droit d'ancienneté de grade, le commandement de l'armée britannique, et il fut confirmé, dans ce poste, par son gouvernement. Le siège reprit sa marche méthodique et on s'avança vers Malakoff par des approches régulières, en même temps que nous poussions des batteries vers la rade. Les Russes déployaient, dans la défense de la place, une bravoure et une opiniâtreté dignes des plus grands éloges. Les chefs de l'armée russe s'efforçaient de prolonger la résistance jusqu'à la mauvaise saison, convaincus que nous ne passerions pas un second hiver sur le plateau de Chersonèse. Pour obtenir ce résultat, le gouvernement russe dirigeait, sur la Crimée, toutes les troupes dont il pouvait disposer. Après l'échec subi par les alliés, le 18 juin, nos adversaires eurent une ambition plus haute. A Saint-Pétersbourg, on crut que les forces réunies à Sébastopol étaient en mesure, si elles ne parvenaient pas, par un vigoureux effort, à jeter les alliés à la mer, de forcer ceux-ci à se rembarquer. En conséquence, le prince Gortschakoff reçut l'ordre de prendre l'offensive ; le prince, qui avait reçu des renforts considérables, résolut de tenter un nouvel Inkermann. Le 16 août, au point du jour, alors que les alliés, qui n'avaient aucun soupçon des projets de leurs adversaires, se croyaient en pleine sécurité, les Russes, favorisés par un brouillard épais, surprirent nos avant-postes et franchirent la Tchernaïa sur des ponts volants préparés à l'avance. Si les généraux russes avaient fait un plan présentant des chances favorables, leurs soldats manquèrent non de courage mais de l'élan nécessaire pour en assurer le succès. Les détachements sardes et français, placés en avant de nos lignes, supportèrent le premier choc avec vaillance, donnant ainsi aux troupes des alliés le temps d'arriver sur le champ de bataille. L'avantage remporté sur l'ennemi fut très grand; les Russes eurent six mille hommes hors de combat et deux mille deux cents prisonniers restèrent entre nos mains. Du côté des alliés on ne comptait que sept cents hommes atteints par le feu de l'ennemi. La bataille de Traktir, ce fut le nom donné à l'affaire du 16 août, en dehors des pertes qu'elle infligea à nos adversaires, eut un double résultat. Elle rendit à notre armée une confiance entière dans l'issue du siège, confiance que l'insuccès du 18 juin avait un peu ébranlée. D'autre part, elle atteignit profondément le moral de l'armée russe ; les soldats, découragés, regardaient comme inutiles les sacrifices qui leur étaient imposés. Leurs chefs comprirent qu'ils devaient renoncer à l'offensive et ils concentrèrent leurs efforts pour sauver Sébastopol ou au moins retarder sa chute. Ce grand drame militaire touchait à sa fin. Le 8 septembre, à midi, au moment où, à l'abri dans les casemates, les Russes attendaient la reprise du feu de nos batteries, les Français sortent des tranchées et s'élancent dans Malakoff; tout cède devant l'élan irrésistible de nos soldats. Après une lutte héroïque dans laquelle le général de Mac-Mahon et les troupes qu'il commandait se couvrirent de gloire, le pavillon français flotta sur cette redoutable position. Ce jour-là, un vent de nord soufflant grand frais, en imposant à la flotte combinée l'obligation de rester au mouillage, la priva de l'honneur de prendre part à cette grande journée. La possession de Malakoff nous donnait Sébastopol. Les Russes firent sauter les fortifications qu'ils avaient si vaillamment défendues ; ils coulèrent les quelques vaisseaux qui étaient encore à flot, puis, passant par un pont qui traversait la rade, ils se retirèrent près des forts du Nord, ne nous abandonnant que des ruines.

Après la journée du 8 septembre, le rôle des marins que commandait le contre-amiral Rigault de Genouilly était terminé ; il leur fut prescrit de rejoindre les bâtiments qui étaient à Kamiesh. Au moment où ils allaient se séparer de l'armée, le maréchal Pélissier fit paraître l'ordre général suivant : « Soldats, les braves marins de l'escadre de l'amiral Bruat, descendus à terre pour partager nos travaux et nos dangers, vont nous quitter. Les marins russes de la mer Noire, qui n'avaient pas osé se mesurer avec eux sur leur propre élément, ont appris à les connaître devant les murs de Sébastopol. Pour vous, vous savez combien, pendant toute la durée de ce siège long et difficile, ils ont donné des preuves de courage, de constance, de résolution dans le service de leurs nombreuses et puissantes batteries. C'est avec plaisir et confiance que nous les avons reçus parmi nous, et c'est avec regret que nous voyons arriver le moment de la séparation. Une union et une estime réciproques, formées sur le champ de bataille, nous lient étroitement à ces braves marins, à leurs vaillants officiers, à leur digne chef, le contre-amiral Rigault de Genouilly. Nous les retrouverons, ayons-en l'espérance, et alors, comme aujourd'hui, la flotte et l'armée, le marin et le soldat n'auront qu'une même pensée, la gloire de la patrie, qu'un même sentiment, le dévouement à l'Empereur. » Ce n'était pas là de vaines paroles. Le maréchal traduisait les sentiments de l'armée qui appréciait comme ils méritaient de l'être les services rendus par les marins.

Le 15 septembre, le vice-amiral Bruat était élevé à la dignité d'amiral, juste récompense de sa vaillance, de son activité et du concours loyal, complet, absolu, qu'il avait donné à notre armée, dans toutes les circonstances où les bâtiments placés sous ses ordres pouvaient rendre des services.

La division navale qui opérait dans la mer d'Azoff déployait la plus grande activité pour remplir la mission qui lui était confiée. Après le départ des amiraux Bruat et Lyons, la flottille anglo-française détruisit les postes fortifiés, placés, de distance en distance, depuis Arabat jusqu'à l'extrémité de la Flèche; elle parcourut la mer d'Azoff, visitant toutes les criques, et livrant aux flammes les approvisionnements destinés au ravitaillement de l'armée russe. Sur la presqu'île de Taman, à petite distance du détroit de Kertch, les Russes avaient construit à Fanagoria et à Taman des baraquements pouvant recevoir des troupes en assez grand nombre. Pendant l'hiver, alors qu'il est possible de franchir le détroit sur la glace, ces deux points, les Russes ayant toute facilité pour y rassembler des troupes, constituaient une menace et même un danger pour les détachements occupant Kertch et les batteries élevées sur la côte.

L'attaque de Fanagoria et de Taman fut décidée; elle devait être dirigée par la marine avec la coopération d'une partie des troupes alliées. Le 25 septembre, au petit jour, le contingent affecté à l'expédition s'embarqua sur les canonnières la *Mitraille*, l'*Alerte*, l'*Alarme*, la

Bourrasque, la *Rafale* et la *Mutine*, venues récemment de France. Cinq canonnières, la *Stridente* et la *Meurtrière*, et trois canonnières anglaises étaient chargées de protéger la descente. La flottille, partie à huit heures, arrivait à dix heures à sa destination. Quelques volées d'obus éloignèrent des détachements ennemis qui se tenaient en observation, et le corps de débarquement fut mis à terre. Le fort de Fanagoria, abandonné par les Russes, fut occupé ; le lendemain, on marcha sur Taman, distant de deux kilomètres. Pendant le jour, nos troupes, protégées par le feu des canonnières, ne furent pas inquiétées ; les Russes tentèrent une attaque de nuit qui n'eut aucun succès. Tout ce qui pouvait servir à l'installation des alliés fut immédiatement transporté de l'autre côté du détroit.

Dès le début de cette expédition, les bâtiments français et anglais qui parcouraient la mer d'Azoff, s'étaient réunis dans la baie de Temriouk. On savait que les Russes avaient, sur ce point, un corps de huit à dix mille hommes qui pouvait, en se portant rapidement sur Taman, dont il n'était éloigné que de cinquante kilomètres environ, non seulement troubler nos opérations mais même nous empêcher d'atteindre le but poursuivi. Un bombardement effectué par la division anglo-française retint les forces russes dans la position qu'elles occupaient. Le succès de cette expédition fut complet. Le 2 octobre, le commandant Bouet recevait de l'amiral Bruat l'ordre de renvoyer les canonnières à Kamiesh. Le 3, après avoir pris tout ce qui pouvait nous être utile, les troupes se rembarquèrent et rallièrent Kertch. Le même jour, les canonnières faisaient route pour rejoindre l'amiral Bruat.

L'expédition de Taman et de Fanagoria, menée avec promptitude et décision, enleva à l'ennemi la possibilité de maintenir, pendant la mauvaise saison, un corps nombreux très près de nous, et elle donna, en outre, aux troupes stationnées à Iéni-Kalé et au cap Saint-Paul, ce qui était nécessaire pour faire des baraquements, avantage précieux, l'hiver s'annonçant déjà comme devant être très froid.

LIVRE XI

Entrée des escadres française et anglaise dans la Baltique. — Les amiraux Pénaud et Dundas déclarent qu'ils ne peuvent attaquer Cronstadt. — Les forces navales des alliés comprennent des bombardes et des canonnières. — Bombardement de Sweaborg. — Caractère de la campagne de la Baltique. — La division anglo-française des mers de Chine poursuit, sans pouvoir les rejoindre, les bâtiments de la division du contre-amiral Zavoïska. — Les établissements russes, devant lesquels les alliés se présentent, sont abandonnés. — Expédition de Kinburn. — Attaque de cette forteresse. — Début des batteries flottantes. — Kinburn capitule. — Les alliés mettent une garnison dans la place. — Une division navale reste dans le liman du Dniéper. — L'amiral Bruat revient à Kamiesh et se rend en France avec une partie de l'escadre. — Les forces navales, qui restent dans la mer Noire, sont placées sous le commandement du contre-amiral Odet-Pellion. — Mort de l'amiral Bruat.

I

La flotte anglaise qui entra dans la Baltique, en 1855, sous le commandement du contre-amiral Dundas, comprenait près de cent bâtiments de tous rangs. Le contre-amiral Pénaud, parti de Brest, le 26 avril, avec les vaisseaux mixtes le *Tourville*, l'*Austerlitz*, le *Duquesne*, capitaines Le Gallic de Kérizouet, Laurencin et Taffart de Saint-Germain, et les navires à vapeur, le *d'Assas* et l'*Aigle*, capitaines d'Aries et Millon d'Ailly de Verneuil, arriva dans la Baltique au commencement de juin, et, peu après, il opéra sa jonction avec les Anglais. Le blocus des ports de la Baltique fut notifié et tout mouvement maritime, de la part de l'ennemi, cessa. La présence de forces navales aussi imposantes inspirait de vives inquiétudes au cabinet de Saint-Pétersbourg. Disposant, en 1855, de moyens plus puissants que l'année précédente, les alliés pouvaient tenter quelque entreprise d'une importance autre que la prise de Bomarsund. D'autre part, les habitants du littoral se montraient fort effrayés, et, sur plusieurs points, ils se retiraient dans l'intérieur. Le gouvernement russe fut donc conduit à prendre de sérieuses mesures de précaution. Cent soixante-dix mille hommes furent répartis sur les côtes de la Baltique et du golfe de Bothnie. Un service très actif de surveillance et de transmission d'ordres fut organisé, afin que partout des troupes en nombre suffisant pussent se concentrer rapidement sur les points menacés. Ce fut un des plus heureux résultats de ce grand armement naval que de retenir dans le nord des forces aussi considérables.

Les amiraux Pénaud et Dundas, voulant se rendre compte de la valeur des défenses de Cronstadt, s'embarquèrent sur la corvette anglaise le *Merlin*. On était à deux milles de la terre lorsqu'une forte secousse ébranla le bâtiment; c'était une mine sous marine qui, touchée par ce bâtiment, avait fait explosion. La corvette n'éprouva aucune avarie. Peu après, une nouvelle explosion se produisit; on crut un moment, tant le choc avait été violent, que le *Merlin* sombrait. Par un heureux hasard, l'effet de la torpille s'était produit sur une courbe en fer, destinée à renforcer la carène; cette courbe fut faussée, mais elle résista. Une caisse en tôle, portant un poids de trois cents kilos, fixée dans l'intérieur du navire par des crochets, fut soulevée et jetée à un mètre de distance. Le *Merlin* n'éprouva pas d'autre dommage. Une corvette anglaise, qui accompagnait le *Merlin*, rencontra sur sa route une mine sous-marine dont l'explosion ne lui fit aucun mal. Les Russes avaient disposé devant Cronstadt et Sweaborg un certain nombre de bouées explosives portant le nom de l'inventeur, le Dr Jacoby, un allemand naturalisé sujet russe. Les torpilles du Dr Jacoby étaient de trop faibles dimensions pour produire beaucoup d'effet ; leur charge variait entre trois et quatre kilogrammes de poudre. Les Russes, depuis la campagne de 1854, faisaient de continuels travaux pour augmenter les défenses de Cronstadt ; de nombreux ouvrages puissamment armés, avaient été construits. C'est ce que les amiraux Pénaud et Dundas constatèrent au cours de la reconnaissance faite sur la corvette le *Merlin*. Nous disposions de moyens que ne possédaient pas les amiraux Parseval et Charles Napier ; mais, d'autre part, la situation, au point de vue de la défense, était changée.

Les amiraux Pénaud et Dundas estimèrent que non seulement l'attaque de Cronstadt n'aboutirait pas à un résultat satisfaisant, mais que cette attaque, si elle avait lieu, pourrait être pour l'ennemi l'occasion d'un succès de nature à compromettre la situation de la flotte combinée dans la Baltique. Toutefois, les deux amiraux reconnurent qu'une action vigoureuse était nécessaire pour retenir les troupes ennemies dans le nord et justifier, d'autre part, le déploiement de forces fait par les alliés. Après avoir effectué une reconnaissance des différents ports de la Baltique, les deux amiraux décidèrent qu'une attaque serait dirigée sur Sweaborg.

Sweaborg est une place forte qui barre, si on peut

s'exprimer ainsi, l'accès de la baie d'Helsingfors. Les ouvrages constituant la défense de Sweaborg sont établis sur une chaîne d'îlots ou de rochers courant de l'est à l'ouest devant l'entrée de la baie. La citadelle, élevée sur l'îlot de Gustavsfward, est reliée à deux autres îlots par des jetées couvertes de batteries. L'ensemble forme la forteresse de Sweaborg. Des ouvrages, construits sur des îlots voisins, complètent le système de défense. Deux passes, la passe orientale et la passe occidentale, conduisent dans la baie d'Helsingfors ; tout navire qui les suit est sous le feu des îlots fortifiés. Dans le chenal de l'est, comme dans celui de l'ouest, un vaisseau embossé occupait une position lui permettant de prendre d'enfilade tout navire voulant forcer le passage. En dehors des deux passes indiquées ci-dessus, il n'y a que des écueils et des îlots, à travers lesquels il n'existe aucun chenal aboutissant à la baie d'Helsingfors.

Le contre-amiral Pénaud avait été rallié, depuis qu'il était entré dans la Baltique, par les navires désignés ci-après : les avisos à vapeur *Pélican* et *Tonnerre*, capitaines baron Duperré et Aune ; les canonnières à vapeur, de deux canons de cinquante, *Aigrette, Avalanche, Dragonne, Fulminante, Tempête*, capitaines Mer, Tresse, Barry, Harel et Louis Maudet ; les canonnières à vapeur, de un canon de cinquante, *Tourmente, Poudre, Redoute*, capitaines Jonnart, Lafond, Hocquart ; les bombardes à voiles, de deux mortiers de 0 m. 32 : *Tocsin, Fournaise, Trombe, Torche, Bombe*, capitaines de Léotard de Ricard, Cuisinier Delisle, Souzy, Cottin, Buret. L'arrivée de ces bâtiments permettait à la division française de prendre une part active à l'attaque de Sweaborg.

Quinze bâtiments, dont dix vaisseaux, furent laissés en observation au large de Cronstadt, et soixante-quinze bâtiments de tous rangs mouillèrent, le 7 août, devant Sweaborg. Le plan de l'opération une fois arrêté entre les deux amiraux, toutes les dispositions préliminaires furent prises. Le 8, dans la soirée, les bombardes étaient conduites à leur poste par des remorqueurs. Des ancres à jet, mouillées dans la direction des forts, permettaient aux bombardes de s'avancer de six cents mètres. Le 9 août, seize bombardes anglaises et cinq françaises étaient rangées, à la distance de quatre mille mètres, sur une ligne faisant face aux fortifications de Sweaborg. Les bombardes françaises occupaient le centre de la ligne; elles portaient, ainsi qu'on l'a vu plus haut, deux mortiers de trente-deux centimètres et les bombardes anglaises un mortier de treize pouces. Les canonnières prirent position en arrière des bombardes. Des navires à vapeur, désignés à l'avance, devaient prendre à la remorque les navires qui se trouveraient incommodés. L'amiral Pénaud avait eu l'heureuse idée d'établir sur un îlot, l'îlot Abraham, situé à deux mille deux cents mètres de la place, une batterie de trois mortiers de vingt-sept centimètres, dont le nombre fut porté à cinq, la nuit suivante.

On ouvrit le feu à sept heures et demie du matin. Afin de diviser l'attention de l'ennemi, l'amiral Dundas détacha deux vaisseaux et une frégate pour attaquer, sur la droite de la ligne, les batteries de Bak Holmen, et trois frégates pour canonner, à notre gauche, l'île de Drumsio. Deux heures après, les bombardes se rapprochaient des forts et les canonnières se plaçaient dans leurs créneaux. Notre feu faisait de grands ravages dans l'intérieur de Sweaborg, et l'œuvre de destruction, à mesure que la journée s'avançait, allait croissant. Des poudrières et des dépôts de bombes chargées faisaient explosion. A six heures du soir, le feu cessa; les bombardes et les canonnières rallièrent le gros de l'escadre pour renouveler leurs munitions et, aussitôt cette opération terminée, elles reprirent leur poste. Pendant la nuit, les embarcations de la flotte anglaise, s'approchant de la ville, lancèrent des fusées à la congrève, tandis que les mortiers de l'îlot Abraham et les bombardes lançaient des bombes à des intervalles assez éloignés. Ces dispositions avaient moins pour but de faire du mal à l'ennemi que de le tenir en éveil et l'empêcher d'éteindre les incendies qui se propageaient, menaçant de tout envahir. Le 10, le feu reprit avec une nouvelle vigueur, et, à la chute du jour, il fut poursuivi dans les mêmes conditions que la nuit précédente.

Le 11, au point du jour, les deux amiraux, estimant que le but proposé était atteint, firent le signal de cesser le feu. Toutefois, les bombardes et les canonnières demeurèrent dans les positions qu'elles occupaient, prêtes à riposter si les batteries de Sweaborg se faisaient entendre, mais celles-ci restèrent silencieuses. Les bombardes françaises et la batterie Abraham avaient lancé deux mille huit cent vingt-huit bombes; les bâtiments, autres que les bombardes, ayant pris part à l'attaque de Sweaborg, avaient tiré treize cent vingt-deux coups à boulet plein ou à obus. Nous n'avions eu, ce qui était fort surprenant, aucun homme atteint par le feu de l'ennemi. Les projectiles tombaient autour de nos bâtiments sans les atteindre.

Les fortifications de Sweaborg avaient peu souffert,

mais, à l'intérieur, la place était ruinée. Un certain nombre de navires, atteints par notre feu, éprouvèrent de telles avaries qu'ils furent considérés par l'amirauté russe comme impropres désormais à un service à la mer. D'après un rapport parvenu aux amiraux, le nombre des morts dépassait deux mille; si ce chiffre était exact, on conçoit combien devait être élevé le nombre des blessés. Le tir des canonnières avait produit peu d'effet; c'était surtout aux bombardes qu'il fallait attribuer le succès obtenu. Des bâtiments anglais, détachés sur les côtes, avaient détruit, avec le canon ou en mettant à terre leurs compagnies de débarquement, quelques établissements de l'Etat, mais le dommage éprouvé par les Russes dans ces expéditions, exécutées avec de faibles moyens, ne pouvait pas être considéré comme ayant beaucoup d'importance. Toutefois, ces opérations avaient eu pour résultat d'inquiéter les populations et d'imposer à l'ennemi de continuels mouvements de troupes.

Pendant le cours de ces croisières, il se produisit un incident qui amena les autorités russes à fixer les points où se présenteraient désormais les embarcations portant pavillon parlementaire. La corvette anglaise, le *Kossack*, avait reçu l'ordre de mettre à terre six marins, provenant de l'équipage d'un caboteur qu'elle avait capturé. Une embarcation, montée par quatorze hommes et trois officiers, portant les prisonniers russes, accosta la côte près d'Hangöe, ayant, à son avant, un pavillon blanc. Les officiers anglais, trouvant la plage déserte, descendirent à terre; ils se dirigeaient vers un village voisin, lorsqu'ils furent entourés par des tirailleurs finlandais et faits prisonniers avec les matelots qui les accompagnaient. Quatre matelots, qui cherchaient à s'échapper dans une embarcation, furent tués par les soldats russes.

L'amiral Dundas protesta très vivement contre la conduite du détachement finlandais. « Nous sommes tout disposés, répondirent les Russes à l'amiral Dundas, à recevoir des parlementaires dans les places fortes, comme Helsingfors, par exemple, mais nous ne pouvons admettre qu'il soit permis à un ennemi, sous prétexte qu'il porte un pavillon blanc, de descendre sur différents points de la côte à son choix, sans en avoir reçu l'autorisation ; nous devons craindre qu'en agissant ainsi, on ne profite du pavillon parlementaire pour sonder le long du littoral, et reconnaître les dispositions que nous avons prises pour sa défense. » Les officiers anglais viennent à la côte en parlementaires, ne communiquent avec aucune autorité et néanmoins descendent à terre, ce qu'ils ne pouvaient faire sans une autorisation, laquelle, d'ailleurs, ne leur eût été probablement pas accordée. Dans ces conditions, l'amiral Dundas n'avait pas dû éprouver une très vive surprise en apprenant que les officiers du *Kossack* étaient retenus comme prisonniers. Mais on ne peut comprendre que le détachement finlandais ait tiré sur des hommes qui, n'ayant commis aucun acte d'hostilité, se trouvaient dans une embarcation dont le rôle était clairement indiqué puisqu'elle amenait six marins russes que les Anglais rendaient à la liberté. On doit croire que le détachement ennemi n'était pas commandé par un officier.

Après le bombardement de Sweaborg, il ne fut entrepris rien d'important sur les côtes. Le blocus des ports fut encore maintenu pendant quelques mois. Les derniers bâtiments des escadres alliées quittèrent la Baltique le 15 décembre. Pendant la campagne de 1855, la marine avait bloqué les ports de la Baltique et interdit tout commerce à l'ennemi ; en dehors de ce service, qui constituait la première de ses obligations, elle avait bombardé Sweaborg et opéré quelques descentes sur les côtes. Les alliés avaient donc fait du mal à l'ennemi, mais, doit-on ajouter, sans aucun profit pour eux, puisqu'ils n'avaient occupé aucun point. Pour la construction et l'armement des bâtiments spécialement destinés à l'attaque des places fortes, les Anglais seuls avaient certainement dépensé plus d'argent qu'il ne devait en coûter à la Russie pour réparer le dommage matériel qu'elle avait éprouvé. Mais le cabinet de Saint-Pétersbourg, ignorant le point que nous nous proposions d'attaquer, et supposant probablement que nous enverrions, ainsi que nous l'avions fait l'année précédente, un corps expéditionnaire dans la Baltique, avait jugé nécessaire de mettre les côtes sous la garde de troupes dont le total s'élevait, ainsi que nous l'avons dit, à cent soixante-dix mille hommes. Si on considère que la Russie se battait en Crimée et en Asie, on comprend le service que rendait la flotte combinée en retenant dans le nord des forces considérables. Là était le principal mérite de la campagne faite par la marine dans la Baltique, en 1855.

Nous avions à venger l'échec essuyé, en 1854, devant Pétropovlowski. L'amiral Fourichon, qui avait été appelé au commandement des forces françaises dans l'Océan Pacifique, et le successeur de l'amiral Price, l'amiral Bruce, se présentèrent, le 15 avril 1855, devant la baie d'Avatska, avec quatorze bâtiments. Ils constatèrent, à leur grande surprise, que la ville de Petrovpolowski était évacuée. Les troupes, emportant avec elles le matériel de guerre, s'étaient rendues dans le fleuve Amour. Quant aux habitants, ils s'étaient, à l'exception de quelques étrangers, retirés dans l'intérieur. Après avoir détruit les établissements maritimes et militaires, les alliés se rendirent à l'embouchure du fleuve Amour, mais ils n'aperçurent aucun bâtiment. La division anglo-française se mit à la recherche des bâtiments russes, placés sous les ordres de l'amiral Zavoïska qui avait remplacé l'amiral Poutiatine. Les alliés visitèrent les établissetions russes situés sur la côte nord-ouest de l'Amérique et dans les mers de Chine. Ils trouvèrent ces positions abandonnées, et ne découvrirent aucun bâtiment ennemi. Toutefois, le commodore Elliot, croisant dans la baie de Castries, avec deux bâtiments, aperçut six navires de guerre portant pavillon russe, embossés à l'extrémité d'un chenal étroit. Estimant qu'il ne disposait pas de moyens suffisants pour attaquer l'ennemi avec succès, il s'éloigna; ayant appris peu après que cette division était presque complètement désarmée, le commodore revint, mais les Russes avaient disparu.

La frégate russe la *Diana* s'était perdue, à la fin de l'année 1854, sur les côtes du Japon; trois cents hommes de son équipage avaient pris passage sur un brick de Brême. Celui-ci se dirigeait sur le fleuve Amour, lorsqu'il fut rencontré et capturé par un croiseur anglais. Ce fut le seul résultat d'une campagne qui avait imposé de grandes fatigues aux équipages anglais et français.

II

Dans un conseil tenu le 30 septembre, les généraux en chef des armées alliées examinèrent, avec les amiraux Bruat et Lyons, la possibilité d'enlever le fort de Kinburn qui protégeait les communications de l'armée russe avec Nicolaïeff et Kerson. Les eaux du Bug et du Dniéper, après s'être réunies dans un bassin appelé le liman du Dniéper, suivent, pour aller à la mer, un chenal étroit dont l'entrée était défendue par deux forteresses : Otchakoff au nord et Kinburn au sud. Le chenal, d'une profondeur variable, est plus rapproché de Kinburn que de Otchakoff. La première de ces deux positions était, par conséquent, la principale défense des bouches du Dniéper et du Bug.

La citadelle de Kinburn, bâtie à l'extrémité d'une longue langue de sable, formée par les alluvions du Bug et du Dniéper, battait le large et le chenal. Cette forteresse était, d'après les rapports militaires, « un ouvrage à cornes en maçonnerie, avec parapets en terre, entouré d'un fossé, là où il n'est pas baigné par la mer, contenant des casernes et autres édifices dont les toitures et cheminées apparaissent au-dessus du rempart ; elle est armée sur toutes faces, offrant un étage de feux couverts, casematés, surmonté d'une batterie à barbette, le tout pouvant présenter soixante bouches à feu environ, dont la moitié battant en dehors sur la mer, du sud-ouest au nord-nord-ouest. » Des batteries construites à l'extrémité de la presqu'île qui finit par une bande de sable très étroite, complétaient le système de défense. L'artillerie de la forteresse et de ces ouvrages comprenait quatre-vingts pièces de vingt-quatre et vingt obusiers. Maîtres de cette position, nous étions en mesure de menacer Kerson et de couper les communications de l'armée russe avec Nicolaïeff.

Après une étude des moyens, faite en conseil, par les généraux en chef et les deux amiraux, l'expédition fut résolue. Quatre mille Français et un même nombre d'Anglais devaient former le corps de débarquement. La marine mettait en ligne des forces plus que suffisantes pour assurer à l'expédition un rapide succès. La flotte combinée comprenait dix vaisseaux à hélice, dix-sept frégates à roues, des canonnières, des bombardes, des corvettes et des avisos. Enfin, en dehors des bâtiments désignés ci-dessus, trois batteries flottantes, la *Tonnante*, la *Lave* et la *Dévastation*, capitaines Dupré, de Cornulier Lucinière et de Montaignac de Chauvance, figuraient dans les rangs de l'escadre française. L'un de ces bâtiments était arrivé à Kamiesh, le 12 septembre, et les deux autres, le 26. Venues trop tard pour essayer leur force contre le front de mer de Sébastopol, elles allaient faire leurs débuts en attaquant Kinburn. Le capitaine de vaisseau Labrousse, qui commandait le vaisseau à hélice *l'Ulm*, dans l'escadre de l'amiral Bruat, dut voir avec satisfaction que les idées émises par lui, en 1842, triomphaient en 1855. Quelques navires appareillèrent le 6, mais le gros de l'expédition ne partit de Kamiesh que le 7 octobre ; on mouilla devant Odessa, rendez-vous assigné à l'escadre anglaise et à plusieurs bâtiments français venant d'Eupatoria. Une brume très épaisse retint, pendant plusieurs jours, les amiraux Bruat et Lyons sur la rade d'Odessa. Le 14, la flotte combinée mit sous vapeur et elle jeta l'ancre, dans la soirée, devant Kinburn.

Dans la nuit, quatre chaloupes canonnières françaises, la *Tirailleuse*, la *Stridente*, la *Meurtrière* et la *Mutine*, et cinq canonnières anglaises, franchirent la passe. Cette division, aperçue malgré l'obscurité, fut canonnée par les forts de Kinburn et d'Otchakoff, mais le feu de l'ennemi ne put arrêter sa marche. Au jour, les quatre chaloupes et les cinq canonnières prirent les positions qui leur avaient été assignées pour protéger le débarquement du corps expéditionnaire contre toute tentative de l'ennemi. Au même moment, des canonnières des deux escadres venaient occuper, du côté du large, un poste dans lequel elles croisaient leur feu avec celui de la flottille anglo-française mouillée dans le chenal. Le 15, les troupes alliées, mises à terre, hors de portée des canons du fort, ne rencontrèrent aucune résistance. Dans la journée, la place se trouvait investie par terre et par mer. Le 16, les canonnières et les bombardes s'approchèrent et elles ouvrirent le feu sur la forteresse qui riposta avec beaucoup de vivacité; une forte houle rendait le tir de nos bâtiments très incertain, et, lorsque la nuit fit cesser l'engagement, aucun résultat sérieux n'avait été obtenu.

Le 17, vers dix heures du matin, la mer étant plus calme que la veille, les trois batteries flottantes françaises mouillèrent à mille mètres environ de la forteresse; les canonnières et les bombardes des deux escadres prirent position au large de ces trois bâtiments.

L'action s'engagea et, de part et d'autre, le feu fut très vif. Peu après, les canonnières françaises et anglaises, quittant leur mouillage, se plaçaient à la hauteur des batteries flottantes. Vers midi, le contre-amiral Odet Pellion, avec trois frégates à vapeur françaises, et le contre-amiral Stewart, avec six frégates anglaises, entraient dans le canal et venaient prendre à revers les forts de Kinburn. Au même moment, les vaisseaux embossés sur deux colonnes, à seize cents mètres de la forteresse, n'ayant plus qu'un pied d'eau sous la quille, commençaient le feu. La lutte était inégale, et le courage des défenseurs ne pouvait rien contre une attaque faite avec de tels moyens. La forteresse était couverte d'une nuée de projectiles et, sur plusieurs points, on voyait des flammes s'élever. La supériorité des alliés avait cet avantage qu'elle permettait de terminer rapidement une opération qui pouvait être troublée par l'état de la mer, ou par l'arrivée de forces ennemies venant de Kerson ou de Pérékop à marches forcées. Si le feu avait continué, il ne serait rien resté de la forteresse.

A une heure vingt-cinq minutes, écrivit l'amiral Bruat au ministre, dans son rapport sur l'affaire de Kinburn, « remarquant que le fort ne tirait plus, bien que les ouvrages du nord continuassent à se servir encore de leurs mortiers, l'amiral Lyons et moi, nous avons pensé qu'il convenait de respecter le courage des braves gens que nous combattions; nous avons, en conséquence, signalé de cesser le feu, et nous avons arboré le pavillon parlementaire, en envoyant à terre une embarcation française et une embarcation anglaise. » Le général Kokonowitch, qui commandait à Kinburn, accepta, non sans quelque hésitation, les conditions imposées par les alliés, mais alors même que telle n'eût pas été son intention, il était contraint de renoncer à toute résistance. Les soldats, démoralisés par cinq heures de cette formidable canonnade, sortaient du fort sans ordre, pendant qu'on discutait les termes de la capitulation, et gagnaient le camp des alliés. En prenant possession de Kinburn, les troupes travaillèrent avec ardeur à éteindre les incendies qui avaient éclaté sur différents points, menaçant de tout détruire. La marine leur vint en aide en envoyant à terre des marins et des pompes.

La journée du 17 octobre mettait entre nos mains une position importante, quatorze cent vingt prisonniers, comprenant un général et quarante officiers, cent soixante-quatorze pièces de canon, des munitions et des approvisionnements. La prise de Kinburn devait avoir une autre conséquence; le lendemain, les Russes faisaient sauter les fortifications d'Otchakoff. Les batteries flottantes avaient justifié les espérances que l'on fondait sur leur emploi; elles avaient fait beaucoup de mal sans en recevoir. Sur leurs armatures, les boulets rebondissaient et les obus se brisaient, ne laissant qu'une faible empreinte; elles n'avaient à craindre que les coups d'embrasure. L'artillerie qui leur était opposée ne comprenait, il est vrai, que des pièces de vingt-quatre, mais le succès obtenu indiquait clairement la voie dans laquelle il fallait entrer. Si une artillerie plus puissante entamait les cuirasses, on devait les augmenter et construire des navires en état de les porter. L'amiral Bruat écrivit au ministre : « J'attribue le prompt succès que nous avons obtenu, en premier lieu, à l'investissement complet de la place par terre et par mer, en second lieu, au feu des batteries flottantes qui avait déjà ouvert dans les remparts plusieurs brèches praticables, et dont le tir, dirigé avec une admirable précision, eût suffi pour renverser de plus solides murailles. » Ces résultats, faisant taire toute opposition, marquaient l'avènement de la marine cuirassée. Les contre-amiraux Odet Pellion et Stewart, avec les canonnières des deux escadres, remontèrent le chenal et pénétrèrent dans le Bug et le Dniéper. Pendant le cours de cette exploration, les alliés capturèrent un radeau ayant huit cent cinquante-quatre pieds de long, soixante de large, et six de profondeur. Ce radeau, venant du Dniéper, se rendait à Nicolaïeff.

L'occupation de Kinburn ayant été résolue, les soldats et les marins travaillèrent à remettre la forteresse en état. Pour compléter son armement, notre escadre débarqua six canons de cinquante et six de trente. Voulant pourvoir à la défense de la forteresse du côté de la mer, l'amiral Bruat forma une division navale, comprenant les trois batteries flottantes, quatre canonnières, deux chaloupes canonnières et un transport. Cette division, montée par un personnel de quinze cents hommes, était placée sous le commandement du capitaine de vaisseau Paris. Six frégates, cinq anglaises et une française avaient l'ordre de rester devant Kinburn jusqu'à l'approche des glaces. Deux avisos, mouillés à l'ouest de la Flèche, devaient assurer la correspondance avec Kamiesh, Varna et Constantinople. Ces dispositions prises, les troupes, qui ne devaient pas rester à Kinburn, furent embarquées, et l'expédition se dirigea vers Kamiesh où elle arriva le 3 novembre. Il avait été décidé que l'armée suspendrait toute nouvelle opération jusqu'au retour de la belle saison; d'autre part, l'amiral Bruat recevait l'ordre de rentrer en France avec une partie des bâtiments placés sous ses ordres.

Après avoir remis le commandement des bâtiments appelés à continuer leur service dans la mer Noire au contre-amiral Odet Pellion, l'amiral partit de Kamiesh, le 7 novembre, avec les vaisseaux le *Montebello*, le *Friedland*, l'*Alger*, le *Fleurus*, le *Magellan*, l'*Albatros*, le *Roland*, le *Primauguet*, l'*Ulm*, le *Saint-Louis*, le *Jean-Bart*, le *Cacique* et l'*Asmodée*. La garde impériale avait pris passage sur ces bâtiments. Le 31 novembre, l'escadre arrivait à Toulon, mais ce n'était plus l'amiral Bruat qui la commandait. Le brave amiral était mort, à la mer, d'une attaque de choléra, comme lord Raglan et le maréchal de Saint-Arnaud.

III

Pendant que les alliés restaient immobiles sur le plateau Chersonèse, il se tenait, à Paris, un grand conseil de guerre, auquel assistaient les généraux Ayrey, Harry Jones, de la Marmora, Canrobert, Bosquet, Niel, de Martimprey. Les amiraux Lyons, Dundas, Hamelin, les contre-amiraux Jurien de la Gravière et Pénaud faisaient également partie de ce conseil. Quoique l'armée eût porté le poids de la lutte et payé d'un sang généreux le triomphe de nos armes, la guerre avait un caractère maritime évident. La flotte avait non seulement transporté l'armée, mais elle l'avait ravitaillée au point de vue du personnel, des vivres, du matériel et des munitions. L'occupation de Kertch, de Kinburn, d'Iéni-Kalé et la prise de possession de la mer d'Azoff auraient eu, si la guerre avait continué, les plus utiles conséquences. Enfin, les campagnes faites dans la Baltique avaient constitué des diversions puissantes. On se proposait, d'ailleurs, d'agir aux deux extrémités de l'empire russe, en Crimée et dans la Baltique. La présence des amiraux était donc nécessaire.

Le cabinet des Tuileries, tout en préparant la campagne de 1856, afin de ne pas être pris au dépourvu par les événements, songeait à la paix. Nous avions eu pour objectif de protéger la Turquie contre les projets d'envahissement que poursuivait l'empereur Nicolas. Ce résultat pouvait être considéré comme obtenu, au moins pour le présent. Après tant de sacrifices d'hommes et d'argent pour résoudre une question européenne, on jugeait, à Paris, que le moment de s'arrêter était venu. Non seulement nous n'avions aucune animosité contre nos adversaires, mais les relations entre l'armée russe et l'armée française avaient toujours été empreintes d'une extrême courtoisie, et, de part et d'autre, on s'estimait. Le gouvernement britannique ne se plaçait pas au même point de vue ; il ne croyait pas qu'il fût opportun de mettre fin aux hostilités. Les alliés avaient, disait-il, obtenu de grands avantages, ils devaient en remporter de nouveaux. Les Anglais avaient reconstitué leur armée de Crimée et pris des dispositions pour mettre en mer une flotte dans laquelle apparaîtrait toute la puissance de leur marine. L'armée d'Orient était forte de soixante-dix mille hommes, et la flotte, qui devait entrer dans la Baltique, au printemps de l'année 1856, ne comprenait pas moins de deux cent quarante-trois bâtiments de tous rangs. Néanmoins, le cabinet de Saint-James, quoique regrettant une solution qui rendait inutiles d'aussi grands préparatifs, adopta les vues du gouvernement français. Le 16 janvier, les propositions des alliés étaient acceptées par le nouveau souverain de la Russie, Alexandre II ; ces propositions devaient servir de préliminaires de paix. Un congrès se réunit à Paris, le 25 février, et, dès sa première séance, il décida qu'un armistice serait conclu entre les parties belligérantes. Le congrès termina son œuvre par une déclaration qui touchait à une question maritime de grande importance. La course était abolie, le pavillon neutre couvrait la marchandise ennemie, à l'exception de la contrebande de guerre, et la marchandise neutre ne pouvait être saisie sous pavillon ennemi. Enfin, les blocus, pour être obligatoires, devaient être effectifs, c'est-à-dire maintenus par une force suffisante pour interdire réellement l'accès du littoral de l'ennemi. « La présente déclaration, était-il dit, ne sera obligatoire que pour les puissances qui y ont ou qui y auront accédé. » Le 20 avril, l'armée de Crimée apprit que la paix était conclue, et le rapatriement des troupes commença. Celles-ci avaient été malheureusement très éprouvées, pendant ce second hiver passé sur le plateau Chersonèse. Le typhus y régnait avec une extrême intensité. Le 5 juillet, il n'y avait plus un soldat français sur le plateau Chersonèse ; Eupatoria, Kinburn, Kertch, Iéni-Kalé étaient rendus aux Russes.

Tel fut le dénouement de la lutte héroïque engagée pendant onze mois entre les alliés et les défenseurs de Sébastopol. L'armée anglo-française avait fait un siège dont on a peu d'exemples dans l'histoire ; elle attaquait moins une ville qu'un camp retranché, et, derrière ce camp retranché, se trouvait toute la Russie. Le plateau Chersonèse, coin de terre perdu à l'extrémité méridionale de l'empire, était devenu le champ clos dans lequel se rencontraient les belligérants.

Lorsque le bruit avait couru, après la levée du siège de Silistrie et le mouvement général de retraite des Russes, que l'on préparait une expédition combinée de terre et de mer, l'attention générale s'était immédiatement portée sur la Crimée. On supposait, dans l'armée et sur la flotte, qu'il s'agissait de la conquête de cette province, ayant appartenu autrefois à la Turquie et dont les Russes s'étaient emparés; on voyait Kertch occupé par l'armée, la mer d'Azoff par la marine, une flottille opérant dans le golfe de Kerkinit, et l'isthme de Pérékop devenu une position assez solide pour défier tous les efforts des Russes. Les escadres alliées, remplissant alors la mission qui leur appartenait, auraient bloqué le port de Sébastopol aussi longtemps que les circonstances l'eussent permis. Si le mauvais temps les avait obligés de quitter leur poste, le même mauvais temps aurait empêché les Russes de prendre le large. La flotte, malgré tous ses efforts, ne serait peut-être pas restée en communication constante avec l'armée, mais cet état de choses aurait pris fin le jour où les troupes alliées, par suite de leurs opérations, auraient donné à la marine les ports situés dans la partie méridionale de la Crimée.

Dans ces conditions, aucun secours ne pénétrait dans le pays et Sébastopol, régulièrement investi, ne recevant plus ni personnel, ni vivres, ni munitions, réduit, par conséquent, à ses propres ressources, serait facilement tombé entre nos mains. Une campagne, envisagée dans ce sens, constituait une opération militaire très complète, conforme à l'art de la guerre, et propre à donner de grands résultats. La conquête de la Crimée, c'est-à-dire d'une province tout entière de l'empire russe, mettait, entre les mains des alliés, un gage important qui eût permis de traiter, lorsque le moment serait venu, dans des conditions avantageuses.

Le 20 mai, l'amiral Hamelin écrivait au ministre de la marine : « Je n'entrevois pas d'opérations actives de guerre sur mer, autres que celles qui pourraient être exécutées avec le concours du corps expéditionnaire d'Orient. Et encore, pour que notre coopération fût ce qu'elle doit être, importerait-il beaucoup que nous eussions, dans la mer Noire, une flottille de canonnières à vapeur. Cette flottille sera non seulement nécessaire, mais indispensable pour pénétrer dans le Danube et ses affluents, alors que nos troupes seront en mesure de chasser l'armée russe du territoire ottoman; elle sera indispensable encore, si l'on veut opérer la conquête de la Crimée, lorsqu'après avoir occupé l'isthme de Pérékop, on s'emparera également de Kertch, cette clef de l'entrée de la mer d'Azoff, pour faire sillonner les eaux de cette mer à des divisions navales franco-anglaises, et intercepter, par mer, toute communication de la Russie avec la Crimée.

« Cette flottille nous sera nécessaire enfin, si l'on veut également attaquer l'armée russe d'Asie, dont un des flancs est resté découvert, depuis l'abandon des forts de Soukoum-Kalé, Redout-Kalé, etc., par où elle recevait jadis ses renforts et ses approvisionnements, et par où elle doit s'attendre, un jour, à voir arriver un corps d'armée ennemi. » Cette lettre ne montre pas seulement la prévoyance du chef de la flotte, elle prouve que l'idée de la conquête de la Crimée était dans les esprits, avant même que l'armée eût quitté Gallipoli. Pouvait-on faire cette campagne, et, d'autre part, la saison était-elle trop avancée pour l'entreprendre ; on se demande également si cette campagne stratégique, non faite en 1854, n'aurait pas dû avoir lieu en 1855. Il appartient à un historien militaire de résoudre ces questions. Toutefois, les réflexions suivantes se présentent naturellement à l'esprit : Les alliés, débarqués en Crimée au mois de septembre 1854, s'emparent de Sébastopol en septembre 1855. Pendant ce laps de temps, les troupes montrent, partout où il faut combattre, la plus brillante intrépidité ; elles supportent avec un courage calme, que l'on ne saurait trop admirer, les fatigues, les privations et les rigueurs d'un rude hiver, passé dans des conditions particulièrement pénibles. Pendant ce séjour en Crimée, dont nul n'a prévu la durée et contre les difficultés duquel personne ne s'est prémuni, les besoins de l'armée sont grands. Cependant, la marine peut ravitailler l'armée au triple point de vue du personnel, du matériel et des vivres. Pour atteindre ce résultat, elle surmonte les obstacles, provenant de l'éloignement de la base d'opération, et les difficultés que présentait la navigation de l'archipel et de la mer Noire pendant le mois d'hiver.

On est donc conduit à se demander si l'héroïsme des troupes, d'une part, et la somme d'efforts faits par la marine, d'autre part, ne seraient pas parvenus à triompher de tous les obstacles qui semblaient s'opposer à une campagne ayant pour objectif la conquête complète, entière de la Crimée. On se demande enfin si la conquête de cette province n'eût pas été faite plus rapidement, et avec moins de peine et d'effusion de sang, que la prise de Sébastopol, étant données les conditions dans lesquelles cette opération a été poursuivie. L'invincible courage de nos soldats et l'inébranlable fermeté du général Pelissier triomphèrent de tous les obstacles. La partie sud de Sébastopol fut conquise, mais les Russes ne nous laissèrent que des ruines. Si la ville, régulièrement investie, avait été contrainte de se rendre, l'ennemi, avant de capituler, aurait lui-même détruit la flotte et l'arsenal, seul résultat auquel nous étions parvenus au prix de tant d'efforts. Quoi qu'il en soit, on ne peut s'empêcher de regretter que des hommes comme le général Pelissier et le général Bosquet, on sait combien la réputation du général Bosquet avait grandi pendant le siège, n'aient pu montrer toute leur valeur en faisant une campagne stratégique à la tête de l'armée de Crimée, cette armée admirable, composée de généraux, d'officiers, de soldats, auxquels on pouvait tout demander.

LIVRE XII

Différend survenu, à Canton, entre les Anglais et les Chinois. — Mesures prises par le commandant en chef des forces navales de la Grande-Bretagne dans les mers de Chine. — La France se joint à l'Angleterre. — Occupation de Canton par les alliés. — Le baron Gros et lord Elgin sont désignés par la France et l'Angleterre pour traiter avec la Chine. — Ces deux plénipotentiaires font d'inutiles efforts pour arriver à une entente avec les représentants du pouvoir impérial. — Les amiraux Rigault de Genouilly et sir Michaël Seymours se présentent à l'embouchure du Peï-Ho. — Les forces placées sous leur commandement s'emparent des forts de Takou. — Les bâtiments légers remontent jusqu'à Tien-Tsin. — Traité signé dans cette ville le 27 juin 1858. — Le contre-amiral Rigault de Genouilly est nommé vice-amiral. — Notre division navale, à l'exception de quelques bâtiments laissés devant Canton, se rend en Cochinchine. — Occupation de la baie de Tourane. — Prise de Saïgon. — Engagements avec les Annamites à Saïgon et dans la baie de Tourane. — L'amiral est prévenu que, la France étant en guerre avec l'Autriche, il ne recevra aucun secours. — Échec subi par l'amiral Hope à l'embouchure du Peï-Ho, le 25 juin 1859. — Cet événement fortifie les idées de résistance du gouvernement annamite. — Destruction des lignes cochinchinoises. — L'amiral Rigault de Genouilly, dont la santé est très affaiblie, rentre en France. — Il est remplacé dans son commandement par le contre-amiral Page.

1

Dans le courant du mois d'octobre de l'année 1856, le commissaire impérial Yeh fit enlever, sur une jonque, l'*Arrow*, mouillée dans la rivière de Canton, douze Chinois accusés de piraterie. Le consul de Sa Majesté britannique, affirmant que ce bâtiment était anglais, exigea que ces douze hommes fussent reconduits, à bord de l'*Arrow*, par l'officier et les soldats qui étaient venus les prendre. Cet acte de réparation devait avoir lieu en plein jour, afin que la population en eût connaissance ; le consul demandait, en outre, qu'une lettre d'excuse lui fût adressée. Le commissaire impérial persistait à nier que le bâtiment fût anglais ; néanmoins, il renvoya, sur l'*Arrow*, les douze hommes, objet du litige, mais sans l'accomplissement des formalités réclamées par le consul. La lettre d'excuse fut également refusée. Les relations entre l'Angleterre et la Chine étant, en ce moment, fort tendues, ce différend prit immédiatement de grandes proportions. Le consul, ne pouvant rien obtenir, en référa à sir John Bowring, ministre plénipotentiaire de la Grande-Bretagne en Chine. Ce diplomate, ayant fait d'inutiles démarches pour arriver à une entente avec le commissaire impérial, remit cette affaire entre les mains du contre-amiral sir Michaël Seymour qui commandait les forces navales de l'Angleterre dans les mers de Chine.

L'amiral résolut d'employer la force pour amener le commissaire impérial à composition. Il s'empara, sans coup férir, de plusieurs forts qui défendaient les approches de Canton, mais les Chinois ayant organisé la résistance, les Anglais reconnurent l'impossibilité de se maintenir dans les positions qu'ils occupaient. Ils retournèrent alors sur leurs bâtiments, se contentant de bloquer Canton. Un vaisseau et quelques frégates et corvettes à vapeur, telles étaient les seules forces dont disposait l'amiral Seymour. Le commissaire impérial restait inébranlable. Les premiers succès remportés par les Anglais avaient d'autant moins modifié son opinion que ceux-ci, à la réclamation relative à l'*Arrow*, avaient joint de nouvelles demandes. Non seulement les Chinois refusaient toute satisfaction, mais ils usaient de représailles, incendiant les factories et enlevant des bâtiments; enfin des Anglais avaient été massacrés. L'influence britannique, au lieu de gagner du terrain, en avait perdu. On doit reconnaître que, dans de semblables conditions, en présence desquelles se trouvent souvent les marins, il ne faut pas commencer quand on ne peut pas finir. Tel fut le sentiment de l'Angleterre. Lorsqu'on apprit ce qui se passait à Canton, sir John Bowring et l'amiral Seymour furent considérés comme ayant agi imprudemment. Mais quelque opinion que l'on pût avoir sur la conduite du diplomate et du chef des forces navales, il était évident que l'honneur national était en jeu. D'autre part, le commerce anglais réclamait une plus grande pénétration en Chine; or le différend qui venait de surgir, à propos de l'*Arrow*, en donnait les moyens; dès lors, il était facile de prévoir la solution. Le gouvernement britannique décida qu'un corps expéditionnaire de cinq mille hommes serait envoyé dans les mers de Chine. Un diplomate d'un rang élevé, lord Elgin, muni de pleins pouvoirs, était chargé de régler les difficultés pendantes, mais ce que l'on attendait surtout de son habileté, c'était qu'il arrivât à réviser les traités dans un sens favorable aux intérêts commerciaux de l'Angleterre.

La France était liée avec la Chine par des traités dont les clauses n'étaient pas observées. Le redressement de nos griefs était d'autant plus difficile à obtenir que la division navale des mers de Chine comportait à peine quelques bâtiments. Le gouvernement français, jugeant le moment favorable pour produire ses réclamations, résolut de joindre son action à celle du cabinet de Saint-James. Le baron Gros fut envoyé en Chine avec le titre de commissaire extraordinaire ; les plénipotentiaires de France et d'Angleterre devaient agir de concert et se prêter, en toute circonstance, un mutuel appui. Le contre-amiral Rigault de Genouilly, parti de Brest avec la frégate de cinquante, la *Némésis*, sur laquelle il avait son pavillon, arriva, le 8 juillet 1857, sur les côtes du Céleste Empire. Quelques jours après, il rencontrait, sur la rade de Macao, le contre-amiral Guérin qui lui remettait, le 15, le commandement de la division des mers de Chine. La *Némésis* se rendait au mouillage de Castle-Peak-bay, situé à une égale distance de Hong-Kong et de Macao. Le baron Gros, parti de France sur la frégate à hélice l'*Audacieuse*, arrivait, le 13 octobre 1857, au mouillage de Castle-Peak-bay.

Les plénipotentiaires de la France et de l'Angleterre se mirent à l'œuvre, mais leurs efforts pour arriver à un dénouement pacifique de la situation demeurèrent sans effet. Le commissaire impérial, qui obéissait à un parti pris, répondait aux lettres des deux plénipotentiaires sur un ton hautain, quant à la forme, et d'une manière évasive en ce qui concernait le fond. La diplomatie ayant épuisé ses ressources, il fallut encore une fois en appeler à la force, mission incombant aux contre-amiraux Rigault de Genouilly et Seymour. Le 10 décembre, l'amiral français, déclarant agir de concert avec le commandant en chef de l'escadre anglaise, notifiait à partir du 12, le blocus effectif du port et de la rivière de Canton par les forces navales placées sous ses ordres. L'amiral Rigault de Genouilly disposait des bâtiments désignés ci-après : la frégate la *Némésis*, capitaine Reynaud ; la corvette la *Capricieuse*, capitaine Collier ; les corvettes à vapeur le *Catinat*, le *Primauguet*, le *Phlégéton*, capitaines Lelieur, de la Ville-sur-Arce, Vrignaud, Lévêque ; l'aviso le *Marceau*, capitaine Lefer de la Motte ; les transports à vapeur la *Meurthe*, la *Durance*, capitaines Martineau des Chenez, Thoyon ; les canonnières à vapeur la *Mitraille*, la *Fusée*, la *Dragonne* et l'*Avalanche*, capitaines Béranger, Gabrielli de Carpégua, Barry et Lafond. Le 14 décembre, la division française remontait la rivière de Canton et jetait l'ancre devant le village de Wampoa, au mouillage des navires de commerce européens. L'amiral Seymour avait, sous ses ordres, quarante bâtiments comprenant des vaisseaux, des frégates et seize canonnières ou avisos.

Les bâtiments portant les cinq mille soldats anglais envoyés en Chine, avaient reçu, dans le détroit de la Sonde, l'ordre de se rendre à Calcutta pour faire face à la révolte qui venait d'éclater ; les affaires de Chine disparaissaient devant une situation qui mettait en péril la domination des Anglais dans l'Inde. Toutefois, quinze cents hommes d'infanterie et d'artillerie de marine, sous les ordres du général Van Straubensee, avaient rejoint l'escadre anglaise. Le 15, les alliés occupèrent la partie nord-ouest de l'île d'Homan, dont le côté nord regarde la ville de Canton. Il existait, sur ce point, des magasins très vastes, solidement construits, dans lesquels furent casernées les troupes qui devaient prendre part à l'attaque définitive dont la nécessité s'imposait. La tâche dévolue aux amiraux et au général Van Straubensee n'était pas sans présenter de sérieuses difficultés. Il fallait, avec de faibles moyens, frapper un coup qui fût en rapport avec la puissance de la France et de l'Angleterre, et, en même temps, de nature à détruire les illusions que conservait le commissaire impérial Yeh, sur la possibilité de nous résister.

On pouvait pénétrer de vive force dans Canton, mais comment se maintenir, avec quelques milliers d'hommes, dans une ville qui contenait un million d'habitants. On regardait également comme certain que, si l'ordre cessait de régner, une partie de la population chinoise se livrerait au pillage et commettrait des actes de brigandage qui porteraient atteinte à l'honneur des deux nations. Dans le but d'éviter ces complications, les amiraux et le général arrêtèrent, après mûr examen, les dispositions suivantes. Les canonnières et les bâtiments légers, s'approchant autant que le permettrait leur tirant d'eau, bombarderaient la face sud des épaisses murailles qui entouraient Canton ; la brèche qui en résulterait empêcherait les troupes chinoises de communiquer, en suivant les parapets, avec le côté est. Le corps expéditionnaire, mis à terre de ce même côté de la ville, prolongerait la muraille, ayant pour objectif la prise des positions qui dominent Canton du côté du nord. Si cette double opération réussissait, les alliés tiendraient Canton sous le canon des forts du nord et sous le feu de l'artillerie de la flotte qui resterait en position de battre la partie sud. On verrait alors si le commissaire impérial accepterait, autrement que d'une manière dilatoire, les propositions qui lui seraient faites.

Le 27, toutes les dispositions préliminaires furent prises. Trente-deux bâtiments, désignés pour prendre part au bombardement, mouillèrent à leur poste. Le 28, à six heures du matin, les alliés ouvrirent le feu.

Les navires français, qui figuraient dans la ligne d'embossage, étaient les suivants : la corvette à vapeur le *Phlégéton*, les canonnières la *Mitraille*, la *Fusée*, le l'*Avalanche*, la *Dragonne* et l'aviso à vapeur la *Marceau*. Au moment où le feu commençait, le corps expéditionnaire débarquait dans la baie du chenal Kniper. L'amiral Rigault de Genouilly marchait à la tête du contingent français; l'amiral Seymour commandait une brigade de matelots et le général Van Straubensee les troupes anglaises. Le corps expéditionnaire, après avoir traversé deux villages, chassé devant lui des troupes chinoises qui tentaient de s'opposer à sa marche, vint prendre position près du fort Lyn. Celui-ci fut canonné, puis enlevé d'assaut; le sergent-major Des Pallières, de l'infanterie de marine, entré le premier dans le fort par une embrasure, fut mis à l'ordre du jour. Les troupes établirent alors leur bivouac et la nuit se passa sans incident. En vertu des dispositions arrêtées par les amiraux, le 29, à neuf heures du matin, le bombardement cessa; il avait fait son œuvre, entamant la partie sud de la muraille, allumant des incendies, balayant les remparts et jetant la terreur parmi les habitants. Aussitôt que les canons de la flotte ne se firent plus entendre, la muraille fut attaquée à coups de canon sur deux points différents, distants l'un de l'autre d'environ huit cents mètres. Lorsque l'artillerie eut produit son effet, on plaça des échelles, et la muraille fut escaladée. Les Français et les Anglais se trouvèrent réunis sur les remparts larges de vingt pieds. Un détachement marcha vers la porte est, dont il prit possession, tandis que le gros du corps expéditionnaire se dirigeait sur la porte du nord où se trouvaient les dernières défenses des Chinois. Celles-ci furent promptement enlevées et, peu après, les forts dominant la ville du côté du nord, tombaient entre nos mains. L'ennemi, pendant la nuit, ne fit aucun mouvement.

Le lendemain, 30, on pouvait constater que l'opération avait complètement réussi; les forts du nord et l'artillerie de la flotte mettaient Canton à notre merci. Après l'heureuse solution de la question militaire, il fallait pourvoir à une impérieuse nécessité, celle du maintien de l'ordre. Il était même nécessaire de se hâter, car on signalait la présence, dans la campagne, de bandes de pillards prêtes à entrer dans la ville. Toutes les propositions adressées au commissaire impérial, furent repoussées. Celui-ci, espérant probablement que les troupes tartares, qui se rassemblaient non loin de Canton et dont le nombre augmentait chaque jour, obligeraient les alliés à se rembarquer, montrait, par sa conduite, qu'il avait la ferme volonté de ne pas traiter avec eux. Il fallait donc songer à une autre combinaison. Le 5 janvier, au point du jour, trois détachements, marchant d'un pas rapide, entraient dans la ville, en suivant des directions différentes. Les officiers qui les commandaient, munis de renseignements précis, se dirigèrent vers les demeures du commissaire impérial, du gouverneur de la ville, le mandarin Pee Kwee et du général tartare Muh. Chaque détachement était chargé d'enlever un de ces personnages et de le conduire au quartier général des alliés. Cette opération fut couronnée d'un plein succès. Les Français amenèrent le général et les Anglais le commissaire impérial et le gouverneur.

Si la disparition de ces trois autorités désorganisait la résistance, elle laissait, d'autre part, cette grande ville sans direction et des désordres étaient à craindre. Après examen de la situation, les plénipotentiaires et les amiraux adoptèrent les mesures suivantes qui furent immédiatement mises à exécution. Le commissaire impérial fut conduit sur un bâtiment anglais, et le gouverneur ainsi que le général reprirent leurs fonctions, mais à la condition que leurs actes seraient soumis au contrôle d'une commission mixte comprenant le consul d'Angleterre, le colonel Halloway et un officier supérieur français, le capitaine de frégate Martineau des Chenetz. Cette commission remplit avec distinction une mission qui offrait de continuelles difficultés. L'ordre fut maintenu, et le blocus de Canton ayant été levé, le 10 février, la prospérité ne tarda pas à renaître.

Les alliés étaient maîtres de Canton, mais ils n'avaient pas traité avec la Chine; or, là était le but poursuivi par la France et l'Angleterre. Après avoir vainement attendu des négociateurs, venant de Pékin avec des pleins pouvoirs, le baron Gros et lord Elgin résolurent de se porter dans le Nord; ils espéraient qu'une démonstration navale, faite non loin de la capitale de l'empire, exercerait une influence décisive sur les résolutions du gouvernement chinois. Afin de permettre aux ministres de Russie et d'Amérique de joindre leur action à celle des alliés, les plénipotentiaires de la France et de l'Angleterre déclarèrent que les hostilités avec la Chine étaient limitées à la ville de Canton. Le corps d'occupation ayant été renforcé par des troupes venues d'Europe, les amiraux se trouvaient en mesure de s'éloigner avec une partie de leurs bâtiments. Le capitaine de vaisseau d'Aboville fut nommé commandant supérieur des forces françaises de terre et de mer.

A la fin du mois d'avril, l'amiral Rigault de Genouilly et l'amiral Seymour arrivaient dans le golfe du Petchili, à l'embouchure du Pei-Ho. La division française comprenait la frégate à voile la *Némésis*, la frégate l'*Audacieuse*, qui avait amené le baron Gros, les corvettes à hélice le *Primauguet* et le *Phlégéton*, et les canonnières la *Dragonne*, la *Fusée*, l'*Avalanche* et la *Mitraille*. Après avoir fait d'inutiles démarches pour entrer en relation avec la cour de Pékin, le baron Gros et lord Elgin reconnurent la nécessité de recourir à la force. Les amiraux résolurent alors de s'emparer des forts qui défendaient l'entrée du fleuve. Cette première opération menée à bien, ils se proposaient d'examiner ce qu'il serait possible de tenter. Six canonnières, quatre françaises, la *Dragonne*, la *Fusée*, l'*Avalanche* et la *Mitraille*, et deux canonnières anglaises, le *Cormoran* et le *Nemrod*, franchirent la barre et vinrent mouiller près des forts, mais hors de portée de canon. L'armement des ouvrages, placés à l'embouchure du Pei-Ho, comprenait près de trois cents pièces, parmi lesquelles on comptait cent quatre-vingts canons de gros calibre. Les troupes qui occupaient les forts étaient les meilleures de l'empire; en outre, des réserves de cavalerie et d'infanterie, campées dans les villages voisins, se tenaient prêtes à intervenir si nous opérions une descente. On savait que les Chinois, pleins de confiance dans la force des positions qui défendaient l'entrée du Pei-Ho, désiraient voir la lutte s'engager, se considérant comme certains de vaincre. Nous avions, pour réduire les forts, les six canonnières qui avaient déjà franchi la barre et cinq petites canonnières anglaises, mais celles-ci, destinées à opérer la descente, ne pouvaient prendre qu'une faible part à l'attaque. Quant au corps de débarquement, qui devait agir après que l'artillerie aurait produit son effet, il n'atteignait que le chiffre de onze cent soixante-dix-huit hommes. Enfin, avant d'arriver jusqu'aux forts, les détachements chargés de les enlever étaient obligés de traverser un terrain fangeux, offrant à la marche de grandes difficultés. Néanmoins, les deux amiraux, se souvenant de ce qui s'était passé à Canton, ne doutaient pas du succès.

Les six canonnières étaient divisées en deux groupes, le premier, comprenant le *Cormoran*, la *Mitraille* et la *Fusée*, devait attaquer les forts du nord et les trois autres, les forts du sud. Il était prescrit à ces six bâtiments d'avoir leurs plus habiles tireurs dans les hunes, et aussi de prendre les dispositions nécessaires pour écarter les brûlots. Un petit navire anglais, le *Slaney*, n'ayant d'autre armement qu'une pièce de gros calibre, avait, à son bord, les deux amiraux; leur présence sur le même bâtiment assurait une rapide transmission des ordres, si quelque circonstance imprévue venait à se présenter. Les cinq petites canonnières anglaises devaient remorquer les embarcations, portant les hommes du corps de débarquement qu'elles ne pourraient prendre à leur bord. Le 20, à dix heures du matin, la division anglo-française se mit en mouvement dans l'ordre suivant : le *Cormoran*, la *Mitraille*, la *Fusée*, l'*Avalanche*, la *Dragonne* et le *Nemrod*; puis venait le *Slaney*, sur lequel étaient arborés les pavillons des deux amiraux, et, derrière le *Slaney*, les cinq petites canonnières. Les bâtiments alliés ne devaient pas ouvrir le feu avant d'en avoir reçu l'ordre. En conséquence, les six canonnières qui précédaient le *Slaney*, arrivées à portée de canon des forts, essuyèrent, sans riposter, un feu très vif. Aussitôt qu'elles eurent pris leur poste, fixé à deux cents mètres du point d'attaque, le signal de commencer le feu fut hissé à bord du *Slaney*.

Le tir des canonnières, étant donnée la distance à laquelle elles se trouvaient placées, devait être excellent et produire tout son effet. Dans ces conditions, l'engagement ne pouvait durer longtemps; si les bâtiments alliés n'étaient pas contraints, par suite de leurs avaries, de se retirer, il fallait nécessairement que les ouvrages chinois fussent détruits. Ce dernier résultat fut promptement obtenu. Après une heure de combat, les forts du nord étaient démantelés et leur feu éteint. Les compagnies de débarquement, désignées pour opérer de ce côté, ayant à leur tête le commandant Lévêque, du *Phlégéton*, et le capitaine anglais Nicholson, traversèrent rapidement le banc de vase qui bordait la côte et se dirigèrent vers le fort, mais, à leur approche, les Chinois qui, jusque-là, s'étaient battus avec un courage digne d'éloges, s'enfuirent à travers la campagne, sous le feu des canonnières. Peu après, la résistance des forts du sud ayant cessé, le détachement auquel était réservé l'attaque des positions de cette rive du Pei-Ho, débarqua sous le commandement des capitaines de vaisseau Reynaud, de la *Némésis*, et Hall, du *Calcutta*. Après une marche difficile dans un terrain marécageux, il occupa les forts que les Chinois venaient d'abandonner.

Un parti de cavalerie et d'infanterie, manœuvrant comme s'il avait l'intention de nous attaquer, s'éloigna, après avoir reçu quelques volées d'obus, et ne reparut plus. Deux heures avaient suffi pour nous rendre maîtres des ouvrages construits par les Chinois sur les deux rives du fleuve ; cependant ce résultat n'avait pas été obtenu sans que nous fassions des pertes sensibles. On comptait, parmi les morts, les enseignes de vaisseau Bidaux, de la *Mitraille*, Porquet, de la *Fusée*, l'aspirant de première classe Baratier, de la *Dragonne*, et le commis d'administration Froissard, de la *Mitraille;* l'enseigne de vaisseau Régnault était grièvement blessé. Au moment où les hommes, répandus dans les forts, déployaient la plus grande activité pour éteindre les incendies que nos obus avaient allumés, une violente explosion se fit entendre. Une poudrière, atteinte par des débris enflammés, venait de sauter, faisant, parmi les travailleurs, de nombreuses victimes. Le lieutenant de vaisseau Veriot, qui commandait la compagnie de débarquement de la *Némesis*, était au nombre des blessés.

L'insuffisance du personnel ne permettant pas de conserver toutes les positions conquises, il fut décidé que les forts seraient démantelés, à l'exception d'un seul, situé sur la rive sud, que nous occuperions. Une batterie, qui prenait d'enfilade le mouillage de nos bâtiments, était établie sur un coude de la rivière. Tandis que les canonnières l'*Avalanche* et la *Fusée* et deux canonnières anglaises se dirigeaient sur cette batterie pour la réduire, un détachement anglais, sous le commandement du capitaine de vaisseau Nicholson, se mettait en marche pour la prendre à revers. A la vue des troupes qui pouvaient couper leur retraite, les Chinois gagnèrent la campagne. La batterie fut immédiatement mise hors de service. Les canonnières poursuivirent leur route, mais après avoir dépassé le village de Takoo, elles furent arrêtées par une estacade, faite avec des jonques, reliées entre elles par des chaînes. Une batterie de quinze pièces avait été élevée pour soutenir ce barrage, mais les troupes qui l'occupaient prirent la fuite à l'approche des canonnières.

Les amiraux, qui avaient accompagné le détachement des capitaines de vaisseau Reynaud et Hall, étaient revenus sur le *Slaney* et ce bâtiment avait immédiatement fait route pour rejoindre les canonnières. Celles-ci furent laissées à la garde du barrage, devant lequel elles s'étaient arrêtées, ce barrage formant une très bonne défense contre les brûlots. Les Chinois, pendant le cours de l'attaque des forts du Peï-Ho, en avaient lancé plusieurs qui avaient été facilement évités. Le 23 mai, les canonnières la *Fusée*, l'*Avalanche*, et trois canonnières anglaises, se mettaient en marche. L'amiral Rigault de Genouilly avait son pavillon sur l'*Avalanche*, et l'amiral anglais montait le *Coromandel*. Des détachements de matelots et de soldats, pris sur les navires restés au bas du fleuve, étaient embarqués sur les canonnières; en outre celles-ci remorquaient des canots qui devaient jouer un rôle utile en cas de descente ou d'échouage. La flottille marchait lentement et avec précaution. L'ingénieur hydrographe Ploix, embarqué sur une canonnière anglaise à faible tirant d'eau, faisait un levé rapide de cette partie du cours du Peï-Ho.

La flottille brûla, sur son passage, des monceaux de paille et de roseaux, qui auraient pu être utilisés sur des bateaux du pays transformés en brûlots. Les jonques rencontrées, soit à la voile, soit au mouillage, recevaient l'ordre d'appareiller et de sortir du fleuve ; celles qui refusaient d'obtempérer à cette injonction étaient livrées aux flammes. Cette mesure n'avait d'autre but que d'enlever aux Chinois les moyens de faire des brûlots ou d'obstruer le cours du Peï-Ho. Enfin, on lança quelques obus sur des troupes aperçues dans la campagne. Ce furent les seuls actes d'hostilité faits par les alliés. Le 26, la flottille arrivait à Tien-Tsin où elle ne trouvait aucune résistance. Les petites canonnières sillonnèrent le fleuve, afin d'assurer les communications entre Tien-Tsin et l'embouchure du Peï-Ho, et renseigner les amiraux sur les mouvements de troupes qu'ils pourraient apercevoir.

On doit reconnaître que les Chinois avaient déployé, dans la défense des forts du Peï-Ho, beaucoup de courage, uni à une extrême opiniâtreté ; ils avaient tenu aussi longtemps qu'il leur était resté des pièces en état de tirer. L'enlèvement si rapide de positions, regardées par eux comme imprenables, avait démoralisé non seulement les garnisons des forts, mais les troupes qui devaient les soutenir ; celles-ci s'étaient mises en retraite. Les soldats qui occupaient de nombreuses batteries échelonnées le long du fleuve, batteries qui auraient pu nous faire beaucoup de mal, se voyant abandonnés, quittèrent leurs postes et s'enfuirent dans l'intérieur des terres. Par suite de l'état d'esprit des chefs et des soldats, les amiraux avaient pu, avec quelques petits bâtiments, à peine en mesure de débarquer plusieurs centaines d'hommes, arriver, sans coup férir, à Tien-Tsin, où les autorités et la population terrifiées les avaient accueillis avec des démonstrations en apparence très amicales.

A la nouvelle des événements que nous venons de

rapporter, la cour de Pékin, oubliant les lenteurs calculées dont elle avait fait, jusque-là, sa règle de conduite dans ses relations avec les étrangers, adressait, en toute hâte, aux deux amiraux, une note annonçant l'arrivée immédiate d'un haut personnage, le président du conseil des affaires civiles, muni de pleins pouvoirs « pour examiner et régler les affaires ». Le baron Gros et lord Elgin, dont la présence était devenue nécessaire, pouvaient remonter le Peï-Ho en toute sécurité ; ils arrivèrent à Tien-Tsin, le 30 mai, suivis, à vingt-quatre heures d'intervalle, par les ministres de Russie et des Etats-Unis. Le transport la *Gironde*, la corvette à vapeur le *Laplace*, l'aviso le *Prégent*, et la canonnière l'*Alarme*, capitaines Jauréguiberry, Monjaret de Kerjégu, Hulot d'Osery et Sauze, venaient de mouiller à l'embouchure du Peï-Ho. L'amiral Rigault de Genouilly fit immédiatement conduire à Tien-Tsin cinq cents hommes d'infanterie de marine, amenés par la *Gironde*, auxquels vinrent se joindre mille soldats anglais envoyés par le général Van Straubensee. Ce général ayant reçu des renforts avait pu, sans affaiblir le corps d'occupation de Canton, faire ce détachement. La présence de ces quinze cents hommes, qui furent casernés à Tien-Tsin, devait, en augmentant la crainte que nous inspirions, hâter les négociations.

Le 27 juin, la paix était conclue. Six nouveaux ports étaient ouverts au commerce. Il était dit dans le traité que les agents diplomatiques pourraient se rendre éventuellement à Pékin lorsque des affaires importantes les y appelleraient. Cette clause, arrachée à la terreur que la cour de Pékin éprouvait, et à son ardent désir de voir les alliés s'éloigner de Tien-Tsin, contenait le germe d'une nouvelle rupture. Le 4 juillet, l'annonce officielle de l'acceptation du traité par la cour de Pékin étant parvenue à Tien-Tsin, les troupes furent embarquées et les navires descendirent le Peï-Ho. Le baron Gros, chargé d'une mission au Japon, partit pour cette destination sur le *Laplace* ; cette corvette était accompagnée par l'aviso le *Prégent*. Après avoir détruit les forts du Peï-Ho, les alliés quittèrent le golfe du Petchili. Le 30 juillet, la division navale française, à l'exception des navires détachés devant Canton, se trouvait à Shang-Haï.

Ainsi se termina la guerre faite à la Chine par la France et l'Angleterre ; cette guerre avait été conduite avec autant de résolution que d'habileté. Dans une lutte engagée avec des pays peu connus, il est difficile d'apprécier exactement le degré de résistance que l'on pourra rencontrer. Les amiraux Rigault de Genouilly et Seymour ne s'étaient trompés ni à Canton, ni au Peï-Ho. Aussi, ces deux entreprises avaient-elles été couronnées d'un plein succès. Cette campagne faisait donc beaucoup d'honneur aux chefs des forces navales de la France et de l'Angleterre. Quoique disposant de faibles moyens, ils s'étaient rendus maîtres d'une ville contenant un million d'habitants, et, avec une poignée d'hommes et quelques canonnières, ils avaient dicté la paix à la Chine. Le 9 août 1858, le contre-amiral Rigault de Genouilly était nommé vice-amiral, en récompense de sa conduite à Canton et à l'attaque des forts du Peï-Ho. C'était un avancement justement mérité. Le 27 juin 1858 devenait une date historique; nous avions la question d'Orient, le traité de Tien-Tsin en créait une nouvelle, la question de l'extrême-Orient.

II

En 1786, l'empereur de Cochinchine, Ghia-loung, chassé du trône par une révolution, résolut, conformément à l'avis de son conseiller intime, Pigneau de Béhaine, évêque d'Adran, de solliciter l'appui de Louis XVI. Pigneau de Béhaine, accompagné du fils de Ghia-loung, vint en France pour atteindre ce résultat. Un traité d'alliance offensive et défensive fut signé, à Versailles, le 28 novembre 1787, entre les comtes de Montmorin et Vergennes, d'une part, et le fils de Ghia-loung, d'autre part. Louis XVI devait envoyer en Cochinchine, pour venir en aide à son allié, des bâtiments et des troupes, et Ghia-loung prenait l'engagement de céder à la France, en toute propriété, le port de Tourane et l'île de Pulo-Condor.

Le comte de Conway, gouverneur de Pondichéry, nommé au commandement de l'expédition, combattit les projets de l'évêque d'Adran. Au lieu d'exécuter les ordres qu'il recevait de Paris, en 1788, il écrivit à Versailles pour en demander de nouveaux. Le temps passa, et les événements qui se succédèrent, à cette époque, en France, avec une foudroyante rapidité, réléguèrent fort loin le traité signé le 28 novembre 1787. Comprenant, pendant le séjour qu'il faisait à Pondichéry, en 1788, l'impossibilité de vaincre l'opposition du comte de Conway, Pigneau de Béhaine partit pour la Cochinchine sur un navire de commerce, accompagné de plusieurs officiers, en tête desquels il faut placer MM. Chaigneau, Ollivier, Dayot, Vannier, dont les noms restent associés, dans l'histoire de la Cochinchine, à celui de l'évêque d'Adran, et un petit nombre de soldats et de matelots.

A son arrivée, l'évêque d'Adran trouva Ghia-loung à Saïgon, où il se maintenait avec l'aide de quelques partisans. Les conseils habiles de l'évêque et le savoir des officiers français contribuèrent, pour une large part, à rétablir les affaires de Ghia-loung. Celui-ci battit les rebelles, s'empara de Hué, capitale de l'empire, où il se fit proclamer empereur. L'évêque d'Adran resta jusqu'à sa mort, survenue en 1799, l'ami et le conseiller toujours écouté de l'empereur ; ses funérailles furent célébrées avec une pompe et un éclat exceptionnels. Ghia-loung, qui mourut en 1820, avait traité les missionnaires et les chrétiens indigènes avec une extrême bienveillance, et il s'était montré accessible aux idées européennes.

Son successeur, Min-mang, adopta une politique absolument opposée ; il inaugura l'ère des persécutions et s'efforça de maintenir son pays en dehors de tout contact avec l'Europe. Néanmoins, cédant probablement au courant d'opinion qui faisait de la France une puissance amie de la Cochinchine, il notifia au roi Louis XVIII son avènement au trône. Au commencement de l'année 1825, le capitaine de vaisseau de Bougainville arrivait en rade de Tourane ; il était chargé de remettre à l'empereur d'Annam une lettre du roi de France et des présents. L'empereur refusa de recevoir la lettre et les présents, déclarant qu'il ne voulait avoir aucune relation avec les puissances européennes. Les successeurs de

Min-mang suivirent la voie que celui-ci avait tracée ; les missionnaires et les chrétiens indigènes furent poursuivis, traqués et mis à mort avec des raffinements de cruauté inouïs.

La France, qui ne portait pas alors ses vues sur l'Extrême-Orient, entretenait à peine quelques bâtiments dans les mers de Chine. Un navire de guerre de notre nation paraissait, à rare intervalle, sur la rade de Tourane; l'officier qui le commandait protestait énergiquement contre la conduite barbare du gouvernement annamite à l'égard des missionnaires. Quelquefois, un acte de vigueur vengeait l'honneur du pavillon et punissait l'insolente duplicité des mandarins. Certaines démarches étaient couronnées de succès ; des prêtres incarcérés nous étaient remis, mais les résultats obtenus, s'ils nous donnaient une satisfaction momentanée, n'engageaient pas l'avenir. Le navire ayant causé quelque trouble dans l'esprit de l'empereur et de ses conseillers, avait à peine disparu à l'horizon que tout était oublié. Le gouvernement annamite considérait la présence d'un bâtiment de guerre français comme un mal passager qui ne pouvait avoir aucune influence sur la marche des événements. Il devait en être ainsi, notre intervention n'étant pas accompagnée d'une force suffisante pour imposer notre volonté.

En résumé, la persécution des missionnaires et des chrétiens indigènes était devenue partie intégrante du système gouvernemental de l'Annam ; d'autre part, la France continuait à se considérer comme la protectrice naturelle des missionnaires et des indigènes convertis au catholicisme, mais son action était intermittente et, par suite, inefficace. Telle était la situation lorsque, en

1856, Mgr Pellerin, évêque [de Biblos, vint à Paris pour demander la protection effective de la France. Le temps avait marché et on pensait, à Paris, que le moment était venu de prendre position dans les mers de Chine ; la question cochinchinoise fut donc l'objet de l'attention du gouvernement. Nous ne pouvions pas nous prévaloir du traité de 1787, puisque nous n'avions rempli aucune des conditions que cet instrument diplomatique nous imposait, mais la question religieuse nous donnait le droit d'intervenir. Les services rendus par l'évêque d'Adran et les officiers qui l'accompagnaient à la cause de Ghia-loung étaient le point de départ d'une tradition qui, aux yeux des Cochinchinois, faisait des Français les protecteurs des missionnaires et des chrétiens indigènes. Ce rôle, nous ne l'avions pas rempli avec une suffisante persévérance, mais nous ne l'avions jamais abandonné. Une action décisive fut résolue dans ce sens. L'Espagne protestait depuis longtemps, mais sans rien obtenir, contre les traitements barbares infligés, en Cochinchine, à ses missionnaires. La cour de Madrid, aussitôt qu'elle fut informée de nos intentions, nous promit un concours direct.

Le 27 novembre 1857, l'amiral Rigault de Genouilly recevait du ministre de la marine une dépêche lui prescrivant de faire une démonstration immédiate contre la Cochinchine. Au moment où cette dépêche lui parvenait, le chef de la division française se trouvait, par suite de la gravité des événements qui se passaient en Chine, dans l'impossibilité de se conformer aux instructions qu'il venait de recevoir. Toutefois, il détacha le *Catinat* sur les côtes du Tonkin avec l'ordre de recevoir, à son bord, les missionnaires et les chrétiens indigènes qui se présenteraient. Lorsque la signature du traité de Tien-Tsin rendit à l'amiral la liberté de ses mouvements, il prit ses dispositions pour agir en Cochinchine. Laissant, à Canton, le *Catinat*, la *Capricieuse*, le *Marceau* et l'aviso le *Lily*, il dirigea les bâtiments de sa division sur Yuly-Kan, dans l'île d'Haynan. L'amiral fut rallié, à ce mouillage, par la *Saône*, arrivant de France avec cinq cents hommes d'infanterie et d'artillerie de marine, et par le transport la *Dordogne*, venant de Manille avec quatre cent cinquante hommes des troupes indigènes des Philippines. La division mit sous vapeur, le 30 août, et elle mouilla, le lendemain, à l'entrée de la baie de Tourane ; cette baie était défendue par de nombreux ouvrages armés de canons de gros calibre.

D'après les renseignements parvenus à l'amiral, nous devions nous attendre à une sérieuse résistance. La division française comprenait, en ce moment, les bâtiments désignés ci-après : la frégate amirale la *Némésis*, les corvettes à vapeur le *Phlégéton* et le *Primauguet*, les canonnières l'*Avalanche*, la *Dragonne*, la *Fusée*, et la *Mitraille*, les transports la *Gironde*, la *Saône*, la *Dordogne* et la *Meurthe*, et l'aviso à vapeur espagnol, *El Cano*. Le 1ᵉʳ septembre, dans la matinée, l'amiral fit connaître aux autorités annamites que si, dans un délai de deux heures, les forts ne lui étaient pas remis, il les enléverait de vive force. Cette sommation étant restée sans réponse, la division pénétra dans la baie sur trois colonnes. Pendant que nos bâtiments se dirigeaient vers l'intérieur de la baie, les Annamites ne tirèrent pas un seul coup de canon. Aussitôt que chaque navire eut pris le poste qui lui était assigné, l'ordre fut donné de commencer le feu. L'ennemi répondit faiblement, et, après un engagement de peu de durée, il cessa de tirer. Les troupes et les compagnies de débarquement, immédiatement mises à terre, trouvèrent les forts abandonnés. Trois canonnières et l'aviso espagnol s'étaient dirigés sur deux forts qui défendaient l'entrée de la rivière, située au fond de la baie. Peu après l'ouverture du feu, le fort de l'est faisait explosion. Des sondages, opérés pendant la nuit, permirent de s'approcher du fort de l'ouest, et, le lendemain, dans la matinée, après une demi-heure de feu, celui-ci éprouvait le même sort que le fort de l'est. Une flottille d'embarcations entra dans la rivière, et les troupes prirent position pour repousser les Annamites si ceux-ci se décidaient à nous attaquer. La résistance que, d'après les rapports venus de terre, l'ennemi devait nous opposer, ne s'était pas produite. Nous nous étions rendus, sans difficultés, maîtres de la baie de Tourane.

Le succès obtenu restait sans valeur, s'il ne nous permettait pas d'imposer nos volontés au gouvernement cochinchinois. Des tentatives, faites dans ce sens, n'aboutirent à aucun résultat. Une marche victorieuse sur la capitale de l'empire aurait atteint le but poursuivi, mais nous n'avions pas de navires d'assez faible tirant d'eau pour remonter jusqu'à Hué; d'autre part, une expédition par la voie de terre exigeait un personnel plus nombreux que celui dont nous disposions et des moyens de transport que nous ne possédions pas. On croyait, à Paris, qu'une démonstration vigoureuse suffirait pour amener l'empereur d'Annam à composition. Les événements montraient que le gouvernement français s'était trompé; ce genre d'erreur n'est que trop fréquent lorsqu'il s'agit d'expéditions lointaines, basées trop souvent sur des renseignements que les faits viennent démentir. Réduit à l'inaction, et ne pouvant, par conséquent, peser sur les décisions du gouvernement annamite, l'amiral résolut de se porter sur la basse Cochinchine. Il se proposait de prendre Saïgon. Le fleuve qui conduisait à cette ville était accessible à tous nos bâtiments; les troupes devant agir très près du point de débarquement, ne seraient pas exposées à de trop grandes fatigues. « Saïgon, écrivait l'amiral, est l'entrepôt des riz qui nourrissent en partie Hué et l'armée annamite et qui doivent remonter vers le nord au mois de mars. Nous arrêterons les riz. » La réelle importance de cette opération n'avait pas échappé à l'attention de l'amiral; si l'occupation de Tourane blessait l'amour-propre de l'ennemi, la conquête de Saïgon devait l'atteindre gravement dans ses intérêts.

L'amiral prit la mer, le 2 février, laissant, à Tourane, des forces suffisantes pour repousser toute attaque des Annamites. La division comprenait le *Phlégéton*, sur lequel l'amiral avait mis son pavillon, le *Primauguet*, les canonnières l'*Alarme*, l'*Avalanche* et la *Dragonne*, les transports la *Saône*, la *Durance* et la *Meurthe*, et l'aviso à vapeur espagnol, *El cano*. L'amiral arrivé, le 9, au cap Saint-Jacques, enlevait, le lendemain, les deux forts qui défendaient l'entrée du fleuve; la division se mettait en mouvement, le 11, et, le 15, elle était en vue de deux forts qui défendaient, au sud, les abords de la ville de Saïgon. « Du 11 au 15, écrivit l'amiral, j'enlevais successivement les forts de Oughia, de Biguekague et de Kiala, ceux de Taugray et de Tauky, et j'arrivais, dans la soirée du 15, près des deux forts, construits sur les plans d'ingénieurs français, qui défendent au sud la ville de Saïgon. » Les troupes étaient réparties sur les différents navires de la division. Aussitôt qu'un fort était abandonné, des soldats et des marins débarquaient; après l'enlèvement de la partie du matériel pouvant être de quelque utilité, le fort était détruit. Nous laissions ainsi la route libre derrière nous. Comme la force du courant permettait difficilement de s'embosser, l'amiral prit de promptes dispositions pour que les navires fussent en mesure d'attaquer de pointe les forts reconnus le 15. L'*Alarme* et l'*Avalanche* installèrent, sur leur avant, la première deux canons de trente, et la seconde un obusier de quatre-vingts. Le *Phlégéton* et le *Primauguet* placèrent, en chasse, des canons rayés. Le 16, dans la matinée, les deux forts étaient réduits au silence; un des forts fut détruit, et on conserva l'autre pour servir de point d'appui aux bâtiments de guerre et de transport.

Il restait à prendre la citadelle qui couvrait Saïgon du côté du nord; canonnée le 17, celle-ci, après quelques heures de feu, était abandonnée par ses défenseurs. Les marins et les soldats débarqués, chassant devant eux une troupe annamite qui semblait vouloir leur disputer le passage, occupèrent la citadelle dans laquelle on trouva deux cents pièces de canon et une quantité considérable d'armes, de munitions et d'équipements militaires; le riz contenu dans les magasins pouvait nourrir six à huit mille hommes pendant une année. Dans cette citadelle très vaste, les chefs militaires, les fonctionnaires de tout ordre et les troupes, occupaient des bâtiments qui étaient en parfait état. On conçoit de quel intérêt il eût été pour nous de conserver une place qui offrait d'aussi grandes ressources, mais l'amiral estima que le personnel restreint dont il disposait serait hors d'état de suffire à cette tâche. Il y eut lieu, plus tard, de regretter cette décision, mais c'est là l'inconvénient des expéditions faites sans que le but soit nettement fixé à l'avance. Au lieu de diriger les événements, on les subit, et ce sont alors les circonstances qui déterminent la ligne de conduite à tenir. Il ne s'agissait pas, à ce moment, de former un établissement en Cochinchine; on devait, d'après les instructions du gouvernement, amener l'empereur de l'Annam à conclure avec nous un traité contenant certaines clauses que nous voulions lui imposer. L'attaque dirigée contre Saïgon tendait à faciliter ce résultat; d'autre part, l'amiral était dans l'obligation d'avoir, à Tourane, la plus grande partie des forces dont il disposait, puisqu'il était toujours question de frapper un coup décisif à Hué. Or, les nouvelles qui venaient de Tourane n'étaient pas très satisfaisantes. L'amiral, pressé de remonter vers le nord, fit sauter la citadelle; il mit dans le fort du sud, reconstruit par nos soins, deux compagnies d'infanterie, une française et une espagnole, et il laissa, dans la rivière, le *Primauguet*, l'*Avalanche* et la *Dragonne*. Le capitaine de frégate Jauréguiberry, du *Primauguet*, devait exercer le commandement supérieur des forces de terre et de mer.

En quittant Saïgon, l'amiral écrivit au ministre : « Il ne m'est pas possible de dire aujourd'hui quand et comment se terminera la question de Cochinchine, et quelle éventualité amènera une solution, mais si Tourane est une position militaire avantageuse, Saïgon est appelé à devenir le centre d'un immense commerce, dès que son fleuve sera ouvert aux Européens; le pays est magnifique, riche en produits de toute espèce : riz, coton, sucre, tabac, bois de construction, tout y abonde, et comme le fleuve communique avec l'intérieur du pays par de nombreux cours d'eau, il y aurait là des ressources incalculables, au moins pour l'exportation. » L'amiral avait à peine quitté Saïgon, que le commandant Jauréguiberry se trouvait en présence de sérieuses difficultés.

Les Annamites, depuis que nous occupions le fort du sud, déployaient une très grande activité ; ils construisaient, dans la plaine de Ki-Hoa, à l'ouest de Saïgon, des forts reliés entre eux par des lignes de défense. Se couvrant d'une série d'ouvrages intelligemment entendus, ils se rapprochaient de la citadelle que nous avions détruite, avec l'intention de s'établir sur ce point; ils se proposaient, en outre, de couper nos communications avec la ville chinoise. Enfin, par suite de mesures prises par les mandarins annamites, les embarcations qui apportaient des vivres frais, à bord de nos bâtiments, devenaient, chaque jour, plus rares. Profitant de l'arrivée de la *Marne*, qui amenait en Cochinchine des soldats d'infanterie de marine, le commandant Jauréguiberry résolut d'attaquer les positions de l'ennemi avant que celles-ci eussent pris un plus grand développement. Le 21 avril, à trois heures du matin, trois cent cinquante soldats d'infanterie de marine, quatre-vingt-dix hommes empruntés à la garnison du fort du sud, et cent cinquante marins s'embarquèrent dans les canots du *Primauguet*, de l'*Avalanche* et de la *Dragonne* et dans des embarcations du pays conduites par des chrétiens indigènes. A cinq heures, l'expédition débarquait près de la ville chinoise et se mettait immédiatement en marche. Un premier fort fut occupé sans coup férir, puis un second, qui fit quelque résistance. Peu après, on aperçut des troupes qui semblaient nous attendre; celles-ci, immédiatement attaquées, furent mises en fuite. On se dirigea sur un troisième fort, dans lequel l'ennemi avait concentré d'importants moyens de défense. Les troupes, après un effort vigoureux, avaient franchi l'enceinte du fort lorsqu'elles se trouvèrent arrêtées par une seconde enceinte placée à quelques mètres de la première. Marins et soldats eurent alors à supporter un feu très vif. Le commandant Jauréguiberry fit cesser l'attaque et ramena la colonne en arrière; les hommes, qui marchaient et combattaient depuis plusieurs heures sous une chaleur accablante, étaient très fatigués. Le commandant Jauréguiberry crut sage de se contenter des résultats obtenus; les marins et les soldats rallièrent leurs bâtiments et le fort du sud. Nos pertes étaient relativement grandes; nous avions quatorze tués et trente et un blessés; au nombre des morts se trouvaient le sous-commissaire de Beaulieu et le sous-lieutenant Vanuague. D'après les renseignements qui parvinrent au commandant Jauréguiberry, les Annamites avaient eu, le 21 avril, plus de cinq cents hommes hors de combat.

Pendant le cours des opérations exécutées dans le Donnai, la division avait été successivement ralliée par le *Laplace*, le *Prégent* et le *Duchayla*, capitaines Montjarret-Kerjégu, Hulot d'Osery et Tricault. Des soldats d'infanterie et d'artillerie de marine étaient arrivés, mais ce renfort n'avait guère servi qu'à combler les vides, malheureusement trop grands, causés par l'insalubrité du climat. A Tourane, où l'action du gouvernement de Hué se faisait sentir avec beaucoup de vigueur, les chefs militaires disposaient de puissantes ressources en hommes et en matériel. Profitant de l'absence de l'amiral, parti pour le sud avec le gros de ses forces, ils avaient commencé et ils poursuivaient avec une très grande activité la construction d'ouvrages devant nous enfermer dans nos lignes. Ces ouvrages étaient élevés avec un savoir militaire auquel on ne s'attendait pas de la part des Annamites; ceux-ci se montraient, dans l'art de la guerre, très supérieurs aux Chinois. En arrière de ces ouvrages, se trouvait un camp retranché dans lequel des troupes, dont le nombre était évalué à dix mille hommes, étaient réunies.

Les fortifications élevées par les Cochinchinois menaçant notre sécurité, l'amiral résolut de les détruire. Afin d'assurer la liberté de nos mouvements, quelques batteries furent enlevées le 7 mai. Le lendemain, au point du jour, les canonnières la *Fusée*, l'*Alarme*, la *Mitraille*, l'*Avalanche*, capitaines Gabrielli de Carpégna, Sauze, Sergent, d'Osery, les corvettes le *Phlégéton*, le *Laplace*, capitaines Bailly et Montjarret-Kerjégu, embossées aussi près de terre que pouvait le permettre leur tirant d'eau, ainsi que les batteries établies à terre, ouvrirent le feu sur les lignes cochinchinoises. Lorsque cette canonnade, dirigée contre les ouvrages que nos pièces pouvaient atteindre, eut produit son effet, les troupes et les compagnies de débarquement furent mises à terre. A dix heures du matin, les Annamites étaient en fuite, et nous occupions leurs positions. Les ouvrages conquis étaient au nombre de vingt, armés de cinquante-quatre pièces de canon. L'ennemi s'était bien défendu et, sur plusieurs points, il avait opposé une résistance énergique. Ses pertes, d'après les rapports des espions, étaient très grandes, mais les nôtres appelaient l'attention. Nous avions eu quarante-cinq hommes hors de combat et les Espagnols trente-trois. Deux officiers espagnols, un sous-lieutenant et un capitaine, étaient au nombre des morts. A Tourane, comme à Saïgon dans l'affaire du 21 avril, les pertes n'étaient pas en rapport avec les résultats obtenus. On doit en conclure que les expéditions lointaines doivent être faites avec des forces telles que toute résistance devienne impossible. On obtient ainsi une économie d'hommes, ce qui est important, et une économie d'argent, ce qui a également sa valeur.

Telle était la situation lorsque la nouvelle des graves événements qui se passaient en Europe parvint en Cochinchine. La France avait déclaré la guerre à l'Autriche; au mois de mai 1859, l'armée française était entrée en Italie. L'amiral fut prévenu que, étant données les circonstances, aucun secours ne pouvait lui être envoyé. Le ministre l'invitait à traiter avec les Annamites, sur les bases de sa dépêche du mois de novembre 1857; il laissait l'amiral libre d'évacuer la Cochinchine, s'il en reconnaissait la nécessité. L'amiral avait, sous ses ordres, une poignée d'hommes, et ses navires, partis de France, pour la plupart, depuis longtemps, étaient en fort mauvais état. Il devait, avec de pareils moyens, surveiller ce qui se passait à Canton, occuper la baie de Tourane et conserver la position prise à Saïgon. La campagne de Chine et les succès obtenus dans l'empire d'Annam constituaient le point de départ de l'influence française dans l'Extrême-Orient; si nous abandonnions la Cochinchine, tout ce que nous avions fait jusque-là disparaissait. L'amiral, ne voulant pas porter la responsabilité d'un acte ayant de telles conséquences, déclara qu'il n'évacuerait pas la Cochinchine, aussi longtemps qu'il exercerait son commandement; il ne quitterait les positions qu'il occupait, c'est-à-dire Tourane et Saïgon, que sur l'ordre du gouvernement. Quoiqu'il n'y eût pas lieu de se faire illusion sur le résultat, des négociations furent entamées avec le gouvernement annamite. Celui-ci, sachant que la France soutenait une guerre en Europe, et voyant, d'autre part, le peu de progrès que nous faisions, se berçait de l'espoir qu'un jour viendrait où nous prendrions le parti de nous éloigner. Nos adversaires ne traitaient que pour la forme, et ils continuaient à accumuler des ouvrages défensifs sur la route de Hué et autour de cette ville.

III

Un événement imprévu vint fortifier les idées de résistance du gouvernement annamite. Lors de la conclusion du traité de Tien-Tsin, il avait été convenu que les ratifications seraient échangées à Pékin, dans l'intervalle d'une année, à partir du jour de la signature, c'est-à-dire à partir du 27 juin 1858. Au commencement du mois de juin de l'année suivante, une escadre anglaise, sous le commandement de l'amiral Hope, comprenant sept navires à vapeur, dix canonnières et deux transports, se dirigea sur l'entrée du Peï-Ho, escortant le navire qui portait le ministre d'Angleterre, M. Bruce. Deux navires de guerre français, la corvette le *Duchayla* et l'aviso le *Norzagaray*, accompagnaient l'escadre anglaise. Le ministre de France, M. de Bourboulon, était à bord du premier de ces bâtiments.

A Paris et à Londres, on semblait convaincu que les ambassadeurs des deux puissances ne rencontreraient aucune difficulté pour se rendre à Pékin ; c'était mal connaître les véritables sentiments des Chinois. En signant le traité de Tien-Tsin, le gouvernement impérial s'était surtout proposé de nous éloigner. Aussitôt les soldats embarqués et les navires au large, il n'avait eu qu'une pensée : nous empêcher de revenir. Les forts de Takou, défendant l'entrée du Peï-Ho, furent reconstruits dans des conditions supérieures à ce qu'ils étaient en 1858 ; on les arma avec des pièces de gros calibre, et le personnel, choisi avec soin, fut exercé. Enfin, trois estacades, solidement établies, barrèrent l'entrée de la rivière.

Le 20 juin 1859, les alliés se présentaient à l'embouchure du Peï-Ho ; à la demande de livrer passage, l'autorité militaire répondit par un refus. Le gouverneur du Petchili, auquel s'adressèrent les ambassadeurs, informa ces derniers qu'ils devaient débarquer à dix milles au nord de l'embouchure du Peï-Ho, à Peh-tang, où les attendait une escorte chargée de les conduire à Pékin. Les ambassadeurs, bien convaincus de la mauvaise foi des Chinois, rejetèrent cette proposition ; ils renoncèrent également à engager avec les autorités des négociations, lesquelles, étant données les circonvolutions de la diplomatie chinoise, n'auraient jamais eu de fin. Dans ces conditions, il fallait s'éloigner ou forcer le passage. L'amiral Hope adopta sans hésitation ce dernier parti ; il repoussait l'idée de se retirer devant des Chinois qu'il ne supposait pas, d'ailleurs, capables de faire une grande résistance.

Le 25, un combat d'artillerie, engagé entre les forts et les bâtiments qui avaient pu se placer à portée de canon, tourna immédiatement à l'avantage de nos adversaires. Deux bâtiments anglais furent coulés; les autres éprouvèrent de graves avaries et firent des pertes sensibles. Ne voulant pas rester sous le coup de cet échec, l'amiral Hope forma le projet d'enlever les forts par un coup de main ; tout le personnel que l'on put réunir fut débarqué. Marins et soldats, ayant à leur tête le capitaine de frégate Tricault, du *Duchayla*, chargé de diriger l'opération, s'avancèrent avec la plus grande intrépidité vers les ouvrages dont ils devaient s'emparer, mais la nature marécageuse du terrain rendait la marche difficile et fatigante. Arrivés, sous une grêle de balles et de projectiles, jusqu'aux fossés dont étaient entourés les forts chinois, Anglais et Français furent arrêtés par un feu violent ; devant l'impossibilité d'aller plus loin, la nécessité de se retirer s'imposa. Les pertes étaient considérables. Quatre cent cinquante Anglais et quinze Français étaient hors de combat ; l'amiral Hope et le commandant Tricault étaient au nombre des blessés. L'amiral anglais ayant épuisé tous les moyens d'action dont il disposait, se rendit à Shang-Haï.

En 1858, les Chinois, tremblant à la pensée que la poignée d'hommes qui occupait Tien-Tsin, pourrait aller à Pékin, avaient admis que les ratifications du traité auraient lieu dans la capitale de l'empire, mais si, courbant la tête devant la nécessité, ils avaient pris cet engagement, c'était avec l'intention bien arrêtée de ne pas le tenir. Les hommes qui dirigeaient les affaires du Céleste Empire considéraient la présence, à Pékin, des ambassadeurs des puissances étrangères comme un malheur national; ils croyaient qu'un événement aussi contraire aux mœurs, aux habitudes, aux traditions de leur pays, amènerait la chute de la dynastie. La diplomatie britannique ne pouvait ignorer quelle était, sur ce sujet, l'opinion des conseillers de l'empereur. Elle devait également savoir que des travaux militaires de grande importance avaient été faits à l'embouchure du Peï-Ho; cependant pas un navire de guerre n'avait été envoyé pour faire une reconnaissance exacte des forts de Takou. Si les représentants du gouvernement britannique avaient examiné cette situation avec l'attention qu'elle comportait, on aurait donné à l'amiral Hope les moyens nécessaires pour triompher de toute résistance. Cet amiral, arrivant dans le golfe du Petchili avec des forces insuffisantes, ne veut pas que les pavillons alliés subissent l'humiliation de se retirer devant des Chinois; il se propose d'enlever de vive force le passage qui lui est refusé. Inférieur dans le combat engagé entre les forts et ses bâtiments, l'amiral espère ressaisir la victoire en prenant d'assaut des ouvrages auxquels on parvient difficilement et qui n'ont pas été entamés par le canon. C'était trop compter sur la fortune et il échoue dans des conditions désastreuses. En pratiquant une politique de ruse et de mauvaise foi, le gouvernement impérial avait pu se donner la satisfaction de venger la défaite essuyée l'année précédente, mais, en sacrifiant l'avenir au présent, les Chinois auraient dû comprendre qu'ils attireraient de nouveaux malheurs sur leur pays. Il était évident que nous ne laisserions pas impunie la violation, dans les conditions où elle s'était produite, du traité de Tien-Tsin.

L'échec subi par les alliés, le 25 juin 1859, promptement connu à Canton et en Cochinchine, augmenta les difficultés auxquelles l'amiral Rigault de Genouilly devait faire face. Une très vive agitation se manifesta non seulement à Canton, mais dans les environs où se tenaient des bandes n'attendant qu'une occasion favorable pour nous attaquer. L'amiral jugea nécessaire d'envoyer, à Canton, un détachement d'infanterie de marine pour renforcer le corps d'occupation qui était très affaibli. En Cochinchine, l'empereur, se trompant sur la portée de l'échec essuyé par les alliés, à l'embouchure du Peï-Ho, se montra moins que jamais disposé à traiter, ce qui amena la rupture des négociations entamées à Tourane et à Saïgon. L'amiral, voulant ramener les Annamites à un sentiment plus exact de la situation, résolut de détruire de nouveaux ouvrages élevés depuis l'affaire du 8 mai. Le 7 septembre, une colonne expéditionnaire mit en fuite une troupe forte de plusieurs milliers d'hommes et s'empara de toutes les positions occupées par les Cochinchinois. Le succès de la journée avait coûté à la colonne expéditionnaire dix morts et quarante blessés. On fit sauter les fortifications, et les canons de gros calibre, qu'il n'était pas possible de transporter à bord de nos bâtiments, furent mis hors de service.

Depuis quelque temps déjà, l'amiral, dont la santé était très affaiblie, demandait à rentrer en France. Au mois d'octobre, le contre-amiral Page vint le remplacer dans son commandement.

Pendant le cours de la campagne de Chine et de

Cochinchine, l'amiral Rigault de Genouilly s'était acquis une légitime réputation. Tout ce qu'il avait fait à Canton, au Peï-Ho, en Cochinchine, était marqué au coin de la résolution et de l'habileté. Placé dans une position difficile, ne disposant que d'une poignée d'hommes, il s'était maintenu à Tourane et à Saïgon, tout en ayant les yeux fixés sur les intérêts engagés à Canton, par un effort de volonté que rien n'avait pu ébranler. L'amiral avait trouvé dans les hommes placés sous ses ordres, contingent espagnol, marins, soldats d'infanterie et d'artillerie de marine, soldats du génie, le concours le plus dévoué et le plus absolu. Le corps expéditionnaire s'était battu, en toutes circonstances, avec la plus grande intrépidité, et il avait supporté, avec non moins de courage, un mal plus dangereux que les Annamites, l'insalubrité du climat.

IV

La guerre engagée entre la France et l'Autriche fut de courte durée ; les événements marchèrent avec une telle rapidité que la marine, à laquelle on songea trop tard, ne put jouer un rôle actif. L'amiral Jurien de La Gravière appareilla de Toulon, le 5 mars 1859, avec les vaisseaux l'*Eylau*, et le *Napoléon* et la frégate l'*Impétueuse*, pour se rendre dans l'Adriatique. Cette division établissait, le 16 mai, le blocus devant Venise et coupait les communications entre cette ville et Trieste. Les Autrichiens, quoique disposant d'un certain nombre de bâtiments de guerre, déclinèrent, avec intention, toute lutte sur mer ; ils jugèrent plus conforme à leur intérêt de consacrer les ressources que peut offrir un arsenal maritime à la défense des approches de Venise du côté du large. Des dispositions furent prises pour obstruer les passes, et des batteries, armées de pièces de gros calibre, empruntées aux bâtiments désarmés, couvrirent le littoral du Lido à Chioggia. Des torpilles complétaient le système de défense de tous les canaux qui, de la mer, conduisaient à Venise. La marine française ne semblait appelée à rendre d'autre service que de bloquer les côtes de l'Adriatique lorsque, vers la fin du mois de mai, on prit, à Paris, de nouvelles résolutions. Il fut décidé qu'une force navale forcerait les passes de Venise.

Le vice-amiral Desfossés, qui était à Toulon avec l'escadre de la Méditerranée, devait se rendre dans l'Adriatique avec quatre vaisseaux, un même nombre de frégates à vapeur, des avisos, des transports et une flotte de siège. Celle-ci, placée sous les ordres directs du contre-amiral Bouët-Villaumetz, comprenait quatre frégates à vapeur, le *Mogador*, le *Vauban*, le *Descartes*, le *Sané*; trois batteries flottantes, la *Dévastation*, la *Lave*, la *Tonnante*; quatorze canonnières, l'*Aigrette*, l'*Etincelle*, l'*Eclair*, la *Flèche*, la *Flamme*, la *Fulminante*, la *Grenade*, l'*Arquebuse*, la *Lance*, la *Poudre*, la *Redoute*, la *Sainte-Barbe*, la *Salve*, la *Tempête*; quatre chaloupes canonnières, la *Guêpe*, l'*Alerte*, la *Mutine*, la *Tirailleuse*; deux chaloupes canonnières toscanes, l'*Ardita*, la *Véloce*. Le 15 juin, les bâtiments composant la flotte expéditionnaire étaient à la mer, se rendant à Antivari. L'amiral Desfossés quittait Antivari le 30, se dirigeant sur Lossini, dont il voulait s'emparer afin d'avoir, à sa disposition, un port dans lequel nous pourrions établir un dépôt de charbon, de vivres et de munitions.

Les bâtiments composant la flotte de siège avaient figuré à l'attaque de Kinburn, mais réduire la forteresse des bords du Dniéper et forcer les passes qui, du large, conduisaient à Venise, constituaient deux opérations différentes, et la seconde était, sans nul doute, d'une exécution plus difficile que la première. La flotte de siège de la mer Noire, devons-nous ajouter, comprenait des bombardes; en outre, les vaisseaux des amiraux Bruat et Lyons, quoique tirant de loin, avaient pris une part utile à l'attaque. Or, devant Venise, les vaisseaux étaient obligés de mouiller à une trop grande distance pour que leur feu fût efficace. On comptait évidemment, à Paris, sur le soulèvement de la population; celle-ci, entendant le canon des bâtiments français, aurait, dans l'emportement du premier moment, contraint les troupes qui occupaient la ville, à se retirer. Le 8 juillet, l'amiral Desfossés partait de Lossini pour se rendre à sa destination lorsqu'une dépêche, contenant l'ordre d'attaquer sur-le-champ, lui parvint. Cette dépêche, qui avait fait un long circuit pour l'atteindre, avait été expédiée du quartier général le 3 juillet. L'amiral poursuivait sa route, se proposant d'attaquer, dès le lendemain, si les circonstances le permettaient, lorsqu'il reçut une nouvelle dépêche lui annonçant la suspension des hostilités. On sait que la conclusion d'un armistice entre les deux armées fut promptement suivie de la signature du traité de paix.

Le gouvernement français, cédant à des considérations politiques, ne voulait envoyer, dans l'Adriatique, qu'un petit nombre de bâtiments. L'amiral Jurien aurait dû néanmoins avoir, à sa disposition, plusieurs corvettes ou avisos; il n'aurait pas été dans l'obligation d'employer une frégate pour porter ses dépêches et attendre celles du ministre. On peut ajouter qu'il n'eût pas été inutile d'augmenter le nombre des grands bâtiments envoyés dans l'Adriatique. Le 9 mai, et la division était partie le 5, le *Napoléon* faisait connaître qu'il avait une voie d'eau; dans la nuit du 13, l'*Eylau*, le *Napoléon* et l'*Impétueuse* signalaient successivement des avaries. La division resta immobile pendant une partie de la nuit, et il y eut un moment où, des trois navires, un seul se trouvait en état de marcher. « Tout ce que j'ai vu, écrivait l'amiral, depuis que je navigue sur des vaisseaux à vapeur me prouve à quels mécomptes on peut être exposé avec ce genre de bâtiments. »

Le plan de campagne maritime, si nous le supposons soigneusement étudié, devait considérer l'attaque de Venise comme une éventualité sinon certaine, du moins probable. Dans ces conditions, le gouvernement prescrivait, dès le début de la guerre et même avant qu'elle fût déclarée, l'armement de la flotte de siège et il tenait cette flotte prête à appareiller au premier ordre. Si, par suite de circonstances politiques ou militaires, la flotte de siège ne prenait pas la mer, il n'en résultait d'autre inconvénient qu'une dépense, faible d'ailleurs, faite inutilement, considération de nulle importance en pareille occurrence. La flotte de siège paraissant au moment précis où elle devenait inutile, l'opinion publique pouvait accuser la marine de négligence ou de lenteur. Ce reproche, la marine ne le méritait pas, l'arrivée tardive de l'amiral Desfossés étant le résultat d'un défaut de prévoyance de la part du gouvernement.

LIVRE XIII

Guerre de Chine. — Départ de l'expédition. — Arrivée du général Cousin de Montauban à Shang-Haï. — La guerre est officiellement déclarée à la Chine. — Le vice-amiral Charner prend le commandement de nos forces navales dans les mers de Chine. — Arrivée du corps expéditionnaire. — Les Français vont à Tche-fou et les Anglais à Talien. — Les flottes alliées mouillent, le 28 juillet, dans le golfe du Petchili. — Débarquement des troupes et du matériel. — Enlèvement successif des ouvrages situés en amont des forts du Peï-Ho. — Prise d'un fort, sur la rive gauche du fleuve. — Reddition de tous les forts qui défendent l'entrée du Peï-Ho. — Les bâtiments de flottille remontent jusqu'à Tien-Tsin. — Occupation de cette ville par les alliés. — Duplicité du gouvernement chinois. — Le corps expéditionnaire marche sur Pékin. — Officiers et soldats faits prisonniers par trahison. — Bataille du 18 septembre. — Bataille de Pali-Kiao. — Le palais d'été de l'empereur. — Les prisonniers sont rendus. — Entrée des alliés à Pékin. — Incendie du palais d'été. — Signature du traité de paix. — Retour des alliés à Tien-Tsin. — Embarquement des troupes. — Une garnison est laissée à Tien-Tsin et dans les forts du Peï-Ho.

I

Le grave échec subi par la France et l'Angleterre à l'embouchure du Peï-Ho, le 25 juin 1859, exigeait une éclatante réparation si nous ne voulions pas perdre le bénéfice résultant des campagnes de 1857 et de 1858. Après entente entre Paris et Londres, l'expédition de Chine fut décidée. Le contingent français s'élevait à huit mille hommes de toutes armes, placés sous le commandement du général Cousin de Montauban. La flotte de transport comprenait l'*Entreprenante*, la *Dryade*, le *Jura*, la *Nièvre*, la *Loire*, le *Calvados*, la *Garonne*, le *Rhin*, l'*Isère*, le *Rhône*, le *Duperré*, la *Forte*, la *Vengeance*, la *Persévérante*, l'*Andromaque* et la *Reine des Clippers*. Les dix premiers bâtiments étaient mixtes, et les autres des navires à voiles; à l'exception de la *Reine des Clippers*, tous appartenaient à la marine militaire.

Du 5 décembre 1859 au 12 janvier 1860, les bâtiments portant le corps expéditionnaire prirent la mer, les uns partant de Toulon et les autres des différents ports de l'Océan. Tous devaient toucher à Gorée ou à Ténériffe, au Cap, à Singapour et à Hong-Kong; en prescrivant ces différentes relâches, le gouvernement avait pour but, non seulement de conserver la santé des troupes, en les mettant en position d'avoir souvent des vivres frais, mais aussi de rompre la monotonie de cette longue traversée qui aurait pu affecter le moral des soldats. Se rappelant les difficultés que l'expédition de 1858 avait rencontrées pour remonter de l'embouchure du Peï-Ho à Tien-Tsin, la marine avait construit des canonnières en fer, d'un faible tirant d'eau. Ces canonnières, qui étaient démontables, furent embarquées sur les transports le *Weser*, l'*Européen* et le *Japon*. Ces trois bâtiments prirent la mer au commencement de l'année 1860. Le général de Montauban, parti de France sur un paquebot anglais de la ligne de Chine arriva, dans le courant du mois de mars, à Shangaï où se trouvaient les plénipotentiaires de la France et de l'Angleterre, le baron Gros et lord Elgin. Le gouvernement chinois ayant répondu par un refus formel à la demande de réparation, présentée par ces diplomates, la guerre fut officiellement déclarée le 8 avril. Un détachement de troupes alliées, provenant de la garnison de Canton, prit immédiatement possession de l'archipel de Chusan.

Le général de Montauban était parti de France avec la qualité de commandant en chef des forces de terre et de mer. A son arrivée à Sanghaï, il apprit que cette situation était modifiée. Les Anglais estiment que, même dans une expédition combinée, la marine doit avoir son existence propre; ils n'admettent pas qu'elle soit directement placée sous les ordres de personnes étrangères à ce service. Le général en chef de l'armée anglaise et l'amiral, placé à la tête de l'escadre qui opérait dans les mers de Chine, avaient des commandements nettement séparés. Le gouvernement français reconnut la nécessité de mettre le chef de nos forces navales dans la même position que son collègue anglais, l'amiral Hope. D'autre part, il convenait que l'amiral français eût un grade qui fût en rapport avec la situation qu'il devait occuper. Le vice-amiral Charner fut désigné pour ce poste important; arrivé, le 19 avril, à Sanghaï, il prit immédiatement possession de son commandement. La frégate à hélice, l'*Impératrice-Eugénie*, portait son pavillon; le vice-amiral Charner avait, sous ses ordres, les contre-amiraux Page et Protet. L'escadre des mers de Chine comprenait soixante bâtiments, frégates, corvettes, avisos, grandes canonnières, canonnières en fer, et transports, au nombre desquels se trouvait le vaisseau le *Duperré*, destiné à servir d'hôpital.

A la fin du mois de mai, les navires, partis de France avec le corps expéditionnaire, étaient arrivés à Woosung, près de Shanghaï, à l'exception de l'*Isère* et de la *Reine des Clippers*. Le premier de ces bâtiments s'était jeté sur une roche à Amoy; personne n'avait péri, mais la plus grande partie du chargement était perdue. Quant à la *Reine des Clippers*, elle avait brûlé, en mer, non loin de Macao, ce qui avait permis à l'équipage de gagner la terre. L'armée française quitta Woosung pour se rendre à Tche-Fou dans le golfe du Petchili; l'amiral Page, qui dirigeait cette opération, débarqua les troupes sans trouver de résistance. Les Anglais s'établirent à Talieou-Houan, de l'autre côté du golfe, à vingt lieues environ du point occupé par nos troupes. L'armée anglaise, placée sous les ordres du général sir Hope Grant, était forte d'environ douze mille six cents hommes, comprenant près de cinq mille soldats indiens.

Une question fort importante préoccupait les généraux et les amiraux. Quel serait le point de débarquement, répondant, à la fois, aux exigences de l'armée et de la marine ? Les fonds de vase liquide qui bordent, jusqu'à une assez grande distance au large, les côtés du golfe du Petchili rendaient la solution difficile. Or, le choix du point où les troupes alliées seraient mises à terre pouvait exercer une sérieuse influence sur l'issue de la campagne. Se basant sur plusieurs reconnaissances faites dans le golfe du Petchili, non loin de l'embouchure du Peï-Ho, les généraux en chef décidèrent que les Français débarqueraient dans le sud et les Anglais dans le nord de ce fleuve. Les premiers attaqueraient les forts de la rive droite et les seconds ceux de la rive gauche. Une commission, dans laquelle la marine était représentée par le capitaine de vaisseau Bourgeois, du *Duperré*, le capitaine de frégate du Quilio, premier aide de camp de l'amiral Charner, et l'enseigne de vaisseau Vermot, et l'armée par le chef d'état-major général, le lieutenant-colonel Shmitz, le lieutenant-colonel Du Pin, chef du service topographique, et le capitaine d'état-major Foerster, fut chargée de déterminer le point précis où pourrait s'effectuer le débarquement des troupes françaises. Cette commission reconnut l'impossibilité, pour la flotte, de ravitailler les troupes que l'on parviendrait, avec beaucoup de difficultés, d'ailleurs, à mettre à terre dans le sud de l'entrée du Peï-Ho.

Cette partie du plan arrêté par les généraux fut donc abandonnée, et on convint que les deux armées débarqueraient dans le nord. D'après des documents provenant de reconnaissances faites, depuis quelque temps déjà, par les Anglais, cette opération pouvait être effectuée sur un banc de sable situé sur la rive gauche et près de l'entrée de Peh-tang, cours d'eau qui se jette dans le golfe, à dix milles de l'embouchure du Peï-Ho. Si le Peh-tang n'était pas obstrué par des estacades, les canonnières le remonteraient et les forts seraient enlevés de vive force.

Les flottes alliées, portant le corps expéditionnaire, appareillèrent le 26 juillet, et, le 28, elles mouillaient en dedans des bancs de Sha-luy-teen, à douze milles de l'embouchure du Peh-tang. Il y a lieu de renouveler une observation déjà faite à propos de la guerre de Crimée. L'escadre anglaise ne portait pas de soldats ; le service militaire n'étant pas interrompu par la présence d'un grand nombre d'hommes étrangers à la marine, elle restait en position de jouer le rôle qui lui appartenait. Des navires, loués au commerce, transportaient les troupes, les vivres et le matériel. C'était sur l'escadre de l'amiral Charner que se trouvait l'armée du général de Montauban ; en France, on a recours aux navires de commerce lorsqu'il n'est plus possible de trouver de la place sur les bâtiments de guerre. Les procédés des Anglais, en ce qui concerne cette question, valent mieux que les nôtres, et il serait de notre intérêt, dans toute expédition lointaine, d'adopter les sages dispositions prises par l'amirauté britannique.

Le 29, lorsque la nuit fut venue, deux embarcations, portant le lieutenant-colonel Du Pin, chef du service topographique, le lieutenant de vaisseau de la Marck et le capitaine d'état-major Foerster, se dirigèrent vers l'entrée du Peh-tang. Elles franchirent la barre et remontèrent jusqu'à trois milles de l'embouchure, n'apercevant que des pêcheries. Les trois officiers, entrant alors dans l'eau, cherchèrent à gagner la rive droite ; après une marche très pénible, d'environ cinq cents mètres dans un terrain fangeux, ils atteignirent la terre ferme. La commission constata, en outre, que, sur la barre, même à marée haute, il n'y avait que dix pieds d'eau. Les canonnières seules pouvaient donc la franchir.

Le 30 et le 31, l'état de la mer ne permit pas de mettre les troupes à terre. Le 1ᵉʳ août, le temps s'étant amélioré, les bâtiments tirant moins de dix pieds d'eau franchirent la barre, à midi, heure de la pleine mer, remorquant les embarcations qui portaient un détachement du corps expéditionnaire. A minuit les canonnières devaient remonter le Peh-tang, dépasser un fort élevé sur la rive droite, et se tenir prêtes à le canonner en le prenant à revers ; l'action de la marine devait se combiner avec une attaque de l'armée anglo-française. Vers dix heures du soir, le lieutenant-colonel Du Pin, suivi de quelques hommes, s'étant approché de ce fort, reconnut qu'il était abandonné ; les canons dont il était armé étaient en bois cerclé de fer. On se hâta de prévenir les canonnières qui étaient à leur poste et se disposaient à ouvrir le feu. Le génie militaire, entrant, sur l'ordre du général en chef, dans le fort de Peh-tang avant que des troupes fussent envoyées pour en prendre possession, découvrit six emplacements de mines ; dans chacun d'eux on trouva six bombes du plus fort calibre. Ces bombes, armées, à leur partie supérieure, de deux batteries à pierre, étaient au ras du sol ; un plancher, sur lequel on avait jeté un peu de terre, les recouvrait. Ce plancher, en basculant, mouvement que le plus léger contact amenait, faisait jouer les batteries, ce qui déterminait l'explosion.

Le temps continuant à être favorable, les généraux en chef donnèrent l'ordre de procéder immédiatement au débarquement des troupes et du matériel. Les Anglais terminèrent cette opération quarante huit heures avant les Français, quoiqu'ils fussent plus nombreux et surtout qu'ils eussent plus de bagages, mais les premiers disposaient de trente bâtiments pouvant franchir la barre du Peh-tang, alors que nous en avions seulement sept en mesure de le faire. Ces détails montrent le soin que le ministère de la marine doit apporter à constituer les flottes suivant la nature des services qu'elles sont appelées à rendre. Le retard apporté au débarquement des troupes françaises, fut sur le point de soulever un incident fâcheux entre les deux généraux en chef. Les Anglais, étant prêts, voulaient marcher en avant ; une reconnaissance ayant eu pour résultat de montrer que les chemins étaient impraticables, mit fin à cette difficulté. L'amiral Charner forma un bataillon de marins qu'il mit à la disposition du général de Montauban; ce bataillon, commandé par le capitaine de frégate Jauréguiberry, fit la campagne avec le corps expéditionnaire de Chine.

L'armée anglo-française, retardée par le mauvais temps, ne put se mettre en marche que le 12 août; elle gagna, par une chaussée étroite, partant du village de Peh-tang, un chemin qui suivait la rive gauche du Peï-Ho. Les alliés se dirigèrent alors sur les forts qui commandent l'entrée de ce fleuve; dans cette même journée, le camp retranché de Sin-Ko, qui se trouvait sur leur route, fut enlevé. Deux compagnies de marins figuraient dans cette affaire; elles marchaient derrière la compagnie de génie qui tenait la tête de la colonne d'attaque. Le 14, le fort de Tang-Kho, après un combat d'artillerie de peu de durée, était abandonné par ses défenseurs. Les ouvrages, construits en amont des forts qui défendaient, sur la rive gauche, l'entrée du Peï-Ho, étaient en notre pouvoir, mais, avant d'être maîtres de l'embouchure du fleuve, but que nous devions nous efforcer d'atteindre le plus promptement possible, il fallait prendre cinq forts, deux sur la rive gauche et trois sur la rive droite.

L'amiral Charner fut prévenu par le général de Montauban que, le 21, les alliés attaqueraient le fort de la rive gauche qui se présentait le premier aux troupes en marche, c'est-à-dire celui qui était le plus en amont. Le 20, dans l'après-midi, quatre canonnières en fer, placées sous les ordres du contre-amiral Page, prirent position sur un banc de vase molle situé sur la rive gauche du Peï-Ho. A six heures du soir, l'amiral Charner mouilla avec les grandes canonnières en dedans de la barre du fleuve, à un mille environ des forts du sud. Les canonnières de l'escadre anglaise vinrent se joindre aux nôtres. Pendant l'exécution de ces divers mouvements, les batteries chinoises restèrent silencieuses, mais, vers neuf heures et demie, l'ennemi lança des machines incendiaires qui firent explosion à une petite distance des bâtiments alliés, sans les atteindre. Les canonnières des deux escadres avaient l'ordre d'ouvrir, lorsque l'armée se mettrait en mouvement, un feu très vif sur les ouvrages ennemis et surtout sur le fort de la rive gauche situé en aval de celui que l'armée devait attaquer. Le lendemain 21, à cinq heures du matin, le contre-amiral Page, apercevant les troupes alliées en marche, fit commencer le feu.

Les deux armées marchaient séparément, chacune d'elles ayant à remplir un rôle fixé à l'avance. Le détachement des troupes françaises qui prenait part à l'attaque était sous les ordres du commandant de la deuxième brigade du corps expéditionnaire, le général Collineau. Les Chinois nous opposèrent une sérieuse résistance. Grâce à l'énergique impulsion donnée par les généraux, les officiers de tout grade, et grâce à l'intrépidité des soldats, le fort fut enlevé en quelques heures. Les colonnes d'assaut, avant d'arriver au pied de la muraille, c'est-à-dire avant d'être en position de planter les échelles, avaient franchi, sous le feu de l'ennemi, un premier fossé, puis un terrain, large de dix mètres, hérissé de palissades, et un second fossé ; ces deux fossés, larges de cinq mètres et profonds de deux, étaient remplis d'eau. Le chiffre de nos pertes montrait l'exceptionnelle vigueur de la défense ; sur quatre cents hommes engagés, nous comptions quarante tués et cent soixante blessés. Les pertes des Anglais n'étaient pas moins considérables que les nôtres.

La brillante conduite du général Collineau avait excité l'admiration des deux armées. La marine avait fait tout ce qui était en son pouvoir pour venir en aide, dans cette glorieuse journée, au corps expéditionnaire. « Le feu des canonnières, écrivait l'amiral Charner au ministre de la marine, contribua au succès de la journée, non seulement par une attaque directe des forts, mais en rendant libres plusieurs points de la plaine dans laquelle s'avançaient les armées. Leurs pièces rayées causaient de terribles ravages dans les ouvrages de fortifications des Chinois. Quatre canonnières anglaises, de leur côté, joignaient leur feu au nôtre. A sept heures, une forte explosion se fit entendre, et l'épaisse fumée qui la suivit indiqua qu'un des principaux forts, du côté de la plaine, venait de sauter. Cette explosion fut suivie d'une autre, qui eut lieu vers neuf heures et qui amena la destruction d'un des points fortifiés de la côte; elle était causée par un des boulets rayés partis de nos canonnières. »

Parmi les officiers, appartenant au département de la marine, qui s'étaient distingués d'une manière particulière, on doit citer le chef de bataillon Testard, de l'infanterie de marine, et le lieutenant de vaisseau Rouvier qui commandait les coolies. Le général de Montauban disait dans son rapport : « Le commandant Testard n'est parvenu à entrer dans le fort que couvert de coups de lance et de contusions, et après avoir été renversé par un boulet qui lui a été jeté sur la tête. »

Ce succès, si chèrement acheté, devait avoir les plus heureuses conséquences. L'enlèvement du premier fort de la rive gauche, les destructions causées par le feu des canonnières avaient démoralisé l'ennemi. Les nombreux étendards qui flottaient sur tous les ouvrages chinois disparurent pour faire place à des pavillons blancs. On vit arriver au camp des alliés des parlementaires proposant de rendre libre l'entrée du Peï-Ho et de laisser, au pouvoir des Chinois, les forts que ceux-ci occupaient. Les généraux en chef, se refusant à toute négociation, exigèrent la reddition, sans conditions, de tous les forts qui commandaient l'entrée du fleuve. Les hostilités devaient continuer, s'il n'était pas fait immédiatement droit à cette demande.

Les alliés, sans perdre de temps, marchèrent sur le second fort de la rive gauche; quoique celui-ci eût une puissante artillerie et fût d'un accès très difficile, les Chinois ne se défendirent pas. Les Français et les Anglais entrèrent dans le fort sans trouver de résistance; un étrange spectacle les attendait. La garnison, forte de trois mille hommes, était à genoux, les armes à terre, demandant la vie sauve. Non seulement elle leur fut accordée, mais on leur rendit la liberté, ce qui était peut-être excessif; il était, en effet, certain que ces hommes, renvoyés si généreusement, iraient grossir les rangs de l'armée chinoise. Pendant que se passaient les événements que nous venons de rapporter, des représentants des armées française et anglaise étaient en conférence, dans le village de Sin-Ko, avec le gouverneur du Petchili. Une convention, qui montrait à quel point les Chinois étaient démoralisés, fut signée dans la nuit du 21 au 22 août. Elle contenait ce qui suit :

« 1° La remise de tous les forts et camps de la rive droite, avec les canons et munitions de guerre dont ils étaient pourvus; 2° l'envoi d'officiers tartares dans les forts pour nous indiquer l'emplacement des mines; 3° l'engagement de fournir tous les renseignements sur les barrages du Peï-Ho ». L'ennemi nous livrait sans combat et sans se réserver aucun avantage, toutes les défenses de la rive droite.

La marine se mit immédiatement à l'œuvre pour enlever les estacades et tous les obstacles qui s'opposaient à la navigation des canonnières sur le Peï-Ho. Cette opération fut promptement terminée, et, le lendemain, la libre communication entre l'armée et la flotte se trouvait établie. C'était la condition indispensable du succès de la campagne ; nous avions fait un pas considérable.

L'amiral anglais, sans prévenir les généraux en chef ni même son collègue français, se dirigea sur Tien-Tsin avec trois canonnières. On trouvait, en arrivant devant cette ville, deux grands forts, un sur la rive gauche, l'autre sur la rive droite; ces deux forts, armés de pièces de gros calibre, croisaient leur feu sur le fleuve. Si les Chinois se proposaient de défendre Tien-Tsin, l'amiral Hope s'exposait à un nouvel échec, mais l'ennemi, effrayé par la prise si rapide des forts de l'entrée du Peï-Ho, avait abandonné la ville et s'était retiré vers Pékin. L'amiral Charner, informé du départ de l'amiral Hope, se hâta de le rejoindre afin que notre pavillon parût à côté de celui des Anglais. Les généraux en chef, s'embarquant avec mille hommes de chacune des deux armées, arrivèrent promptement à Tien-Tsin. Quelques jours après, à l'exception d'un faible détachement laissé à la garde des forts qui commandaient l'entrée du Peï-Ho, le corps expéditionnaire anglo-français se trouvait réuni à Tien-Tsin. Les Français occupaient le fort de la rive gauche et les Anglais le fort de la rive droite. La population, loin de montrer des sentiments hostiles, accueillit les alliés avec les marques de la plus entière soumission.

II

Les alliés, établis à Tien-Tsin, communiquant librement avec la flotte, avaient une base d'opérations solide, et la question du ravitaillement des troupes se trouvait résolue. C'était là, au point de vue militaire, un résultat de grande importance, mais, d'autre part, sous le rapport diplomatique, nous n'avions fait aucun progrès. Or, la campagne avait pour but la signature d'un traité en bonne forme, contenant des clauses qui en garantiraient, dans l'avenir, la stricte exécution. Le 31 août, on vit arriver, à Tien-Tsin, un mandarin de haut rang, avec lequel les ambassadeurs de France et d'Angleterre entrèrent en négociations. Le 7 septembre, ce personnage ne parut pas; le baron Gros et lord Elgin apprirent, avec un légitime étonnement, que ce singulier diplomate avait quitté la ville ne laissant, derrière lui, aucune note expliquant sa conduite, ce qui, d'ailleurs, eût été difficile.

La situation devenait embarrassante. Occupant Tien-Tsin et les forts qui défendaient l'entrée du Peï-Ho, nous dominions le cours de ce fleuve, mais cet état de choses ne constituait pas la solution que nous étions venus chercher en Chine; d'autre part, la marche en avant n'était pas sans présenter de sérieuses difficultés. Le ravitaillement de l'armée alliée, qui disposait de peu de moyens de transport, ne serait pas assuré; enfin, un échec pourrait entraîner de graves conséquences. Ce fut cependant le parti qui prévalut; on ne saurait trop faire honneur aux deux généraux de cette détermination qui dénotait, de leur part, une extrême hardiesse et une confiance absolue dans les troupes qu'ils commandaient. Les alliés quittèrent Tien-Tsin, divisés en trois colonnes, chacune d'elles partant à un jour d'intervalle. Le 15, ces trois colonnes étaient réunies près du village de Hose-Won.

Les diplomates chinois reparurent alors, et les négociations, si étrangement rompues quelques jours auparavant, furent reprises au point où on les avait laissées à Tien-Tsin. Les lignes principales du traité à intervenir étant fixées, on convint que les alliés prendraient position à Toung-Chao, ville située à trente kilomètres du point où se trouvait le corps expéditionnaire anglo-français, et à quatre lieues de Pékin. Les commissaires impériaux se rendraient à Toung-Chao; là, ils auraient, avec les représentants de la France et de l'Angleterre, une dernière entrevue, au cours de laquelle serait signé le traité définitif. Le 17, les troupes se mirent en marche et s'arrêtèrent au village de Matao. Les ambassadeurs, qui considéraient déjà la paix comme conclue, inspirèrent aux deux généraux en chef la confiance qu'ils éprouvaient; ceux-ci, oubliant les règles de la prudence, envoyèrent à Toung-Chao des officiers, accompagnés seulement de quelques soldats, pour régler, avec les fonctionnaires chinois, diverses questions relatives à l'alimentation des troupes.

Le 18, vers huit heures du matin, les alliés, partis de Matao au point du jour, aperçurent avec une extrême surprise des troupes nombreuses, formant une ligne de bataille qui s'appuyait sur des batteries de position. Ainsi, une armée se trouvait entre nous et la ville dans laquelle les diplomates chinois avaient donné rendez-vous aux ambassadeurs de la France et de l'Angleterre pour signer le traité de paix. Le capitaine d'état-major Chanoine et le caïd Osman, sous-lieutenant de spahis, qui étaient au nombre des officiers envoyés à Toung-Chao, venaient d'arriver, précédant de quelques heures, ils le croyaient du moins, le colonel d'artillerie Foullon Grandchamp, le sous-intendant Dubut, le comptable Ader, les soldats Ousouf, Roset, Bachelet, Ginestet, Petit, Godichot et Blanquet, l'abbé Duluc, interprète, et M. d'Escayrac de Lauture qui avait suivi la mission en amateur. Le général de Montauban, fort ému à la pensée des dangers auxquels étaient exposés les officiers et les soldats qui n'avaient pas encore rallié notre camp, voulait attaquer immédiatement l'ennemi, le battre et marcher sur Toung-Chao où il arriverait peut-être à temps pour les sauver. Sir Hope Grant, croyant, au contraire, qu'une attaque immédiate aurait pour résultat de compromettre la vie des officiers qui se trouvaient entre les mains des Chinois, déclina cette proposition. L'arrivée de quelques officiers anglais qui étaient parvenus à se dérober à la poursuite des Tartares, dissipa tous les doutes. Les Chinois nous avaient tendu un piège dans lequel nous étions tombés par un excès de confiance peu justifié. Les alliés marchèrent à l'ennemi qui fut battu et mis en fuite. Les généraux en chef firent alors les démarches les plus pressantes pour obtenir la mise en liberté des officiers enlevés par trahison à Toung-Chao; les Chinois ne craignirent pas d'opposer à cette demande un refus formel. La perte de la bataille, livrée le 18, n'avait produit aucun effet sur leur esprit.

A notre arrivée à Tien-Tsin, il était facile de voir que les Chinois étaient démoralisés. L'abandon, sans combat, des forts du Peï-Ho, la fuite de toutes les troupes qui auraient pu, si ce n'est nous arrêter, au moins nous créer de sérieuses difficultés, le montraient clairement. Mais, peu après, un revirement complet se produisit dans l'opinion que les conseillers de l'empereur se faisaient de la situation. Les chefs militaires firent prévaloir l'idée que la cavalerie tartare écraserait les alliés si elle les rencontrait en rase campagne, dans des positions choisies à l'avance. Toutefois, il fallait gagner les quelques jours nécessaires pour prendre les dispositions que comportait ce plan de campagne. Toutes les ruses de la diplomatie chinoise furent alors mises au service des nouveaux projets du gouvernement. Le 31 août, arrivait à Tien-Tsin le diplomate qui disparaissait le 7 septembre, et les négociations qu'il avait entamées étaient reprises à Matao. Lorsque les généraux tartares se crurent prêts à jouer le rôle qu'ils s'étaient attribué, les diplomates donnèrent rendez-vous, près de Toung-Chao, aux alliés, et ceux-ci trouvèrent sur leur route l'armée chinoise, occupant de fortes positions. Le baron Gros et lord Elgin, animés du désir de traiter, ce qui était le but de leur mission, supposaient que les Chinois se hâteraient, comme ils l'avaient fait en 1858, de conclure la paix afin de débarrasser le plus promptement possible le sol de leur pays de notre présence. Les deux ambassadeurs, malgré leur longue expérience diplomatique et la connaissance particulière qu'ils devaient avoir de l'astuce et de la perfidie des Chinois, n'avaient pas discerné les véritables sentiments des conseillers de l'empereur.

La bataille du 18 septembre n'ébranla pas la confiance des Chinois dans leur plan de campagne. La cavalerie tartare n'avait pas donné, et on comptait sur cette cavalerie pour en finir avec les alliés, c'est ce qui explique ce refus très net de rendre les Français et les Anglais arrêtés à Toung-Chao. Le 21 septembre, les alliés, continuant leur marche sur Pékin, se dirigeaient vers le pont de Palikiao, lorsqu'ils aperçurent l'armée chinoise rangée en bataille; cette armée, forte de cinquante à soixante mille hommes, comprenait de l'infanterie, avec du canon, occupant des positions judicieusement choisies, et la fameuse cavalerie tartare. Vingt-cinq mille cavaliers formaient un demi-cercle de près de cinq kilomètres de diamètre. Les Français, qui marchaient en tête de l'armée, se trouvant, à ce moment, plus près de l'ennemi que les Anglais, devaient par conséquent être attaqués les premiers. Le général de Montauban prit immédiatement ses dispositions pour livrer cette bataille préparée avec tant de soin par le chef des armées impériales, le prince San-ko-li-tsin, et sur l'issue de laquelle le gouvernement chinois fondait de si grandes espérances.

Ce fut un spectacle imposant lorsque la cavalerie tartare, s'avançant dans la plaine, prit le galop pour charger. Elle était divisée en deux colonnes, se dirigeant, l'une sur notre droite, où se trouvait le général de Montauban, et l'autre sur notre gauche, placée sous les ordres du général Collineau. Le sang-froid des généraux, leur coup d'œil militaire, l'inébranlable fermeté des officiers, et la bravoure des soldats rendaient la petite phalange française invincible. Les cavaliers tartares n'arrivèrent pas jusqu'à nous; fusillés, mitraillés, ils filèrent le long de notre ligne de bataille, à l'extrémité de laquelle ils furent arrêtés par la cavalerie anglaise qui entrait en ligne. La cavalerie tartare s'éloigna et, désespérant probablement du succès, elle n'osa pas fournir une seconde charge. L'armée alliée, marchant alors contre l'infanterie, tailla en pièces tout ce qu'elle trouva devant elle. La bataille, commencée vers sept heures du matin, était terminée à midi.

Après la journée du 21, les Chinois parurent abandonner toute idée de résistance. Les alliés continuaient leur marche sans trouver d'ennemis sur leur route; on apprit que la cavalerie tartare s'était portée dans le nord-ouest de Pékin pour protéger la retraite de la famille impériale qui se disposait à quitter la capitale. Le 6 octobre, les Français, précédant les Anglais qui s'étaient égarés, s'arrêtaient, à la chute du jour, dans un village situé près du palais d'été de l'empereur. Le général en chef jugea nécessaire de savoir, avant que l'armée établît son bivouac, si le palais contenait des troupes.

Le chef d'escadron d'état-major Campenon fut chargé de cette mission; il se dirigea vers l'enceinte du palais avec deux compagnies de marins, commandées par le lieutenant de vaisseau Kenny et l'enseigne Vivenot, qui, ce jour-là, formaient l'avant-garde. Le lieutenant de vaisseau de Pina, officier d'ordonnance du général en chef, accompagnait le commandant Campenon. La nuit était venue lorsque la reconnaissance arriva devant une porte solidement barricadée à l'intérieur. Le lieutenant de vaiseau de Pina, suivi par l'enseigne de vaisseau Vivenot et quelques marins, escalada le mur d'enceinte et il s'avança rapidement vers la porte que, du dehors, on ne pouvait pas ouvrir. Des Tartares, qui s'étaient enfuis au moment où la muraille avait été franchie, revinrent sur leurs pas en voyant le petit nombre d'hommes qu'ils avaient devant eux et une lutte très vive s'engagea. Le lieutenant de vaisseau de Pina, l'enseigne de vaisseau Vivenot, et quelques marins furent blessés. Des renforts étant promptement survenus, les Tartares disparurent, laissant derrière eux plusieurs morts et des blessés. L'obscurité ne permettant pas de s'avancer avec sûreté dans l'intérieur du palais, la reconnaissance n'alla pas plus loin; toutefois, pour éviter toute surprise, une surveillance très active fut exercée pendant la nuit. Le lendemain, le général de Montauban, en compagnie d'officiers anglais, entrait dans le palais qui avait été complètement évacué. Les richesses que contenait cette demeure impériale furent partagées entre les deux armées.

Quelques jours après la bataille de Palikiao, des mandarins s'étant présentés au camp des alliés pour traiter, on leur répondit que la remise des officiers et soldats, pris par trahison à Toung-Chao, était la condition première de la reprise des négociations. Les diplomates chinois ayant refusé d'aquiescer à cette demande, durent se retirer; voyant que nous ne faisions aucune tentative pour entrer en relation avec eux, ils reconnurent la nécessité de s'incliner devant notre volonté. Le 9, les autorités chinoises rendirent aux alliés treize prisonniers anglais, sur vingt-six, et cinq français, sur douze. Les survivants français de cette tragique aventure étaient M. d'Escayrac de Lauture et les soldats Roset, Bachelet, Ginestet et Petit. Le colonel Foullon Grandchamps, le sous-intendant Dubut, le comptable Ader et les soldats Godichot, Blanquet et Ousouf, nous furent rendus, mais dans leurs cercueils. Il manquait un prisonnier français, l'abbé Dubuc; on apprit que ce missionnaire et un officier anglais, le capitaine d'artillerie Brabison, avaient eu la tête tranchée sur l'ordre d'un général tartare, grièvement blessé au combat de Palikiao. Les corps des deux victimes avaient disparu. Les cinq survivants revenaient dans un état qui laissait peu d'espérance de les sauver. On sut par eux ce qui s'était passé dans la matinée du 18 septembre. Les officiers et les soldats qui n'avaient pas encore franchi les lignes chinoises, furent entourés, saisis, malgré leur résistance, et jetés, les poignets attachés aux pieds, dans une voiture garnie de clous. Promenés dans les rues de Pékin, ils avaient été couverts d'immondices et frappés par la populace qui proférait contre eux des cris de mort. Pendant le cours de ce lugubre trajet, les Chinois qui les gardaient, obéissant à leurs propres sentiments ou voulant complaire à la foule, avaient resserré plusieurs fois, en se servant de tourniquets, les cordes qui liaient leurs pieds et leurs mains. Conduits au palais d'été, ils avaient été enchaînés et ils étaient restés, trois fois vingt-quatre heures sans nourriture, exposés aux insultes, et maltraités quand ils faisaient entendre une plainte. Après avoir subi ce martyre, les prisonniers avaient été séparés et jetés dans des cachots. Ceux qui s'étaient défendus, ayant été pris couverts de blessures, n'avaient pu résister à tant de souffrances. En apprenant à quelles tortures leurs camarades avaient été soumis, officiers et soldats frémissaient d'indignation à la pensée que la légitime vengeance de l'armée ne parviendrait probablement pas à s'exercer sur les véritables coupables.

Quoique la ville de Pékin fût très facile à défendre, les Chinois nous en ouvrirent les portes. Le 13, le général de Montauban et sir Hope Grant, à la tête d'une poignée d'hommes, entraient, en maîtres, dans la capitale de cet immense empire. Des négociations furent immédiatement entamées, mais le baron Gros et lord Elgin ne tardèrent pas à s'apercevoir que les diplomates chinois se conduisaient comme s'ils n'étaient pas animés du désir de les terminer promptement. Les ambassadeurs ne se trompaient pas; le gouvernement impérial, revenu du profond abattement que lui avait fait éprouver la journée de Palikiao, caressait de nouveaux projets de résistance. Il se proposait de prolonger les pourparlers jusqu'à la mauvaise saison; les alliés se seraient alors trouvés dans l'alternative de se retirer, sans avoir rien conclu, ou de passer l'hiver à Pékin. Avec leur armée réorganisée et renforcée par des masses de cavalerie venues du nord, les Chinois estimaient qu'ils seraient en état de prendre une revanche éclatante des défaites qu'ils avaient subies.

Il était d'autant plus nécessaire de déjouer ce calcul qu'il pouvait devenir excellent. Si les généraux tartares, au lieu d'avoir l'orgueilleuse prétention de nous anéantir, le 21 septembre, avaient disséminé leur cavalerie de Tien-Tsin à Pékin, attaquant les convois, les petits détachements et les hommes isolés, nous aurions été, il faut bien le reconnaître, dans une position difficile, et peut-être la nécessité de revenir en arrière eut-elle été reconnue. On pouvait craindre que les Chinois n'eussent appris, à leurs dépens, quel était le véritable emploi de leur nombreuse cavalerie. La fermeté des alliés mit fin aux combinaisons des diplomates chinois; on leur déclara que le palais impérial de Pékin serait livré aux flammes si le traité n'était pas signé le 23 octobre. Les Anglais, pour montrer que cette menace ne serait pas une vaine parole, proposèrent de brûler immédiatement le palais d'été. Le général de Montauban refusa de prendre part à l'exécution de ce projet. Si le palais d'été contenait des manuscrits anciens, toute liberté de les enlever devait être donnée aux Chinois; les idées de haute civilisation, dont nous étions les représentants, nous en faisaient un devoir. Cette réserve faite, la destruction du palais d'été n'était pas seulement légitime, elle apparaissait comme nécessaire. C'était dans ce palais que les prisonniers avaient été livrés aux insultes de la foule et torturés; ceux qui avait succombé étaient morts dans les plus cruelles souffrances, et les survivants nous avaient été rendus, portant encore, sur leurs personnes, les marques sanglantes des traitements barbares qui leur avaient été infligés. La destruction du palais d'été atteignait directement l'empereur; elle constituait une expiation imposée à un gouvernement barbare pour lui montrer qu'il ne pouvait impunément saisir nos soldats par trahison et les assassiner. En infligeant ce châtiment sévère, n'appartenant pas aux usages de la guerre chez les nations civilisées, nous laissions un souvenir durable de notre ressentiment. Tel était, il semble, le point de vue auquel il fallait se placer pour juger la proposition faite par les Anglais. Il est, d'ailleurs, évident que, dans cette circonstance, le général de Montauban et sir Hope Grant ne s'inspirèrent pas seulement de leurs propres sentiments; l'un et l'autre songèrent surtout au jugement que l'opinion publique porterait, dans leur propre pays, sur la décision qu'il s'agissait de prendre. Le général de Montauban se voyait exposé, s'il acceptait le projet anglais, à des critiques très vives et accusé, peut-être, quoique ce fût un homme très éclairé, de s'être conduit comme un barbare. Son collègue, au contraire, regardait comme certain que sa détermination serait approuvée et, d'autre part, qu'il serait blâmé si le guet-apens du 18 septembre n'était pas sévèrement châtié.

Les Anglais, ne parvenant pas à nous convaincre de l'excellence de la mesure qu'ils proposaient, se décidèrent à agir seuls; le 18 octobre, le palais d'été était incendié. Cet acte de vigueur, il faut bien le reconnaître, produisit un effet immédiat; les Chinois comprirent que, s'ils se croyaient en droit de compter sur l'avenir, le présent ne leur appartenait pas. Le 20, tout était terminé; c'était un résultat fort important, car l'hiver arrivait à grands pas et déjà la neige apparaissait sur les montagnes au nord de Pékin. Le 23, on versait, entre les mains des alliés, une somme de quatre millions de francs qui devait être partagée entre les familles des victimes de l'odieuse trahison du 18 septembre. Le 24, les Chinois signaient le traité avec l'Angleterre et, le 25, avec la France. Les clauses principales étaient les suivantes : les Chinois paieraient une contribution de guerre de soixante millions de francs; sur cette somme, nous prélevions un million pour indemniser ceux de nos nationaux qui avaient subi des pertes par suite de l'incendie des factoreries de Canton. Le culte catholique était autorisé dans l'empire ; enfin, le gouvernement chinois rendait les établissements religieux qui avaient été confisqués à l'époque des persécutions. La ville et le port de Tien-Tsin seraient ouverts au commerce ; les alliés avaient le droit d'occuper la ville de Tien-Tsin et les forts du Peï-Ho jusqu'au paiement intégral de l'indemnité de guerre.

Le 28 octobre, après un service solennel, célébré au cimetière chrétien, les restes mortels des victimes de la trahison des Chinois furent confiés à la terre. Le 30, une première colonne partait de Pékin pour se rendre à Tien-Tsin. Le 2 novembre, arriva de Yéhol, en Tartarie, où s'était réfugié l'empereur, un décret promulguant les traités de paix et prescrivant de les afficher sur les murs de Pékin. Le 9, les derniers soldats français et anglais quittaient la capitale de l'empire chinois ; le 14 novembre, toutes les troupes alliées étaient réunies à Tien-Tsin.

Le bataillon de marins, que commandait le capitaine de frégate Jauréguiberry, avait pris la part la plus honorable à cette glorieuse campagne. La paix étant conclue, les officiers et les matelots rejoignirent leurs bâtiments. Des troupes, prises dans les deux armées, furent désignées pour rester à Tien-Tsin. Les forces françaises, s'élevant au chiffre de deux mille sept cents hommes, étaient placées sous les ordres du général Collineau. Deux forts furent occupés à l'embouchure du Peï-Ho, l'un par les Français et l'autre par les Anglais. Le reste du corps expéditionnaire devait être transporté à Shang-Haï, où le général Cousin de Montauban se proposait d'établir jusqu'au départ de l'armée son quartier général.

La mauvaise saison était venue et, avec elle, les coups de vent et le froid. Les équipages, et surtout ceux qui venaient de passer deux années en Cochinchine, souffraient beaucoup. La flotte était mouillée à six milles de la côte ; or, les vents soufflaient le plus souvent du large, rendant très difficiles les communications avec la terre. Les glaces commençaient à obstruer le cours du Peï-Ho. Dans ces conditions, l'embarquement des troupes constituait une opération très pénible. Les canonnières en fer, par suite de l'insuffisance de leur machine, ne pouvaient pas lutter contre une forte brise ; elles avaient, en outre, lorsque la mer était soulevée par les vents du large, des roulis inquiétants ; néanmoins, ces petits bâtiments, surmontant toutes les difficultés, rendirent les plus utiles services pour le transport, sur la flotte, des troupes et du matériel. Le 5 décembre, les derniers bâtiments vidaient le golfe du Petchili. Le 10, l'*Impératrice-Eugénie*, portant le pavillon de l'amiral Charner, mouillait sur la rade de Woosung où venaient successivement le rejoindre les bâtiments de l'expédition.

LIVRE XIV

Dispositions prises par l'amiral Page pour la défense de Saïgon. — Ouverture du port. — Evacuation de Tourane. — L'amiral Page quitte la Cochinchine. — Attaque de la pagode des Clochetons. — Le vice-amiral Charner est nommé au commandement de l'expédition de Cochinchine. — Enlèvement des lignes de Ki-Hoa. — Prise de Mytho. — Le contre-amiral Bonard prend Bien-Hoa et Vin-Loung. — La paix est signée avec l'empereur d'Annam. — La France, l'Angleterre et l'Espagne signent une convention en vue d'une action commune contre le Mexique. — Débarquement d'un corps expéditionnaire. — Convention de la Soledad. — Les Anglais et les Espagnols quittent le territoire mexicain. — Commencement des hostilités. — Echec de nos troupes devant Puebla. — Opérations dirigées contre Alvarado, Medelin, Tampico et Tlacotalpan. — Prise de Puebla. — Entrée des Français à Mexico. — La couronne du Mexique est offerte à l'archiduc Maximilien d'Autriche. — Nous occupons San Juan Baptista, Minotitlan, Tampico et Campêche. — Arrivée de Maximilien. — Occupation de Bagdad et de Matamoros. — Diminution de nos forces navales. — Occupation d'Acapulco, de Mazatlan et de Guaymas dans l'Océan Pacifique. — Echec subi par le commandant du *Lucifer*. — Opérations exécutées par le *Colbert* et le *Brandon*. — Bâtiments en station à l'embouchure du Rio-Grande. — Prise de Tlacotalpan. — Expédition de Tampico. — Départ des troupes et des bâtiments.

I

Nous avons vu que le vice-amiral Rigault de Genouilly avait quitté la baie de Tourane, au mois d'octobre 1859, laissant le commandement de la division des mers de Chine au contre-amiral Page. Cet amiral vint, au mois de décembre, à Saïgon, amenant un détachement d'infanterie de marine destiné à renforcer la garnison. Les

Annamites qui, depuis la prise de la citadelle, occupaient un camp retranché dans la plaine de Ki-Hoa, à quatre kilomètres de Saïgon, exécutaient des travaux dont l'importance augmentait chaque jour. L'amiral Page, ne disposant pas de forces suffisantes pour chasser l'ennemi de ses positions, prit les mesures nécessaires pour mettre Saïgon à l'abri de toute attaque. Une ligne de défense fut établie, allant de l'arroyo de l'*Avalanche* à la redoute de Caï-maï, position importante qui protégeait la ville chinoise contre les entreprises de l'ennemi. La sécurité de Saïgon étant assurée, on construisit un hôpital, des logements et des magasins. Les indigènes, confiants dans notre protection, rentraient à Saïgon où quelques Européens étaient venus s'établir ; un mouvement de colonisation se dessinait. Le 22 février, le blocus de Saïgon était levé et le port ouvert aux nations amies.

L'amiral Page revint à Tourane que les ordres du ministre lui prescrivaient d'évacuer. Pendant son séjour dans la baie, l'amiral voulut montrer à la cour de Hué que les forces annamites n'avaient exercé aucune influence sur la décision prise à Paris. Il eut, avec les Cochinchinois, quelques engagements dans lesquels ceux-ci firent des pertes sensibles ; le corps expéditionnaire eut à regretter le lieutenant-colonel du génie Dupré-Deroulède qui s'était particulièrement distingué dans le cours de la campagne. Cet officier supérieur fut tué, le 18 novembre 1859, dans une attaque dirigée contre les forts par la frégate la *Renommée*. A la fin du mois de mars, l'amiral se trouvait à Saïgon avec toutes les forces placées sous ses ordres. L'expédition de Cochinchine se heurtait à de continuelles difficultés. Pendant la guerre d'Italie, il avait fallu toute la fermeté de l'amiral Rigault de Genouilly pour que le corps expéditionnaire, ne recevant pas de renforts de la métropole, se maintînt dans les positions conquises. Lorsque la guerre de Chine éclata, l'amiral Page reçut l'ordre de rallier le pavillon de l'amiral Charner; il partit, laissant le commandement des forces de terre et de mer au capitaine de vaisseau Daries.

La levée du blocus de Saïgon avait amené, dans ce port, un grand nombre de navires de commerce européens et de jonques chinoises qui avaient embarqué des quantités considérables de riz. La ville chinoise jouait, dans la question commerciale, un rôle très important; c'était là que se trouvaient emmagasinés les riz chargés à Saïgon. Les mandarins annamites commencèrent, au mois de juin, des travaux tendant à couper la garnison de Saïgon de la ville chinoise. Le commandant Daries jugea nécessaire de rendre plus forte la ligne de défense entre Saïgon et la redoute de Caï-maï; il décida que deux pagodes, la pagode des Mares et la pagode des Clochetons, seraient transformées en redoutes. La première, entourée d'un mur en briques, put très promptement remplir le rôle que le commandant Daries lui avait assigné, mais il n'en était pas de même de la seconde qui se trouvait complètement à découvert.

Les travaux nécessaires pour mettre la pagode des Clochetons en état de défense n'étaient pas terminés, lorsque, dans la nuit du 3 au 4 juillet, deux mille Annamites, sortis en silence des lignes de Ki-Hoa, vinrent l'attaquer. Cent Espagnols, sous les ordres du lieutenant Hernandez, et soixante matelots français, commandés par les enseignes de vaisseau Narac et Gervais, occupaient la pagode. Cette faible garnison se battait depuis une heure, avec la plus grande intrépidité, lorsque l'arrivée d'un renfort, expédié en toute hâte de Saïgon, mit fin au combat. Les assaillants s'enfuirent, laissant un grand nombre de morts sur le terrain. Les Annamites reculèrent devant une nouvelle attaque, mais il ne mirent que plus d'ardeur à fortifier leurs positions. Le commandant Daries, que l'infériorité numérique des forces placées sous ses ordres, condamnait à la défensive, faisait des reconnaissances et recueillait tous les renseignements pouvant être utiles lorsque le moment d'agir serait venu.

A la fin de l'année 1860, nos adversaires occupaient, dans la plaine de Ki-Hoa, un vaste camp retranché, de forme rectangulaire, divisé en cinq compartiments, séparés les uns des autres par des traverses. Le mur d'enceinte, en terre, avait trois mètres et demi de haut sur deux mètres d'épaisseur. Prenant pour point d'appui le camp retranché, les Annamites avaient exécuté des travaux dont le développement n'atteignait pas moins de douze kilomètres et qui embrassaient toute notre ligne de défense. Une nombreuse artillerie armait le camp retranché et les ouvrages qui en dépendaient. Le gouvernement annamite, délivré, depuis l'évacuation de Tourane, de la crainte de voir nos troupes apparaître devant la capitale de l'empire, dirigeait, sur les lignes de Ki-Hoa, toutes les forces dont il pouvait disposer. A l'abri dans leurs lignes, les Annamites surveillaient nos mouvements et se tenaient prêts à nous attaquer si une occasion favorable se présentait. Quant à la garnison franco-espagnole, si l'offensive ne lui était pas permise, elle avait la ferme volonté de garder ses positions. Telle était la situation respective des parties en présence, au moment où finissait la guerre de Chine.

Le traité de Pékin rendant disponibles les troupes placées sous les ordres du général Cousin de Montauban, il ne pouvait se présenter aucune circonstance plus favorable pour régler le différend existant entre nous et l'empire d'Annam. Le gouvernement français décida qu'une expédition serait dirigée contre la Cochinchine, et il en confia le commandement au vice-amiral Charner. Des troupes devaient être mises à sa disposition par le général de Montauban. Cet amiral, qui restait à la tête de nos forces navales en Extrême-Orient, forma une division destinée, sous les ordres du contre-amiral Protet, à faire face à toutes les éventualités qui pourraient se présenter sur les côtes de Chine. L'amiral Protet devait rester en relation avec les troupes laissées à Tien-Tsin et dans les forts du Peï-Ho et les soutenir si les circonstances l'exigeaient. Les bâtiments ne faisant pas partie de cette division furent dirigés sur Saïgon; les canonnières en fer qui avaient, ainsi que nous l'avons vu plus haut, rendu des services pendant le cours de l'expédition de Chine, étaient appelées à en rendre de plus grands en Cochinchine. La difficulté consistait à les conduire du golfe du Petchili à Saïgon ; c'était une distance de huit cents lieues à parcourir, à la remorque. Personnel, matériel, vivres, passèrent sur les bâtiments remorqueurs ; on ne laissa que le charbon, distribué de manière à obtenir les lignes d'eau les plus favorables, et toutes les ouvertures furent calfatées. Les canonnières, à l'exception de deux, disparues à la mer, arrivèrent à leur destination.

Dans les premiers jours du mois de février 1861, la frégate l'*Impératrice Eugénie*, qui portait le pavillon de l'amiral Charner, arrivait à Saïgon où le corps expéditionnaire se trouvait peu après réuni. Celui-ci était fort d'environ trois mille cinq cents hommes, comprenant le contingent de l'armée de terre, chasseurs à pied, chasseurs d'Afrique, artillerie, génie et intendance, un régiment d'infanterie de marine, venant de Chine, la garnison de Saïgon, dans laquelle figuraient deux cent cinquante Espagnols, et les compagnies de débarquement de l'escadre, formant un effectif de neuf cents hommes, à la tête desquelles était placé le capitaine de vaisseau de Lapelin. Le général de Vassoigne, de l'infanterie de marine, commandait les troupes, sous les ordres de l'amiral Charner. La prise des lignes de Ki-Hoa, qui nous enlevaient toute liberté d'action, était le premier effort que l'amiral devait demander au corps expéditionnaire.

Après examen de la question militaire, les dispositions suivantes furent arrêtées : nous attaquerions non le front mais le revers du camp retranché ; le front serait contenu par les pièces de gros calibre qui armaient nos redoutes et par une ligne de bâtiments mouillés devant Saïgon. Le capitaine de vaisseau Daries commanderait à terre, et le capitaine de vaisseau de Surville sur la rade. Des navires prendraient position dans l'arroyo chinois et sur le cours supérieur du Donnaï et de ses affluents. Lorsque le corps expéditionnaire ferait face au revers des lignes de Ki-Hoa, l'ennemi serait entouré ; toutefois une route resterait libre, celle de l'évêque d'Adran, mais, pour l'atteindre, les Annamites auraient à traverser, sur une assez grande étendue, des terrains marécageux. On pouvait donc conclure que, par cette voie, aucune troupe ne parviendrait à se retirer en ordre ; seuls les hommes, fuyant isolément, seraient en mesure d'en profiter. Enfin, par suite des dispositions que prendrait la marine, toutes les routes fluviales, pouvant être utilisées par les Annamites, seraient occupées. L'attaque des lignes de Ki-Hoa, faite dans ces conditions, amènerait nécessairement une action décisive, et si nous ne parvenions pas à couper complètement la retraite de l'ennemi, cette retraite serait difficile et périlleuse.

Le 22 février, les préparatifs étaient terminés ; le 24, dès que le jour se fit, les pagodes de Caï-maï, des Clochetons et Barbet ouvrirent le feu. L'armée se dirigea vers un fort, dit de la Redoute, qui formait l'extrémité ouest des lignes annamites. Ce fort fut canonné, puis enlevé d'assaut avec beaucoup d'entrain de notre côté, mais non sans résistance de la part de ses défenseurs. Nous avions six tués et trente blessés ; au nombre de ces derniers se trouvaient le général de Vassoigne, le colonel Palanca Guttierez, qui commandait les Espagnols, et l'aspirant Lesèble. Le 25, dans la matinée, la petite armée franco-espagnole était en position d'exécuter le plan adopté par l'amiral Charner. On reconnut alors que les Annamites s'étaient mis en garde contre toute attaque de quelque côté qu'elle vînt. Le revers du camp retranché n'était pas moins bien fortifié que le front.

L'artillerie ouvrit le feu mais, ne comprenant que des pièces de douze et de quatre, elle avait peu d'action sur des murailles épaisses, faites de terre durcie et de branchages. Les colonnes d'assaut furent lancées ; elles traversèrent, sous un feu violent, une zone large de cent mètres, dans laquelle les Annamites avaient accumulé des obstacles, tels que sauts de loups, fossés, chevaux de frise, avant d'arriver au pied des remparts. Malgré l'énergie de la défense, les échelles furent plantées et le mur d'enceinte franchi. Après une lutte de quelques heures, l'ennemi prenait la fuite, nous abandonnant les lignes de Ki-Hoa. L'action avait été chaude et la résistance sérieuse ; de notre côté, trois cents hommes, parmi lesquels on comptait douze morts, étaient hors de combat. Le lieutenant-colonel Testard, l'enseigne de vaisseau Jouhaneau Lareguère, et un certain nombre d'hommes, moururent de leurs blessures quelques jours après.

Le contre-amiral Page, avec la *Renommée*, qui portait son pavillon, le *Forbin*, le *Monge*, l'*Avalanche*, la canonnière 31, le *Shamrock* et le *Lily*, était parti de Saïgon, le 24 février ; le lendemain, il remontait le Donnaï, détruisait les estacades et les forts qui les protégeaient. Le succès remporté le 25 février changeait complètement la face des choses ; l'effort considérable fait par les Annamites venait d'être brisé, et cet effort ne pouvait être renouvelé. Le corps expéditionnaire, s'avançant dans l'intérieur du pays, occupa Tong-Kéou, où se trouvaient les magasins de l'armée annamite, Oc-Moun, Thay-theuye et quelques autres points jugés importants. Les bâtiments de flottille, parcourant les cours d'eau, accompagnaient le mouvement des troupes et complétaient leur œuvre. Peu de jours suffirent pour que la conquête de la province de Gia-ding fût complète. L'armée annamite s'était enfuie avec une telle rapidité qu'elle avait laissé à peu près intacts le matériel et les approvisionnements existant dans les places qu'elle ne songeait pas à défendre. L'amiral Charner prit immédiatement les dispositions nécessaires pour rétablir l'ordre et assurer la tranquillité dans toute l'étendue du territoire devenu français. Des détachements de troupes parcoururent le pays, tandis que les bâtiments de flottille sillonnaient les cours d'eau. Les mesures prises par l'amiral eurent un heureux effet ; de nombreux habitants faisaient leur soumission et demandaient, en échange, ce qui était bien légitime, notre protection.

II

Après avoir conquis le centre militaire, l'amiral Charner voulut se rendre maître de Mytho qui était le centre commercial. Il se faisait, dans cette ville, regardée par les Annamites comme le grenier de l'empire, un très grand commerce de riz qu'il était de notre intérêt de détourner sur Saïgon. Mytho n'était pas seulement un centre commercial ; commandant le Cambodge et les routes aboutissant à ce fleuve, cette place était aussi un point stratégique important. Prendre le fort de Mytho constituait, sous le rapport militaire, une opération ne demandant pas un très grand effort ; ce qui présentait une difficulté sérieuse, c'était d'arriver devant la ville avec le détachement nécessaire pour cette expédition. Trois routes, la mer, la terre et les cours d'eau intérieurs pouvaient nous conduire à Mytho. La route de terre, d'après les renseignements parvenus à l'amiral, était coupée par de nombreux cours d'eau dont les ponts avaient été détruits ; sur plusieurs points, on rencontrait des terrains marécageux dans lesquels la marche serait difficile pour les troupes et surtout pour l'artillerie. Des reconnaissances furent envoyées pour contrôler l'exactitude de ces informations et chercher des chemins praticables ; d'autre part, on opérait des sondages pour trouver une passe conduisant du large à Mytho. Il restait les voies fluviales. Un arroyo, dit de la Poste, que les canonnières devaient franchir pour être en position de battre la citadelle de Mytho, était obstrué par de nombreux et solides barrages, défendus par des forts.

L'amiral Charner prescrivit au commandant du *Monge*, le capitaine de frégate Bourdais, de pénétrer dans cet arroyo ; l'amiral mettait sous les ordres de cet officier supérieur la canonnière la *Mitraille* et les canonnières en fer 18 et 31, capitaines Duval, Peyron et de Mauduit-Duplessix, trois compagnies de débarquement, formant un effectif de trois cents hommes, commandées par les lieutenants de vaisseau de Lamotterouge, Prouhet et Hanès, un faible détachement d'infanterie espagnole et un obusier de montagne, servi par des matelots. La division opérant dans l'arroyo de la Poste fut promptement renforcée par la canonnière l'*Alarme*, les canonnières en fer 16, 20 et 22, capitaines Sauze, Béhic, Gougeard et Salmon. Le commandant Bourdais mit son guidon sur la canonnière 18. En quelques jours, cette division se frayait un passage à travers six barrages, et réduisait au silence les trois forts qui les protégeaient. Comme on venait d'acquérir une notion plus favorable du terrain, des troupes furent envoyées pour soutenir les canonnières, exposées, lorsqu'elles rangeaient de très près le bord de l'arroyo, au feu d'ennemis cachés dans les hautes herbes.

L'expédition devenant, chaque jour, plus importante, le commandement en fut confié au premier aide de camp de l'amiral Charner, le capitaine de vaisseau Le Coursault du Quilio. Les canonnières continuèrent leur route, se frayant, par un travail opiniâtre, un passage à travers les barrages. Le 7 avril, un corps d'Annamites, qui voulait s'opposer à la marche de nos troupes, fut promptement mis en fuite. Le 9, vers onze heures du soir, deux brûlots furent signalés; les enseignes de vaisseau Joucla et Besnard, se portant rapidement à leur rencontre, parvinrent à les détourner. Le 10 avril, les canonnières 31, 22 et 16, ayant en tête la canonnière 18, que montait le commandant Bourdais, s'avançaient avec précaution, cherchant un fort que l'on savait exister, mais dont la position exacte n'était pas connue. Arrivée à l'ouvert d'un coude très brusque que faisait l'arroyo, la canonnière 18 aperçut devant elle, à une distance d'environ quatre cents mètres, le fort en question auquel elle envoya un coup de canon. Les Annamites, prévenus de l'approche des canonnières, étaient à leurs pièces, ce qui leur permit de riposter immédiatement. Le commandant Bourdais fut tué et un homme de l'équipage blessé; les canonnières 18, 31, 16 et 22 démolirent le fort à coups de canon et mirent en fuite ses défenseurs. La mort du commandant Bourdais causa les plus vifs regrets dans le corps expéditionnaire et en particulier dans la marine. Ce brillant officier mourait au moment où la division navale, dont il commandait l'avant-garde, avait rempli la partie la plus pénible de sa mission; il n'existait plus de barrages, et la route était par conséquent libre jusqu'à Mytho. Le capitaine de frégate Desvaux prit le commandement des canonnières.

Le 12 avril, les troupes et les bâtiments étant arrivés en vue de Mytho, les dispositions nécessaires pour attaquer la citadelle le lendemain furent arrêtées. Le 13, on se mettait en mouvement, lorsque le drapeau tricolore fut aperçu flottant sur la forteresse annamite. Le contre-amiral Page, venant du large avec les canonnières la *Fusée* et la *Dragonne* et les avisos le *Lily* et le *Shamrock*, capitaines Bailly, Galey, Franquet et Rieunier, avait remonté le Cambodge par la passe du sud. Après s'être ouvert un passage à travers deux estacades et réduit les ouvrages qui les défendaient, il avait mouillé, le 12, à deux cents mètres de la citadelle. Celle-ci venait d'être évacuée ; l'amiral Page la fit immédiatement occuper par un détachement de marins. La prise de Mytho affermissait notre domination aux yeux des Annamites, et consolidait notre position militaire, résultat important au moment où commençait l'hivernage ; pendant cette saison les mouvements de troupes européennes sont, sinon impossibles, du moins très difficiles, et ils ont toujours pour conséquence de grandes pertes d'hommes.

L'état sanitaire des troupes et des équipages était très mauvais ; le choléra, la dysenterie et les fièvres, sévissaient avec beaucoup d'intensité. Dans cette courte campagne le feu de l'ennemi avait à peine atteint quelques hommes, cependant nous comptions plus de morts et de malades que nous n'avions eu de tués et de blessés lors de la prise des lignes de Ki-Hoa. Ce résultat était dû, d'abord au climat, puis aux fatigues excessives supportées par les marins et les soldats ; les premiers avaient travaillé tour à tour au soleil, dans l'eau et dans la vase pour ouvrir un passage aux canonnières à travers les estacades ; les soldats avaient marché le jour, sous le soleil, dans des chemins détrempés, et campé, la nuit, dans des terrains marécageux. L'amiral arrêta les opérations militaires ; il comprit la nécessité de ne pas imposer de nouvelles fatigues au corps expéditionnaire déjà si éprouvé. Son attention se porta sur l'organisation civile et militaire du territoire conquis.

Le gouvernement annamite, paraissant renoncer à toute action militaire, entama des négociations en vue de la conclusion de la paix. Quoique traitant avec nous, il s'efforçait secrètement de susciter des troubles dans les territoires soumis à notre domination. Des émissaires, qu'il était difficile de saisir, parcouraient le pays, excitant les habitants à se lever en masse contre les Français. Ces envoyés, qui tenaient leur mission de la cour de Hué, répandaient, avec une grande insistance, le bruit que notre présence en Cochinchine n'était que momentanée. Les Annamites, ajoutaient-ils, qui deviendraient les serviteurs des Français, s'exposeraient, après le départ de leurs protecteurs, aux plus cruels châtiments. Le résultat ne répondit pas aux espérances de l'empereur d'Annam. Quelques détachements de troupes et les bâtiments de flottille réprimèrent facilement les actes de brigandage et les mouvements insurrectionnels qui furent la conséquence des menées du gouvernement annamite. Les négociations diplomatiques, commencées au mois de mai, prirent fin au mois d'août, n'ayant abouti à aucun résultat. Le vice-amiral Charner quitta la Cochinchine au mois de novembre 1861 ; il avait pour successeur le contre-amiral Bonard.

L'amiral Charner avait eu pour objectif, pendant la saison des pluies, de consolider l'autorité de la France sur toute l'étendue du territoire que nous occupions. Les efforts faits dans ce sens n'avaient pas été vains; la tranquillité de la colonie était, sinon complète, du moins satisfaisante. Quelques mouvements insurrectionnels se produisaient encore mais ils avaient peu d'importance. Le moment était venu de donner à notre conquête plus de solidité ; ce que nous devions envisager, alors que finissait la saison des pluies, c'était la question militaire. Bien-Hoa, à quelque distance de Saïgon, était, dans cette partie de la Basse-Cochinchine, un centre de résistance ; cette place frontière, en communication directe avec Hué, recevait de continuels envois d'hommes et de matériel. Un pareil voisinage, qui exigeait, de notre part, une surveillance très active et immobilisait une certaine partie de nos forces, ne devait pas être toléré. La conquête de Bien-Hoa, qui était une tête de pont sur le territoire ennemi, s'imposait. Le gouverneur de la province, sommé de nous livrer la citadelle, ne fit aucune réponse.

Le cours du Donnaï nous séparait des Annamites; toutefois, nous possédions, sur la rive gauche, Fou-yen-Mot et un village chrétien, situé en face de Saïgon. L'ennemi avait établi, entre Fou-yen-Mot et Bien-Hoa, sur le plateau de Mi-Hoa, un camp retranché, occupé par quelques milliers d'hommes. Les Annamites avaient accumulé des obstacles sur toutes les routes qui conduisaient à Bien-Hoa; en outre, la rivière était obstruée par des barrages protégés par des forts. Enfin, la citadelle de Bien-Hoa était, au point de vue du personnel et du matériel, en bon état de défense. L'attaque successive des points fortifiés qui s'opposaient à notre marche sur Bien-Hoa aurait eu pour conséquence des pertes d'hommes et de temps. L'amiral Bonard résolut de se porter sur le fort de Go-cung qui était le centre des positions ennemies. Trois colonnes furent mises en mouvement ; elles étaient commandées, la première par le capitaine de vaisseau Lebris, la seconde par le lieutenant-colonel d'infanterie de marine Domenech-Diégo, et la troisième par le chef de bataillon Comte, des chasseurs à pied. Le 15 décembre, au point du jour, pendant que la colonne Domenech-Diégo, à laquelle on avait adjoint cinquante cavaliers, tenait en échec le camp retranché de Mi-Hoa, les colonnes Lebris et Comte, ralliées par le commandant de la frégate la *Renommée*, le capitaine de vaisseau Favin-Lévêque, arrivé très exactement au rendez-vous avec ses embarcations, se présentaient devant Go-cung. A sept heures et demie du matin, le fort était occupé par nos troupes.

Le capitaine de vaisseau Lebris, avec ses compagnies de marins et une partie de la colonne Comte, attaqua, en les prenant à revers, les forts et batteries, élevés sur les deux rives, qui étaient canonnés par les bâtiments de la flottille. Les deux premiers forts de la rive droite furent enlevés et un fort de la rive gauche sauta ; les Annamites, probablement convaincus que la résistance était impossible, abandonnèrent toutes leurs positions jusqu'à Bien-Hoa. Le 17, pendant que les navires travaillaient, avec la plus grande activité, à se frayer un passage à travers les barrages, la colonne Comte ralliait la colonne Domenech-Diego et toutes deux attaquaient le camp de Mi-Hoa, occupé, d'après les renseignements parvenus à l'amiral

Bonard, par trois mille six cents hommes. Ceux-ci, saisis de terreur panique, s'enfuirent, poursuivis par nos troupes. L'ennemi ne possédait plus que la citadelle de Bien-Hoa ; c'est vers ce point que furent dirigées les forces de terre et les bâtiments qui avaient opéré contre les forts.

L'amiral Bonard, avec deux navires à faible tirant d'eau, l'*Ondine*, sur laquelle il avait mis son pavillon, et la canonnière 31, commandée par le lieutenant de vaisseau Jonnart, s'avança en reconnaissance vers Bien-Hoa. Les deux navires s'étant approchés de la citadelle, furent accueillis par une grêle de boulets qui ne leur firent, d'ailleurs, aucun mal. Au troisième coup tiré par la canonnière 31, le feu de l'ennemi cessa, et on vit s'élever une fumée épaisse annonçant un vaste incendie. Le lendemain, nous prenions possession de la citadelle qui avait été évacuée pendant la nuit. Deux hommes tués et quelques blessés, telles étaient les pertes éprouvées pendant le cours de cette campagne, conduite avec autant de promptitude que d'habileté. Nous avions pris quarante-huit pièces de canon, des bois de construction et quinze jonques royales, sur lesquelles dix jaugeaient près de deux cents tonneaux. L'amiral Bonard, rendant compte au ministre de la prise de Bien-Hoa, terminait son rapport en disant : « La possession d'une citadelle où, malgré les dégâts que l'ennemi a cherché à commettre, nous pouvons, dès maintenant, installer une garnison respectable, avec un hôpital de cent lits, dans un pays magnifique, où l'on ne rencontre point de marécages. Ce territoire peut nourrir facilement la cavalerie qui, jointe à une colonne mobile, purgera, dans peu de temps, cette frontière des maraudeurs formés des fuyards de l'armée de Tu-Duc... »

L'amiral Bonard se dirigea vers la préfecture de Fouk-Thoui-Fou, près de la montagne de Baria, où les mandarins appelaient les débris de l'armée que nous venions de battre. Toutes les positions occupées par les Annamites tombèrent entre nos mains. Après les expéditions de Bien-Hoa et de Baria, l'autorité de la France se trouvait complètement établie dans le nord de la colonie; la partie méridionale ne présentait pas des conditions aussi favorables. Une place forte, Ving-Loung, était le centre d'une résistance qui menaçait notre sûreté. La citadelle empruntait à sa position sur le Cambodge une grande importance. Le gouvernement annamite dirigeait sur cette ville, devenue la résidence d'un vice-roi, des armes, des munitions que des émissaires distribuaient dans le pays. C'était de là que partaient les mouvements insurrectionnels qui s'étendaient jusqu'aux portes de Mytho. Non loin de Ving-Loung, à Mikoui, se trouvait un second centre fortifié qui servait également de base aux opérations des rebelles. L'amiral Bonard estima que l'occupation de Ving-Loung était nécessaire pour assurer l'ordre et la tranquillité dans cette partie de la colonie.

Le 20 mars, les troupes, sous les ordres du lieutenant-colonel Reboul, et la flottille de canonnières commandée par le capitaine de frégate Desvaux, étaient en vue de Ving-Loung. Deux routes se présentaient pour arriver à la citadelle. La première, celle de l'est, se trouvait sous le canon de l'ennemi; la seconde, celle de l'ouest, était coupée par des arroyos dont les ponts avaient été détruits. Le 22, à dix heures du matin, les canonnières engagèrent un combat d'artillerie avec la citadelle et les ouvrages qui en défendaient les approches. Au coucher du soleil, malgré l'énergie déployée par les Annamites, la citadelle seule était encore en état de riposter. Une partie des troupes avait successivement occupé les ouvrages réduits au silence par nos canonnières; l'autre partie, franchissant les arroyos qui coupaient la route de l'ouest, s'était mis en marche pour prendre la citadelle à revers. Les Annamites, craignant de voir, le lendemain, leur retraite interceptée, résolurent de profiter de l'obscurité pour fuir. Après avoir allumé plusieurs incendies dans l'intérieur de la citadelle, ils disparurent. Des détachements de marins et de soldats, accourus immédiatement, réussirent, sinon à éteindre le feu, du moins à en limiter les effets. Les dommages ne furent pas considérables. On trouva, dans la citadelle, quatre-vingts pièces de canon de fort calibre, dont vingt avaient été mises hors de service pendant le combat, des armes, de la poudre, du salpêtre et de grands approvisionnements de riz, renfermés dans de superbes magasins. Ce succès nous avait coûté deux hommes tués et vingt et un blessés. La possession de Ving-Loung assurait la tranquillité de la partie méridionale de notre colonie. La prise de cette citadelle mettait fin à la conquête, mais l'œuvre militaire n'était pas terminée : notre colonie encadrée dans l'empire d'Annam était exposée à des troubles qui exigeaient, de la part des troupes et des bâtiments, un service de surveillance très actif.

Les hommes d'Etat de l'empire d'Annam n'avaient pas été assez clairvoyants pour reconnaître les difficultés de la lutte qu'ils engageaient avec la France. Notre action, plus décisive en 1858 qu'elle ne l'avait été depuis

1825, ne jette aucune clarté dans leur esprit. L'occupation de Tourane et de Saïgon par le corps expéditionnaire que commande l'amiral Rigault de Genouilly, n'ébranle pas la confiance de la cour de Hué dans une solution finale, favorable à ses intérêts. Nous agissons, il est vrai, avec lenteur et notre but n'apparaît pas clairement déterminé. Les Annamites trouvent, dans notre conduite, des motifs d'encouragement et leurs illusions sont si grandes qu'ils entament des négociations avec l'intention bien arrêtée de ne pas arriver à une conclusion. L'empereur Tu-Duc, se berçant de l'espoir que nous partirons, ne veut pas que la France ait un traité sur lequel elle puisse s'appuyer plus tard pour formuler de nouvelles revendications. L'évacuation de Tourane apparaît comme le signal de l'abandon de Saïgon. Le temps marche, et les Annamites n'ont pas le sentiment que nous avons pris, après avoir hésité un peu, la détermination de fonder un établissement dans la Basse-Cochinchine. Ils se défendent et, quoique battus, ils ne consentent pas à traiter. Tu-Duc condamne à mort ses généraux, mais cette sévérité orientale ne peut avoir pour résultat de transformer ses troupes qui sont hors d'état de nous résister.

Après la prise de la province de Bien-Hoa et de la citadelle de Ving-Loung, le gouvernement annamite s'inclina devant les événements ; il reconnut que si la continuation de la lutte était honorable, elle n'était pas d'une politique habile. Comprenant, en outre, que chaque jour de retard pouvait rendre les conditions plus dures, les conseillers de l'empereur entamèrent des négociations avec le désir sincère, dans cette circonstance, de les terminer promptement. Le 5 juin 1862, l'amiral Bonard signait, avec les ambassadeurs de Tu-Duc, un traité de paix. L'empire d'Annam cédait à la France les provinces de Bien-Hoa, de Saïgon et de Mytho; les trois provinces de la Basse-Cochinchine, gouvernées par un vice-roi, ne pouvaient recevoir des troupes sans notre consentement; enfin, trois ports du Tonkin étaient ouverts au commerce français.

III

La chute du Président de la République mexicaine, Comonfort, survenue en 1858, fut suivie de la guerre civile. Après une lutte de quelques années, entre les différents prétendants, Juarès vint à Mexico, au commencement de janvier 1860, comme chef du gouvernement. Les représentants de la France et de l'Angleterre entamèrent immédiatement avec lui des négociations, tendant au règlement des indemnités dues à leurs nationaux. Une convention, signée le 16 mars, fit droit à leurs demandes; toutes les difficultés semblaient aplanies lorsque, le 17 juillet, le congrès vota une loi remettant à deux ans le paiement des indemnités réglées par des conventions diplomatiques. Les ministres de France et d'Angleterre, ayant inutilement insisté pour obtenir l'abrogation de cette loi, cessèrent toute relation avec le gouvernement. L'Espagne, qui avait également de nombreux sujets de plainte, s'unit à la France et à l'Angleterre; les trois puissances signèrent, le 31 octobre 1861, une convention dont le but était d'obtenir, par une action commune, le redressement des griefs qu'elles avaient contre le Mexique. Il fut décidé que des troupes seraient embarquées sur les bâtiments envoyés devant la Vera-Cruz par les alliés; ces troupes formeraient un corps expéditionnaire qui appuierait par la force, si cela était nécessaire, les réclamations présentées par les délégués des trois puissances.

L'amiral Jurien de la Gravière quitta la France avec le vaisseau le *Masséna*, portant son pavillon, cinq frégates, quelques petits bâtiments et trois transports. Cette escadre, après avoir touché à Sainte-Croix de Ténériffe, se rendit à la Martinique qu'elle quitta le 17 décembre. L'amiral Jurien arrivait à la Havane, le 27, en même temps que les Anglais. On fut très étonné d'apprendre que les Espagnols étaient partis, le 17, de la Havane; ils avaient occupé la Vera-Cruz sans trouver de résistance. Les Français et les Anglais étaient devant cette ville, le 7 janvier 1862. Tels furent les préludes de la guerre qui s'engagea peu après entre la France et le Mexique. Le contingent espagnol, placé sous les ordres du général Prim, était de six mille hommes tandis que celui des Anglais n'était que de sept cents; le cabinet de Saint-James se disait prêt à agir sur les côtes, mais il ne consentait pas à pénétrer dans l'intérieur des terres. L'amiral Jurien, appelé au commandement en chef des forces de terre et de mer, disposait d'un effectif de trois mille deux cents hommes, comprenant les soldats embarqués en France, ceux qu'il avait pris à la Martinique et cinq cents marins. L'amiral et notre ministre à Mexico, M. Dubois de Saligny, étaient les délégués du gouvernement français. Le 9 janvier, les troupes débarquèrent et, le 11, elles s'établissaient près d'un petit village, situé à douze kilomètres de la Vera-Cruz. Des négociations furent immédiatement entamées pour arriver à la solution des difficultés pendantes.

Le 19 février, le général Prim conclut avec le gouvernement mexicain une convention, dite de la Soledad, aux termes de laquelle les alliés pouvaient occuper Cordova, Orizaba, Tehuacan, villes situées dans la zone tempérée. Cette convention avait un inconvénient, celui de traiter avec Juarès, et un avantage très grand puisqu'elle permettait de soustraire les troupes au climat meurtrier des terres chaudes. L'amiral Jurien, estimant que cette dernière considération primait toutes les autres, accepta ce qui avait été fait par le général Prim. Les alliés occupèrent immédiatement les points indiqués plus haut. Une brigade, forte de quatre mille hommes, placée sous les ordres du général Lorencez, arriva le 6 mars. Le gouvernement français avait compris que les quelques milliers d'hommes mis à la disposition de l'amiral Jurien, étaient insuffisants. L'amiral restait le chef politique de l'expédition, mais il cessait d'exercer le commandement direct des troupes. Le 9 avril, les représentants de l'Espagne et de l'Angleterre déclarèrent qu'ils retiraient leurs soldats du territoire mexicain. L'amiral Jurien et M. Dubois de Saligny refusèrent de s'associer à cette détermination. La marche en avant du général Lorencez fut alors décidée, et, à quelques jours de là, les hostilités commencèrent. La marine déclara en état de blocus, à partir du 1er mai, les ports de Tampico et d'Alvarado ; le contre-amiral Bouet, qui commandait la station navale du Pacifique, fut mis immédiatement au courant de la situation.

Le 20 avril, des dépêches importantes arrivèrent de

Paris. L'amiral Jurien recevait un blâme pour avoir signé la convention de la Soledad; ses pouvoirs politiques lui étaient retirés et il ne devait plus désormais exercer d'autre fonction que celle de commandant de l'escadre. Il était autorisé à rentrer en France sur le bâtiment qui lui conviendrait. La conduite de l'amiral Jurien ne méritait que des éloges, mais elle avait le tort d'être en contradiction avec les vues particulières du cabinet des Tuileries. On croyait, à Paris, que le Mexique, désolé, depuis plusieurs années, par la guerre civile, accepterait, avec reconnaissance, un changement dans la forme du gouvernement. Pour arriver à ce résultat, il fallait exercer, dans le pays, une action prépondérante, et la guerre seule en donnait les moyens. La convention de la Soledad, indiquant des tendances pacifiques, était en désaccord avec le but poursuivi. L'amiral Jurien, profitant de l'autorisation qui lui était donnée, quitta la Vera-Cruz, le 6 mai, sur la frégate à vapeur le *Montezuma*. Sa disgrâce ne fut pas de longue durée; on le traita, à son arrivée à Paris, comme s'il avait rempli sa mission à la plus grande satisfaction du gouvernement. L'amiral Jurien conserva son pavillon sur le *Montezuma*; il le transporta, le 10 juillet, sur la frégate cuirassée la *Normandie*, et il repartit, le 21, pour le golfe du Mexique. Le capitaine de vaisseau Rose avait exercé, pendant l'absence de l'amiral Jurien, le commandement de la division navale; trois frégates ayant été rappelées en France, celle-ci se trouvait réduite à quelques bâtiments. Cependant la marine avait à faire face à de sérieuses obligations. Elle surveillait le littoral et bloquait deux ports; la faiblesse de notre effectif militaire mettait presque entièrement à sa charge la défense de la Vera-Cruz. D'autre part, le débarquement des troupes, du matériel et des vivres constituait un service très pénible ; on eut l'heureuse idée de prendre, à la Martinique, des matelots créoles qui furent mis à terre à la Vera-Cruz. Le poids très lourd que portaient les équipages se trouva un peu allégé.

Le général de Lorencez battit les Mexicains dans plusieurs rencontres, mais il ne parvint pas à s'emparer de Puebla. L'échec de nos troupes devant cette ville montrait que la population n'était pas animée des sentiments que M. Dubois de Saligny et les émigrés lui prêtaient. Les Français revinrent en arrière ; solidement établis à Orizaba, ils repoussèrent victorieusement les attaques dirigées contre Puebla. Au mois de septembre 1862, le général de Lorencez rentrait en France, et le général Forey prenait le commandement du corps expéditionnaire. De nombreux renforts lui furent envoyés, et la marine déploya une très grande activité pour effectuer le transport des troupes au Mexique. La division navale apporta son concours à l'occupation du port d'Alvarado, au sud de la Vera-Cruz, et de la petite ville de Medelin, qui était devenue le centre des guerilleros. Au mois de novembre, le général Forey décida qu'une expédition serait dirigée contre Tampico, ville qui fait partie de la province de Tamaulipas, la plus septentrionale des provinces mexicaines sur le golfe du Mexique. Des navires, dont l'amiral Jurien prit, lui-même, le commandement, embarquèrent les troupes désignées pour cette opération et se présentèrent devant Tampico. Cette ville est située sur une langue de terre, à trois lieues de la mer. Les lames qui déferlaient avec force, ne permettant pas d'effectuer le débarquement à la plage, les embarcations, portant nos soldats, franchirent la barre de la rivière, sous la protection des canots armés en guerre. L'ennemi ne mit aucun obstacle à cette opération, et les troupes entrèrent dans Tampico sans trouver de résistance. L'amiral laissa la canonnière la *Lance*, capitaine de Saint-Phalle, dans la rivière, pour soutenir la garnison. Un mois s'était à peine écoulé que le général en chef donnait l'ordre d'évacuer Tampico. La marine procéda au rembarquement des troupes, mais l'eau ayant baissé sur la barre, la *Lance*, qui faisait route pour sortir de la rivière, s'échoua; les travaux nécessaires pour l'alléger n'étaient pas terminés, lorsque drossée par la mer et le courant, elle toucha sur des roches et se défonça. Une batterie mexicaine lui envoyait des boulets, mais le feu de cette canonnière et celui de deux canonnières, la *Tourmente* et la *Tempête*, qui étaient en dehors de la barre, réduisirent promptement l'ennemi au silence. Comme il ne restait plus aucun espoir de sauver la *Lance*, l'ordre fut donné de l'incendier; quelques coups de canon, tirés par la *Tourmente* et la *Tempête*, hâtèrent sa destruction. Cette expédition, sans apporter aucun avantage à l'armée, avait coûté une canonnière à la marine; Medelin, et le port d'Alvarado furent également abandonnés. Des marins créoles de la Martinique tentèrent de garder la petite ville de Tlacotalpan avec l'appui de la canonnière la *Sainte-Barbe*, mais, trop peu nombreux pour résister aux forces supérieures de l'ennemi, ils revinrent à la Vera-Cruz à la fin de décembre.

Le général Forey, dont toute l'attention se portait sur les villes de Puebla et de Mexico, refusait de détacher les troupes jugées nécessaires pour occuper les points les plus importants de la côte. Il eût bien voulu que la marine acceptât cette charge, mais celle-ci, malgré son vif désir de concourir au succès de l'expédition, avait un personnel trop restreint pour assumer une semblable responsabilité. La division devait agir sur le littoral, et son rôle était d'autant plus difficile à remplir, qu'elle ne disposait pas, à ce moment, d'un nombre suffisant de petits bâtiments, ayant, à la fois, un faible tirant d'eau et une certaine force militaire. Les canonnières répondaient à cette double exigence, quoique le tirant d'eau des canonnières de première classe ne fût pas très favorable. On s'était probablement peu occupé de cette question à Paris. La *Sainte-Barbe* et la *Lance* n'étaient parties de France que le 15 septembre ; la *Grenade* et la *Tempête* arrivèrent à la fin de l'année 1862, la *Flèche*, la *Tourmente* et la *Pique*, en 1863, et la *Tactique*, en 1864.

L'armée, après s'être emparée de Puebla, le 17 mai 1863, entra, le 12 juin, à Mexico. Notre gouvernement, s'il était exactement renseigné, n'ignorait pas que notre intervention n'était pas populaire. La prise de Puebla et la présence de nos troupes à Mexico nous donnaient toute satisfaction, au point de vue militaire. En ce qui concernait la question politique, le moment était décisif, et il fallait se hâter de le saisir pour sortir de l'impasse dans laquelle la France se trouvait engagée. Nous pouvions, abandonnant ouvertement tout projet relatif à un changement dans la forme du gouvernement, traiter, si ce n'était avec Juarès, du moins avec un personnage ayant de l'autorité dans le présent et offrant des garanties pour l'avenir. Il eût été fait droit aux réclamations de nos nationaux, et le Mexique nous aurait payé une indemnité de guerre. Malheureusement les partisans de la monarchie marchèrent, aussitôt que nos troupes furent entrées à Mexico, avec une regrettable rapidité. Une commission, nommée par l'assemblée des notables, vota, le 10 juillet, l'établissement d'une monarchie héréditaire au Mexique, et décida que la couronne serait offerte à l'archiduc Maximilien d'Autriche. Une délégation de cette commission s'embarqua immédiatement pour se rendre auprès du futur empereur. Les représentants de la France à Mexico n'ayant pas su dominer ce mouvement, il fallut le suivre. Le général Forey, nommé maréchal de France, quitta le Mexique, laissant le commandement de l'armée au général Bazaine.

En attendant l'issue des négociations engagées en Europe, l'action de l'armée et de la marine suivit son cours. Des colonnes, parties de Mexico, se dirigèrent vers l'intérieur du pays. Des Mexicains, ralliés à l'intervention française, ayant occupé, le 18 juin 1863, San Juan Baptista, capitale de l'Etat de Tabasco, le contre-amiral Bosse, qui avait remplacé, au mois d'avril, l'amiral Jurien dans le commandement de la division navale, envoya la canonnière la *Tourmente* devant la ville pour les soutenir. La douane de Minotitlan, port situé à huit lieues de la mer, sur le Rio Goatzacoalco, donnait à l'ennemi des revenus considérables. Un détachement mexicain, débarqué, le 17 juillet, par les bâtiments de la division, prit possession de Minotitlan. Le 11 août, la ville de Tampico était occupée de nouveau par nos troupes, avec le concours de la marine; la garnison, sous les ordres du colonel Hennique, de l'infanterie de marine, comprenait deux cents soldats de cette arme, des Mexicains et les marins destinés à servir quatre pièces de campagne. La ville de Campêche fut occupée, le 22 janvier 1864, par une compagnie de volontaires créoles de la Martinique et des troupes locales. La *Tourmente,* qui était en station à San Juan Baptista, recevait des boulets, perdait du monde et courait le risque d'être coulée; l'ordre lui fut donné de sortir de la rivière.

L'archiduc Maximilien avait accepté solennellement, le 10 avril 1864, la couronne qui lui était offerte. Il s'embarqua, le 20, à Civita-Vecchia, sur la frégate autrichienne la *Novara*; cette frégate prit la mer, escortée par la frégate française la *Thémis.* Ces deux bâtiments, après avoir touché à Gibraltar et à la Martinique, arrivèrent, le 28 mai, à la Vera-Cruz. Reçu avec les honneurs dûs à un souverain, Maximilien se rendit à Mexico, où il prit la direction des affaires du nouvel empire. La levée du blocus, dans le golfe du Mexique et sur les côtes du Pacifique, fut un des premiers actes du gouvernement impérial.

Le contre-amiral Bosse se trouvait, au mois d'août, devant l'embouchure du Rio Bravo, avec la *Bellone*, qui portait son pavillon, le *Darien*, le *Colbert* et la *Drôme.* Le capitaine de vaisseau Veron, commandant le *Darien*, débarqua, le 22 août, avec quatre cents marins et deux pièces de canon; il s'établit à Bagdad, ville située à quelques lieues de la mer, au-dessous de Matamoros et repoussa les attaques des dissidents jusqu'à l'arrivée de troupes mexicaines ralliées à l'empire. Celles-ci occupèrent Bagdad et peu après Matamoros; des canots armés en guerre, remontant le fleuve, concoururent au succès de cette dernière opération. Le commandant en chef de l'armée, dans un ordre général, portant la date du 2 novembre 1864, cita comme s'étant particulièrement distingués, dans l'attaque dirigée contre Bagdad et Matamoros, le capitaine de vaisseau Veron, le capitaine de frégate Caillet, les lieutenants de vaisseau d'Aubanel et Visconti, l'aspirant Nicolas et plusieurs matelots. Au mois d'octobre, le commandant du *Forfait*, le capitaine de frégate Potestas, arrivant devant Tuspan, trouva la ville bloquée. Des canots de son bâtiment remontèrent la rivière avec une colonne de cent hommes; après un engagement avec les marins du *Forfait*, le détachement mexicain, qui coupait les communications de Tuspan avec l'intérieur du pays, s'éloigna. Dans un ordre général du corps expéditionnaire, les enseignes de vaisseau Le Coat de Saint-Haonen et Boigne et deux matelots furent félicités pour leur conduite dans cette affaire.

L'infanterie de marine et le bataillon de marins fusiliers avaient reçu, au commencement de l'année 1864, l'ordre de rentrer en France.

IV

Après les événements que nous venons de rapporter, le gouvernement français parut croire que l'expédition du Mexique touchait à sa fin. On voyait déjà le nouveau régime accepté par les populations et pouvant se suffire à lui-même; le rappel de la totalité du corps expéditionnaire devenait la conséquence de cet état de choses. Si cet optimisme n'était pas de parti pris, on peut dire que Paris ne se rendait pas un compte exact de la situation. Au mois d'octobre 1864, l'ordre vint de renvoyer en France une partie des bâtiments qui étaient en station dans le golfe du Mexique; ceux qui furent laissés formèrent une division placée sous les ordres du commandant du *Magellan*, le capitaine de vaisseau Cloué. La division comprenait, outre cette frégate, la frégate à vapeur le *Darien*, les corvettes à vapeur le *Colbert* et le *Forfait*, l'aviso le *Brandon* et les canonnières la *Sainte-Barbe*, la *Pique*, la *Tourmente* et la *Tempête*. Sur les quatre canonnières, deux étaient en mauvais état. On diminua également le personnel attaché à la direction du port dont le service conservait cependant une grande importance. Satisfaire aux demandes de transports de troupes qui lui seraient adressées par l'autorité militaire, maintenir les communications entre l'armée et le littoral et coopérer, dans la mesure des moyens dont il disposait, aux opérations que l'armée exécuterait sur les côtes, telles étaient les obligations qui incombaient au commandant Cloué. Toutefois, les instructions ministérielles lui interdisaient le séjour à terre des marins, sauf dans le cas de circonstances absolument exceptionnelles.

Le commandant Cloué devait aussi se préoccuper des corsaires juaristes ou américains dont on parlait beaucoup et que, d'ailleurs, on ne voyait pas, ce qui était fort heureux. Les corsaires mexicains, qui seraient tous sortis des ports des Etats-Unis, auraient été des bâtiments à vapeur marchant bien; dans cette hypothèse, avec quels navires la division les aurait-elle poursuivis? Les instructions ministérielles montraient bien le but, mais les moyens qu'elles donnaient pour l'atteindre étaient insuffisants, au double point de vue de la qualité et de la quantité.

La seule surveillance de la côte, depuis Matamoros jusqu'à l'extrémité du Yucatan, exigeant l'emploi de tous les bâtiments, ne laissait pas de navires disponibles pour une mission imprévue. A la fin de l'année 1864, les bâtiments de la division se trouvaient répartis ainsi qu'il suit : le *Darien* était à Matamoros, le *Colbert* à Tampico, les canonnières la *Sainte-Barbe* et la *Tempête* à Alvarado, la *Tourmente* à Carmen, la *Pique* et le *Forfait* à Tuspan, la *Pique* dans la rivière et le *Forfait* au large, et le *Magellan* à la Vera-Cruz où sa présence était indispensable. La surveillance du littoral était d'autant plus difficile que, dans la mauvaise saison, les navires, en station sur certains points de la côte, étaient obligés de prendre le large lorsqu'un coup de vent de nord se déclarait. Enfin, l'insalubrité du climat, en rendant, pendant quelque temps, des bâtiments impropres à un service actif, ajoutait aux difficultés que rencontrait la division pour remplir sa mission. Le ministre devait donc mettre à la disposition du commandant Cloué, en dehors du nombre de navires que réclamait la surveillance de la côte, quelques bâtiments formant une réserve. Cette observation est d'autant plus nécessaire que, dans la plupart des expéditions lointaines, pour ne pas dire toutes, on retrouve ce même défaut de prévoyance. Paris examine ces questions trop légèrement et ne se préoccupe pas assez de donner à ceux qui ont la responsabilité des événements militaires, des moyens d'action en rapport avec le but qu'ils sont chargés de poursuivre.

La réduction des forces navales reposait évidemment

sur l'idée que la pacification était fort avancée. Or, au moment même où on rappelait des bâtiments en France, une partie de la côte était encore ennemie, et, dans les villes qui étaient soumises, du moins en apparence, l'autorité du nouveau gouvernement était très précaire. Les dissidents, qui n'étaient jamais loin, entretenaient des intelligences dans ces mêmes villes et se tenaient prêts à les occuper si une occasion favorable se présentait. La levée du blocus donnait aux villes du littoral des ressources dont elles se servaient pour entretenir des troupes qui les défendaient ou passaient aux libéraux suivant les circonstances. La Vera-Cruz, que nous occupions, était entourée d'ennemis. Dans toute place où il n'y avait pas de garnison française, on ne pouvait pas compter sur le lendemain ; un échec essuyé par nos troupes modifiait la situation et provoquait immédiatement la trahison. Une opération de guerre, à laquelle la marine prit part, montra, une fois de plus, combien il était difficile de compter sur les Mexicains quand nous les avions pour auxiliaires. Le contre-amiral Bouet, qui commandait la station du Pacifique, s'était présenté, le 20 janvier 1864, devant Acapulco, avec la frégate à hélice la *Pallas*, qui portait son pavillon, les corvettes à voiles la *Galatée*, la *Cornélie* et l'aviso à vapeur le *Diamant*. Reçue à coups de canon, la division riposta et réduisit promptement les batteries mexicaines au silence ; ne disposant pas d'une force suffisante pour prendre possession de la ville, l'amiral Bouet se contenta de bloquer le port. Après l'entrée des Français à Mexico, Acapulco fut occupé par un détachement de tirailleurs algériens. Quelques mois après, sur un ordre venu du quartier général, le capitaine de vaisseau de Kergrist, avec la *Victoire*, le *d'Assas*, le *Lucifer* et le *Diamant*, embarquait les troupes qui étaient à Acapulco que nous cessions d'occuper et se rendait devant Mazatlan. Le 27 novembre, après une courte canonnade, les tirailleurs prenaient possession de cette ville. Le capitaine de frégate Gasielle, qui commandait le *Lucifer*, appartenant à la station navale de l'Océan Pacifique, partait, le 20 décembre, d'Altata se dirigeant sur Culiacan, où il avait l'ordre d'installer les autorités impériales, avec soixante-dix tirailleurs algériens, cinquante matelots, deux pièces de quatre et quatre cents Mexicains, sous les ordres d'un général. Arrivé à six lieues de sa destination, le commandant Gasielle rencontra l'ennemi. Les Mexicains qui, dans l'ordre de marche, formaient l'arrière-garde, firent défection aussitôt le combat engagé; entourés par des forces supérieures, les tirailleurs et les matelots furent tués ou faits prisonniers. Disons immédiatement que des troupes, venant de Mazatlan, occupèrent, le 29 mars 1865, avec le concours de la marine, Guaymas, port de la Sonora, sur le golfe de Californie.

Le *Colbert*, commandé par le capitaine de frégate Joubert, se trouvait, le 13 janvier 1865, devant Tuspan, dans le golfe du Mexique, lorsqu'un parti de dissidents, fort d'environ huit cents hommes, se présenta. Une partie de l'équipage du *Colbert* fut immédiatement débarquée pour concourir avec la garnison, composée de troupes mexicaines, à la défense de la place. Deux positions, les cerros de la Cruz et de l'Hôpital, où il y avait du canon, jouaient un rôle important dans la défense de la ville; elles furent occupées l'une et l'autre par des matelots canonniers, placés sous les ordres des enseignes de vaisseau Fenoux et de Tesson, et par des soldats appartenant à la garnison. Le commandant Joubert, avec quelques hommes de son bâtiment et un détachement de troupes mexicaines, devait maintenir les communications entre les deux cerros et défendre des barricades élevées sur un point de la ville où l'on supposait que la colonne assaillante aboutirait. Le combat commencé au milieu du jour se prolongea dans la nuit. Des partis ennemis, qui avaient suivi des chemins, regardés comme impraticables, furent sur le point d'entourer le commandant Joubert; celui-ci, abandonné par les troupes mexicaines, dut se retirer en toute hâte pour ne pas être fait prisonnier. Il s'embarqua avec les matelots qui étaient auprès de lui pendant le combat, passa la barre de nuit et rejoignit son bâtiment pour procéder à la formation immédiate d'un nouveau détachement.

La frégate autrichienne, la *Novara*, que le bruit du canon avait attirée, se chargea d'informer le commandant Cloué de la situation. Le capitaine du *Colbert*, fort inquiet sur le sort des officiers et des matelots chargés de la défense des cerros, revint à terre avec tous les hommes qu'il avait pu armer. Il trouva la ville dans le plus grand calme. Après son premier succès, l'ennemi avait eu pour objectif l'occupation des deux cerros, dont la possession devait le rendre maître de la ville. Comptant les enlever l'un après l'autre, il s'était dirigé d'abord sur le cerro de l'Hôpital où se trouvait l'enseigne de vaisseau de Tesson avec quatorze matelots du *Colbert* et un détachement mexicain. Après quatre attaques successives, conduites avec beaucoup d'intrépidité, les dissidents, auxquels le tir de nos canonniers avait infligé des pertes considérables, s'enfuirent, poursuivis par tous ceux qui avaient intérêt à défendre la ville ; le nombre de ces derniers s'accrut rapidement lorsqu'on eut la certitude que l'ennemi battait en retraite dans le plus grand désordre. Les secours que le commandant Cloué s'empressa d'envoyer devinrent inutiles ; toutefois, l'ordre fut donné à la *Pique* d'entrer dans la rivière. Les canonnières jouant le rôle attribué à la *Pique*, et c'était le cas général, se trouvaient dans une position particulièrement délicate. Elles pouvaient choisir un moment favorable pour entrer dans les rivières, mais elles devaient se préoccuper, lorsqu'elles étaient rendues à leur poste, d'une part, de la mission qu'elles avaient à remplir et, d'autre part, de la hauteur de l'eau sur la barre afin de la franchir en temps opportun.

Le *Brandon*, capitaine de Jonquières, se trouvait devant Carmen lorsque l'apparition d'un fort parti de libéraux fut signalé. Grâce à l'activité du commandant du *Brandon* et à l'impulsion qu'il sut donner aux autorités impériales résidant à Mérida et à Campêche, une colonne destinée à poursuivre l'ennemi fut promptement formée. Cette colonne, comprenant deux cent cinquante Mexicains, cent quatre-vingts Autrichiens et soixante matelots du *Brandon*, s'embarqua, le 3 juin, à Carmen, sur un petit vapeur et quelques goélettes du pays. La flottille se mit en mouvement, escortée par les canots du *Brandon* armés en guerre. Trouvant abandonné un point où l'on croyait rencontrer l'ennemi, elle poursuivit sa route par les arroyos ; le 6 juin, près de de Jonuta, les libéraux furent aperçus, occupant une position solidement retranchée. La colonne, après avoir effectué son débarquement sous une fusillade très vive, attaqua vigoureusement l'ennemi et le mit en fuite.

L'enseigne de vaisseau Fleuriais était arrivé le premier sur les retranchements à la tête des matelots du *Brandon*. Les dissidents avaient subi des pertes sensibles; de notre côté, on comptait six hommes tués et vingt-cinq blessés. Après la destruction des retranchements élevés par les libéraux, les Mexicains s'établirent à Jonuta, les matelots du *Brandon* retournèrent à leur bord, et les Autrichiens regagnèrent Campêche.

V

Sur le Rio-Grande, qui sépare le Mexique des Etats-Unis, la marine rencontrait des difficultés d'un autre ordre. Les libéraux, qui surveillaient Matamoros et Bagdad, occupés par les Impériaux, n'attendaient qu'une occasion favorable pour attaquer ces deux villes ; ils étaient en relations suivies avec les autorités américaines et tiraient toutes leurs ressources du Texas. Les Etats-Unis avaient des forces considérables sur la rive gauche du Rio-Grande. Les généraux américains ne dissimulaient pas leurs sympathies pour les ennemis du régime impérial et, sans violer ouvertement les lois internationales, ils facilitaient les opérations des libéraux. Les Américains faisaient ostensiblement les préparatifs nécessaires pour passer rapidement sur la rive droite du Rio-Grande, comme s'ils se fussent attendus à recevoir l'ordre d'exécuter ce mouvement. Les libéraux paraissaient convaincus de l'intervention prochaine des Etats-Unis, et ils le disaient hautement, ce qui avait pour résultat d'encourager leurs partisans et d'intimider leurs adversaires. Les généraux américains obéissaient moins aux instructions du cabinet de Washington qu'à leurs propres sentiments. Les troupes qu'ils commandaient renfermaient de mauvais éléments; les aventuriers, et ils étaient nombreux, qui en faisaient partie, sachant qu'ils seraient bientôt licenciés, souhaitaient vivement que le gouvernement américain, intervenant dans la question mexicaine, eût besoin de leurs services. Dans ces conditions, les officiers qui commandaient les bâtiments en station à l'embouchure du Rio-Grande, avaient à remplir une mission délicate. Ils ne pouvaient pas permettre qu'il fût porté atteinte à l'honneur du pavillon, mais, d'autre part, ils comprenaient la nécessité d'éviter un conflit qui aurait eu de graves conséquences. Ce n'était pas, d'ailleurs, au Texas, mais à Paris et à Washington que pouvaient être résolues les questions soulevées par notre présence au Mexique.

Les navires envoyés à l'embouchure du Rio-Grande devaient contribuer à la défense de Matamoros et de Bagdad, si ces deux villes étaient attaquées. Un vapeur du commerce, l'*Antonia*, monté par des matelots de la *Tisiphone* et de l'*Adonis*, capitaines Collet et Miot, assurait les communications entre Matamoros et nos bâtiments. Telle était la situation, au mois de janvier 1866, lorsque se produisit un événement auquel il était difficile de s'attendre. Un régiment Noir traversa le Rio-Grande pendant la nuit, s'empara de Bagdad, avec la connivence d'une partie de la garnison, et livra la ville au pillage. Le général, qui commandait les troupes dont faisait partie ce régiment, apprenant ce qui se passait, envoya un détachement de soldats Noirs, pour rétablir l'ordre ; le seul résultat de cette mesure fut d'augmenter le nombre des pillards. Aux protestations qui lui furent adressées par le commandant de la *Tisiphone*, le général répondit que le pavillon des Etats-Unis n'était pas en cause, la conduite des régiments Noirs constituant un acte d'indiscipline qu'il déplorait. Les dissidents ayant pris possession de Bagdad, l'incident se trouva clos. Peu après, les libéraux, ne se croyant pas assez forts pour garder la ville, en avisèrent le général américain et le prièrent d'en prendre possession. Celui-ci fit immédiatement entrer dans Bagdad des troupes chargées, disait-il, de protéger les habitants et leurs biens. Le général mexicain, qui commandait, au nom de l'empereur Maximilien, à Matamoros, demanda que la ville lui fut remise. Les autorités américaines, se rendant probablement compte de la responsabilité que l'occupation de Bagdad, faite en violation des lois internationales, faisait peser sur elles, rendirent la ville aux troupes impériales. Cette nouvelle difficulté se trouva dénouée. La situation ne tarda pas, d'ailleurs, à prendre une tournure plus correcte. Le cabinet de Washington, probablement avisé de ce qui se passait, remplaça les autorités militaires, rappela ou licencia une partie de l'armée du Texas et ne laissa que cinq mille hommes sur la rive gauche du Rio-Grande. Les sympathies des Etats-Unis, en faveur des dissidents, continuèrent à subsister, mais elles se montrèrent plus discrètes. Le vapeur l'*Antonia*, armé ainsi que nous l'avons dit, par des matelots français, avait servi de refuge, lors de l'invasion de Bagdad par les régiments Noirs, à la partie de la garnison qui était restée fidèle. L'occupation de Bagdad par les dissidents avait coupé les communications de ce vapeur avec le large, mais la remise de cette ville aux Impériaux l'avait dégagé.

Le commandant Cloué, qui avait reçu l'ordre de prendre possession de la ville de Tlacotalpan, partit, le 22 mars, de la Vera-Cruz, avec les canonnières la *Tempête*, la *Pique*, la *Diligente*, la *Tactique* et la chaloupe canonnière l'*Augustine*, capitaines Revault, Rouault Coligny, Gaude, Lagrange et de Fitz-James. Ces bâtiments portaient une compagnie de débarquement, forte de deux cent quatre-vingts hommes, formée par des détachements empruntés au *Magellan*, à la *Tisiphone* et à l'*Adonis*. La flottille remonta la rivière d'Alvarado, passa sous le canon d'une position fortifiée, le Conego, occupée par les libéraux, et arriva devant la ville de Tlacotalpan qui fut immédiatement abandonnée par l'ennemi. Rallié par une petite colonne française, venant de l'intérieur, et par quelques soldats expédiés de la Vera-Cruz, le commandant Cloué parcourut le pays, chassant les bandes qui l'occupaient. Après avoir installé, suivant les ordres qu'il avait reçus, une garnison mexicaine à Tlacotalpan, le commandant Cloué revint à la Vera-Cruz, laissant des canonnières dans la rivière d'Alvarado pour maintenir les communications de Tlacotalpan avec la mer. Les troupes, auxquelles était confiée la garde de cette ville, étaient insuffisantes au double point de vue du nombre et de la qualité ; immédiatement après notre départ, les libéraux bloquèrent la garnison et le pays leur appartint de nouveau. Il était difficile de croire que les places occupées par des troupes mexicaines, ralliées en apparence à l'empire, pourraient être conservées. On se trouvait toujours en présence de la désertion, rendant toute défense impossible, ou de la trahison.

Tampico, par suite de la défection d'une partie de la garnison, tombait sans combat, à la fin du mois de juillet, entre les mains des dissidents. Il y avait, à ce moment, dans la ville, un détachement français, commandé par le capitaine Langlois. Cet officier se retira avec deux cents Français, soldats et habitants, dans le fort Casamata; une caserne, située près du fort, fut occupée par les Mexicains demeurés fidèles. Le général Pavon était entré dans Tampico avec deux mille cinq cents hommes de bonnes troupes; or, le capitaine Langlois avait trouvé, dans le fort et dans la caserne, peu de munitions, une partie de l'artillerie hors de service et des vivres pour quelques jours seulement. Sa situation était donc très critique, et il fallait, pour le sauver, se hâter d'agir; comme il n'y avait pas de troupes disponibles à la Vera-Cruz, on ne pouvait songer à reprendre Tampico. La marine voulut tenter de se mettre en communication avec le capitaine Langlois. Le 7 août, la *Tactique*, la *Diligente* et le *Mosquito* franchissaient la barre, échangeaient des boulets avec des batteries élevées sur les deux rives, et arrivaient devant la ville. Les trois bâtiments furent accueillis par des feux d'artillerie et de mousqueterie qu'ils firent taire promptement avec leurs pièces de trente rayées. On chercha le fort Casamata et la caserne avec lesquels il fallait communiquer, mais la ville étant bâtie en amphithéâtre on ne put les apercevoir. Les canonnières étaient puissantes par leurs canons, mais elles se reconnaissaient hors d'état de se frayer, avec quelques matelots, un passage jusqu'au fort Casamata. Le capitaine de la *Diligente*, le lieutenant de vaisseau Révault, avait, en sa qualité de plus ancien de grade, le commandement de l'expédition; il fit hisser un pavillon blanc avec la résolution d'ouvrir le feu sur la ville si, après une heure d'attente, il n'était pas entré en relation avec l'ennemi. Un officier mexicain se présenta; montrant une entière confiance dans la parole de l'envoyé du général Pavon, le capitaine de la *Diligente* se rendit auprès du capitaine Langlois. Après examen de la situation, l'impossibilité de résister plus longtemps fut reconnue; la supériorité de l'ennemi était évidente, et, ce qui était plus grave, il n'y avait plus de vivres. Le lendemain, le capitaine Langlois et son détachement sortaient du fort Casamata et de la caserne avec les honneurs de la guerre, et s'embarquaient sur les canonnières qui gagnaient immédiatement le large. Le général mexicain s'était montré, dans toute cette affaire, très loyal et très courtois, et ses troupes avaient observé une exacte discipline. Quelques jours après, le 18 août, les troupes impériales qui occupaient Tlacotalpan évacuaient la ville, menacée par des forces supérieures, et la marine les transportait à la Vera-Cruz. Matamoros et Bagdad étaient, depuis quelque temps déjà, au pouvoir des libéraux. La caractéristique de cette campagne, c'était l'incertitude du lendemain.

L'expédition touchait à sa fin; une partie de l'armée avait quitté le Mexique, et le terme, fixé à Paris pour l'évacuation totale, approchait. Les bâtiments de la division, à l'exception de la *Tempête*, qui fut démolie, se trouvaient à la Vera-Cruz à la fin de l'année 1866. A moins qu'il ne se présentât quelque circonstance imprévue, leur rôle était terminé; la marine avait fait son devoir, se battant avec intrépidité, lorsque l'occasion s'en présentait, et supportant, avec une patiente énergie, un danger plus grand que le feu des dissidents, l'insalubrité du climat. Les transports arrivèrent, et notre escadre cuirassée fit son apparition sur la rade de Sacrificios; sa présence donnait au départ de nos troupes un caractère militaire, et montrait que nous disposions d'une force suffisante pour faire face aux difficultés qui pouvaient survenir. Le 6 mars 1867, l'escadre cuirassée et la division du golfe du Mexique appareillaient pour rentrer en France.

Jusqu'à la fin de l'année 1869, la marine n'eut à intervenir dans aucune expédition militaire.

LIVRE XV

Système de guerre de l'Angleterre.— Côté vulnérable de cette puissance. — Système de guerre répondant à la situation de la marine française. — Les efforts du gouvernement doivent tendre à ne pas avoir, à la fois, la guerre continentale et la guerre maritime. — Ports de refuge. — Direction des opérations maritimes.

I

Pendant la période qui s'écoule de 1815 à la fin de l'année 1869, la marine prend part à de nombreuses expéditions, mais elle n'est pas engagée dans une guerre maritime proprement dite. Avant 1815, au contraire, l'histoire de la marine française se compose presque entièrement des luttes que nous avons soutenues contre l'Angleterre. Nous sommes donc conduit à examiner si nous avons employé les moyens les meilleurs pour combattre une puissance dont les forces sont, depuis la fin du règne de Louis XIV, très supérieures aux nôtres. En d'autres termes, il s'agit de déterminer le rôle d'une marine faible luttant contre une marine qui lui est très supérieure. Le système de guerre adopté par l'Angleterre a, pour cette puissance, un grand avantage, celui d'être très simple. Le gouvernement britannique poursuit, avec la plus grande opiniâtreté et par tous les moyens en son pouvoir, la destruction de la marine ennemie.

L'Angleterre, délivrée, si elle obtient ce résultat, de toute crainte, relativement à son territoire et à ses nombreuses possessions d'outre-mer, dispose de la totalité de ses forces pour protéger son commerce, conquérir les colonies de son adversaire, et faire, si les circonstances le permettent, des agressions sur son littoral. L'histoire nous montre que telle est la marche suivie par le gouvernement de la Grande-Bretagne. En 1694, la France, après le départ du maréchal de Tourville pour la Méditerranée, ne peut opposer, dans l'Océan, aucune force navale à ses ennemis. Les Anglais attaquent alors Saint-Malo ; ils opèrent un débarquement à Camaret et bombardent Dieppe, le Havre, Dunkerque et Calais. En 1695, Saint-Malo, Granville, Calais et Dunkerque sont bombardés ; enfin l'année suivante, les Anglais, après avoir de nouveau bombardé Calais, attaquent les îles Houat, Hœdic, de Groix, de Saint-Martin, de Ré et d'Olonne.

La paix de Ryswick met fin à la guerre qui éclate de nouveau en 1702. Les Anglais appuient les prétentions de l'archiduc Charles au trône d'Espagne, et, jusqu'à la signature du traité d'Utrecht, en 1712, ils ne font aucune excursion sur nos côtes, mais ils s'emparent de Gibraltar, où ils se maintiennent, grâce à leur supériorité maritime qui ne permet pas à la France et à l'Espagne d'attaquer cette place du côté de la mer. Ce qui précède montre clairement la conduite que tiennent les Anglais dans la seconde phase de la guerre, alors qu'ils regardent leur marine comme n'ayant plus rien à craindre de l'ennemi. Nous allons voir le gouvernement britannique appliquer la même méthode de 1744 à 1748, et de 1756 à 1763.

Pendant la guerre de la succession d'Autriche, les

Anglais, libres de leurs mouvements par suite de la faiblesse de notre marine, tentent une attaque sur le port de Lorient, et ils s'emparent des îles Houat et Hœdic. Nous arrivons à la guerre dite coloniale. Aidée par l'incapacité des ministres de Louis XV, la marine anglaise prend sur la nôtre, dès le début de cette guerre, une très grande supériorité. Elle peut, sans craindre d'être inquiétée dans ses opérations, occuper l'île d'Aix, en 1757, attaquer Cherbourg, en 1758, et faire, à Cancale, le débarquement qui se termine par la défaite de Saint-Cast; enfin, dans cette même année, nous perdons Saint-Louis du Sénégal, Gorée et l'importante place de Louisbourg. Lorsque notre marine, après la perte de la bataille de Quiberon, est réduite à l'impuissance, les Anglais, maîtres de la mer, embarquent des troupes sur des transports qui, même avec une faible escorte, n'ont rien à redouter, et ils prennent, en 1759, la Guadeloupe, les Saintes, Marie-Galante et la Désirade ; nous perdons, en 1760, Pondichéry et, en 1761, Belle-Ile, sur nos côtes, la Dominique, dans les mers des Antilles, et nos comptoirs de l'Inde. Poursuivant, en 1761, le cours de leurs faciles succès, les Anglais s'emparent des îles la Martinique, Sainte-Lucie, la Grenade, les Grenadins, et ils achèvent la conquête du Canada. Enfin, ils enlèvent la Havane aux Espagnols.

Pendant le cours de la guerre de l'Indépendance américaine, les choses changent de face. Quoique l'Espagne et la Hollande ne nous apportent pas un concours très actif, les armements, faits par ces deux puissances, obligent nos adversaires à prendre des dispositions qui neutralisent une partie de leurs forces. Il ne s'agit plus seulement, pour la Grande-Bretagne, d'attaquer ; elle doit aussi songer à se défendre. Si les Anglais s'emparent, en 1778, de l'île de Sainte-Lucie, une expédition, rapidement conduite par le marquis de Bouillé, leur enlève, la même année, la Dominique. En 1779, nous prenons Saint-Louis du Sénégal et les îles anglaises Saint-Martin, Saint-Vincent et Saint-Barthélemy. L'amiral d'Estaing fait la conquête de la Grenade et bat l'escadre envoyée au secours de cette île. En 1781, Tabago, Saint-Eustache et Saba tombent entre nos mains. L'année suivante, nous prenons Gondelour et Trinquemalé, dans l'Inde, et les îles Saint-Christophe, Nièves et Montserrat, dans les Antilles, Demérari, Berbice, Essequibo, établissements enlevés aux Hollandais par les Anglais, et nous faisons une expédition dans la baie d'Hudson. La France poursuit des résultats ; dépouillée de ses possessions coloniales par le traité de Paris, elle veut que la guerre les lui rende. Or, ce but ne peut être atteint que si, au moment de la conclusion de la paix, nous avons, entre les mains, un certain nombre de colonies enlevées aux Anglais; nous pourrons être amenés à en rendre quelques-unes, mais nous garderons les autres.

Surviennent les guerres de la Révolution. En présence de la désorganisation de la marine française, l'Angleterre, se rendant compte qu'elle n'a rien à redouter, prend successivement Tabago, les îles Saint-Pierre et Miquelon, Pondichéry, nos comptoirs de l'Inde, la Martinique, Sainte-Lucie, les Saintes, la Guadeloupe et ses dépendances, les îles Saint-Vincent, la Grenade, Foulpointe, sur les côtes de Madagascar, et Gorée. La capitulation de Malte, en 1800, et celle d'Alexandrie, en 1801, sont la conséquence de la supériorité de la marine anglaise. Pendant le cours de cette guerre, l'Angleterre achève la conquête de l'Inde ; alors que ses alliés s'épuisent sur le continent, elle s'empare des colonies de toutes les nations. Les Espagnols perdent la Trinité, dans les Antilles, les Hollandais Ceylan, à l'extrémité de la péninsule indienne, le cap de Bonne-Espérance, Demerari, Surinam, Berbice et Essequibo.

A peine les hostilités ont-elles repris, en 1803, que les Anglais prennent Sainte-Lucie, Tabago, Saint-Pierre et Miquelon, Pondichéry et, en 1804, Gorée. En 1805, ils s'emparent du cap de Bonne-Espérance, importante position sur la route de l'Inde, qu'ils garderont comme ils ont gardé Gibraltar et Malte. La formation du camp de Boulogne et la réunion de la flottille qui doit transporter l'empereur et son armée de l'autre côté de la Manche, arrêtent nos adversaires. Le danger est trop pressant pour que l'Angleterre puisse avoir d'autre préoccupation que de défendre ses rivages menacés. Une partie des forces navales dont elle dispose est concentrée sur nos côtes et dans la Manche, mais, après Trafalgar et la destruction des escadres que commandent les amiraux Willaumez et de Leissègues, la guerre reprend, chez nos adversaires, sa marche habituelle. Les Anglais, poursuivant, avec une opiniâtreté que rien ne lasse, la destruction non seulement de la marine mais aussi des établissements maritimes de la France, ont, depuis longtemps, les yeux fixés sur l'arsenal d'Anvers. Cet arsenal, par la position qu'il occupe dans la mer du Nord, possède une importance particulière. L'escadre de l'amiral Missiessy, mouillée dans l'Escaut, peut tromper la vigilance de la croisière anglaise, prendre la mer et se porter, si une circonstance favorable se présente, sur quelque point vulnérable de l'Angleterre. Le gouvernement britannique est donc animé du très vif désir de détruire l'escadre et l'arsenal.

En 1809, alors que les armées françaises combattent en Autriche et en Espagne, le cabinet de Saint James croit le moment venu pour mettre ce double projet à exécution. On voit alors paraître dans l'Escaut l'expédition la plus puissante peut-être qui soit sortie des ports d'Angleterre ; la flottille et le corps expéditionnaire arrivent très près d'Anvers. Nous avons vu que les habiles dispositions prises par l'armée et la marine, d'une part, et, d'autre part, l'épidémie qui se déclare dans les rangs de l'armée anglaise, font échouer cette entreprise. Après l'attaque heureuse, dirigée contre l'escadre de Rochefort avec des brûlots, l'Angleterre poursuit le cours de ses conquêtes coloniales. Elle s'est emparée, en 1808, de Marie-Galante et de la Désirade, et, de 1809 à 1811, elle prend la Martinique, Cayenne, Saint-Louis du Sénégal, la Guadeloupe, la Réunion, l'Ile de France, Tamatave et Foulpointe. Les Anglais, en s'emparant de nos colonies, obtiennent un double résultat ; ils font des conquêtes importantes et, par cela même, ils nous enlèvent des ports de refuge et de ravitaillement. C'est ainsi qu'en prenant l'Ile de France, ils préservent leur commerce des pertes que lui faisaient éprouver les bâtiments de guerre et les corsaires qui partaient de là pour croiser dans les mers de l'Inde. Le système de guerre adopté par l'Angleterre est évidemment celui qui convient à une marine forte, combattant une marine qui lui est inférieure, au point de vue du nombre.

II

De l'autre côté du détroit, les intérêts commerciaux priment tout et la guerre ne fait sentir ses effets que si le commerce est atteint. Dans cette hypothèse, et si le dommage est considérable, le peuple anglais réclame impérieusement une solution pacifique, et la couronne ainsi que les ministres s'inclinent devant sa volonté. Si, au contraire, le commerce reste florissant, l'opinion attache peu d'importance à la guerre et le gouvernement est libre de la continuer. Les armateurs, les négociants, les manufaturiers sont, sinon en apparence, mais en réalité, les maîtres de l'Angleterre. C'est de leur opinion seule que dépend la guerre ou la paix ; en conséquence, dans toute guerre avec l'Angleterre, on doit avoir pour objectif d'atteindre son commerce.

Sous Louis XIV, alors que la marine de guerre est florissante, les Anglais, obligés d'opposer leurs forces aux nôtres, peuvent difficilement protéger leur commerce. Les armateurs, les négociants subissent des pertes considérables ; le mécontentement est tel, en 1690, que le gouvernement craint un soulèvement populaire. La marine militaire est accusée de ne pas remplir son devoir ; c'est alors que, pour calmer les esprits, la flotte anglaise reçoit l'ordre de nous attaquer. Herbert est battu ; une très vive agitation se produit et le trône de Guillaume est un moment ébranlé. La victoire de la Hougue rend quelque confiance aux Anglais, mais, en

1693, survient l'affaire de Lagos qui cause de nouveaux dommages à leur commerce ; des plaintes contre le gouvernement et la marine militaire s'élèvent de toutes parts. Malgré la faiblesse de notre marine, résultant du déplorable état de nos finances, l'élan est donné et les corsaires continuent leur œuvre. La marine marchande de notre adversaire subit de grandes pertes et ce sont des navires étrangers qui remplissent les ports de l'Angleterre. Guillaume ne désire pas faire la paix, mais les énergiques réclamations des commerçants et des armateurs pèsent d'un poids trop considérable dans la balance pour qu'il n'en soit pas tenu compte, et le traité de Ryswick est signé en 1697.

Jean-Bart, malgré sa bravoure, son habileté, sa profonde intelligence du métier, sa connaissance de la mer du Nord, théâtre de ses principaux exploits, n'aurait pas obtenu des succès aussi éclatants si la marine de guerre de l'Angleterre n'avait pas été dans l'obligation de faire face à la nôtre. Lorsque nos forces décroissent, la situation se modifie à notre désavantage ; en 1695, l'ennemi bombarde Dunkerque, et Jean-Bart reste dans le port pour le défendre. Enfin, en 1696, Jean-Bart rencontre une escadre qui l'oblige à abandonner ses prises ; cette rencontre peut être attribuée soit au hasard, soit à un heureux calcul de l'ennemi, mais il est certain que, les forces anglaises étant disponibles, la mer du Nord et la Manche, si la guerre avait continué, auraient été couvertes de croiseurs, tant étaient grandes les plaintes du commerce anglais contre les intrépides marins de Dunkerque. Ce que nous disons de Jean-Bart s'applique à tous les corsaires fameux de cette époque. Pour les marins qui font la course, qu'il s'agisse de navires de guerre ou de corsaires, on voit clairement les difficultés augmenter à mesure que notre marine de guerre s'affaiblit.

Pendant la guerre de la succession d'Espagne, le commerce anglais éprouve de grands dommages, et il se montre fort mécontent de la rupture des négociations entamées en 1706, mais, malgré les exploits des Ducasse, des Cassart, des Forbin, des Saint-Pol et des Duguay-Trouin, la course diminue d'importance à mesure que nous nous éloignons du début de la guerre. Les dangers augmentent, et les armateurs, devenus plus timides, hésitent à risquer leur fortune dans des opérations qui n'offrent plus que des chances très incertaines de succès. L'Angleterre signe la paix d'Utrecht, parce qu'elle est en mesure d'obtenir tout ce que la guerre peut lui donner, et aussi parce que ses finances sont menacées d'une ruine totale par les exigences de ses alliés du continent. La clause, stipulant la démolition des fortifications de Dunkerque, satisfaction accordée aux négociants et aux armateurs, montre la puissance de l'opinion, en Angleterre, pour tout ce qui touche au commerce. Pendant la guerre de la succession d'Autriche, des corsaires sortent des ports de France et d'Espagne, mais les pertes, peu importantes, faites par le commerce anglais, n'exercent pas d'influence sérieuse sur les événements. Ce qui suit caractérise suffisamment, et sans que nous ayons à y joindre aucun commentaire, le mal fait au commerce anglais pendant le cours de la guerre qui commence en 1756 et finit en 1763. « La nation, dit Macaulay, offrait tous les signes de la richesse et de la prospérité. Les marchands de Londres n'avaient jamais fait de meilleures affaires. L'importance de plusieurs grandes villes commerciales et manufacturières, de Glasgow en particulier, date de cette époque. D'après la belle inscription gravée sur le tombeau de lord Chatham, à Guildhall, l'opinion générale des citoyens de Londres a été que, sous l'administration de Pitt, le commerce « fut associé à la guerre et par elle rendu florissant. » C'est pourquoi Pitt peut impunément continuer la guerre, quoiqu'elle pèse lourdement, trop lourdement, aux yeux d'un grand nombre de ses concitoyens, sur les finances de l'Angleterre. Il est inutile de dire que, pendant le cours de la guerre de l'Indépendance américaine, le commerce est gravement atteint ; les pertes que les négociants et les armateurs éprouvent, les défaites essuyées en Amérique, l'augmentation de la dette sont les causes qui amènent la signature de la paix en 1783.

Au début des guerres de la Révolution, des corsaires sortent de nos ports et font de nombreuses prises. Si cet état de choses avait continué, les effets de la guerre eussent été vivement ressentis en Angleterre, mais les désastres, subis par la marine militaire, arrêtent ce mouvement. Avec le traité d'Amiens, les navires marchands de la France, de la Hollande, de l'Espagne, reparaissent. Le commerce anglais, mécontent de cette concurrence, devient un ardent partisan de la guerre, et son influence amène la chute du ministère Addigton, qui a signé la paix, et la reprise des hostilités. Sous l'empire, le commerce anglais éprouve des pertes dans les mers d'Europe, dans les Antilles et dans l'Inde, jusqu'au moment où nous perdons nos colonies, mais le mal est plus que compensé par les profits provenant de l'absence, sur les mers, des pavillons de la France et de ses alliés.

Ce qui précède nous donne les indications suivantes : dans toute guerre avec l'Angleterre, il faut avoir pour objectif d'atteindre son commerce ; c'est au début de la guerre que les efforts, tentés dans ce sens, donnent les plus grands résultats, parce que, à ce moment, les forces de la marine française sont intactes. Si la puissance de notre marine décroît, les pertes subies par le commerce anglais diminuent ; si la marine est réduite à l'impuissance, le commerce anglais n'a plus rien à craindre. On voit donc le lien étroit qui unit les opérations militaires, proprement dites, et les opérations spéciales destinées à poursuivre le commerce ennemi. Si, par suite de combats malheureux, ou de plans de campagne mal conçus, les premières ont, pour conséquence, un affaiblissement de la puissance maritime, le contre-coup se fait immédiatement sentir sur les secondes qui n'ont plus la même efficacité.

III

Il est établi que la destruction de la marine de son ennemi est le but poursuivi par l'Angleterre ; ce résultat atteint, la guerre a, pour cette puissance, peu d'inconvénients et beaucoup d'avantages. Le commerce de son adversaire n'existe plus, alors que le sien ne souffre pas ou souffre peu, et il lui est alors permis de transporter, avec une sécurité presque complète, les troupes destinées à opérer sur terre. Les résultats auquel tend le système de guerre adopté par nos voisins d'outre-Manche sont définis; nous savons également que le commerce est le point vulnérable de l'Angleterre, et que les risques courus par ce commerce diminuent à mesure que la marine de l'adversaire s'affaiblit. Ceci posé, quelle direction la nation en guerre avec la Grande-Bretagne doit-elle imprimer à ses forces navales. Le rôle de cette nation est tracé par les enseignements de l'histoire; se plaçant à un point de vue diamétralement opposé à celui des Anglais, elle évitera les batailles inutiles, celles qui font le jeu de son ennemi.

Aussi longtemps que la marine la plus faible sera en mesure de tenter des opérations importantes, l'Angleterre, ignorant ses projets, ne sachant pas où elle portera son effort, sera dans l'obligation de conserver des forces suffisantes pour surveiller les escadres ennemies lorsqu'elles resteront dans le port, et de se mettre à leur recherche, si elles sortent, non sur un seul point, mais sur les différents points que le gouvernement britannique pourra croire menacés. Dans ces conditions, l'Angleterre n'est pas en mesure de protéger son commerce ou d'opérer sur terre avec autant d'efficacité que si elle dispose de la totalité de ses forces, et c'est ainsi que sa supériorité maritime se trouve atténuée.

Le plus faible doit se battre résolument quand il le juge utile à ses intérêts et non lorsque son adversaire le veut; c'est, d'ailleurs, un principe de guerre qu'il n'est pas nécessaire de discuter. Nous allons indiquer quelques-unes des circonstances dans lesquelles il a été appliqué par les Anglais et par les Français. En 1689, Tourville, ayant à son bord le ministre de la marine, Seignelay, sort de Brest et se met à la recherche des Anglais, mais ceux-ci ne se montrent pas. Ils savent que, trop faibles pour combattre, ils sont assez forts pour nous inquiéter et empêcher la flotte française de tenter quelque opération sur leurs côtes. En 1690, sous la pression de l'opinion publique, qui est le plus souvent irréfléchie, les Anglais prennent la mer; ils sont battus à Béveziers, ce qui nous permet d'opérer un débarquement à Tinmouth. S'ils étaient parvenus à nous éviter, tout en se tenant prêts à intervenir, nous n'aurions pas pu tenter la descente.

En 1691, c'est Tourville qui se dérobe; ayant vingt vaisseaux de moins que les Anglais, il ne veut pas risquer une bataille qui leur permettrait, si nous la perdions, d'insulter les côtes de France ; mais, au lieu de rester dans le port, il fait la belle campagne du large. Nous manœuvrons avec tant d'habileté que la flotte britannique ne parvient même pas à voir la nôtre; quoique ne se battant pas, Tourville atteint le but qu'il poursuit. L'ennemi ne peut rien tenter sur nos côtes et son grand armement ne produit aucun résultat. En 1692, Tourville, connaissant la très grande supériorité de l'ennemi, estime qu'il ne doit pas entrer dans la Manche avant d'avoir reçu des renforts. Le ministre et ses conseillers, trouvant le chef de la flotte trop timide, lui donnent l'ordre de se rendre devant la Hougue ; c'est donc leur profonde ignorance qui amène la rencontre du 29 mai. Ce qu'il faut retenir, ce n'est pas l'opinion du ministre, opinion sans valeur, mais celle de Tourville.

Pendant la guerre de l'Indépendance américaine, nous voyons les Anglais manœuvrer avec beaucoup de prudence. En 1779, l'amiral Hardy a l'ordre de ne pas compromettre son armée qui forme la seule défense de l'Angleterre contre l'invasion dont cette puissance est menacée. Après la rentrée à Brest de l'armée franco-espagnole, le gouvernement britannique, sachant que le projet de descente est abandonné, songe à ravitailler Gibraltar dont la position devenait très critique. On voit le lien qui unit toutes les opérations; c'est l'impuissance de la flotte de Brest qui permet à l'Angleterre de disposer des forces que commande l'amiral Hardy. Le ravitaillement de Gibraltar est effectué sans difficulté par l'amiral Rodney, au commencement de l'année 1780.

Le 11 octobre 1782, lord Howe, qui est parti d'Angleterre pour renouveler cette opération, arrive, avec trente-quatre vaisseaux, en vue de la flotte franco-espagnole, forte de quarante-six vaisseaux, que commande le lieutenant-général de Cordova. Après une très belle manœuvre, que nous avons rapportée, l'amiral anglais conduit son convoi sous le canon de la place et repasse le détroit, poursuivi par l'armée combinée. Le 20, dans la soirée, il échange quelques boulets avec une partie de la flotte franco-espagnole, puis, profitant de la marche supérieure de son armée, dont tous les bâtiments sont doublés en cuivre, il fait de la toile et s'éloigne, évitant un combat qu'il juge disproportionné. Le succès de cette expédition est très grand en Angleterre, et nul ne songe à reprocher à lord Howe de ne pas avoir livré bataille aux alliés. L'amiral anglais venait de rendre à son pays un service qui valait une victoire. Dans la mer des Antilles, les Anglais s'efforcent de défendre leurs colonies et de prendre les nôtres plus que de combattre. La bataille des Saintes a surtout pour but de faire échec à l'expédition qui se dirige sur la Jamaïque, et les circonstances, plus que la volonté de l'amiral anglais, font de cette rencontre une affaire décisive.

Dans l'Inde, les deux marines ayant des forces à peu près égales, Suffren n'est en mesure de faire du mal aux Anglais que s'il parvient à être maître de la mer, et l'amiral Hugues ne peut préserver efficacement les possessions britanniques de toute attaque que s'il force son adversaire à quitter la côte. C'est pourquoi nous voyons Suffren poursuivre l'escadre anglaise, la combattre, et, aussitôt ses avaries réparées, se mettre de nouveau à sa recherche ; ses manœuvres montrent qu'il veut non échanger des boulets à grande distance mais s'engager à fond pour obtenir des résultats décisifs. Cette conduite n'est pas seulement conforme au caractère de Suffren, elle est aussi en rapport avec la situation.

Au mois de juin 1795, l'amiral Cornwallis, qui est à la tête de cinq vaisseaux, prend chasse, à la vue de l'escadre, peu redoutable, de l'amiral Villaret ; celle-ci en compte douze, il est vrai, mais six seulement parviennent à échanger des boulets avec les derniers vaisseaux de la ligne anglaise. Cette canonnade, ainsi que nous l'avons dit en relatant cette rencontre, a pour unique résultat de blesser treize hommes à bord d'un de ces vaisseaux, et de faire à un autre quelques avaries de mâture sans importance. Derrière les six navires français qui combattent, trois vaisseaux apparaissent à grande distance, et trois à la fin de la journée sont hors de vue, situation qui détermine, la nuit étant proche, l'amiral Villaret à lever la chasse. L'amiral anglais se retire, faisant bonne contenance, maintenant sa ligne très serrée et indiquant, par sa manœuvre, qu'il est prêt à se porter au secours des vaisseaux de queue, s'il arrivait que ceux-ci fussent trop vivement pressés. A son arrivée en Angleterre, l'amiral Cornwallis a la satisfaction de voir que sa conduite est approuvée. L'opinion lui sait gré de ne pas s'être exposé à laisser des vaisseaux entre nos mains, dans une circonstance n'exigeant pas que l'on courût ce risque. Les deux chambres lui votèrent, ce qui était peut-être excessif, des remerciements. Tel n'est pas le cas de l'amiral Calder. Dans l'engagement du 22 juillet 1805, cet amiral a la bonne fortune de prendre deux vaisseaux espagnols qui dérivent dans la ligne anglaise. Ne voulant pas compromettre ce facile succès, il n'attaque pas, le lendemain, l'armée franco-espagnole, quoiqu'il en ait la possibilité. Il a, cependant, reçu l'ordre très précis de s'opposer à la jonction de l'escadre du Ferrol avec les vaisseaux de Villeneuve et de Gravina. Il oublie la situation particulière dans laquelle se trouve son pays, menacé de l'invasion. La conduite de l'amiral anglais est d'autant moins explicable qu'il a, le 23 juillet, quinze vaisseaux contre dix-huit, puisqu'il a pris deux vaisseaux espagnols le 22 ; enfin quatre vaisseaux à trois ponts figurent dans son escadre, alors que nous n'avons pas un seul vaisseau de ce rang dans la nôtre. En combattant, s'il n'est pas victorieux, il peut infliger à l'armée combinée de telles pertes que celle-ci se trouve, de quelque temps, dans l'impossibilité de jouer un rôle actif. Toutes ces considérations disparaissent à la pensée qu'il sera, si la jonction vient à se faire, en présence d'une armée très supérieure à la sienne. Devant ce danger problématique, il se retire. L'amiral Calder commet, en cette circonstance, une grave erreur de jugement ; sa mission avait une telle importance qu'il devait la remplir sans se préoccuper des risques auxquels il s'exposait.

Lorsque le plus faible évitera le combat dans des circonstances semblables à celles que nous avons indiquées, le moral des équipages ne sera pas atteint. Ne prenons que deux exemples, Tourville faisant la campagne du large, c'est-à-dire parvenant, pendant cinquante jours, à éviter un ennemi qui le cherche, et lord Howe se retirant, après avoir ravitaillé Gibraltar, alors que, entre la forteresse et lui, se trouvait une armée plus forte que la sienne, placée là pour l'empêcher de remplir cette mission. Les gens de mer sont intelligents, capables de saisir la portée des manœuvres qu'ils exécutent. Les marins anglais, en voyant lord Howe tromper si habilement ses adversaires, ont éprouvé un juste sentiment d'orgueil qui a rendu plus grande la confiance qu'ils avaient en leur chef. Nous en dirons autant des équipages de la flotte de Tourville ; les événements de l'année 1692 nous fournissent la preuve que l'autorité morale de cet illustre chef n'était pas ébranlée. Il est, en effet, difficile de surpasser le courage, le dévouement montrés par les officiers généraux, les capitaines, les officiers et les équipages, à la bataille de la Hougue. L'habileté professionnelle des chefs a, sur l'esprit de ceux qu'ils commandent, une action très grande.

Il serait évidemment préférable d'être en mesure de prendre, en toute circonstance, l'offensive, mais lorsqu'un système de guerre répond à la situation respective des belligérants, il s'impose. D'autre part, une défense habile, s'appuyant sur des mouvements offensifs, bien calculés, est facilement comprise par l'opinion.

Le 24 octobre 1706, Vauban écrivait au ministre de la marine : « Si j'étais moins vieux et dans un temps abondant, comme celui que j'ai vu du passé, il ne tiendrait qu'au Roi qu'on ne lui fît un bon port à Calais, un autre à Dieppe, un autre à Quineville sur le milieu de la rade de la Hougue, un très excellent à Saint-Malo, où il y aurait un bassin capable de contenir trois ou quatre cents vaisseaux ; encore un autre à Pontieux et deux à Brest qui vaudraient mieux que celui dont on se sert ; sans parler des autres endroits du royaume ; après quoi, renonçant à la vanité des grandes armées navales qui ne peuvent jamais nous convenir et employant les vaisseaux du Roi, partie à la course et partie en escadres pour la soutenir, on ferait tomber, dans deux ou trois ans, les Anglais de bien haut, qui, à raison du grand commerce qu'ils ont dans toutes les parties du monde, seraient toujours en état d'être pris partout... »

La marine à voiles, qui succédait à la marine à rames, a fait place, à son tour, à une nouvelle marine. Si le matériel naval n'est pas chose fixe, les transformations successives par lesquelles il passe, ne peuvent pas modifier les principes qui président à son emploi. Les grands cuirassés remplacent les vaisseaux de l'ancienne marine, avec cette différence, toutefois, que, par suite du prix très élevé auquel reviennent les grands cuirassés, les puissances maritimes en ont peu, alors qu'elles avaient un grand nombre de vaisseaux. Notre système de guerre ne comporte pas, ainsi qu'il a été dit plus haut, ce que Vauban appelle « la vanité des batailles navales », mais il peut arriver qu'une escadre française, exécutant un mouvement offensif, devant occuper les Anglais et, par conséquent faciliter la course, ait à combattre non tous les cuirassés de l'Angleterre, mais une partie de ces cuirassés, c'est-à-dire une escadre. Ce point établi, il est facile d'en déduire ce que doivent être nos cuirassés. Tout bâtiment, mis sur les chantiers, doit répondre à une idée militaire; s'il en était autrement, la valeur de ce navire serait uniquement celle qu'il tiendrait du hasard. Les grands cuirassés sont destinés, dans toutes les marines, à former des escadres. Si nous voulons que l'escadre française, dont nous parlons, se présente dans de bonnes conditions sur le champ de bataille, il est évidemment nécessaire que les cuirassés, en faisant partie, aient la valeur du plus fort cuirassé existant dans les marines étrangères, parce que l'escadre ennemie peut n'être composée que de navires du type le plus puissant. Si nos cuirassés sont d'un rang inférieur à ceux de l'ennemi, avons-nous le droit de compter sur la victoire, et, si nous sommes battus, on se demandera, malheureusement trop tard, sur quel raisonnement militaire on s'est appuyé pour construire des cuirassés d'un modèle inférieur aux bâtiments qu'ils sont destinés à combattre. La marine, qui s'est ainsi exposée, elle-même, à la défaite, perd des officiers, des équipages, des bâtiments, et son prestige est atteint.

Si nous passons aux croiseurs, c'est-à-dire aux bâtiments naviguant isolément, et principalement destinés à poursuivre le commerce ennemi, nous trouvons, dans l'étude du passé, des indications utiles. Les petits bâtiments, côtres, bricks, corvettes, finissent toujours par succomber; les petites frégates subissent le même sort, elles sont capturées par les frégates d'un rang supérieur. Il y a donc avantage à poursuivre le commerce ennemi avec des croiseurs de la force des plus grands navires du même type, appartenant à l'adversaire. Ces croiseurs captureront les navires de rang inférieur, combattront, à armes égales, les croiseurs ennemis de premier rang, et ils n'auront à redouter qu'un hasard malheureux les mettant en présence d'une réunion de bâtiments, c'est-à-dire de forces supérieures.

Ce raisonnement s'applique aux navires, garde-côtes, torpilleurs, quel que soit, d'ailleurs, le nom sous lequel on les désigne, appelés à rencontrer l'ennemi, soit au large, soit sur les côtes. Nous dirons donc que tout bâtiment, quel que soit son rang, doit avoir, sous tous les rapports, une force au moins égale aux navires de même rang, appartenant à la marine étrangère la plus puissante. Plus une marine est faible, au point de vue du nombre, plus les unités qui la composent doivent être fortes. Le nombre des bâtiments sera moins grand, mais on aura la qualité qui sera toujours supérieure à la quantité.

La création des sous-marins offre le plus grand intérêt, mais l'avènement de ces nouveaux navires est de date trop récente, pour qu'il soit possible d'indiquer leur rôle avec quelque exactitude. Il faut attendre que des expériences, poursuivies avec méthode, en mettant en évidence leurs qualités, permettent de voir les services qu'ils sont appelés à rendre.

IV

Toute puissance en lutte avec l'Angleterre doit orienter sa politique de telle sorte qu'elle n'ait pas, en même temps, une guerre maritime et une guerre continentale. Or, le cabinet de Londres est toujours parvenu à nouer des alliances, nous mettant dans l'obligation de combattre, à la fois, sur terre et sur mer. Le gouvernement de Louis XVI échappe à cette règle; la guerre de l'Indépendance américaine débute avec l'approbation tacite de l'Europe; non seulement la France n'a pas d'ennemis sur le continent, mais l'Espagne devient son alliée, en 1779, et la Hollande, en 1780. L'Angleterre qui a, par une politique agressive, alarmé tous les intérêts, voit les nations commerçantes et maritimes applaudir à nos succès. La confédération des puissances du nord, sous le nom de neutralité armée, indiquant un sentiment énergique de résistance aux violences de la marine britannique, est un des événements marquants de cette guerre.

Il importe que, dans une guerre avec l'Angleterre, le gouvernement qui dispose de la marine la plus faible, ait toute l'autorité nécessaire pour imposer ses décisions.

L'esprit maritime, on est bien obligé de le reconnaître, est peu développé en France; l'opinion publique, n'ayant aucune idée des moyens, ne se rend pas compte des obstacles. Aussi se montre-t-elle à la fois surprise et mécontente lorsque la marine regarde comme impraticables des combinaisons qui lui semblent, à elle, d'une exécution facile. La direction des opérations maritimes présente, dans notre pays, des difficultés d'autant plus grandes que le gouvernement, lui-même, se laissant souvent conduire par l'opinion, au lieu de la guider, montre des exigences incompatibles avec le bien de l'Etat. C'est ainsi que la marine, et nous en avons donné de nombreux exemples, a souvent été sacrifiée à des intérêts qui n'étaient ni les siens, ni ceux du pays. Il faut donc que le gouvernement, placé entre des mains très fermes, ait la force nécessaire pour résister à des entraînements irréfléchis. Or, il remplira ce devoir avec des chances de succès d'autant plus grandes qu'il sera en mesure de présenter des projets soigneusement étudiés et en parfaite concordance avec la situation de notre marine. La direction des opérations maritimes d'une puissance, luttant contre l'Angleterre, exige une extrême habileté ; il n'est jamais facile de combattre un ennemi qui, tout en ayant la qualité, possède, en outre, l'avantage du nombre. Nous avons dit que toute puissance en guerre avec l'Angleterre devait se proposer de poursuivre le commerce de cette nation. Aux difficultés que cette opération a présentées jusqu'ici, s'ajoutent, aujourd'hui, celles qui résultent de la Convention de 1856. Cette convention ne peut pas modifier le but que doit poursuivre la marine la plus faible, c'est-à-dire la destruction du commerce anglais, mais ce but est, sans nul doute, devenu plus difficile à atteindre.

La conduite des opérations maritimes demande une profonde connaissance du métier de la mer, unie, devons-nous ajouter, à d'autres qualités non moins essentielles dont l'indispensable nécessité ressortira de ce qui va suivre. Pour diriger ces opérations, il faut avoir les yeux constamment fixés sur les forces ennemies, être continuellement renseigné sur les mouvements qu'elles exécutent, et suivre leurs traces sur toutes les mers. Si on ne possède pas ces éléments, la navigation des navires et des escadres, devant poursuivre le commerce ennemi, ou exécuter des opérations offensives, est livrée à tous les hasards. Ce n'est que par une surveillance constante des mouvements de l'adversaire, sur nos côtes et au large, que l'on peut assurer la sortie des bâtiments et leur indiquer, d'autre part, une route libre jusqu'à leur destination. En jetant un coup d'œil sur le passé, nous ne trouvons que trop d'exemples de l'oubli de cette règle. Les bâtiments ou les escadres partent, le plus souvent, sur un ordre venu de Paris, ordre dans lequel n'apparaît aucune préoccupation de ce qui se passe à l'extérieur. On voit des bâtiments et des escadres attaqués, à leur sortie du port, par des forces ennemies qui semblent les attendre. L'histoire de la marine nous montre également que, en maintes circonstances, les Anglais connaissent nos projets qui ne sont pas dissimulés avec un soin suffisant. C'est ainsi que la marine s'affaiblit par la perte de navires pris avant même qu'ils aient pu rien tenter.

Toute expédition doit donc être combinée dans le plus grand secret et la navigation des navires qui en font partie, préparée de telle sorte qu'ils aient des chances sérieuses de ne pas être interceptés, sauf dans le cas de rencontre fortuite, avant d'être arrivés au point où ils ont l'ordre d'agir. L'amirauté britannique, dès qu'elle a connaissance de la sortie d'une force quelconque, la fait immédiatement poursuivre, dans la direction que celle-ci est supposée avoir prise, par un nombre de navires supérieur à celui dont cette force est composée; d'autre part, si elle apprend l'arrivée de navires ennemis dans les parages où se trouve une croisière anglaise, celle-ci reçoit immédiatement des renforts, de telle sorte que le mouvement offensif de la marine la plus faible peut tourner contre elle si l'opération projetée n'est pas habilement et surtout rapidement conduite.

Suffren, jugeant, avec le coup d'œil qui le distingue, notre situation dans l'Inde, voit qu'il ne peut rien contre les possessions britanniques s'il ne parvient pas à être maître de la mer. Poursuivant sans relâche l'escadre anglaise, il lui livre quatre combats dans le cours de l'année 1782. Les communications entre l'Inde et l'Europe sont lentes ; d'autre part, l'Angleterre est en guerre avec la France, l'Espagne, la Hollande et ses colonies de l'Amérique du nord, et cependant, au commencement de l'année 1783, Suffren doit combattre dix-huit vaisseaux anglais, avec quinze. L'escadre française sort de Trinquemalé, bat les Anglais et, par l'habileté de ses manœuvres, sauve Gondelour. Malgré ce succès, notre situation se trouve complètement modifiée et, si la paix n'avait pas été signée, tout ce qui avait été fait jusque-là dans l'Inde, n'eût été suivi d'aucun résultat. Nous avons choisi cet exemple parce que nul mieux que Suffren ne pouvait lutter contre des forces supérieures à celles qu'il commandait. En voulant avoir partout la supériorité numérique, l'Angleterre use avec raison de ses avantages, mais l'énoncé de ce système suffit pour montrer à l'adversaire la conduite qu'il est tenu de suivre. La marine la plus faible ne doit faire, en dehors de la poursuite des navires de commerce, que des opérations offensives, menées rapidement et pouvant être terminées avant l'arrivée des renforts que l'Angleterre s'empressera d'envoyer dès qu'elle aura connaissance de l'opération que son adversaire veut entreprendre.

Si on étudie le passé, on trouve que nos bâtiments ont des ports de refuge mais que ces ports ne contiennent rien de ce qui est nécessaire pour les ravitailler et les réparer. Nous avons montré Labourdonnais aux prises, pour armer ses navires, avec des difficultés devant lesquelles tout autre que lui eût reculé. Il les surmonte, mais un temps précieux est perdu. Le chef d'escadre d'Aché ne peut retourner dans l'Inde par suite du dénuement complet, absolu, de ses bâtiments qui restent échoués dans la vase parce qu'ils n'ont plus de câbles. Nous arrivons au règne de Louis XVI. Des préparatifs maritimes d'une sérieuse importance sont faits en vue d'une lutte prévue avec l'Angleterre. La guerre éclate, en 1778, et, trois ans après, en 1781, le comte d'Orves, qui se trouve à l'Ile de France avec six vaisseaux, reçoit des instructions lui prescrivant de prendre les dispositions nécessaires pour faire une campagne de six mois. Or, au moment où cet ordre lui parvient, le comte d'Orves ne peut pas, en enlevant aux six vaisseaux composant son escadre, les vivres et le matériel qui leur restent, armer la *Consolante* et il faut encore qu'il achète, « à tout prix », des approvisionnements dans les magasins particuliers pour arriver à mettre cette frégate en état de prendre la mer. Si le ministre, en donnant au comte d'Orves l'ordre d'embarquer des vivres et des rechanges pour six mois, n'a pas, sous les yeux, des états indiquant ce que contiennent les magasins de la marine à l'Ile de France, il ne fait pas son devoir. Si, au contraire, avant d'écrire au comte d'Orves, il s'est assuré, par l'examen des états de situation, que ses ordres peuvent être exécutés, que penser de la manière dont lesdits états sont tenus. Quand des faits de cette gravité se produisent, et les rapports des chefs d'escadre et des capitaines permettraient d'en citer de nombreux exemples, ils n'ont, pour le ministre et ses collaborateurs, aucun résultat fâcheux, la faute commise passant toujours inaperçue. Quant à l'officier mis dans la pénible situation de ne rien entreprendre parce qu'il n'en a pas les moyens, il est blâmé par l'opinion et accusé de ne montrer aucune activité dans l'accomplissement de sa mission.

Toute action militaire nécessitant une base d'opération, il est indispensable que les forces navales, appelées à servir loin de France, soient assurées de trouver non seulement des ports de refuge mais aussi, dans ces ports, les ressources sans lesquelles elles ne pourraient être ni ravitaillées ni réparées. Il est, en outre, nécessaire que les ports de refuge soient mis en état de résister à une attaque combinée par terre et par mer, danger auquel ils sont exposés, parce que s'il est de notre intérêt de les posséder, l'ennemi a un intérêt non moins grand à nous les enlever. On ne doit pas, non plus, perdre de vue que, une fois la guerre déclarée, le ravitaillement des colonies devient, sinon impossible, du moins très difficile. Toutes les précautions nécessaires doivent donc être prises à l'avance; l'histoire de la marine nous apprend qu'il en a été rarement ainsi. Il faut avoir les colonies, que l'on veut conserver, en état de défense, parce que l'Angleterre, qui jusqu'ici n'a jamais été arrêtée par les scrupules, capturera les bâtiments portant des troupes, même avant toute déclaration de guerre.

On sait que la stratégie est la science des mouvements exécutés hors de la présence de l'ennemi, de même que la tactique représente les mouvements que l'on opère en sa présence. La stratégie est l'art de conduire une force militaire sur le point où celle-ci est appelée à combattre; elle se propose, par exemple, d'inquiéter l'ennemi dans des directions différentes, afin de l'amener à diviser ses forces, et, ce résultat obtenu, de se porter rapidement, avec l'avantage du nombre, sur le point où l'adversaire soupçonne le moins qu'il sera attaqué. Pour qu'un mouvement stratégique amène des résultats, il faut qu'il soit tenu secret et exécuté avec une extrême célérité

Les décisions prises par le ministre ont donc une importance particulière. Les ordres, mettant en mouvement les forces navales, viennent de lui, et c'est aussi d'après ses instructions que naviguent les escadres ou les bâtiments se rendant à la destination qui leur est assignée, soit que ces escadres ou bâtiments aient à remplir une mission particulière, ou encore qu'ils doivent se joindre à d'autres forces en vue d'une action commune. Or, il faut une prévoyance supérieure pour mener à bien cette tâche difficile. Lorsque les forces navales sont arrivées à leur destination, il appartient à ceux qui les commandent de s'inspirer des idées exprimées ci-dessus pour diriger les diverses opérations que comporte l'exécution des ordres donnés par le gouvernement. Le ministre conserve, il est inutile de le dire, un rôle fort important. Il doit, suivant les circonstances, suivant les événements qui se produisent, maintenir ou modifier les instructions remises aux chefs des forces navales qui opèrent au loin, prévenir ceux-ci des dangers auxquels les projets de l'ennemi pourraient les exposer, les rappeler ou leur envoyer des renforts et enfin pourvoir aux besoins de leurs bâtiments.

La France, en guerre avec l'Angleterre, doit, ainsi que nous l'avons vu, poursuivre le commerce de cette puissance, et éviter les batailles inutiles, ne servant que les intérêts de son adversaire, celui-ci ayant, pour objectif, la destruction de la marine la plus faible. Ce système de guerre n'exclut pas une offensive réglée, réfléchie, ayant toujours un but utile. Nous dirons, en prenant des exemples dans notre propre histoire : il faut imiter la conduite tenue par Tourville, en 1691, c'est-à-dire éviter l'ennemi lorsque la disproportion des forces peut conduire à la défaite, sans aucun profit pour le pays, et, si les circonstances rendent le combat inévitable, se battre non moins résolument que l'escadre française à la Hougue. Enfin, s'il se présente une situation analogue à celle qui existait dans l'Inde, en 1782, nous donnant la possibilité d'obtenir des résultats en détruisant les forces ennemies ou les obligeant à la retraite, combattre l'adversaire avec l'opiniâtreté dont Suffren a donné l'exemple.

Nous avons indiqué, d'après les enseignements de l'histoire, le système de guerre convenant à la France et, d'autre part, le matériel correspondant à ce système de guerre; nous devons également dire qu'il est nécessaire d'avoir une administration habile, vigoureuse, mettant son honneur à pourvoir, en France et aux colonies, à tous les besoins de la flotte. Il faut enfin que la direction des opérations militaires, et c'est là un point d'une importance capitale, soit confiée à des hommes ayant, outre une connaissance approfondie du métier de la mer, l'intelligence et le savoir que comporte cette difficile fonction.

TABLE DES MATIÈRES

LIVRE PREMIER

Les événements de 1815 désorganisent la marine. — Nouvelle organisation des ports. — Situation du personnel et du matériel. — Naufrage de la *Méduse*. — Une division anglo-française se rend devant Alger, Tunis et Tripoli. — Le baron Portal, ministre de la marine. — Accroissement de nos forces navales. — Expédition d'Espagne. — Rôle joué par la marine. — Soulèvement général de la Grèce. — Les Grecs improvisent une marine. — Importance des services rendus par les forces navales de l'insurrection. — Miaulis, Sachtouris, Canaris. . . . 1

LIVRE II

Intervention des puissances en faveur de la Grèce. — Combat de Navarin. — La piraterie. — La prise du *Panayoti*, commandé par l'enseigne de vaisseau Bisson. — Débarquement d'un corps français dans la baie de Coron. — Départ des troupes égyptiennes. — La Morée est libre. — Les préfectures maritimes sont rétablies. 27

LIVRE III

Expédition à Madagascar. — Difficultés existant entre la France et la régence d'Alger. — On reconnaît l'impossibilité de les résoudre par la voie diplomatique. — La France déclare la guerre au dey. — Blocus des côtes de l'Algérie. — Perte des bricks le *Silène* et l'*Aventure*. — Expédition d'Alger. — Rôle de la marine. — Prise d'Alger. — Bône tombe entre nos mains. — Soumission du bey d'Oran. — Révolution de juillet. — Création de trois places d'amiraux. — Suppression de l'école d'Angoulême. — L'école navale est établie à bord d'un vaisseau mouillé sur la rade de Brest. — L'amiral Roussin force l'entrée du Tage et mouille devant Lisbonne. — Mérite de cette entreprise. — Occupation d'Ancône. — Blocus des côtes de Hollande. — Prise de la citadelle de Bône et de la ville de Bougie. 59

LIVRE IV

Expédition du Mexique. — Prise du fort de Saint-Jean d'Ulloa. — Descente opérée par les compagnies de débarquement de l'escadre. — Mise hors de service de l'artillerie des forts de la Conception, de San-Yago et des remparts. — Mouvement offensif des Mexicains au moment du rembarquement. — Difficultés existant entre la France et la République argentine. — Blocus des côtes. — Prise de l'île de Martin Garcia. — Expédition dans le Parana. — Traité conclu avec la Confédération argentine mettant fin au différend. 83

LIVRE V

Nouvelle phase de la question d'Orient. — La Porte ottomane et l'Egypte. — L'amiral Lalande et l'escadre du Levant. — La France, isolée par sa non-participation au traité du 15 juillet 1840, rentre, l'année suivante, dans le concert européen. — Translation des cendres de l'empereur. — Taïti et les Marquises. — Occupation de Nossi-Bé et de Mayotte. — Attaque de Tanger et de Mogador. — Combat d'Obligado. — La question du droit de visite. — Expédition de Rome et de Salé. — Loi des quatre-vingt-treize millions. — La marine à vapeur. . 107

LIVRE VI

La Russie et la Porte Ottomane. — Exigences de la Russie. — Occupation des principautés danubiennes par les troupes du Czar. — L'escadre d'évolutions reçoit l'ordre d'aller à Salamine. — L'escadre anglaise de la Méditerranée se rend à Malte. — Ces deux escadres sont envoyées à Besika. — Le vice-amiral de Lassusse est remplacé, dans le commandement de l'escadre, par le vice-amiral Hamelin. — Composition de notre escadre. — Entrée des escadres de la France et de l'Angleterre dans les Dardanelles. — La Porte déclare la guerre à la Russie. — Nouveau mouvement des escadres qui mouillent dans le Bosphore. — Affaire de Sinope. — Entrée des escadres de la France et de l'Angleterre dans la mer Noire. — La France et l'Angleterre déclarent la guerre à la Russie. — Arrivée de l'escadre de l'amiral Bruat avec des troupes. — Destruction du port impérial d'Odessa. — Envoi d'une division combinée sur la côte orientale de la mer Noire. — Les escadres croisent devant Sébastopol. — Leur retour à Baltchick. — Perte du *Tiger*. . . . 135

LIVRE VII

Arrivée à Gallipoli de troupes françaises et anglaises. — Situation des belligérants à la fin du mois de mai 1854. — Les troupes alliées se rendent à Varna. — Levée du siège de Silistrie. — Mouvement général de retraite des Russes. — Les troupes françaises occupent le Pirée et Athènes. — La levée du siège de Silistrie et la retraite de l'armée russe laissent les troupes réunies à Varna sans objectif. — Projet d'expédition en Crimée. — Une commission est envoyée pour chercher un point de débarquement. — Mouvement des troupes dans la Dobroudja. — Le choléra sévit dans l'armée et sur la flotte. — Note adressée par les amiraux Hamelin et Dundas aux généraux en chef des armées de terre. — L'expédition de Crimée est résolue. — Embarquement des troupes. — La flotte appareille. — Elle mouille, le 14 septembre, devant Old Fort. — Débarquement de l'armée. 157

LIVRE VIII

L'armée quitte Old Fort. — Bataille de l'Alma. — Les Russes rendent l'entrée du port de Sébastopol infranchissable. — Arrivée de l'armée à la Katcha. — Mort du maréchal de Saint-Arnaud. — Décision prise d'attaquer la place par le Sud. — Les Anglais occupent Balaklava et les Français la baie de Kamiesh. — La marine débarque des bouches à feu de gros calibre, des matelots canonniers et des marins fusiliers. — Reconnaissance effectuée par l'amiral Bruat. — Echouage du *Caffarelli*. — Trois mâts autrichien canonné par les forts russes. — Bombardement de Sébastopol, par terre et par mer, le 17 octobre. — La bataille d'Inkermann modifie la situation des alliés. — Coup de vent du 14 novembre. — Perte du *Henri IV*, du *Pluton*, et d'un grand nombre de navires de commerce. — Mesures prises par l'amiral Hamelin pour assurer la sécurité des forces qu'il commande. — Etat sanitaire des équipages. — Sortie du *Wladimir* et de la *Chersonèse*. — Le vice-amiral Bruat remplace le vice-amiral Hamelin élevé à la dignité d'amiral. 185

LIVRE IX

L'amiral sir Charles Napier entre dans la Baltique avec des forces imposantes. — Il est rejoint par l'escadre française que commande l'amiral Parseval-Deschênes. — Envoi dans la Baltique d'un corps expéditionnaire. — Prise de la forteresse de Bomarsund. — Part prise par la flotte combinée à cette opération. — Une division anglo-française attaque la ville de Pétrowpolowski, située à l'extrémité méridionale de la presqu'île du Kamtchatka. — Echec subi par les alliés. — Capture de deux bâtiments russes. 227

LIVRE X

Notification du blocus des ports russes de la mer Noire. — Attaque d'Eupatoria. — Le *Véloce* et le *Henri IV*. — Naufrage de la *Sémillante*. —

Reprise des opérations militaires. — Développement pris par les batteries de la marine. — Les navires alliés effectuent des tirs de nuit contre le front de mer de Sébastopol. — Les amiraux Bruat et Lyons se dirigent sur Kertch. — Ils sont rappelés. — Départ d'une nouvelle expédition. — Débarquement des alliés. — Les Russes détruisent les fortifications de Kertch et d'Iéni-Kalé. — Expédition de la mer d'Azoff. — Destruction des approvisionnements destinés à l'armée russe. — Abandon d'Anapa et de Soudjak-Kalé. — Retour des amiraux Bruat et Lyons à Kamiesh. — Affaires des 8 et 18 juin. — Mort de lord Raglan. — Bataille de Traktir. — Prise de Malakoff. — Les Russes évacuent Sébastopol et se retirent près des forts du Nord. — Les marins débarqués quittent le camp. — Le vice-amiral Bruat est nommé amiral. — La flottille de la mer d'Azoff. — Ses opérations. 249

LIVRE XI

Entrée des escadres française et anglaise dans la Baltique. — Les amiraux Pénaud et Dundas déclarent qu'ils ne peuvent attaquer Cronstadt. — Les forces navales des alliés comprennent des bombardes et des canonnières. — Bombardement de Sweaborg. — Caractère de la campagne de la Baltique. — La division anglo-française des mers de Chine poursuit, sans pouvoir les rejoindre, les bâtiments de la division du contre-amiral Zavoïska. — Les établissements russes, devant lesquels les alliés se présentent, sont abandonnés. — Expédition de Kinburn. — Attaque de cette forteresse. — Début des batteries flottantes. — Kinburn capitule. — Les alliés mettent une garnison dans la place. — Une division navale reste dans le liman du Dniéper. — L'amiral Bruat revient à Kamiesh et se rend en France avec une partie de l'escadre. — Les forces navales, qui restent dans la mer Noire, sont placées sous le commandement du contre-amiral Odet-Pellion. — Mort de l'amiral Bruat 273

LIVRE XII

Différend survenu, à Canton, entre les Anglais et les Chinois. — Mesures prises par le commandant en chef des forces navales de la Grande-Bretagne dans les mers de Chine. — La France se joint à l'Angleterre. — Occupation de Canton par les alliés. — Le baron Gros et lord Elgin sont désignés par la France et l'Angleterre pour traiter avec la Chine. — Ces deux plénipotentiaires font d'inutiles efforts pour arriver à une entente avec les représentants du pouvoir impérial. — Les amiraux Rigault de Genouilly et sir Michaël Seymours se présentent à l'embouchure du Peï-Ho. — Les forces placées sous leur commandement s'emparent des forts de Takou. — Les bâtiments légers remontent jusqu'à Tien-Tsin. — Traité signé dans cette ville le 27 juin 1858.

— Le contre-amiral Rigault de Genouilly est nommé vice-amiral. — Notre division navale, à l'exception de quelques bâtiments laissés devant Canton, se rend en Cochinchine. — Occupation de la baie de Tourane. — Prise de Saïgon. — Engagements avec les Annamites à Saïgon et dans la baie de Tourane. — L'amiral est prévenu que, la France étant en guerre avec l'Autriche, il ne recevra aucun secours. — Echec subi par l'amiral Hope à l'embouchure du Peï-Ho, le 25 juin 1859. — Cet événement fortifie les idées de résistance du gouvernement annamite. — Destruction des lignes cochinchinoises. — L'amiral Rigault de Genouilly, dont la santé est très affaiblie, rentre en France. — Il est remplacé dans son commandement par le contre-amiral Page. 297

LIVRE XIII

Guerre de Chine. — Départ de l'expédition. — Arrivée du général Cousin de Montauban à Shang-Haï. — La guerre est officiellement déclarée à la Chine. — Le vice-amiral Charner prend le commandement de nos forces navales dans les mers de Chine. — Arrivée du corps expéditionnaire. — Les Français vont à Tche-fou et les Anglais à Talien. — Les flottes alliées mouillent, le 28 juillet, dans le golfe du Petchili. — Débarquement des troupes et du matériel. — Enlèvement successif des ouvrages situés en amont des forts du Peï-Ho. — Prise d'un fort, sur la rive gauche du fleuve. — Reddition de tous les forts qui défendent l'entrée du Peï-Ho. — Les bâtiments de flottille remontent jusqu'à Tien-Tsin. — Occupation de cette ville par les alliés. — Duplicité du gouvernement chinois. — Le corps expéditionnaire marche sur Pékin. — Officiers et soldats faits prisonniers par trahison. — Bataille du 18 septembre. — Bataille de Pali-Kiao. — Le palais d'été de l'empereur. — Les prisonniers sont rendus. — Entrée des alliés à Pékin. — Incendie du palais d'été. — Signature du traité de paix. — Retour des alliés à Tien-Tsin. — Embarquement des troupes. — Une garnison est laissée à Tien-Tsin et dans les forts du Peï-Ho. 337

LIVRE XIV

Dispositions prises par l'amiral Page pour la défense de Saïgon. — Ouverture du port. — Evacuation de Tourane. — L'amiral Page quitte la Cochinchine. — Attaque de la pagode des Clochetons. — Le vice-amiral Charner est nommé au commandement de l'expédition de Cochinchine. — Enlèvement des lignes de Ki-Hoa. — Prise de Mytho. — Le contre-amiral Bonard prend Bien-Hoa et Vin-Loung. — La paix est signée avec l'empereur d'Annam. — La France, l'Angleterre et l'Espagne signent une convention en vue d'une action commune contre le Mexique. — Débarquement d'un corps expéditionnaire. — Convention de la Soledad. — Les Anglais et les Espagnols quittent le territoire mexicain. —Commencement des hostilités. — Echec de nos troupes devant Puebla. — Opérations dirigées contre Alvarado, Medelin, Tampico et Tlacotalpan. — Prise de Puebla. — Entrée des Français à Mexico. — La couronne du Mexique est offerte à l'archiduc Maximilien d'Autriche. — Nous occupons San Juan Baptista, Minotitlan, Tampico et Campêche. — Arrivée de Maximilien.— Occupation de Bagdad et de Matamoros.— Diminution de nos forces navales. — Occupation d'Acapulco, de Mazatlan et de Guaymas dans l'Océan Pacifique. — Echec subi par le commandant du *Lucifer*. — Opérations exécutées par le *Colbert* et le *Brandon*. — Bâtiments en station à l'embouchure du Rio-Grande. — Prise de Tlacotalpan. — Expédition de Tampico. — Départ des troupes et des bâtiments. 363

LIVRE XV

Système de guerre de l'Angleterre.— Côté vulnérable de cette puissance. — Système de guerre répondant à la situation de la marine française. — Les efforts du gouvernement doivent tendre à ne pas avoir, à la fois, la guerre continentale et la guerre maritime. — Ports de refuge. — Direction des opérations maritimes. 405

IMP. NOIZETTE ET Cie, 8, RUE CAMPAGNE-PREMIÈRE, PARIS

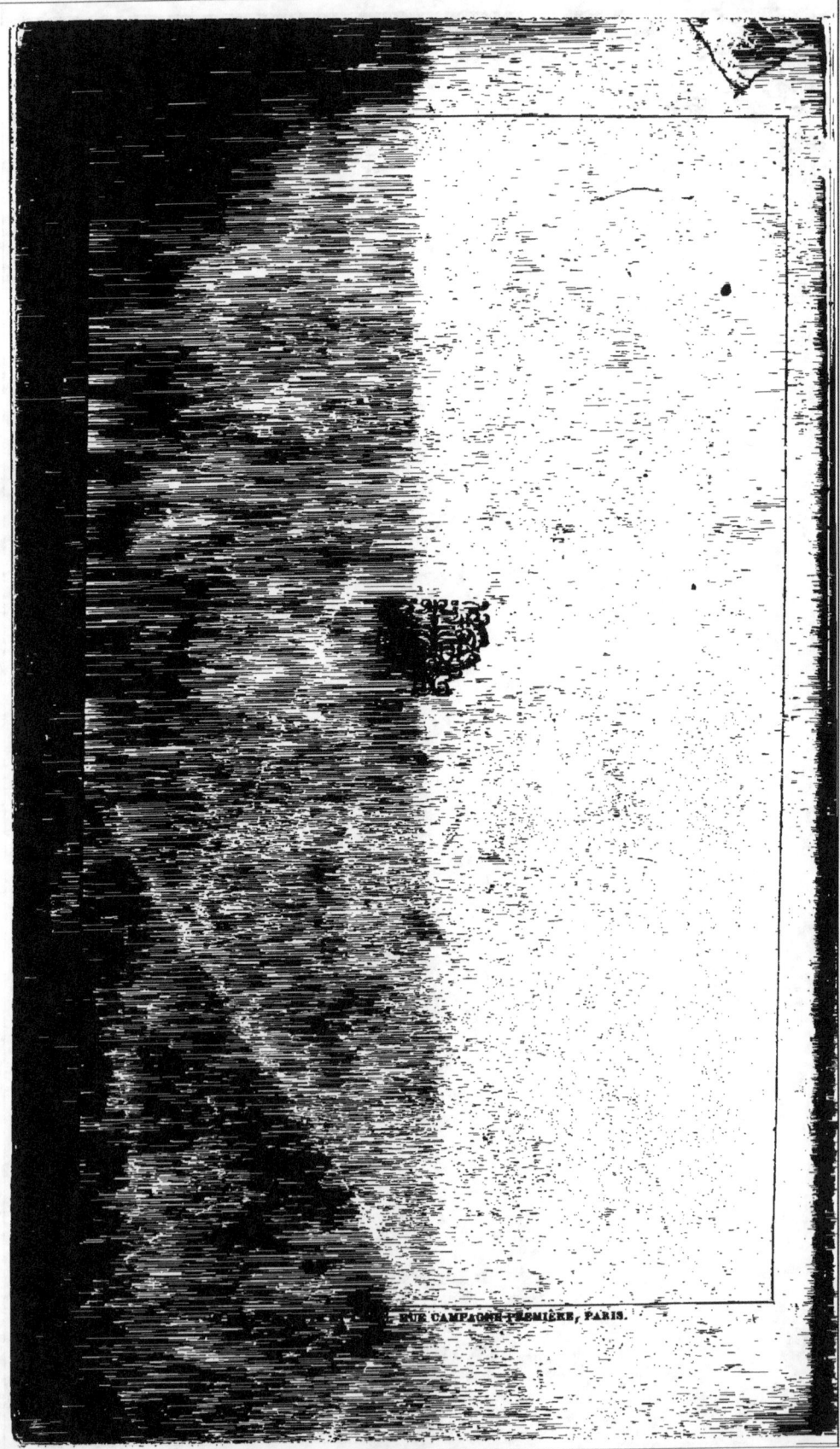
RUE CAMPAGNE-PREMIÈRE, PARIS.

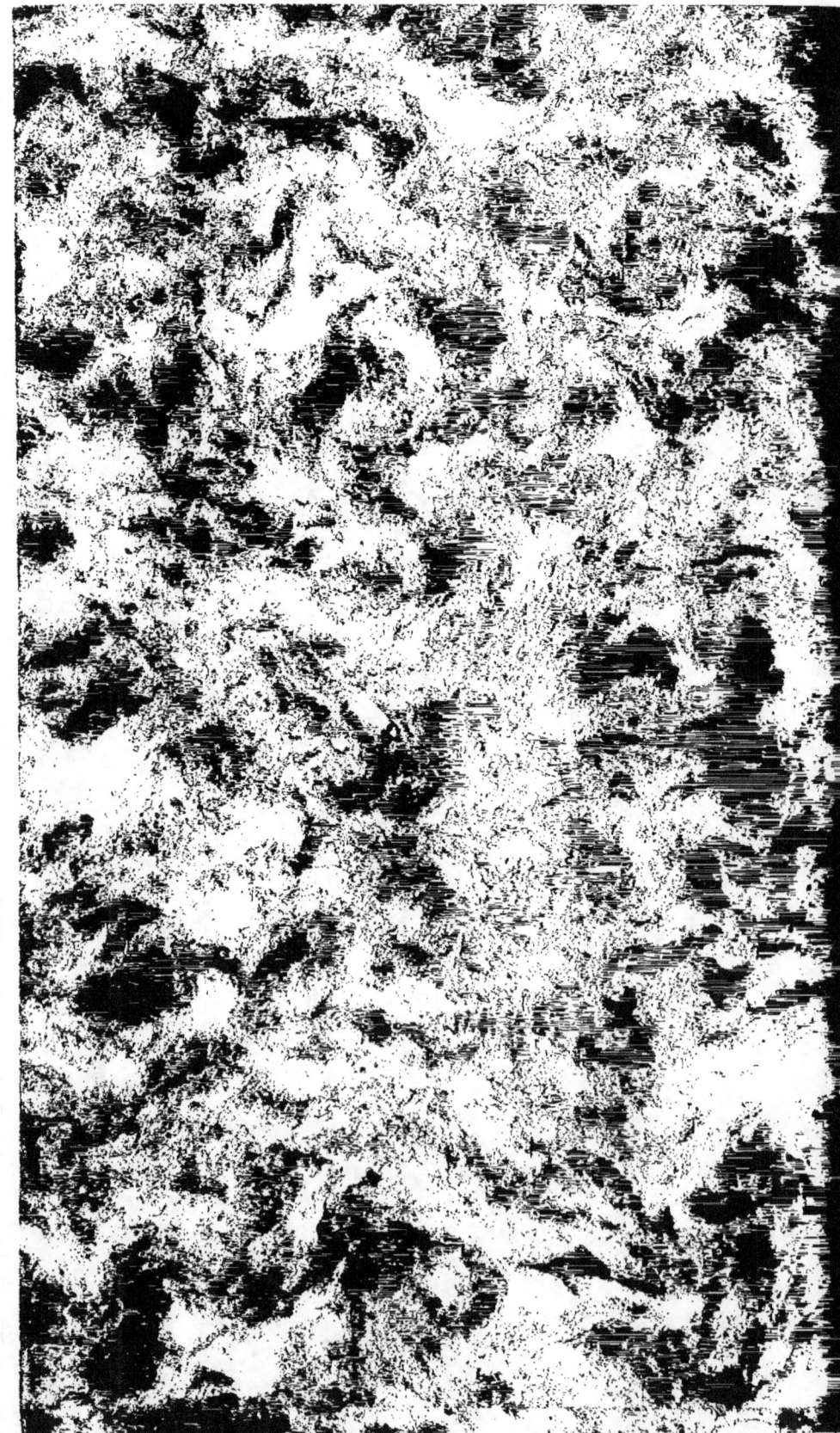